Les Éditions du Boréal
4447, rue Saint-Denis
Montréal (Québec) H2J 2L2
www.editionsboreal.qc.ca

LES RÉFORMISTES

Cher Stéphane,
Bon voyage au cœur
du 19ᵉ s.

Amitiés,

Éric

DU MÊME AUTEUR

Chronique d'une insurrection appréhendée. La crise d'Octobre et le milieu universitaire, Septentrion, 1998 (préface de René Durocher).

Parole d'historiens. Anthologie des réflexions sur l'histoire au Québec (avec Julien Goyette), Presses de l'Université de Montréal, coll. « PUM — Corpus », 2006.

Éric Bédard

LES RÉFORMISTES

Une génération canadienne-française
au milieu du XIXe siècle

Boréal

Cet ouvrage a été publié grâce à une subvention de la Fédération canadienne
des sciences humaines de concert avec le Programme d'aide à l'édition savante,
dont les fonds proviennent du Conseil de recherches en sciences humaines du Canada.

Les Éditions du Boréal reconnaissent l'aide financière du gouvernement
du Canada par l'entremise du Programme d'aide au développement
de l'industrie de l'édition (PADIÉ) pour ses activités d'édition
et remercient le Conseil des Arts du Canada pour son soutien financier.

Les Éditions du Boréal sont inscrites au Programme d'aide aux entreprises
du livre et de l'édition spécialisée de la SODEC et bénéficient du Programme de crédit d'impôt
pour l'édition de livres du gouvernement du Québec.

Illustrations de la couverture : *Feu des édifices du Parlement à Montréal en 1849,* aquarelle,
vers 1925 (Bibliothèque et Archives Canada, Fonds Charles William Jefferys, 1972-26-766).
En médaillon : Louis-Hippolyte Lafontaine (Bibliothèque et Archives nationales du Québec,
Fonds J.-E. Livernois Ltée, P560, S2, D1, P1553).

© Les Éditions du Boréal 2009
Dépôt légal : 4e trimestre 2009
Bibliothèque et Archives nationales du Québec

Diffusion au Canada : Dimedia
Diffusion et distribution en Europe : Volumen

*Catalogage avant publication de Bibliothèque et Archives nationales du Québec
et Bibliothèque et Archives Canada*
Bédard, Éric, 1969-
    Les réformistes : une génération canadienne-française au milieu du XIXe siècle
    Comprend des réf. bibliogr. et un index.
    ISBN 978-2-7646-0669-8

    1. Canada – Histoire – 1841-1867. 2. Idées politiques – Québec (Province) – Histoire – 19e siècle. 3. Élite
(Sciences sociales) – Québec (Province) – Histoire – 19e siècle. 4. Leadership politique – Québec (Province)
– Histoire – 19e siècle. 5. Église et État – Québec (Province) – Histoire – 19e siècle. I. Titre.
FC470.B42   2009   971.04   C2009-941773-1

À la mémoire d'Arthur Bédard (1905-1998)

Tout est lié : politique, économie, société, situation géogra-
phique ; gouvernement, grandes affaires, classes sociales, par-
tis et groupes d'intérêts. Saisissez une activité ou une fonction,
toutes les autres suivent, entraînées par elle. Pourquoi ? Parce
que c'est l'homme que vous saisissez, l'homme qui, tout à la
fois, assure sa subsistance, exerce un métier, s'administre, se
bat — et tient à des idées qui ne sont jamais tout à fait les
siennes, mais qu'il nourrit de son expérience propre.

GUY FRÉGAULT, *La Guerre de la Conquête*, 1955

Présentation

*L*a génération patriote avait vécu d'espoirs, elle avait tenté de jeter les bases d'un monde nouveau ; la génération réformiste a été hantée par la débâcle militaire de 1837. Confrontée à l'Acte d'Union de 1840, alors synonyme d'assimilation, au début d'une vague d'émigration des Canadiens français vers les États-Unis et à des défis sociaux inédits, la génération réformiste du milieu du XIXe siècle a hérité d'un monde incertain. « C'était avec une grande crainte, a écrit un leader réformiste, c'était presque avec désespoir que l'on se demandait ce qui allait advenir de tout ce qui nous était cher[1]. » L'ambition des Étienne Parent, Louis-Hippolyte LaFontaine, Augustin-Norbert Morin, Joseph-Édouard Cauchon, Pierre-Joseph-Olivier Chauveau, Hector Langevin et Antoine Gérin-Lajoie n'a donc pas été d'esquisser les contours d'un autre monde possible. Elle a été beaucoup plus humble : préserver l'essentiel de ce qu'avaient légué les générations précédentes, faire du Canada français une nationalité bien de son temps.

L'histoire que l'on écrit est toujours fécondée par le présent. Le projet de ce livre a pris forme à la fin des années 1990, dans un moment de grande morosité collective. Comme je ne voulais pas ajouter ma voix à celles des cyniques et que je suis allergique aux fuites en avant des marchands de rêves, j'ai cherché dans notre histoire une autre génération qui avait dû affronter des défis semblables aux nôtres. Très rapidement, j'ai reconnu chez les réformistes du XIXe siècle bien des inquiétudes ressenties par la génération qui émerge aujourd'hui, alors que le Québec fait face à *d'immenses défis politiques, économiques, sociaux et moraux : piétinement de la « question nationale », essoufflement du « modèle québécois », crise de l'État providence, exode des régions rurales, triomphe de la raison instrumentale, étiolement des institutions familiale et scolaire, taux de suicide anormalement élevé, etc. En dépit du siècle et demi qui sépare la génération émergente de celle des réformistes, j'ai eu l'impression de retrouver des incertitudes similaires face à l'avenir. Comme ces devanciers, nous vivons les lendemains troubles de grandes espérances. Le temps réformiste n'a été ni celui des mythes fondateurs ni celui des Grands Soirs ; il a été un temps désenchanté, morose même ; un temps de prudence, et non d'élans prophétiques. En allant vers les réformistes, mon but n'était pas de réhabiliter des personnages « illustres » ou de dénicher un programme d'action pour l'avenir. Comme l'écrit Fernand Dumont, « nous ne demandons pas à Aristote ou à Descartes comment faire de la physique, ni à Auguste Comte ou à Proudhon comment pratiquer la sociologie. Nous cherchons chez eux des origines, des impulsions à penser. Cela ne constitue pas une mémoire de méthode, mais une mémoire d'intention[2]. » Plutôt que de demander aux réformistes de fournir des solutions toutes faites aux problèmes d'aujourd'hui, j'ai plutôt voulu comprendre les questions qu'ils s'étaient posées et connaître les réponses qu'ils avaient trouvées ; voir comment, par la pensée et par l'action, ils avaient conjuré les angoisses d'un présent incertain. Tout comme Dumont, j'ai vu dans cette « mémoire d'intention » une possible « impulsion à penser » notre époque, une manière particulière de situer nos inquiétudes actuelles dans une longue filiation d'interrogations sur notre devenir.*

En plus d'étudier une génération proche de la mienne, je souhaitais aussi aborder les réformistes en tant que véritables acteurs politiques, maîtres de leur destin et de celui de leur pays, et non comme les marionnettes d'un quelconque système anonyme ou comme les pantins d'une prétendue « classe dominante ». J'ai présumé que ces hommes, évidemment influencés par les idées de leur époque, étaient dotés d'une certaine autonomie de pensée, qu'ils agissaient comme les fiduciaires conscients d'un héritage national menacé. En somme, je voulais redonner un peu de lustre à l'histoire politique et nationale, à mon avis négligée ou malmenée par les historiens de la génération précédente. Dès mes études de premier cycle en histoire, j'ai constaté avec dépit que la vie politique et la question nationale n'intéressaient guère la plupart de mes professeurs d'histoire canadienne et québécoise. La majorité d'entre eux avait été très inspirée par l'école française des Annales ou par le marxisme, souvent par les deux. Dans bien des cas, ces professeurs associaient l'histoire politique aux chroniques événementielles et aux biographies d'hommes « célèbres », c'est-à-dire à des genres mineurs certes « populaires » auprès du grand public, mais sans grande valeur scientifique. L'histoire politique, considéraient-ils, ne s'attardait qu'aux conjonctures éphémères, elle ne s'intéressait qu'à des élites déconnectées des misères du peuple, elle n'avait rien à nous apprendre sur les structures lourdes qui transforment les sociétés ou sur l'évolution des mentalités populaires. En commençant cette recherche, j'espérais montrer que l'histoire politique pouvait elle aussi intégrer les multiples dimensions de la vie collective ; rendre compte, à sa façon, d'une certaine totalité. Pour y arriver, il me fallait cependant éviter de réduire la politique à sa dimension partisane et montrer qu'elle n'est pas qu'une joute sportive entre quelques équipes qui s'affrontent pour conquérir le pouvoir, mais bien cet « ordre synthétique[3] », cet espace d'échanges et de débats où les dilemmes d'une société s'expriment souvent sans fard. Dans mon esprit, faire de l'histoire politique, c'était rendre compte des dilemmes que provoquent des changements sociaux, économiques, culturels et politiques ; c'était restituer la signification perdue des positions en présence, et ainsi voir comment une génération comme celle des réformistes avait pensé les défis de son temps.

D'aucuns diront que l'éclipse du politique est chose du passé ; que les historiens ont redécouvert la politique grâce à l'étude des « genres », des « marginaux » ou des « identités ». Je conviens que, grâce à l'étude des exclus de l'historiographie traditionnelle, cette nouvelle histoire politique a su montrer que les sociétés sont traversées par des conflits, que les foisonnantes réalités des nations ne correspondent pas toujours à l'image cohérente et lisse que s'en font parfois les écrivains ou les chefs politiques. Ce détour était probablement nécessaire pour avoir des sociétés d'autrefois une perception plus juste. Toutefois, en ne s'intéressant qu'à des fragments de ce qui forme un peuple ou une nation, cette nouvelle histoire politique a eu tendance à présenter les sociétés comme des agrégats d'individus aux identités multiples et aux intérêts irréconciliables que rien ne *semble pouvoir rassembler et unir. Mais c'est oublier que la modernité a fait de la nation le seul sujet politique capable de transcender les conflits les plus féroces[4]. Le sentiment — puisque c'en est un — de partager une histoire, une culture, un destin a souvent été la source des réformes les plus durables, le « lien social » le plus solide qui a permis de traverser des crises difficiles. Pour entrevoir cette totalité si chère aux historiens du social, le cadre national — dans notre cas, le cadre canadien-français — m'a donc semblé le plus propice.*

∗   ∗   ∗

Si j'ai souhaité aller à la rencontre d'une génération qui me semblait familière et redonner un peu d'éclat à l'histoire politique, j'ai aussi voulu rendre compte des idées d'un groupe d'hommes au pouvoir : les « réformistes ». L'ambition de ce livre n'était pas de faire un bilan factuel des gouvernements LaFontaine, Morin et Cartier ou de présenter une histoire exhaustive des réformistes — celle-ci ayant de toute façon déjà été écrite par d'éminents prédécesseurs[5] —, mais plutôt d'éclairer un moment de pensée. À l'origine, j'avais prévu de me concentrer sur LaFontaine, moins dans le but de proposer une biographie classique que d'analyser sa pensée. La publication récente d'un journal personnel jusque-là inconnu des historiens et écrit lors de son voyage en Europe en 1837-1838 permet de découvrir un être cultivé qui ne dédaignait pas les idées générales[6]. LaFontaine aurait pu être le réformiste type, celui qui aurait permis de mieux comprendre la pensée de toute une élite. Après avoir dépouillé la correspondance personnelle de LaFontaine, décevante pour un historien des idées[7], je me suis vite aperçu qu'une étude sérieuse de la pensée réformiste, pour qu'elle soit riche et évocatrice, nécessitait un élargissement important du corpus. Plutôt que de brosser un portrait ou d'écrire la biographie d'un seul personnage[8], avec les résultats limités que cela peut engendrer sur le plan de l'intelligibilité générale d'une pensée et d'une époque, j'ai préféré suivre un groupe d'hommes attachés à quelques principes communs d'action. Pour toutes sortes de raisons qui restent à élucider, rarement les idées *réformistes ont été étudiées en elles-mêmes et pour elles-mêmes, ce qui n'est pas le cas des rouges et des ultramontains du milieu du XIXe siècle qui ont eu droit à plusieurs études d'envergure[9].*

Par « réformistes », j'entends une nébuleuse de personnages influents qui ont orienté, souvent de façon déterminante, les décisions prises au nom de la nationalité canadienne-française au milieu du XIXe siècle. Au cœur de cette nébuleuse, on retrouve un noyau dur composé d'Étienne Parent (1802-1874), Louis-Hippolyte LaFontaine (1807-1864), Augustin-Norbert Morin (1803-1865), George-Étienne Cartier (1814-1873), Joseph-Édouard Cauchon (1816-1885), Pierre-Joseph-Olivier Chauveau (1820-1890), Antoine Gérin-Lajoie (1824-1882) et Hector Langevin (1826-1906). Tous ces hommes ont en commun d'avoir misé sur le gouvernement responsable, quitte à accepter sans enthousiasme les termes de l'Acte d'Union ; d'avoir assumé l'« éthique de la responsabilité » du pouvoir à titre de politiciens de premier plan ou de hauts fonctionnaires ; d'avoir refusé l'annexion aux États-Unis. Sur le plan politique, ces acteurs ont occupé le centre de l'échiquier, se gardant bien de souscrire aux idées ultramontaines défendues par Mgr Ignace Bourget et ses disciples, ou à celles du Parti rouge qui a émergé au tournant des années 1850. Outre cette vision politique commune, ces hommes partageaient le même profil ethnique, sociologique et démographique. Ils étaient tous des Canadiens français qui avaient reçu la même formation, celle des collèges classiques, en plus d'avoir terminé leur « cléricature » en vue de devenir avocat. Aucun d'entre eux n'était le fils d'un seigneur bien en vue et, à l'exception de Cartier, tous étaient d'origines très modestes. En cette époque de bouleversements politiques et sociaux, ils avaient d'ailleurs le sentiment d'appartenir à une nouvelle classe moyenne à qui revenait la responsabilité de gouverner. Même s'ils étaient en bonne partie originaires de milieux ruraux, ces personnages ont presque tous vécu dans les deux plus importantes villes du Bas-Canada, soit Québec et Montréal. Par ailleurs, nés entre 1802 (Parent) et 1826 (Langevin), ces hommes étaient grosso modo de la même génération. En 1850, ils avaient trente-six ans d'âge moyen[10].

Trois de ces hommes jouèrent un rôle important dès les années 1830. En plus d'être l'aîné de la nébuleuse réformiste, Étienne Parent a été l'intellectuel du groupe. Originaire de Beauport, Parent a toute sa vie été lié à l'élite canadienne-française de Québec. Alors qu'il poursuivait ses études classiques au Séminaire de Québec, il a publié ses premiers articles en 1819 dans Le Canadien, fermé en 1810 par le gouverneur Craig mais relancé en 1817 par Louis-Joseph Papineau. Âgé d'à peine vingt ans, Parent est devenu le rédacteur en chef du prestigieux journal fondé en 1806 par Pierre Bédard. Admis au Barreau en 1829, il n'a jamais pratiqué le droit. En même temps qu'il signait ses articles dans Le Canadien, il a préféré arrondir ses fins de mois en travaillant comme bibliothécaire du Parlement de 1833 à 1835. Solidaire du Parti canadien, il a désapprouvé la stratégie de l'état-major patriote à partir du printemps 1837. Après l'Acte d'Union de 1840, Parent est devenu l'un des premiers hauts fonctionnaires du Canada-Uni. Il consacrait ses temps libres à la lecture et à la réflexion, et prononçait des conférences importantes : « L'Industrie considérée comme moyen de conserver notre nationalité » (22 janvier 1846) ; « Importance de l'étude de l'économie politique » (19 novembre 1846) ; « Du travail chez l'homme » (23 septembre 1847) ; « Considérations sur notre système d'éducation populaire, sur l'éducation en général et les moyens législatifs d'y pourvoir » (19 février 1848) ; « Du prêtre et du spiritualisme dans leurs rapports avec la société » (17 décembre 1848) ; « De l'intelligence dans ses rapports avec la société » (22 janvier, 7 février 1852) ; « Le sort des classes ouvrières » (15 avril 1852). Si, à bien des égards, ces conférences — reproduites dans la presse de l'époque, et regroupées de nos jours dans des ouvrages de référence[11] — reflètent assez bien la sensibilité réformiste, certains enjeux soulevés par Parent ont suscité de vifs débats, comme on le verra dans ce livre.

Louis-Hippolyte LaFontaine et Augustin-Norbert Morin ont eu un parcours assez semblable. Les deux hommes avaient des origines modestes et n'étaient pas liés au clan familial des Papineau, Viger et Cherrier, qui avait la main haute sur le Parti canadien durant les années 1830. Natif de Boucherville et orphelin d'un père menuisier, LaFontaine a commencé, sans les terminer, des études classiques chez les Sulpiciens du Collège de Montréal. Reçu au Barreau en 1828, il a épousé, quatre ans plus tard, la fille d'Amable Berthelot, bibliophile et avocat aisé de la Haute-Ville de Québec, qui conservait à l'égard du Parti « patriote » une certaine distance critique. Originaire de Saint-Michel-de-Bellechasse, fils de cultivateur et *aîné d'une famille de onze enfants, Morin, très tôt repéré par le curé de sa paroisse, a fait ses études classiques au Séminaire de Nicolet. Il a écrit ses premiers articles pour* Le Canadien *dès l'âge de dix-sept ans; en 1826, il a fondé* La Minerve, *le pendant montréalais du* Canadien, *et a recruté l'année suivante Ludger Duvernay, un homme d'affaires averti qui fut, jusqu'à sa mort en 1852, la cheville ouvrière du journal. LaFontaine et Morin ont fait leur entrée au Parlement du Bas-Canada en 1830, se sont liés d'amitié et, vu leur jeune âge, ont immédiatement été assimilés à la relève, sinon à l'avant-garde du parti de Papineau. Après avoir contribué, surtout par leurs écrits, à la radicalisation du mouvement « patriote », ils ont rompu les rangs en novembre 1837 et se sont résignés peu à peu à l'union des deux Canadas. Au cours des années 1840, LaFontaine est devenu le chef incontesté des réformistes canadiens-français, s'est allié avec Robert Baldwin, du Haut-Canada, a dirigé deux gouvernements (1842-1843; 1848-1851) et a quitté la vie politique alors qu'il n'avait que quarante-quatre ans pour se consacrer à une carrière de juge — d'abord à la Cour seigneuriale, puis à la Cour d'appel. Personnage plus effacé, Morin a suivi le même chemin, a occupé un temps le siège de président de l'Assemblée législative, a assumé des fonctions ministérielles, a remplacé LaFontaine pendant un peu plus de deux ans à la tête du gouvernement du Canada-Uni (1852-1854) et a terminé sa carrière comme professeur de droit à l'Université Laval.*

Au cours des années 1840, de nouvelles figures sont entrées en scène; elles ont rapidement fait partie du sérail réformiste. Parmi celles-ci, on retrouve évidemment George-Étienne Cartier. Originaire de Saint-Antoine-sur-Richelieu, diplômé du Collège de Montréal, il a été admis au Barreau en 1835. Après avoir travaillé à l'élection de Louis-Joseph Papineau et de Robert Nelson en 1834, il a été intégré à l'étude juridique d'Édouard-Étienne Rodier de Montréal, un proche des milieux « patriotes ». En 1840, il s'est rangé derrière LaFontaine et a commencé une longue et fructueuse carrière de politicien et d'avocat des grandes compagnies. Élu député de Verchères pour la première fois en 1848, il a aussitôt été nommé ministre et, en 1857, il a formé un gouvernement conservateur avec John A. Macdonald[12]. Ardent promoteur de la Confédération canadienne, il a été le lieutenant politique canadien-français du gouvernement fédéral jusqu'à sa mort en 1873.

Trop jeune pour prendre part aux soulèvements de 1837-1838, Pierre-Joseph-Olivier Chauveau venait de terminer son cours classique au Séminaire de Québec lorsque ont éclaté les affrontements. Homme de Québec, Chauveau avait fait de Parent et Morin ses principaux mentors. Avant de battre le célèbre John Neilson dans le comté de Québec en 1844 sous la bannière réformiste, il avait commencé à écrire des articles remarqués dans Le Courrier des États-Unis, *journal publié à New York. Membre du deuxième gouvernement LaFontaine, malgré certaines divergences de vues avec ce dernier, Chauveau a publié en 1853* Charles Guérin. Roman de mœurs canadiennes. *Deux ans plus tard, il a été nommé surintendant de l'Instruction publique et est devenu en 1867 le premier premier ministre de la province de Québec. Durant sa retraite, il s'est fait critique littéraire et a écrit une longue préface à la quatrième édition de l'*Histoire du Canada *de François-Xavier Garneau.*

Joseph-Édouard Cauchon était lui aussi originaire de la région de Québec et a fréquenté le Petit Séminaire de la Vieille Capitale presque en même temps que Chauveau. Alors qu'il préparait son admission au Barreau, il a publié une plaquette sur les notions de physique, ouvrage qui a attiré les regards sur lui[13]. *Après avoir remplacé Étienne Parent comme rédacteur en chef du* Canadien, *Cauchon a lancé, le 1ᵉʳ décembre 1842,* Le Journal de Québec. *Si ce nouvel organe de presse prônait une « politique large et généreuse » capable de rallier les « hommes de tous les partis », s'il promettait de n'adopter « aucun système politique », dans les faits le journal a soutenu les principes réformistes*[14]. *En 1844, Cauchon a d'ailleurs été élu député réformiste de Montmorency et a battu Frédéric-Auguste Quesnel, un vieil adversaire de LaFontaine. Malgré ses nouvelles fonctions, il a poursuivi son travail au journal. Cet homme pugnace et querelleur, reconnu pour ses discours-fleuves et une certaine agressivité verbale dont Louis-Joseph Papineau devait faire les frais, a pris part à plusieurs gouvernements réformistes, mais a démissionné avec fracas en 1857. Opposant puis partisan de l'union des colonies de l'Amérique du Nord britannique, et tour à tour maire de Québec et président du Sénat canadien, Cauchon a terminé sa carrière comme lieutenant-gouverneur du Manitoba.*

Comme Cartier, Chauveau et Cauchon, Antoine Gérin-Lajoie et Hector Langevin devaient bientôt faire partie de la mouvance réformiste. Le

*premier, d'origine modeste, avait été admis au Séminaire de Nicolet
en 1837 grâce aux bons soins du curé de sa paroisse. Quelque temps journaliste, puis fonctionnaire de carrière, comme son beau-père, Étienne
Parent, Gérin-Lajoie a publié entre 1862 et 1864* Jean Rivard, *un roman
emblématique, à bien des égards, du moment réformiste. Après ses études
au Séminaire de Québec, Hector Langevin a été nommé rédacteur des*
Mélanges religieux, *l'organe officiel des évêques, en 1847, mais n'a occupé
ce poste que pendant deux ans. Défenseur enthousiaste de la politique
réformiste, il s'est lancé en politique en 1856, est devenu député de Dor-
chester en 1857, puis maire de Québec l'année suivante. Comme tous les
réformistes, il a rejeté le programme annexionniste des rouges, et est
devenu, comme Cartier, un des pères de la Confédération et une figure
marquante du Parti conservateur canadien.*

*Autour de ce noyau dur réformiste gravitaient quelques individus certes
importants, mais qui n'étaient pas nécessairement au cœur des décisions et
des orientations. Je pense ici à un homme comme Wolfred Nelson (1791-
1863) qui, bien que chef victorieux lors de la bataille de Saint-Denis
de novembre 1837, s'est avéré un allié sûr de LaFontaine après le retour de
Papineau, en 1845. Député réformiste, puis maire de Montréal, Nelson s'est
vu confier le mandat d'enquêter sur les prisons du Bas-Canada. Son rapport est d'ailleurs un document unique qui permet de mieux saisir la pensée réformiste à propos de la marginalité. J'inclus aussi dans ce groupe
Joseph-Guillaume Barthe (1816-1893) qui a dirigé* L'Aurore des Canadas
*de 1840 à 1844, s'est brouillé avec LaFontaine, a quitté le Canada pour
la France, où il a écrit un pamphlet vapugeur (*Le Canada reconquis par la
France*), puis est revenu au pays pour diriger* Le Canadien, *à la demande
de Parent, de 1858 à 1862. Ses positions sur la régénération morale de la
nationalité et sur la fusion des partis illustrent également la pensée sociale
et politique réformiste. Le troisième acteur de cette orbite réformiste plus
large est François-Xavier Garneau (1809-1866). Bien que ce dernier ait
conservé toute son indépendance d'esprit face aux hommes politiques
de son temps et qu'il ne se soit pas privé de critiquer l'action de LaFontaine
et de Morin durant les événements de 1837, le primat du national ainsi que
le rapport au temps qui imprègnent son* Histoire du Canada *me semblent
assez bien illustrer la perspective réformiste. Cette œuvre majeure fut*

d'ailleurs fort bien accueillie par la presse réformiste. S'ils n'ont pas nécessairement fait partie du inner circle réformiste, Nelson, Barthe et Garneau
ont contribué à leur façon à me faire mieux saisir la pensée de ce groupe.

Il va de soi que ces onze personnages influents ne sauraient incarner à
eux seuls les aspirations de toute une génération. Le concept de « génération » que j'utilise parfois ne renvoie pas à une cohorte démographique, mais
à un petit groupe d'hommes marqués par un événement tragique et unis
ensuite par quelques principes d'action[15]. Cette expérience commune et
cette unité programmatique relative ne sauraient signifier que les réformistes
vivaient dans une parfaite harmonie et avançaient toujours en une phalange serrée. L'examen de la correspondance montre qu'entre le groupe de
Montréal, formé de LaFontaine, Morin et Cartier, et celui de Québec, formé
de Parent, Chauveau et Cauchon, les tensions étaient parfois vives. Lorsque
Lord Elgin avait tenté de former un ministère réformiste en 1847, et qu'il
avait d'abord approché Chauveau plutôt que LaFontaine, cette rivalité avait
été particulièrement âpre[16]. Il arrivait aussi que des rivalités plus personnelles assombrissent les rapports des réformistes. Cauchon, par exemple,
considérait Chauveau comme un concurrent embarrassant. Par tous les
moyens, il a cherché à le discréditer et à se présenter, auprès de LaFontaine,
comme le seul représentant du réformisme dans la région de Québec.

Commet-on un anachronisme en qualifiant ce groupe d'hommes
de « réformistes » ? Eux-mêmes ont eu du mal à résoudre le problème de
la désignation. S'ils se disaient « libéraux » par rapport aux tories jusqu'en 1848, cette appellation ne convenait plus dès lors que de plus libéraux, les rouges, en sont peu à peu venus à occuper le devant de la scène à
la fin des années 1840. L'appellation « réformiste » a été utilisée depuis le
début du Canada-Uni et a bien servi les fins de la vaste coalition qui, dans
les parties est et ouest de la colonie, avait souhaité mettre fin au pouvoir
des tories. Mais de 1848 à 1854, cette habile dénomination a eu pour effet
de les placer au centre de l'échiquier. À leur gauche, il y avait les rouges de
l'Institut canadien, que l'on associait insidieusement aux révolutionnaires
de l'insurrection française de 1848 ; à leur droite, on retrouvait les tories,
qui souhaitaient maintenir un régime de privilèges et d'inégalités[17]. Ce
n'est qu'à la fin des années 1850 que l'appellation « conservateur » a été
assumée, voire revendiquée, par ce dernier groupe d'hommes.

*   *   *

Fixée sur les ruptures provoquées par la Révolution tranquille, et étrangère à l'évolution de l'historiographie des dernières décennies, notre mémoire collective ne rend pas compte des profondes mutations qui ont marqué le milieu du XIXe siècle. Les images du Canada français d'autrefois que nous renvoient le cinéma ou les séries télévisées sont celles d'un monde figé dans la tradition, immobile. Les réformistes ont pourtant vécu dans une société qui se transformait à grands pas. De 1831 à 1871, le Bas-Canada a vu sa population passer de 511 000 habitants à 1,2 million[18], une croissance démographique importante que le taux de natalité ne peut à lui seul expliquer. Le port de Québec était alors l'un des plus importants en Amérique. Entre 1829 et 1850, c'est plus de 650 000 étrangers qui ont transité par Québec pour aller s'installer au Haut-Canada ou aux États-Unis. Parmi ces Européens, de nombreux jeunes Irlandais catholiques, fuyant la terrible famine de 1847 avec leurs parents dont beaucoup ont péri durant la longue traversée, ont été adoptés par des familles canadiennes-françaises. C'est à cette époque que Montréal a déclassé Québec pour de bon et est devenue une métropole importante, passant de 27 000 habitants, en 1831, à 107 000, trente ans plus tard. En dépit de cette croissance urbaine spectaculaire, le Québec restait très majoritairement rural et agricole. En 1851, seulement 11,2 % de la population bas-canadienne vivait à Québec ou à Montréal. Les deux villes accaparaient cependant 47 % du commerce. Si l'économie agricole du Québec a bientôt été dépassée par celle de l'Ontario, l'espace défriché dans la vallée du Saint-Laurent a doublé en quarante ans (de 1831 à 1871) et les communications avec l'extérieur se sont développées à un rythme comparable à celui des autres sociétés occidentales. Un premier télégraphe reliait Montréal à Toronto en 1847. D'importants travaux de canalisation des Grands Lacs, qui se sont échelonnés de 1820 à 1870, ont permis le développement de l'axe commercial est-ouest. Si un premier chemin de fer a relié Laprairie à Saint-Jean dès 1836, ce qui a permis d'accéder rapidement à la route naturelle de la rivière Richelieu vers les États-Unis, ce n'est qu'en 1853 qu'a été formée la compagnie du Grand Tronc et qu'ont commencé les grands travaux d'infrastructures ferroviaires. Un steamer reliait Québec à Montréal en trois jours,

quand le Saint-Laurent était navigable. Il faut dire que ces améliorations
des infrastructures, qui ont permis graduellement la mise en place d'un
marché canadien, étaient devenues nécessaires. En 1846, la Grande-Bretagne a aboli les Corn Laws qui accordaient au blé canadien importé un
tarif préférentiel. Cette mesure a obligé les marchands et les agriculteurs à
tourner leur regard vers le vaste marché américain. Le Canada français du
milieu du XIXᵉ siècle ne vivait pas en marge des autres nations occidentales.
Un mouvement de modernisation était à l'œuvre, comme on le verra tout
au long de ce livre.

Ces avancées techniques et matérielles étaient accompagnées d'une
large circulation des idées[19]. De 1764 à 1859, 327 périodiques ont été fondés dans la vallée du Saint-Laurent[20]. Les journaux canadiens étaient
abonnés à des publications européennes et américaines, comme le démontrent les nombreux extraits reproduits. Dans leurs journaux, les Canadiens
pouvaient suivre l'actualité internationale et être exposés aux idées des
grands penseurs du siècle. Et plus on avançait dans le XIXᵉ siècle, plus les
lecteurs étaient nombreux. En effet, le taux d'alphabétisation des Canadiens n'a cessé de croître tout au long du XIXᵉ siècle, passant de 21 % pour
la décennie 1820-1829 à près de 53 % cinquante ans plus tard[21]. Cette
croissance n'a pas touché seulement l'élite, mais aussi les enfants des agriculteurs (de 11,2 % à 48,6 % pour la même période) et des journaliers
(de 13,8 % à 21,9 %)[22]. De son côté, la classe politique canadienne avait
doté la Chambre d'assemblée d'une bibliothèque dès 1802, ce qui en avait
fait l'une des premières institutions du genre en Occident[23]. Selon l'historien Gilles Gallichan, le rythme des acquisitions était assez soutenu, malgré les petits budgets consentis par la Chambre. Si les premiers parlementaires canadiens avaient surtout besoin d'ouvrages de droit français et
anglais et de recueils de jurisprudence, ils ont aussi eu accès à des traités de
philosophie et d'économie politique et aux essais les plus commentés de leur
époque[24]. Parmi les vingt-cinq premiers livres acquis par la bibliothèque,
on retrouvait le petit traité avant-gardiste sur les prisons de Cesare Becca-
ria ; en 1804, les parlementaires ont eu accès à la version française du classique d'Adam Smith sur la richesse des nations (traduit en français
en 1792) ; en 1811, ils pouvaient lire le traité de Malthus sur la population
(publié en 1807). La bibliothèque du Parlement avait aussi fait l'acquisi-

tion des principales œuvres de Machiavel, Locke, Montesquieu, Rousseau, Voltaire et Bentham. Plusieurs de ces ouvrages ont malheureusement été détruits lors de l'incendie du Parlement de 1849. Le catalogue de la bibliothèque de LaFontaine montre que l'homme politique avait un goût similaire pour les œuvres de son temps[25]. Outre l'imposante section dédiée au droit, aux classiques romains et grecs, ainsi qu'aux nombreux ouvrages portant sur la vie et l'œuvre des Bonaparte, le rayon de la bibliothèque de LaFontaine consacré aux Lumières était passablement bien garni. On y retrouvait des livres de Locke, Voltaire, Thomas Payne et d'Alembert. Les auteurs du XIXᵉ siècle, libéraux autant que conservateurs, étaient aussi fort bien représentés. LaFontaine possédait des ouvrages de Benjamin Constant (Mélanges politiques, Discours, Cours politiques), d'Alexis de Tocqueville (L'Ancien Régime et la Révolution), d'Adolphe Thiers (De la propriété), de François Guizot (Histoire parlementaire, L'Église et la société chrétienne en 1861), mais aussi de Félicité de Lamennais (Paroles d'un croyant), de Chateaubriand (Mélanges politiques, Les Bourbons, etc.), de Joseph de Maistre (Considérations sur la France, Soirées de Saint-Pétersbourg, Du pape, L'Église anglicane) et de Louis Veuillot (Sa Sainteté Pie IX, De quelques erreurs sur la papauté). Les avait-il tous lus et médités ? Impossible de le savoir. Toutefois, l'éclectisme de sa bibliothèque, et de celle de Cartier, étudiée par Brian Young[26], témoigne d'une ouverture aux grands débats contemporains, et non d'un étroit repli sur la seule culture canadienne-française.

Le cadre dans lequel évoluait le Canada français du XIXᵉ siècle était celui d'une « société libérale ». Plus ou moins implicitement, la grande majorité des acteurs, au Canada français comme dans la plupart des sociétés occidentales, a adhéré aux normes prescrites par ce cadre « libéral » comme s'il s'agissait d'un « socle intellectuel commun[27] ». Les chercheurs québécois s'entendent généralement pour dire que ce cadre « libéral » s'est graduellement mis en place à partir des années 1840 et 1850, peut-être même un peu avant. Sur le plan politique, on adhérait aux principes d'une démocratie parlementaire et convenaient que le pouvoir ne devait pas être cédé à un tyran ou à une petite oligarchie qui serait coupée des aspirations du peuple. Personne, au cours du moment réformiste, ne songeait à retirer le droit de vote aux hommes de vingt et un ans et plus qui détenaient une petite propriété. Accordé par l'Acte constitutionnel de 1791 et renforcé par l'obtention du gouvernement responsable en 1848, ce droit à la représentation politique constituait, pour la classe politique canadienne-française du milieu du XIXe siècle, un acquis incontestable que même Louis-François Laflèche, certainement le doctrinaire ultramontain le plus important de cette époque, ne contestait pas[28].

Sur le plan économique, tous acceptaient les principes d'une économie de marché fondée notamment sur la propriété privée. Seigneurs de l'île de Montréal depuis le XVIIe siècle, les Sulpiciens ont accepté de se départir de leurs terres au cours des années 1840. Le processus qui a mené à l'abolition du régime seigneurial en 1854 s'est déroulé sans trop de heurts, dans un consensus relatif. Aucun intellectuel canadien-français d'envergure ou mouvement politique digne de ce nom ne s'était fait le relais des thèses « socialistes » d'un Charles Fourier, souvent cité dans les journaux, ou d'un Karl Marx, apparemment inconnu, dont les idées sur l'abolition de la propriété privée n'ont commencé à circuler qu'au tournant des années 1850 dans la presse réformiste.

Sur le plan des mentalités, les Canadiens français du milieu du XIXe siècle avaient le sentiment de vivre une accélération du temps. Anxieux, leur regard était tourné vers ce que l'avenir pouvait réserver, et non pas seulement vers un passé à préserver. Ils se sentaient également responsables de leur destinée individuelle et de leur salut dans l'au-delà. Critiques des prescriptions de l'Église ou dévots sincères, ils étaient convaincus que leur réussite dépendait d'abord de leur ardeur au travail, de leurs talents, de leur vertu, bref, de leurs seuls mérites, et non pas de l'État ou de la société. Ce lexique commun de valeurs et de représentations, on le qualifie généralement de « libéral » pour le distinguer du cadre « féodal » ou d'Ancien Régime qui prévalait auparavant et du cadre « providentialiste » qui allait s'imposer après la crise des années 1930 et la Seconde Guerre mondiale[29]. Cette grammaire commune, je l'ai plus ou moins tenue pour acquise, car ce n'est pas à ce niveau macrosocial que se situe cette étude sur la pensée réformiste.

Cette pensée, comment la qualifier ? À quelle grande famille idéologique la rattacher ? Ses partisans étaient-ils des « libéraux très modérés », attachés à l'économie de marché, mais plus nationalistes que démo-

crates[30] ? Des « conservateurs modérés » qui faisaient alliance avec les traditionalistes ultramontains contre les libéraux modernistes qui optaient
pour l'annexion aux États-Unis[31] ? Étaient-ils des hommes de « droite »
ou de « gauche[32] » ? Tenter d'apposer une étiquette sur la pensée réformiste
n'a pas été une tâche facile. Chose certaine, j'ai voulu résister à cette pro-
pension, répandue chez certains historiens intéressés par les idées, à vouloir définir a priori des concepts souvent polysémiques comme ceux de libéralisme, de conservatisme ou de nationalisme. Très tôt, j'ai pris le parti de
laisser cette difficile tâche aux théoriciens de la sociologie et de la science
politique, dont c'est le travail, et aux idéologues, dont c'est la vocation. Mon
parti pris empiriste, par définition méfiant à l'égard des théories importées
des sciences sociales ou des études littéraires, a longtemps été celui des historiens formés par la tradition humaniste[33]. J'avais le sentiment que des
définitions trop rigides auraient faussé mes lectures, mes recherches et mes
propos. Même si je me suis instruit de travaux plus théoriques, j'ai préféré
me plonger dans les textes de l'époque sans trop d'idées préconçues et voir
quelles positions les réformistes avaient prises sur les grandes questions de
l'heure. J'ai voulu me laisser imprégner par leur conception des choses,
situer leur pensée dans le contexte qui était le leur, et esquisser le contour
de leurs idées en sachant que c'est toujours en situation que celles-ci prennent forme. Si j'ai voulu résister à la tentation de définir leurs idées de
manière trop rigide, c'est surtout parce que les réformistes étaient des
hommes d'action généralement réfractaires aux systèmes de pensée et aux
théories. Outre Parent, rares sont ceux qui ont proposé de longues réflexions
sur l'état du monde ou ont tenté de formuler des doctrines. La pensée des
réformistes n'avait rien de doctrinal et il me faudra bien, parfois, montrer
les flous, voire les contradictions qui surgissaient à travers leurs différentes
prises de position. On aura compris que je n'ai pas voulu rendre compte
d'une « idéologie » au sens où l'entendaient les marxistes durant les
années 1970, mais bien davantage expliquer un certain rapport au monde,
une sensibilité particulière qui n'était au fond rien d'autre qu'une cohérence provisoire, par nature fragile et menacée[34].

Pour y voir un peu plus clair, je propose six chapitres. Impossible
de suivre le cheminement des réformistes, de comprendre pourquoi ils
s'étaient résignés à accepter l'union des deux Canadas, sans revenir aux

soulèvements de 1837 et 1838, l'objet du premier chapitre. L'historiographie des dernières décennies considère les LaFontaine, Parent et Morin comme des « Canadiens français de service », comme des collaborateurs serviles de l'Empire britannique, sinon comme des « parvenus », parce qu'ils avaient fini par se dissocier de Papineau et de l'état-major du Parti « patriote ». Je crois nécessaire de revenir sur cette période troublée de notre histoire, afin de mieux comprendre les choix des réformistes, d'éclairer leur lecture du contexte et les conclusions qu'ils ont tirées de ces événements tragiques. Les chapitres 2 et 3 portent respectivement sur leurs conceptions de la politique et de l'économie. Une des « leçons » tirées de 1837 par les réformistes a été que la politique constituait pour les Canadiens français un lieu de discorde, de vaines disputes et de déchirements inutiles. Pour faire face aux défis du présent, il leur fallait faire bloc, s'unir, ne parler que d'une seule voix. On verra que, face à une opposition légitime qui contestait leur vision des choses, cette conception de la politique a considérablement influencé l'idée qu'ils se faisaient des différents régimes politiques, de la démocratie libérale et des qualités qu'un électeur devait posséder pour prendre part au débat. L'autre « leçon » tirée par ces hommes, à la suite des soulèvements de 1837 et 1838, a été que la nationalité, pour se développer et grandir, devait surtout se fonder sur les progrès de son économie. Comme le Canada français de cette époque était surtout rural, on a beaucoup misé sur le développement de l'agriculture, mais sans pour autant négliger l'industrie, au contraire.

Les chapitres 4 et 5 traitent de la conception que se faisaient les réformistes de la société et de la religion. Ces hommes ont cru possible de « réformer » le pauvre et le criminel, de leur inculquer les valeurs justes qui leur permettraient de reprendre le droit chemin. D'aucune façon les réformistes n'ont associé le « paupérisme » grandissant aux vices structurels d'une économie de marché en pleine expansion. Pour éviter les affres de la pauvreté et du crime, ils ont misé sur la famille et sur les vertus féminines des mères qui, gardées à l'écart de la corruption politique des hommes, pourraient transmettre les valeurs d'honnêteté et de discipline. Mais voilà, les mères les plus vertueuses ne pouvaient suffire à la tâche. Pour « rendre le peuple meilleur », il fallait une religion, des prêtres, une Église. On verra que les réformistes attribuaient avant tout à l'Église catholique une fonction sociale, ce qui les plaçait à mi-chemin entre les rouges, qui prônaient carrément une séparation de l'Église et de l'État, et les ultramontains, qui promouvaient une suprématie du spirituel sur le temporel. J'aimerais montrer que l'attitude des réformistes face au clergé et à l'Église participait d'une certaine vision de l'ordre social, et non pas seulement d'une alliance un peu cynique et électoralement rentable, ou encore d'une soumission béate et servile aux évêques.

Le dernier chapitre de cette étude porte sur l'identité nationale et le rapport au temps. L'historiographie récente présente la génération réformiste comme une génération qui s'est réfugiée dans un passé idyllique loin du mouvement moderne. Je tenterai de nuancer ce tableau pour le moins caricatural.

CHAPITRE PREMIER

Prudence et modération

*Nous sommes des Réformistes, nous cessons d'être des Révo-
lutionnaires.*

ÉTIENNE PARENT, 13 novembre 1837

L a conduite des réformistes durant les événements de 1837 et
de 1838, ainsi que durant la période qui va suivre, a longtemps été
considérée comme la plus sage et la plus digne. Un personnage comme
Louis-Hippolyte LaFontaine a été l'objet d'un véritable culte pendant
presque un siècle. Le 28 septembre 1930, les membres les plus distingués
de l'élite canadienne-française ont assisté au dévoilement de l'imposante
statue du chef réformiste, rue Sherbrooke à Montréal, aux abords du
grand parc qui porte toujours son nom. Dans le livre hommage qui rend
compte de l'événement, l'archiviste et historien Aegidius Fauteux
constate que, contrairement à des personnages plus controversés comme
Papineau ou Cartier, LaFontaine obtient une « unanimité parfaite, sans
arrière-pensée[1] ». Probablement, suppose Fauteux, parce qu'il est « un
des très rares dont on ne peut pas dire qu'il ait été un vaincu[2] ». Comme
c'est toujours le cas lors de ce genre de cérémonie, les dignitaires qui
prennent la parole ce jour-là ne tarissent pas d'éloges. Le maire Camil-
lien Houde compare LaFontaine à Dollard des Ormeaux qui, dans un
moment de grand danger, avait su sauver la patrie du gouffre[3]. Lionel
Groulx, grave et solennel, rappellera, lors d'une autre cérémonie de

commémoration, que le chef réformiste « avait en face de lui un peuple découragé et divisé[4] » qu'il avait fort heureusement su unir dans une « miraculeuse unanimité » grâce à « une formule de direction nette, claire, précise[5] ». L'admiration pour LaFontaine, et pour les réformistes, ne vient pas seulement des milieux nationalistes canadiens-français. Des impérialistes comme Stephen Leacock[6] et des conservateurs comme Alfred De Celles[7] avaient aussi témoigné de leur admiration pour ce défenseur des libertés britanniques et de la bonne entente entre les deux peuples qui allaient fonder le Canada de 1867.

Mais cette perception positive est peu à peu battue en brèche au cours de la seconde moitié du XXᵉ siècle. De héros nationaux qu'il fallait à tout prix admirer, LaFontaine et les réformistes sont tombés dans l'oubli ou ont été présentés comme de cupides parvenus. Cette chute assez brutale s'explique à la fois par l'évolution de la société québécoise, surtout depuis la Révolution tranquille, et par les transformations de la discipline historique. Les néonationalistes québécois, inspirés par l'école historique de Montréal, ne se reconnaissaient guère dans l'action de LaFontaine et des réformistes. En acceptant l'union des deux Canadas en 1840, les réformistes n'avaient-ils pas cautionné la conquête britannique de 1760 ? N'avaient-ils pas ainsi contribué à l'infériorité politique et économique des Canadiens français au sein de la fédération canadienne[8] ? N'avaient-ils pas été les artisans d'une dépossession, les chantres de la nouvelle nation *canadian*[9] ? Les jeunes indépendantistes des années 1960 qui assimilent la cause du Québec à celle des peuples du tiers-monde considèrent de leur côté que les véritables héros de cette période sont les « révolutionnaires » de 1838, ces authentiques militants de l'indépendance qui avaient lutté jusqu'au bout pour libérer leur pays, certainement pas ces hommes de compromissions, ces « Canadiens français de service[10] », qui avaient pactisé avec l'ennemi. Les deux films récents consacrés aux rébellions, qui portent exclusivement sur la deuxième vague d'insurrections — la plus radicale dans ses revendications, la plus improvisée aussi — plutôt que sur la première qui concluait plusieurs années de combats politiques plus tempérés, témoignent de la vivacité de cette interprétation[11]. Dans ces films de Michel Brault et de Pierre Falardeau, les membres du groupe clandestin des Frères chasseurs et des hommes comme De Lorimier, pendu le 15 février 1839 avec ses compagnons, prennent toute la place, reléguant à l'arrière-plan les grands acteurs politiques et militaires de la première insurrection, celle de 1837.

Cet attrait pour les patriotes, et le discrédit des réformistes, s'est poursuivi après le référendum de 1995. Le discours controversé de Jacques Parizeau sur le « vote ethnique » provoque une véritable onde de choc dans les milieux intellectuels québécois. Les essais ainsi que les colloques sur la nature « ethnique » ou « civique » du nationalisme québécois sont nombreux, les débats vigoureux et passionnés[12]. C'est dans le cadre précis de ce débat émotif que plusieurs intellectuels souverainistes en viennent à vanter le nationalisme « civique » des patriotes de 1837 et à déconsidérer le nationalisme « ethnique » des leaders canadiens-français post-rébellions[13]. Comme le montre la décision prise par le gouvernement péquiste en novembre 2001 de transformer la fête de Dollard des Ormeaux en Journée nationale des patriotes, les rébellions et leurs leaders sont maintenant associés au progrès, à la modernité, au Québec, alors que les réformistes sont implicitement assimilés au repli, à la tradition et au Canada[14].

L'influence de l'école de Montréal et un certain attrait pour le nationalisme civique n'expliquent cependant pas à eux seuls ce revirement. C'est que LaFontaine, comme d'ailleurs tous les héros de l'historiographie traditionnelle, sont peu à peu déboulonnés par des historiens qui préfèrent étudier les structures sociales et économiques plutôt que la politique dans ce qu'elle peut avoir de contingent. La compréhension du passé ne passe plus pour eux par l'étude des grands personnages politiques, mais bien par la mise au jour des lois du social, la compréhension de l'essor du capitalisme, l'analyse des processus qui allaient mener à l'avènement d'une société urbaine et industrielle. Lorsqu'on daigne se pencher sur les décisions de politiciens de premier plan, c'est souvent pour révéler l'intention sournoise d'une classe dominante. C'est ainsi qu'on en vient à présenter LaFontaine et les réformistes comme les porte-parole d'une bourgeoisie intéressée avant tout par l'accession au pouvoir et par la conservation de ce pouvoir, non par les nécessaires réformes à mettre en œuvre. Dans ses études sur le

XIXe siècle, l'historien Brian Young confine Louis-Hippolyte LaFontaine et les réformistes au rôle d'avocats des intérêts matériels de l'Église catholique et du grand capital. Sous la plume de Young, les réformistes pensent, agissent, complotent comme tous ces bourgeois triomphants du XIXe siècle qui, partout en Occident, voient au financement des grands projets d'infrastructures, renforcent les lois sur la propriété privée et se montrent intraitables à l'égard des classes laborieuses. S'ils désapprouvent la stratégie d'affrontements de 1837, pactisent avec les réformistes puis les conservateurs du Haut-Canada, acceptent l'Union, en un mot, s'ils retournent leur veste, semblent renoncer aux grands principes démocratiques contenus dans les 92 résolutions, ce serait avant tout pour assurer la croissance économique de la colonie, pour transformer les lois commerciales et civiles, et pour mettre fin au régime seigneurial[15]. Dans une historiographie plus récente sur la période, et qui fait une plus grande place à l'étude des idées politiques, LaFontaine et les réformistes sont aussi dépeints comme des politiciens un peu vils qui succombent trop facilement à la « petite loterie » coloniale en acceptant des postes clés dans l'administration du Canada-Uni. Une fois au pouvoir, ces politiciens ont recours au patronage, une méthode qu'ils avaient pourtant dénoncée lorsqu'ils étaient dans l'opposition. En agissant de la sorte, explique le sociologue Stéphane Kelly, ces réformistes renient leurs anciennes convictions, rejetant le credo républicain du Parti « patriote », notamment nourri de la hantise de la corruption[16].

Depuis quelques années, LaFontaine et les réformistes font l'objet d'un regain d'intérêt, tant au Canada anglais qu'au Québec. Cet intérêt participe d'une volonté de donner un nouveau sens à l'expérience canadienne et d'une tentative de contrecarrer le grand récit historique des Québécois, qui serait trop axé sur la victimisation, les défaites politiques et le ressentiment à l'égard des Anglais. Dans ses *Réflexions d'un frère siamois,* l'essayiste John Ralston Saul présente LaFontaine comme un homme modéré, volontaire et rationnel, intéressé avant tout par des principes d'avenir, plutôt que comme un écorché vif réagissant de façon émotive aux événements. Lui et Baldwin, pourtant accusés de haute trahison par les tories, « ne réagissent jamais en hommes qui se sentent personnellement offensés[17] », ils préfèrent s'entendre autour de réformes à mettre en œuvre. Cette approche particulière du bien commun ferait d'eux les « frères siamois de nos origines[18] ». Avec le concours de l'Institut pour la citoyenneté canadienne et de l'Institut du Dominion, Saul fonde en 2000 le Symposium annuel LaFontaine-Baldwin qui offre chaque année une tribune de choix à des personnalités canadiennes[19]. L'organisme, explique-t-on sur son site Web, souhaite rendre hommage à la mémoire de « nos premiers leaders modernes », qui avaient « une idée claire et commune du bien collectif ». La perspective de Saul est partagée par André Pratte, l'éditorialiste en chef du journal *La Presse*. Dans un essai paru en 2006, Pratte dénonce lui aussi ce « mythe » de la victime qui dominerait la mémoire collective des Québécois. Il présente Papineau et les principaux leaders des rébellions non pas comme les victimes des Anglais, mais comme les responsables de la défaite de 1837. Quant à LaFontaine et aux réformistes, ils ont selon lui « fait avancer les causes du gouvernement responsable et de la langue française », en plus de permettre aux Canadiens français « de regagner leur autonomie au sein du Canada, tout en obtenant une protection contre les États-Unis et en mettant en place les conditions de la prospérité[20] ». Cette volonté de revaloriser le rôle de LaFontaine, on la retrouve aussi chez l'historien Jocelyn Létourneau. Dans un essai ambitieux qui propose une généalogie de l'intention nationale des Québécois d'ascendance canadienne-française, Létourneau présente LaFontaine comme un politicien du « beau risque », comme « l'homme de la voie médiane » qui fait le pari de

> travailler de l'intérieur cette structure d'union, en l'aménageant de manière qu'elle permette aux Canadiens de poursuivre leur évolution comme nationalité interdépendante et non en tant que nation indépendante ou simple communauté dépendante. Sur cette base, le député de Terrebonne visait à éviter deux écueils redoutés par les siens : celui de l'inclusion dans l'Autre (péril de l'assimilation) et celui du repli sur Soi (péril de la marginalisation)[21].

Pour ces trois auteurs, la figure de LaFontaine sert les desseins d'une argumentation plus large contre le nationalisme québécois d'aujourd'hui, jugé irrationnel, émotif, revanchard.

*   *   *

J'estime que, pour comprendre le cheminement de LaFontaine et des réformistes qui acceptent les règles du jeu imposées par l'Union, qui militent pour l'obtention du gouvernement responsable et combattent énergiquement toute forme d'annexion aux États-Unis, il est nécessaire de revenir aux soulèvements de 1837 et 1838, de saisir leur lecture des événements, d'entrevoir les solutions qu'ils mettent en avant pour sortir de cette crise politique sans précédent. Revenir sur ces années de tumultes et entrevoir leurs perceptions des choses, ce n'est pas seulement voir se profiler quelques-unes des idées phares du réformisme canadien-français du milieu du XIXᵉ siècle que l'on retrouvera dans les cinq prochains chapitres, c'est surtout se pencher sur le lourd poids de la responsabilité politique en temps de crise, c'est prendre la mesure du brouillard qui enveloppe les acteurs lorsque vient le temps de décider de la marche à suivre. Mon objectif n'est certainement pas de trancher les débats actuels sur l'action des réformistes, mais simplement de rappeler les arguments politiques qu'ils ont invoqués contre la stratégie d'affrontement de l'état-major « patriote » durant l'été 1837. J'aimerais démontrer que cette divergence de vues renvoie aussi à des idées et à des convictions, mais surtout à une analyse particulière du contexte historique dans lequel était plongée la nationalité canadienne en 1837.

Unité autour des 92 résolutions

Les 92 résolutions contiennent les doléances principales des députés canadiens rassemblés autour de Louis-Joseph Papineau et sont le plus souvent présentées comme le manifeste du Parti « patriote[22] ». Or, il est loin d'être clair que les membres du parti majoritaire désignent ainsi leur formation politique. Jusqu'aux rébellions, rappelle Gilles Laporte, une telle étiquette n'est en effet pas très courante dans les journaux. Le plus souvent, le parti majoritaire est désigné sous le nom de « Parti canadien » ou de « Parti réformiste », et le camp adverse sous celui de

« Parti constitutionnel[23] ». Dans la deuxième édition de son *Histoire du Canada*, François-Xavier Garneau, à la fois historien et témoin de cette période, désigne le groupe majoritaire sous le nom de « Parti canadien », de « Parti populaire » ou de « Parti libéral[24] », mais jamais de « Parti patriote ». Il en va de même des députés du groupe majoritaire de l'Assemblée législative et de leur chef Louis-Joseph Papineau qui, à la veille de l'affrontement armé, parlent constamment du « Parti réformiste[25] ». Ce détail a son importance lorsqu'on veut comprendre la portée réelle que souhaitent donner les députés canadiens aux 92 résolutions.

En effet, on peut difficilement qualifier de révolutionnaire cette longue liste de récriminations et de revendications, même si certaines résolutions pourraient rompre l'équilibre institutionnel instauré par l'Acte constitutionnel de 1791. Certes, plusieurs résolutions donnent à penser que les rédacteurs du document prennent alors leur distance du constitutionnalisme britannique, du moins tel qu'il est pratiqué dans les colonies de l'époque. L'accent mit sur la réforme du Conseil législatif plutôt que sur l'obtention du gouvernement responsable[26] et l'admiration bien sentie pour les institutions républicaines américaines[27] montrent assez clairement que bon nombre de députés canadiens ne rejettent pas complètement l'idée d'aligner leur régime politique sur celui des autres nations d'Amérique qui viennent de réaliser leur indépendance. Cela dit, on omet souvent de rappeler que la réforme de la Chambre haute est alors également à l'ordre du jour en Grande-Bretagne, et que la proposition d'élire les membres de la Chambre des lords circule aussi dans la capitale de l'Empire. Lors du débat sur l'Acte constitutionnel de 1791, des députés whigs (libéraux) avaient proposé que le Conseil législatif soit électif[28] ; au cours des années 1830, les radicaux britanniques militent pour une réforme en profondeur de la Chambre des lords[29]. Lorsqu'on relit attentivement les 92 résolutions, on se rend compte que l'option américaine en est une de repli, que le premier choix des rédacteurs est avant tout de réformer l'Acte constitutionnel de 1791, et non de l'abolir ou même de proclamer l'indépendance du Bas-Canada. À trop insister sur le caractère libéral ou républicain des 92 résolutions, on en vient à oublier que ce texte a alors surtout pour mission de rappeler aux ministres du gouvernement britannique que les Canadiens sont de loyaux sujets qui, en 1776 et en 1812, ont refusé de se joindre à la république du sud, que ceux-ci éprouvent même le « plus grand attachement pour l'Empire britannique[30] », et que, par conséquent, ils ne méritent pas d'être considérés comme des habitants de seconde zone. Selon les rédacteurs des 92 résolutions, ceux qui menacent le plus de rompre le lien impérial, ce ne sont pas les Canadiens, qui ne demandent qu'à être traités avec justice et équité, mais bien une toute petite minorité corrompue, surreprésentée au sein des Conseils exécutif et législatif et dans les emplois publics, pleine de préjugés à l'égard des sujets d'ascendance française et souvent incapable de s'adresser en français à la masse des habitants de la colonie lorsque certains de ses membres sont nommés juges. La vaste majorité des habitants du Bas-Canada a « confiance dans le gouvernement de Sa Majesté[31] » ; elle a accepté d'« accueillir avec libéralité et fraternité ses co-sujets[32] » du Royaume-Uni et a fait sien le droit constitutionnel et public anglais, bref, cette majorité ne remet pas fondamentalement en question son appartenance à l'Amérique du Nord britannique. Le véritable danger vient plutôt de cette influente minorité qui ne représente rien ni personne, sauf ses intérêts personnels. Cette clique « hostile au pays », qui ne se sent pas solidaire des véritables intérêts de la colonie et qui, par-dessus tout, nourrit de profonds préjugés à l'égard des sujets d'une autre origine — ce qui donne lieu à une situation « d'infériorité politique et de séparations de droits et d'intérêts[33] » —, est la source du mécontentement qui gronde dans la colonie. Les 92 résolutions n'ont donc rien d'un manifeste républicain ou d'une déclaration d'indépendance. Elles sont plutôt un long réquisitoire contre un petit groupe qui fonde ses malversations et ses abus de pouvoir sur d'étroits préjugés ethniques. Ces résolutions appellent non pas à une refonte complète des institutions politiques et sociales de la colonie, mais à quelques réformes, inspirées le plus souvent de la tradition britannique en même temps que par l'État social américain, et qui ne visent qu'à corriger de criants abus.

Ce texte « réformiste » est adopté le 21 février 1834 par l'Assemblée législative du Bas-Canada. Lors du vote pris en Chambre, 56 députés se prononcent pour, 23 contre. La majorité, on le voit, n'est pas écrasante.

C'est que certains membres de l'élite canadienne prennent peu à peu leur distance du parti de Papineau. Convaincu des velléités séditieuses du parti de ce dernier[34], Pierre-Édouard Leclère fonde en 1832, à la suite d'une élection partielle qui tourne mal, *L'Ami du peuple,* un journal montréalais clairement hostile aux revendications du Parti canadien. Dominique Mondelet, élu député de la circonscription de Montréal sous la bannière du Parti canadien, prend lui aussi ses distances en acceptant une nomination au Conseil exécutif en novembre 1832. Il y siégera jusqu'à l'élection de 1834. À Québec, John Neilson, pendant longtemps le lieutenant de Papineau à Québec, se dissocie lui aussi du Parti canadien à partir de 1833. S'il vote contre les 92 résolutions, c'est principalement parce qu'il désapprouve l'idée de faire élire les membres du Conseil législatif, une proposition qui selon lui dénature l'esprit de l'Acte constitutionnel de 1791[35]. Neilson est suivi par des membres en vue de l'élite canadienne comme Augustin Cuvillier et Frédéric-Auguste Quesnel, et plus tard par Elzéar Bédard, le fils du fondateur du Parti canadien[36]. Ces dissidents sont qualifiés de « chouayens », un terme péjoratif accolé à ceux qui tournent le dos au Parti canadien. Toutefois, ces quelques voix discordantes ne parviennent pas à convaincre les électeurs, puisque le Parti canadien rafle 77 des 88 sièges lors de l'élection d'octobre et novembre 1834.

Cette grande victoire du Parti canadien amorce une nouvelle séquence politique. Jusque-là, le parti de Papineau s'en est tenu à la stratégie de la liste civile, c'est-à-dire à une guérilla procédurière qui a souvent eu pour effet de paralyser les travaux de la Chambre. En retenant les subsides prévus pour le gouverneur et son entourage immédiat, on souhaitait faire pression sur l'administration coloniale du Bas-Canada. Avec les 92 résolutions, la lutte est désormais portée à Londres, comme si on avait abandonné tout espoir de convaincre la clique marchande de travailler au bon fonctionnement de la colonie. En s'adressant directement au gouvernement britannique, on passe par-dessus la tête de l'influente minorité qui, ayant ses entrées à Londres, ne fait voir qu'un seul côté de la médaille. À en juger par la réaction haineuse, sinon clairement « raciste » de la *Gazette* et du *Herald* de Montréal aux 92 résolutions, dont fait assez peu état l'historiographie récente, on comprend

mieux pourquoi le Parti canadien souhaite agir ainsi : impossible en
effet de dialoguer avec des gens qui croient que les Canadiens n'ont
absolument aucune raison de se plaindre, qu'ils se comportent même
comme des enfants ingrats qui doivent leur existence à la magnanimité
de la Couronne britannique ; inutile de négocier avec des hommes qui
croient que les Canadiens sont les victimes malheureuses de leur ignorance de catholiques, que la grande masse du peuple se laisse manipu-
ler par une élite de démagogues ambitieux qui n'ont au fond qu'un seul
but : « La destruction des biens et des droits des principaux habitants
d'origine britannique et irlandaise[37]. » Dans le *Missisquoi Standard*
du 20 octobre 1835, on pouvait lire :

> Labourons-nous nos terres avec de vieilles charrues montées sur roues ?
> Non ! Utilisons-nous l'abominable train canadien ? Non ! Nous conten-
> tons-nous de cultiver la terre dans le simple but de subsister et de nour-
> rir nos familles ? Non ! Sommes-nous de la même époque qu'eux ? Non !
> Non ! Ils sont le produit des siècles passés ; nous sommes les enfants de
> notre temps [...]. Quant aux piètres qualités qu'ils disent posséder —
> l'ignorance, l'indolence, un manque de volonté — nous ne sommes pas
> en mesure de rivaliser[38]…

Dans ses souvenirs de jeunesse, Amédée Papineau, qui, séduit
comme son illustre père par le patriotisme républicain, avait été un des
signataires du manifeste des Fils de la liberté, se rappelle les motivations
qui avaient poussé le Parti réformiste à adopter les 92 résolutions : « Les
neuf dixièmes de la population sont d'origine française et ils n'obtiennent pas le dixième des fonctions et émoluments publics. Les conqué-
rants se partagent nos dépouilles, nous méprisent et nous insultent.
Quelques courtisans seuls, qui les flattent, sont admis à leurs faveurs[39]. »
Si, dans l'historiographie récente, on a raison d'insister sur le fait que le
Parti canadien accueille dans ses rangs des habitants de diverses origines
ethniques, une telle démonstration reste à faire pour le camp des
« loyaux » — ces adversaires des 92 résolutions qui fondent leur position sur leur prétendue loyauté à l'Angleterre. En effet, les « adresses »
rédigées entre 1834 et 1837 par les différentes associations loyales ne

sont pas destinées aux Canadiens d'ascendance française, mais uniquement aux sujets originaires des îles britanniques[40]. Brian Young montre également que la mentalité d'assiégés des dirigeants des milices loyales les rend très réticents à accepter des Canadiens français dans leurs rangs, peu importe qu'ils soient en profond désaccord avec les doléances des rebelles ou issus de l'aristocratie seigneuriale[41]. Cette minorité arrogante et intolérante, formée entre autres par les Montréalais George Moffatt, Peter McGill et John Molson fils, ou les Québécois William Price et James Bell Forsyth, tous très engagés dans le commerce du bois et dans les transports, ou dans les milieux financiers, et tour à tour membres des Conseils législatif et exécutif, fondateurs des associations constitutionnelles de Montréal et de Québec dont la mission est de combattre les aspirations politiques de la majorité canadienne, fait donc écran aux doléances du Parti canadien. Louis-Joseph Papineau et son état-major semblent convaincus qu'en s'adressant directement au gouvernement britannique, on obtiendra les mêmes résultats que le Parti canadien de 1810 et de 1822 qui, les deux fois, a réussi à renverser la vapeur en bloquant les projets d'union des deux Canadas.

Les réformistes se rallient donc à la nouvelle stratégie politique mise en place par Papineau. Sans réserve, ils soutiennent les principes contenus dans les 92 résolutions. Contrairement aux « chouayens » décrits plus haut, ils ne prennent pas leurs distances par rapport au Parti canadien à ce moment-là, bien au contraire.

En 1834, Louis-Hippolyte LaFontaine est perçu comme l'un des membres de la garde rapprochée de Louis-Joseph Papineau. Le jeune député ne craint pas de dénoncer ceux qui combattent le Parti canadien ou retournent leur veste en acceptant des postes au sein de l'administration coloniale. Vraisemblablement pris à parti par LaFontaine, Pierre-Édouard Leclère, le controversé directeur de *L'Ami du peuple,* se défend d'être un « transfuge de la cause canadienne » et accuse le jeune député de propager contre lui des « injures grossières » et d'avoir un cœur « méchant et venimeux[42] ». Les frères Dominique et Charles Mondelet, dont on connaît le cheminement tortueux, goûtent également à la médecine du député de Terrebonne. Dans un pamphlet sans concessions, LaFontaine accuse en effet les Mondelet d'être guidés par

« l'intérêt particulier et une ambition coupable[43] ». Publié par l'imprimerie du journal *La Minerve*, le texte de soixante-quinze pages est aussi
un condensé de la pensée de LaFontaine rédigé à chaud, peu après
l'adoption des 92 résolutions. Son analyse du contexte montre qu'il en
a surtout contre un « système administratif » injuste qui exclut systématiquement les Canadiens des emplois publics. Une telle situation
tient ceux-ci « dans un état d'infériorité et d'abjection » absolument
inacceptable, selon lui[44]. Pour y remédier, il juge opportun de faire élire
les membres du Conseil législatif, car l'État social qui prévaut en
Amérique, argue-t-il, n'admet que l'aristocratie « des vertus et des
talents[45] », et non celle de la naissance ou des passe-droits. L'Angleterre
doit donc voir clair : « Le seul moyen pour elle de conserver longtemps
ces belles Colonies du Nord, qui devraient tôt ou tard former une
"nation indépendante", repose dans l'adoption du système électif dans
toute son étendue possible[46]. » Dans l'esprit de LaFontaine, on le voit,
faire élire les membres du Conseil législatif n'est pas une fin en soi, mais
bien un moyen pour que cessent des injustices criantes fondées sur les
préjugés d'une petite oligarchie à l'égard d'une nationalité majoritaire.
Le Parti réformiste doit cependant avoir une position de repli au cas où
la Grande-Bretagne ne se rangerait pas à ses vues : « Si malheureusement la mère-patrie [anglaise] voulait adopter la politique machiavélique de ne nous accorder que ce qu'elle ne nous peut refuser, montrons
que nous ne voulons pas transiger, mais avoir pleine et entière justice,
et posséder des institutions aussi parfaites que possible[47]. » Cette intransigeance apparente et ces violentes attaques contre ceux qui tournent le
dos à la cause du peuple expliquent pourquoi le jeune LaFontaine a
souvent été présenté comme un « propagandiste radical[48] », sinon
comme un rebelle prompt à condamner toute forme de concession[49].
Cette perception de radicalité, constamment reprise par ceux qui ont
depuis décrit le parcours des premières années de LaFontaine en politique, on la retrouve dès 1852 chez François-Xavier Garneau[50].

Lors de l'adoption des 92 résolutions, Étienne Parent jouit déjà
d'une influence importante. Sa loyauté à l'endroit du Parti canadien
n'est plus à démontrer. Dès 1822, il a pris position contre le projet
d'union des deux Canadas qui vise clairement selon lui à soumettre la

population canadienne aux vues d'une minorité hostile[51]. En février 1834, Parent suit de près les débats sur les 92 résolutions. Il regrette que le parti de Louis-Joseph Papineau soit obligé de recourir à ces grands moyens et ne comprend pas les hésitations du Colonial Office : « La postérité s'étonnera sans doute que deux pays dont l'intérêt devait cimenter l'union ; qu'un peuple qui avait besoin de protection et qu'une nation qui pouvait la donner, n'aient pu, sous l'égide de la justice, s'épargner les maux sans nombre qui découlent des troubles et des dissensions politiques[52]. » Les Canadiens, fait-il valoir, ont une seule prétention, celle de conduire leurs propres affaires internes, une aspiration légitime qu'ils tiennent de la « nature » et de leur « qualité de sujets britanniques[53] ». À la *Gazette* et au *Herald* de Montréal, qui profèrent leurs « calomnies insensées », Parent rétorque que les Canadiens ne souhaitent qu'être traités en « sujets égaux[54] ». Les représentants du Bas-Canada ont tout à fait le droit de formuler les doléances des citoyens canadiens, de réclamer une « forme de gouvernement qui assure la jouissance pleine et entière de tous les droits qui [leur] appartiennent comme hommes et comme sujets britanniques ». Ce pouvoir légitime du peuple fait partie de ces « principes qui ont été écrits sur le sol de l'Amérique, en caractères de sang, en caractères qui ne s'effaceront qu'avec les peuples qui les ont tracés[55] ». Même s'il ne semble pas avoir pris part à la rédaction des 92 résolutions, Étienne Parent n'hésite pas à les défendre. Il loue la « vérité qui y règne d'un bout à l'autre », admire le « ton mâle, respectueux, mais ferme d'une noble indépendance[56] ». En réaction aux critiques d'un John Neilson, le rédacteur du *Canadien* affirme qu'il ne voit dans ces résolutions aucune volonté de rompre les liens avec la Grande-Bretagne. En prenant en considération toutes les options qui s'offrent au peuple de la colonie, les rédacteurs des 92 résolutions ne versent pas dans la fanfaronnade, ils font simplement preuve de lucidité. Certes, admet Parent, en se référant aux résolutions les plus controversées, « le peuple de ce pays, l'homme social du Canada, en est aujourd'hui à voir qu'on peut avoir en Amérique un bon, un excellent gouvernement, à beaucoup meilleur marché qu'il ne paie le sien en sacrifiant beaucoup moins de liberté qu'il ne le fait[57] ». Lorsqu'on lit attentivement les écrits de Parent de cette période, on comprend cependant que cette option républicaine et américaine est, pour lui comme pour LaFontaine, bien davantage un moyen de faire pression sur Londres qu'un projet sérieux. Les préjugés de la minorité au pouvoir et les incompréhensibles hésitations du Colonial Office obligent en effet les Canadiens à envisager de tels scénarios.

En 1834, Augustin-Norbert Morin loge à la même enseigne que LaFontaine et Parent. Élu député de Bellechasse en 1830, Morin appartient, tout comme LaFontaine, à une nouvelle cohorte de députés apparemment plus pugnaces. C'est que ses écrits antérieurs montrent qu'il ne s'en laisse pas imposer par l'oligarchie britannique qui cherche à imposer ses volontés. En 1825, il s'en prend violemment au juge Edward Bowen qui refuse un bref de sommation écrit en français : « Les émigrés du Royaume-Uni, écrit-il sous un pseudonyme, ne représentent pas ici la Mère-Patrie, elle ne leur a délégué aucun pouvoir, aucune prérogative sur les autres sujets anglais de la colonie[58]. » À la petite élite qui accuse les Canadiens d'exclure de leurs rangs ceux qui ne sont pas d'origine française, Morin explique :

> Qu'est-ce que les Canadiens ? Généalogiquement, ce sont ceux dont les ancêtres habitaient le pays avant 1759, et dont les lois, les usages, le langage leur sont politiquement conservés par des traités et des actes solennels ; politiquement, les Canadiens sont tous ceux qui font la cause commune avec les habitants du pays, quelle que soit leur origine ; ceux qui ne cherchent pas à détruire la religion ou les droits de la masse du peuple ; ceux en qui le nom de ce pays éveille le sentiment de la patrie ; ceux pour qui l'expropriation du peuple au moyen des intérêts commerciaux seront un malheur ; ceux enfin qui ne voient pas un droit au-dessus de toutes les lois dans les traitans venus d'outre-mer depuis 1759. Ceux-là sont les vrais Canadiens, et il y a dans le pays un grand nombre d'Anglais respectables, que le pays reconnaît parce que leurs intérêts sont les mêmes que les siens ; le pays compte même parmi ces honnêtes citoyens plus d'un défenseur de ses droits, et il le sait[59].

Dans les archives personnelles de Morin, on trouve des textes rédigés pour *Le Coin du feu,* un périodique éphémère fondé en 1829 et censé faire la promotion de l'enseignement et de la lecture[60]. Dans un de ces textes, il reproche au gouvernement britannique d'avoir imposé au peuple du Bas-Canada « un corps tiers, une aristocratie, qui ne tenait au pays ni par l'histoire ni par les souvenirs[61] ». Ce « corps tiers », poursuit-il, créait une véritable instabilité qui menaçait les bases mêmes du régime politique mis en place depuis 1791. « Les gouvernements constitutionnels sont pour éviter les révolutions ; ils n'ont rien de beau en théorie ; l'harmonie ne naît jamais du désordre ; et la discorde n'engendre jamais l'unité de volonté. » L'« essence » du régime constitutionnel est selon Morin de « représenter tous les intérêts, et de les engager à des concessions mutuelles par une espèce de commerce et d'échange ». De telles concessions ne sont évidemment pas à l'ordre du jour au Bas-Canada. La définition que propose Morin de ce qu'est un « vrai » Canadien, de même que son analyse politique du constitutionnalisme britannique, le conduisent logiquement à faire siennes plusieurs des doléances contenues dans les 92 résolutions. « Disciple le plus dévoué[62] » de Papineau, selon Garneau, il aurait même rédigé une partie substantielle du célèbre document[63]. Le 1er mars 1834, Morin reçoit d'ailleurs de l'Assemblée législative le mandat d'aller rejoindre Denis-Benjamin Viger à Londres ; du 12 mai au 13 juin, il répond aux questions des députés britanniques du *select committee* de la Chambre des communes qui cherchent à faire la lumière sur la situation au Bas-Canada[64]. À en juger par la lettre qu'il reçoit de Papineau, datée du 10 novembre 1835, il aurait « rendu à la Patrie[65] » de bons services.

La réaction aux résolutions Russell

Une fois les 92 résolutions acheminées à Londres, la balle est désormais dans le camp du gouvernement britannique. Cette stratégie à visière levée du Parti canadien a l'avantage de la clarté, mais en poussant Londres dans ses derniers retranchements, elle comporte un risque évident. S'il s'est objecté à l'union des deux Canadas, en 1810 et en 1822, jamais le gouvernement de Sa Majesté n'a eu à répondre à des doléances aussi limpides et précises. À coup sûr, la décision britannique déplaira à l'un ou à l'autre des camps en présence. En attendant de trouver une solution, il faut donc gagner du temps. C'est précisément ce que fait Londres en nommant un nouveau gouverneur en février 1835. Lord Archibald Acheson, comte de Gosford, reçoit la délicate mission de calmer le jeu et de formuler des propositions qui doivent permettre de sortir de l'impasse politique. L'attitude à adopter face à ce qui prend l'allure d'une mission de la dernière chance ne fait clairement pas consensus auprès de ceux qui communient à la cause canadienne. Certains députés canadiens veulent voir dans ce gouverneur originaire d'Irlande, qu'on dit ouvert aux revendications des catholiques et ami du chef politique Daniel O'Connell, un interlocuteur de bonne foi qui mérite qu'on lui donne une chance de mener sa mission à bien[66]. C'est le cas d'Étienne Parent, qui écrit : « Nous avons toujours pensé qu'il était de l'intérêt de cette colonie d'appuyer ceux de nos gouverneurs qui se montrent justes et bienveillants[67]. » Cette bienveillance, Parent l'attribue probablement à la décision de Gosford de démanteler le British Rifle Corps en janvier 1836[68]. De son côté, l'état-major du Parti canadien, dont les idées sont diffusées par des journaux comme *La Minerve* ou *The Vindicator,* n'accorde pas beaucoup de crédit à cette mission. Il faut dire qu'en février 1836, à la suite d'une indiscrétion du gouverneur du Haut-Canada Francis Bond Head, les députés canadiens prennent connaissance des principales instructions fournies par Londres aux fonctionnaires qui accompagnent Gosford. Celles-ci révèlent notamment que le gouvernement britannique n'est nullement disposé à ce que les membres du Conseil législatif soient un jour élus. Certains députés canadiens, dont LaFontaine et Morin, considèrent qu'il s'agit là de la réponse de Londres aux 92 résolutions[69].

Après avoir pris connaissance des recommandations de Lord Gosford, dont le rapport est déposé à la Chambre des communes le 2 mars 1837, le gouvernement britannique rend finalement sa décision. Les 10 résolutions[70] de Lord John Russell tombent comme un couperet. Le gouvernement estime que, dans l'état actuel des choses, il ne serait pas avisé *(« inadvisable »)* de permettre l'élection des membres du Conseil législatif ou de rendre le Conseil exécutif responsable de ses décisions devant la Chambre[71]. De plus, Lord Russell consent à ce que le gouverneur et son administration puisent dans les coffres de la colonie la rondelette somme de 142 160 £, soit l'addition de tous les subsides que l'Assemblée législative avait refusé de consentir au cours des années précédentes en guise de moyens de pression. Par cette fin de non-recevoir, et par cet outrage au pouvoir de l'Assemblée, le gouvernement britannique choisit son camp. Tous les regards se tournent alors vers Louis-Joseph Papineau et son état-major. Après l'échec de la stratégie des 92 résolutions, il faut envisager de nouvelles pistes d'action.

On observe durant l'été 1837 une véritable mobilisation populaire, tant du côté patriote que du côté loyal. De nombreuses assemblées publiques, d'ailleurs interdites dès le 15 juin par Gosford, se tiennent un peu partout au Bas-Canada. On y prononce des discours « patriotiques » et on vote des « adresses ». Les résolutions adoptées font état de l'exaspération de la population bas-canadienne à l'égard du gouvernement impérial et de la nécessité de procéder à des réformes politiques d'envergure. Par ailleurs, en plus d'avoir des visées anticléricales ou de critiquer le fonctionnement du régime seigneurial[72], certaines résolutions déplorent l'attitude intolérante de l'oligarchie à l'égard de la majorité canadienne :

> La lutte dans laquelle les habitants du pays sont engagés, peut-on lire dans la résolution 4 de la déclaration des habitants de Saint-Hyacinthe, est due à des préjugés nationaux [...]. Loin de nourrir des préjugés contre nos co-sujets d'origine étrangère, nous sommes au contraire (comme l'attestent plusieurs élections des représentans) toujours disposés à donner des marques de confiance et de sympathie à ceux d'entre eux qui combattent pour la cause populaire[73].

D'autres résolutions montrent que bon nombre d'habitants espèrent voir surgir une véritable solidarité avec les réformistes des autres colonies britanniques :

> Nous prions nos frères réformistes des colonies voisines, peut-on lire dans la déclaration des habitants de Sainte-Scholastique, de travailler de

concert avec nous pour la défense commune des libertés coloniales, persuadés que nous sommes qu'ils ne sont pas plus que nous disposés à partager l'avenir d'esclavage et de dégradation dont le Bas-Canada est menacé par le despotisme métropolitain[74].

Comme l'explique Louis-Georges Harvey, la plupart des dirigeants du parti majoritaire ont depuis peu le sentiment que le Bas-Canada s'apprête à vivre une expérience révolutionnaire similaire à celles qu'ont vécu les treize colonies américaines quelques décennies plus tôt. En effet, comme pour préparer les esprits à l'éventualité d'une lutte anticoloniale musclée, la presse favorable aux 92 résolutions était revenue dès l'automne 1835 sur les événements qui avaient conduit à l'indépendance des États-Unis. Pour plusieurs, les résolutions Russell ne peuvent dès lors mener qu'à un affrontement violent contre la métropole. À l'image des rebelles américains, la plupart des dirigeants en viennent à se considérer comme d'authentiques « patriotes » qui n'ont d'autre choix que de mobiliser des troupes en vue d'une insurrection armée. L'appel au boycott des produits britanniques et la fondation, en août 1837, de l'association Les Fils de la liberté montrent à quel point l'expérience révolutionnaire américaine devient alors une référence obligée[75]. De même, comme le rapporte Allan Greer, les résolutions adoptées lors des grandes assemblées publiques de 1837 et les charivaris organisés à l'intention des magistrats qui hésitent à démissionner pour affirmer leur solidarité à la cause patriote donnent à voir un peuple capable de se gouverner lui-même, comme si la république existait déjà, mais à l'échelle de la paroisse[76]. Cela dit, l'omniprésence de la référence américaine, ainsi qu'une certaine expérience de la démocratie locale, ne peuvent à elles seules expliquer la mobilisation de l'été 1837. L'éveil d'une conscience nationale, le sentiment des habitants d'être victimes de préjugés, de partager un destin commun comme peuple, ont aussi beaucoup à voir avec l'intensité de cette mobilisation. Le plus souvent, cette lutte nationale se vit à l'échelle locale. La rigoureuse démonstration de l'historien Gilles Laporte est à cet égard très convaincante. Dans une large mesure, les lieux où se créent des associations patriotes et où se tient le plus grand nombre d'activités politiques dépendent de la présence d'une minorité anglaise qui, elle aussi, se mobilise. « La cohabitation entre catholiques et protestants, explique Laporte, entre francophones et anglophones, provoque des tensions qui s'expriment par une plus forte mobilisation du côté patriote. À l'inverse, les comtés où les franco-catholiques sont prépondérants ne semblent pas présenter la même ferveur organisationnelle[77]. » Des circonscriptions comme Orléans, L'Islet, Montmorency ou Champlain sont en effet parmi les moins actives sur le plan politique, comme si, pour les cultivateurs canadiens-français de ces comtés, les doléances contenues dans les 92 résolutions les concernaient finalement assez peu, et ce, même s'ils votent pour des députés « patriotes » en 1834.

Les affrontements de novembre et de décembre 1837, et ceux de 1838, ont été décrits et analysés par de nombreux chercheurs chevronnés[78]. Les raisons de l'échec des patriotes, qui tiennent de la force de l'armée britannique, du fanatisme des milices loyales et de l'inexpérience des commandants patriotes autant que de l'absence d'appuis étrangers, ne sauraient évidemment être réduites à une seule cause. Ce qui frappe cependant, à la lecture de ces travaux et des comptes rendus laissés par les acteurs des événements, c'est le manque de préparation militaire des leaders patriotes. Tout se passe en effet comme s'ils avaient tout misé sur un règlement politique, comme s'ils avaient toujours été convaincus que le gouvernement impérial se rendrait à leurs arguments. Le discours prudent de Papineau à la veille des premiers affrontements armés au cours de la grande assemblée des Six-Comtés[79] et sa « fuite » controversée aux États-Unis le jour de la victoire à Saint-Denis[80] donnent à penser que le chef canadien n'avait pas considéré d'autres options que celles, plus restreintes, de la politique. « Je mets le gouvernement anglais au défi de me démentir, écrit-il deux ans à peine après les événements, quand j'affirme qu'aucun de nous n'avait préparé, voulu ou même prévu, la résistance armée[81]. » Cette hésitation à prendre les armes et à affronter la plus puissante armée du monde semble être partagée par d'autres leaders patriotes. Le journal personnel d'Amury Girod, le commandant des troupes patriotes à Saint-Eustache, montre que la victoire de Saint-Denis ne galvanise guère les têtes dirigeantes de la région de Deux-Montagnes : « Ils résolurent de se tenir sur la défensive, note Girod dans son journal le 25 novembre 1837. Je me repentis pour la première fois d'avoir placé ma confiance en des personnages ayant un caractère si hésitant[82]. » Les fantassins de cette « armée » largement improvisée ressentent fort probablement cette improvisation. « Les meneurs, se souvient pour sa part Hippolyte Lanctôt qui avait pris part à la bataille d'Odelltown, n'étaient pas à la hauteur de la mission qu'ils s'étaient donnée ; et n'avaient pleine conscience de la responsabilité grande et terrible qu'ils avaient assumée[83]. » La noble cause des patriotes, que Lanctôt associe à l'octroi du gouvernement responsable, ne justifie pas, à ses yeux, « l'esprit d'irréflexion et d'imprévoyance avec lequel les chefs patriotes inaugurèrent une lutte à main armée dans laquelle les assaillants devaient nécessairement succomber[84] ».

Cette débâcle des troupes « patriotes » qui va rendre la nationalité canadienne plus vulnérable que jamais, Étienne Parent l'a largement anticipée. De tous les réformistes qui feront leur marque aux lendemains des rébellions, il est celui qui s'exprime le plus tôt et le plus clairement sur les suites à donner aux résolutions Russell. Quelques jours à peine après que les habitants du Bas-Canada ont pris connaissance du verdict de Londres, Parent pose la question fatale : « Qu'allons-nous faire[85] ? » Le directeur du *Canadien* considère ces résolutions comme un véritable « acte d'agression » qui rompt le « contrat social » qui lie la colonie à sa métropole depuis 1791. « Le vaisseau de nos libertés, écrit-il, a été jeté sur les rescifs de l'arbitraire britannique, et les débris sont épars sur la plage. » Malgré ce dur constat, Parent estime qu'il faut à tout prix éviter d'enflammer les esprits avec des slogans creux qui ne tiennent pas compte de la dure réalité politique. Convaincu qu'aucun pays ne viendra à la rescousse du Bas-Canada, Parent, qui cite le triste exemple de la répression polonaise, propose un repli stratégique : « Notre unique recours, c'est nous, c'est notre union, notre prudence, notre modération, et avec cela nous pouvons présenter longtemps encore une phalange impénétrable aux efforts des ennemis de notre nationalité et de nos libertés publiques. » Cet éditorial emblématique de la posture réformiste montre toute l'importance accordée à la question nationale. Parent a recours à un « nous » qui ne réfère évidemment pas à la seule « communauté des citoyens », voire à l'abstraite « société civile » bas-canadienne, mais à une histoire commune et à un patrimoine national menacé. « Revenons à la seule tactique sûre pour nous, mesurons nos entreprises sur les seuls moyens dont nous sommes certains, et espérons encore que nous n'aurons pas à pleurer sur les ruines de *nos institutions, notre langue et nos lois*[86]. » Par leur parti pris résolu en faveur d'une minorité, les résolutions Russell ne sont pas seulement une entorse à l'esprit du constitutionnalisme britannique auquel adhère la grande majorité des Canadiens, pas seulement un manque de compréhension à l'égard d'une société du Nouveau Monde, elles menacent tout un peuple de disparition. Dans un tel contexte, laisse entendre Parent, mieux vaut laisser passer la tempête et espérer des jours meilleurs, car « un peuple faible peut se résigner à un sort malheureux sans déshonneur ; il y a une soumission honorable, comme il y a une domination déshonorante ». Dans un autre éditorial, Étienne Parent dit prôner le « parti de la résignation ». Si les habitants du Bas-Canada prennent les armes, s'ils gaspillent leur énergie dans « la poursuite d'un plan dont l'exécution est plus que douteuse », prédit Parent, toutes les institutions grâce auxquelles la nationalité peut se développer seront suspendues, sinon abolies. Or, la vitalité de la nationalité canadienne, fait-il valoir, ne dépend pas seulement des luttes politiques menées contre la métropole, mais bien davantage du progrès de l'éducation et du développement des infrastructures.

> Le maître d'école seul procure à un peuple tout ce qu'il faut pour faire respecter ses libertés, et l'en faire profiter : il apprend à l'homme à connaître ses droits et à les apprécier, et de plus il le met en état d'acqué rir les moyens matériels de les faire respecter : instruction, dévouement, richesse, voilà en trois mots ce qu'il faut à un peuple pour acquérir la liberté et en profiter[87].

Parent revient sur cette même idée en octobre 1837. S'il est nécessaire que les Canadiens signifient leur désapprobation à l'égard du « système colonial actuel », il est encore plus urgent pour eux de travailler à l'« avancement de l'éducation politique, moral et industriel du peuple[88] ». C'est que, privés de leur Assemblée législative, sans droit de regard sur leurs affaires internes, les Canadiens risquent de voir leur développement économique et social considérablement retardé, prédit Parent. L'identification des patriotes au mouvement insurrectionnel états-unien inquiète donc Parent, selon qui la « cause du vrai patriotisme » est celle qui assure « la conservation de ce qui nous constitue comme peuple[89] ». Il juge d'un mauvais œil toute intervention américaine dans le conflit qui oppose le Bas-Canada à la métropole, car il est convaincu qu'elle se ferait aux dépends de la nationalité et de ses « arrangements sociaux ». Le choix qui s'offre aux Canadiens lui semble donc simple : rester dans l'Empire et œuvrer à un meilleur avenir, quitte à rechercher des appuis du côté de « nos colonies-sœurs[90] », ou être annexés aux États-Unis et disparaître[91]. S'il entrevoit la possibilité de l'indépendance d'une nationalité française en Amérique, il ne l'envisage guère à court terme. L'heure serait selon lui davantage à la consolidation de cette « société adolescente[92] » qu'à la révolution violente. En octobre 1837, Étienne Parent condamne sévèrement le manifeste des Fils de la liberté lancé le 4 octobre et qui, en proposant une « séparation prompte et violente de l'Angleterre », risque d'entraîner tout un peuple dans l'anarchie et la guerre civile. Entre le parti de l'inaction et celui de l'agitation, Parent souhaite voir s'élever « la chaire de la modération et de l'ordre ». Il craint le déferlement d'un « démocratisme » débridé et en appelle plus que jamais à l'instauration d'un Conseil législatif qui rassemblerait « l'aristocratie naturelle du pays[93] ». S'il approuve la condamnation des rebelles par Mgr Lartigue, c'est précisément parce qu'elle « respire d'un bout à l'autre la modération et la Charité chrétienne[94] ». Il condamne les injures lancées contre le clergé et l'Église catholique à la suite de la publication du mandement. L'Église, explique-t-il, en plus d'éduquer le peuple et de soigner les malades, a toujours été un « centre d'unité, de lumière et de force, qui seules ont pu faire flotter le nom Canadien au-dessus des flots menaçants d'une politique anti-canadienne ». « Notre établissement religieux, ajoute-t-il, a été le palladium de notre existence comme peuple[95]. » Lorsque éclatent les affrontements en novembre, Parent croit qu'il est impératif que des Canadiens manifestent leur volonté de préserver le lien impérial, et ce, malgré leur profond désaccord avec la politique du Colonial Office à l'endroit du Bas-Canada. Dans son célèbre éditorial du 13 novembre 1837 [96], Parent lance son fameux : « Nous sommes des Réformistes, nous cessons d'être des Révolutionnaires. » Il invite les comtés qui n'ont pas encore tenu d'assemblée publique à affirmer que « c'est contre le gré de la grande majorité du peuple qu'a été agitée la question d'une résistance armée à l'autorité de la Métropole ; que tout en voulant la réforme, le peuple n'a jamais eu l'intention de la conquérir de vive force, mais seulement par les voies paisibles, légales et constitutionnelles ». Alors que les chefs patriotes s'apprêtent à jouer le va-tout de la nationalité sur les champs de bataille, il est selon lui crucial que des Canadiens réaffirment leur loyauté envers l'Angleterre, car si rien n'est fait, le gouvernement impérial « accordera tout aux ministres et à l'oligarchie locale », ce qui, dans les faits, risque de provoquer le retour d'un pouvoir tyrannique concentré dans les mains d'un gouverneur et d'un Conseil hostiles aux intérêts canadiens ; un régime comparable à celui de 1774.

> Un pareil coup d'État, écrit-il le 13 novembre, mettrait en suspension pour un temps indéfini toutes nos libertés et franchises politiques ; nous perdrions d'un trait de plume toutes les conquêtes politiques, fruits d'une lutte constante d'un demi-siècle ; peut-être perdrions-nous sans retour les privilèges et droits nationaux qui nous sont maintenant garantis, et le nom Canadien disparaîtrait à jamais de l'histoire des peuples [97].

Dans un contexte où la victoire lui paraît impossible, il ne reste plus qu'à sauver l'« honneur » de la nationalité et à montrer que les Canadiens ne sont pas « une race dégénérée ou irréfléchie, qui ne sait que provoquer de loin l'ennemi, et qui se cache à son approche, ou qui ne sachant pas calculer ses forces se jette à l'étourdie dans une lutte folle et désespérée ». Le 1er décembre 1837, Parent plaide en faveur d'une « déclaration solennelle » de fidélité à la Grande-Bretagne qui pourrait être endossée par tous ceux qui réprouvent la violence. Des Canadiens doivent selon lui agir ainsi pour couper l'herbe sous le pied de l'oligarchie locale et ainsi éviter la « perte pour un temps indéfini des droits politiques, civils et

religieux dont nous jouissons[98] ». Les affrontements violents survenus
entre les patriotes et l'armée britannique, déplore Parent, sont venus
« compromettre l'ancienne réputation de loyauté des Canadiens envers
leurs souverains ». Cette loyauté, ajoute-t-il, « faisait toute notre force »
auprès de la métropole et permettait de déjouer les desseins d'une « faction orgueilleuse et ambitieuse[99] ». Le 4 décembre 1837, des citoyens de
la cité de Québec rendent publique une adresse dans laquelle ils réaffirment « leurs sentiments de loyauté envers Sa Majesté, et d'attachement
à la liaison de cette colonie avec le Royaume-Uni d'Angleterre et d'Irlande[100] ». Étienne Parent fait partie des signataires, comme René-
Édouard Caron, personnage en vue de la vieille capitale, ainsi que
plusieurs autres. Le 17 décembre, une adresse similaire est signée
par des habitants du comté de Portneuf lors d'une assemblée tenue à
Cap-Santé. Les appels à la loyauté d'Étienne Parent, censés contrer
une perception négative des autorités à l'égard des Canadiens à la suite
des affrontements armés, et ainsi permettre de préserver l'essentiel
des quelques conquêtes politiques canadiennes chèrement acquises
depuis 1791, sont donc entendus dans sa région, mais viennent-ils
trop tard ?

Les réflexions et prises de position d'Augustin-Norbert Morin et de
Louis-Hippolyte LaFontaine, à la suite de l'annonce des résolutions
Russell, sont plus difficiles à suivre que celles d'Étienne Parent. Tout
indique cependant que c'est en novembre 1837 que les députés de Bellechasse et de Terrebonne prennent leurs distances par rapport à l'état-
major « patriote » et désapprouvent publiquement la stratégie de l'affrontement armé. Aux yeux de plusieurs des dirigeants patriotes, cette
prise de position a toutes les allures d'une volte-face, puisque, d'avril
à octobre 1837, Morin et LaFontaine ont participé à de nombreuses
assemblées publiques[101]. La plupart du temps, les deux hommes
accompagnent Papineau dans ses déplacements et prennent même la
parole. Pour colmater la brèche en train de s'ouvrir dans les rangs réformistes à la suite des prises de position du rédacteur du *Canadien*, Papineau envoie Morin en renfort dans la capitale[102]. La personnalité conciliante du député de Bellechasse, espère-t-il, doit permettre au parti
majoritaire de retrouver sa belle unité de 1834. Vraisemblablement mal

à l'aise dans ce rôle de médiateur, Morin ne parvient pas à accomplir sa mission. Au lieu d'amadouer Parent, il l'attaque de front en juin 1837 dans *Le Libéral,* un journal bilingue fondé dans le but de combattre la position modérée du *Canadien.* Morin rejette sans les discuter les arguments mis en avant par Parent et l'accuse même d'être animé par un « esprit de vengeance, d'animosité personnelle et de petites rancunes[103] ». Plusieurs des prises de position privées ou publiques de LaFontaine donnent également à penser qu'il appartient toujours à la frange la plus radicale du Parti « patriote ». À Henry Samuel Chapman, délégué à Londres par le Parti « patriote » pour promouvoir les 92 résolutions, LaFontaine explique en février 1837 que, pour mobiliser la population, il faut prôner l'abolition pure et simple du régime seigneurial.

> Pour remuer les peuples, il ne faut pas se contenter d'agiter des questions purement abstraites ; il faut quelque chose de plus substantiel. Il faut toucher la partie sentimentale, *la bourse.* Tant qu'une question de cette nature ne sera pas soulevée, l'agitation ne saurait être constante et durable. Dans les circonstances, je n'en vois pas de plus propre à conduire à ce but que la question de l'abolition des droits seigneuriaux [...]. Le gouvernement, les seigneurs et les hauts petits aristocrates des deux partis s'y opposeront sans doute, mais les masses se réuniront et agiront de concert ; et peut-être que, comprenant mieux que leurs intérêts sont les mêmes, elles ne se diviseront plus en politique[104].

Le député de Terrebonne n'a alors pas seulement les seigneurs dans sa ligne de mire. Dans des *Notes sur l'inamovibilité des curés dans le Bas-Canada,* publiées en pleine tourmente politique, l'avocat LaFontaine vise également le haut clergé, notamment l'évêque de Montréal, Jean-Jacques Lartigue, qui vient de destituer un curé. Les évêques, plaide LaFontaine, ne peuvent démettre sans raison un curé, qu'il soit ou non l'objet de plaintes répétées de la part de ses paroissiens. Ces derniers disposent de recours légaux, car on ne peut « nier à la puissance civile le droit d'intervenir et de législater [légiférer] en matière ecclésiastique[105] ». Ce point de vue jugé trop libéral sera, on s'en doute, sévèrement critiqué par l'Église[106]. Mais l'impétueux député ne s'en laisse pas imposer… Comme la plupart des partisans réformistes, le député de Terrebonne et sa femme portent fièrement les étoffes du pays au cours de l'été 1837, car ils participent au mouvement de boycott des produits britanniques. Le journaliste Léon Gosselin qui, dans *Le Populaire,* ose se moquer des « accoutrements de bergères » d'Adèle LaFontaine se voit asséner un solide coup de poing au visage par le député de Terrebonne en personne, lors d'une rencontre fortuite[107] ! Sur des sujets sensibles, il adopte même les positions les plus tranchées. Lors de la courte session d'août 1837, Morin et LaFontaine se rangent derrière Louis-Joseph Papineau qui, dans sa réplique au discours du trône, demande aux députés de ne pas voter les subsides. Le 22 août 1837, c'est d'ailleurs Morin qui présente le projet d'adresse réitérant les principes contenus dans les 92 résolutions[108]. LaFontaine, de son côté, appuie cette adresse avec conviction et qualifie de « rétrograde » la position de ceux qui prônent un compromis sur la question du Conseil législatif. « Il ne peut y avoir de paix et d'harmonie dans ce pays, plaide-t-il en Chambre, sans un Conseil électif[109]. »

On comprend mieux l'étonnement des députés et militants de la cause « patriote » lorsque, en novembre 1837, LaFontaine, et par la suite Morin, se rallient à la position modérée d'Étienne Parent. Aucune source, publique ou privée, ne permet de comprendre ce revirement. Peu versé dans les exercices d'introspection, LaFontaine ne semble pas avoir ressenti le besoin d'expliquer sa volte-face. Dans aucune de ses lettres personnelles, même adressées à ses amis les plus proches, il ne reviendra sur ce changement de cap. Jusqu'à la fin de sa vie, ce silence fera le jeu de ses adversaires qui, on le devine, ne manqueront pas de lui imputer des motifs peu dignes. Si l'ambition et l'opportunisme ne sont pas à écarter, on peut cependant penser que ce revirement pourrait être dû à sa conviction, soudaine mais inébranlable, qu'un affrontement armé n'a aucune chance de réussite. Quatre jours avant la bataille fatidique de Saint-Denis, LaFontaine achemine à Lord Gosford une longue lettre dans laquelle il implore le gouverneur de convoquer à nouveau le Parlement afin de trouver une solution à l'impasse[110]. Alors que, quelques mois plus tôt, il tenait mordicus à ce que les membres du

Conseil législatif soient élus, il fait désormais marche arrière et affirme que cet enjeu ne saurait être une « condition *sine qua non* à la marche des affaires ». En aucune façon, précise-t-il, lui ou les autres députés du Parti « patriote » n'ont prôné « l'idée de révolution ». Si les Canadiens sont en colère, si certains prennent même les armes, c'est parce qu'ils se sentent injustement traités et parce que des milices loyales les ont ouvertement provoqués.

LaFontaine tente aussi de convaincre d'autres députés réformistes de se rallier à lui. Le 22 novembre 1837, Amury Girod note dans son journal personnel que des amis auraient entendu LaFontaine « parler contre Papineau ». « Il leur fit signer une lettre, et leur demanda de faire signer une pétition pour réclamer la convocation du Parlement. Il a dit que Papineau est perdu et qu'il doit être sacrifié[111]. » Dans les jours qui suivent, il se rend à Québec, où il trouve des appuis. Une pétition datée du 5 décembre et signée par quinze personnes, parmi lesquelles on retrouve Morin, est acheminée à Gosford. Les signataires, peut-on y lire, « n'aperçoivent d'autre remède efficace de rétablir la paix et l'harmonie que dans la convocation immédiate de la législature[112] ». LaFontaine ne se fait cependant guère d'illusions sur cette requête, même si le gouverneur l'assure qu'il en a fait la demande par écrit à Londres. Le but de cette démarche, explique-t-il à son ami et associé Joseph-Amable Berthelot (à ne pas confondre avec son beau-père Amable), le seul correspondant à qui il fait part de réflexions plus personnelles, est de « faire voir que nous voulons au moins conserver la législature ». Tout comme Parent, il souhaite court-circuiter l'oligarchie loyale : « Nos adversaires remuent ciel et terre pour que nous n'ayons plus de Chambre d'assemblée. Il est peut-être à craindre qu'ils réussissent, si nous n'y prenons garde. Dans ce cas, nous deviendrons à coup sûr, de vrais Acadiens[113]. »

Ce qui est en jeu, dans l'esprit de LaFontaine, ce n'est donc pas seulement la victoire ou la défaite d'un régime politique, mais tout le destin d'un peuple, d'une culture, d'une communauté nationale. Le « nous » dont il est question, c'est évidemment le « nous » d'une nationalité qui vit alors ses heures les plus graves. Pour être préservé, ce « nous », menacé plus que jamais par des ennemis héréditaires, mérite apparemment bien des compromis.

S'il désespère de voir le Parlement à nouveau convoqué, LaFontaine ne se décourage pas pour autant. Accompagné par Morin jusqu'au chemin de Kennebec[114], il part seul pour Boston, puis New York, où il compte bien s'embarquer pour l'Angleterre afin d'expliquer la cause canadienne aux députés et ministres de Sa Majesté. C'est parmi des Américains qu'il célèbre le Nouvel An avec Edmund O'Callaghan, le rédacteur du *Vindicator* et *alter ego* de Papineau, dont la tête est mise à prix. Dans son journal de voyage, LaFontaine note :

> Il est évident que la lutte qui a maintenant lieu en Canada a aujourd'hui les sympathies du Peuple Américain. Mais cette lutte était inattendue & ne peut réussir. Aux États-Unis, on paraît désirer bien ardemment l'indépendance de toutes les parties de ce Continent, de tout pouvoir européen. Quoiqu'il faille que cet événement arrive tôt ou tard (car il est dans la nature des choses), il est absurde de penser que le Gouvernement des États-Unis s'engagera dans une guerre volontairement pour procurer aux Canadas leur indépendance. Il est néanmoins de l'intérêt de l'Angleterre de préparer ses colonies du Nord à l'indépendance, en leur donnant une forme de gouvernement approchant, autant que possible, des principes qui font la base de la république Américaine. Une confédération de toutes les Provinces du Nord, avec un congrès, en laissant à chaque Province sa Législature particulière, serait probablement le plus sûr moyen de conduire à ce but, et peut-être le seul moyen de faire disparaître les causes de dissentions qui existent en Canada[115].

Cet extrait tend à montrer que, dans l'esprit de LaFontaine, le sort en est jeté, que les Canadiens français ne doivent rien attendre du gouvernement américain. Les événements lui donneront d'ailleurs raison, car quelques jours plus tard, le président Martin Van Buren menace de sanctionner tous les citoyens américains qui prêteraient leur concours aux insurgés bas-canadiens postés à la frontière. Cet extrait tend aussi à montrer que LaFontaine perçoit l'union des colonies britanniques d'Amérique du Nord comme une sorte de fatalité à laquelle les Canadiens doivent se résoudre. Ce qu'il voit se profiler à l'horizon ne prend cependant pas la forme d'un pacte entre deux nations égales, mais bien celle d'une « confédération » de « provinces[116] ». À bord du paquebot qui le conduit en Angleterre, LaFontaine note certaines réflexions du premier tome de *De la démocratie en Amérique* d'Alexis de Tocqueville, paru deux ans plus tôt, esquisse quelques couplets qui font penser au « Canadien errant » qu'écrira Antoine Gérin-Lajoie quatre ans plus tard, et se permet quelques méditations sur le patriotisme après que le bateau eut affronté une mer houleuse.

> Celui qui se dit citoyen de tous les pays ment aux inspirations de son âme. Le sentiment de la patrie, inné chez tous les hommes, chez l'Indien comme chez l'homme civilisé, est plus fort que tous les calculs de l'intérêt et les efforts de l'imagination la plus vive [...]. En dépit de tous les revers et de toutes les infortunes, de tout ce qu'il peut détruire pour toujours des affections de votre cœur, et les changer en dégouts éternels ou en haines invétérées, l'homme de la société ne pourra jamais faire taire le sentiment qu'inspire le souvenir de la terre natale, l'amour de la patrie. Il y a des peuples qui peuvent retrouver pour ainsi dire une seconde patrie sur une autre terre où dominent leur langue, leurs loix, leurs mœurs, leurs habitudes. Mais pour le Canadien, il n'y a qu'en Canada où il peut voir la patrie. Fasse le ciel que les Canadiens braves, généreux, moraux, hospitaliers comme ils le sont, ne soient pas destinés à vivre comme des ilotes dans le pays qu'ils ont arrosé de leur sang, et où reposent depuis des siècles les cendres de leurs ancêtres[117] !

LaFontaine, qui traverse l'Atlantique pour la première fois de sa vie, se sent investi d'une lourde mission, celle d'assurer la survie d'une nation qui dispose peut-être de sa langue, de ses lois, de ses mœurs et de ses habitudes — il ne cite pas la religion catholique —, mais dont le destin semble loin d'être assuré. Le paquebot accoste au port de Liverpool le 27 janvier 1838 en soirée. LaFontaine quitte aussitôt la ville en diligence pour se rendre à Londres via Birmingham. Le 2 février, il arrive finalement dans la capitale et entre en contact avec Chapman. La veille, apprend-il, la loi qui prévoit la suspension de la législature au Bas-Canada a été adoptée en troisième et dernière lecture. « Il était trop tard », note un LaFontaine laconique dans son journal personnel. La dépêche de Gosford qui faisait état de la demande de convocation du Parlement arrive elle aussi trop tard[118]. Hélas ! pour le député de Terrebonne, les jeux sont faits et le sort du Bas-Canada semble scellé.

Résister à la répression

Aussitôt les hostilités déclenchées, la riposte du pouvoir colonial et de la minorité loyale ne se fait guère attendre. Le 16 novembre 1837, vingt-six mandats d'arrestation sont émis pour « menées séditieuses », les juges de paix et les officiers de la milice sont destitués — on ne fait plus confiance aux Canadiens qui occupent ces postes — et des corps de volontaires loyaux sont formés à Montréal et à Québec. Le 27 février 1838, Lord Gosford, que la minorité loyale juge beaucoup trop conciliant à l'égard de la majorité canadienne[119], retourne en Angleterre. En attendant l'arrivée d'un nouveau gouverneur, il est remplacé par Sir John Colborne, un militaire de carrière, commandant des forces armées du Haut et du Bas-Canada depuis mai 1836. En plus de coordonner les différentes opérations militaires contre les rebelles, il traque, emprisonne et fait condamner les chefs du mouvement patriote, avec l'aide de Charles Richard Ogden, membre en vue de la minorité tory et procureur général de la colonie durant cette période troublée.

Durant les années qui suivent les affrontements de 1837, les réformistes voient leurs pires craintes prendre forme. La plus grande hantise de Parent et de LaFontaine est de voir disparaître le Parlement et abolir les libertés les plus fondamentales. Le 10 février 1838, c'est chose faite : l'Acte constitutionnel de 1791 est suspendu pour une période indéterminée. Même si le Haut-Canada a été le théâtre d'affrontements similaires, seul le Bas-Canada subit cette mesure d'exception. D'avril 1838 à février 1841, le pouvoir est concentré entre les mains d'un gouverneur et d'un Conseil spécial formé, selon les périodes, de dix à vingt membres, tous nommés par le représentant de Sa Majesté. Comme le montre Steven Watt, l'activité de ce Conseil évolue au fil des mois. Si, dans un premier temps, la loi et l'ordre sont les principales préoccupations du Conseil, les ambitions « nationalistes » des loyaux prennent rapidement le dessus, car pour les chefs loyaux, il ne s'agit pas seulement de mettre fin au désordre, mais de fonder une nouvelle nation britannique où régneraient sans partage les institutions, la culture et les coutumes anglaises[120]. Pour sauver les apparences, Colborne nomme quelques Canadiens opposés au programme réformiste, mais la plupart d'entre eux démissionnent après quelques mois. Les francophones ne formeront cependant guère plus de 20 % des effectifs totaux du Conseil spécial[121]. L'élite commerciale au pouvoir dispose désormais de tous les outils légaux pour mettre au pas les dirigeants de cette majorité insolente qui a osé défier l'Empire britannique. La Loi martiale, qui avait été décrétée du 5 décembre 1837 au 27 avril 1838, l'est à nouveau du 4 novembre 1838 au 24 août 1839. La période d'application de cette loi d'exception est donc beaucoup plus longue que la durée des rébellions, surtout du second soulèvement, écrasé en quelques semaines par l'armée de Colborne[122]. Le 21 avril 1838, le Conseil spécial prive les sujets bas-canadiens de l'*habeas corpus*. Les autorités de la colonie peuvent donc détenir des habitants sans mandat.

Durant l'automne 1838, le Conseil spécial adopte plusieurs ordonnances qui ont pour effet d'abolir, « à toutes fins pratiques, le cours normal du droit criminel dans la colonie », selon Jean-Marie Fecteau[123]. En septembre, un procès devant jury composé majoritairement de Canadiens rend un verdict de non-culpabilité à l'endroit de quatre patriotes accusés du meurtre de Joseph Armand dit Chartrand, un Canadien sympathique à la cause tory. Ce nébuleux personnage s'était enrôlé dans les milices loyales et avait joué un rôle d'indicateur auprès des forces de l'ordre. Avant qu'il soit abattu, en novembre 1837, ses actions auraient permis d'arrêter plusieurs rebelles. L'acquittement des quatre présumés coupables fait aussitôt croire aux membres du Conseil spécial que la justice britannique traditionnelle doit à tout prix être contournée[124]. Le second soulèvement offre alors un prétexte en or pour instaurer un régime presque tyrannique. Du 5 au 24 novembre 1838, le Conseil spécial vote onze ordonnances qui, toutes, retirent aux sujets qui ne partagent pas les vues politiques de la minorité loyale leurs droits les plus élémentaires. Aux yeux de l'historien du droit Murray Greenwood,

l'ordonnance du 8 novembre, qui permet aux autorités de faire compa-
raître des civils devant une cour martiale en temps de paix, viole les
règles les plus fondamentales du constitutionnalisme britannique[125].
Estimant que le Conseil spécial outrepasse ses pouvoirs, les juges canadiens Elzéar Bédard et Philippe Panet s'insurgent contre cette ordonnance. Ils sont aussitôt congédiés, car les autorités voient là une insurrection du « banc[126] ». Un tel congédiement abolit toute distance entre
les pouvoirs exécutif et judiciaire, et permet à la minorité tory d'agir en
toute impunité. Durant ce même mois de novembre 1838, une Cour
martiale constituée en vitesse est chargée de juger tous les prisonniers
politiques. Greenwood a mis au jour les nombreuses irrégularités qui
entourent les quatorze procès tenus entre le 6 décembre 1838 et le
1er mai 1839 : les témoins appelés à la barre sont toujours favorables à
la Couronne ; les preuves invoquées s'appuient sur de simples rumeurs
ou des racontars ; la présomption d'innocence n'est jamais respectée.
Les plaidoiries des procureurs présentent chaque fois les accusés comme
des hommes sanguinaires, des traîtres à la Grande-Bretagne qui méritent les pires châtiments. Le ton monte d'un cran lorsque les inculpés
sont des hommes instruits qui, comme Chevalier De Lorimier ou
Joseph-Narcisse Cardinal, ont, selon les procureurs, ensorcelé par leurs
belles paroles un peuple ignare et indolent. Parmi les 855 habitants arrêtés, 108 sont accusés de haute trahison ; de ceux-ci, 58 sont déportés en
Australie et 12 pendus haut et court le 15 février 1839. Selon Greenwood, l'histoire de cette Cour martiale est l'une des pages les plus
sombres de la justice canadienne[127], un cas unique dans les annales
judiciaires de l'Empire britannique[128].

Lorsqu'il apprend, à Londres, que le Parlement s'apprête à suspendre l'Acte constitutionnel de 1791, LaFontaine anticipe déjà les nombreux abus de pouvoir décrits ci-dessus. En concentrant tous les pouvoirs entre les mains d'une petite clique, les députés britanniques,
écrit-il dans son journal, « sévissent contre les innocens, les opprimés,
et donnent, aux auteurs des troubles, les moyens de suivre à notre égard
un plan de tyrannie. Et on décore tout cela du nom de Justice[129] ! » Sa
colère à l'endroit des élus britanniques n'altère cependant pas son jugement de juriste. L'abus de pouvoir dont les Canadiens risquent de faire

les frais ne découle pas seulement d'un antagonisme national, mais de la nature même d'institutions politiques fondées sur l'arbitraire :

> Il est dans la nature des passions de l'homme d'abuser, même sans le vouloir, de l'autorité qu'on lui confie, et de s'irriter du moindre obstacle qui s'oppose à ses volontés. Et dans ce cas, poursuit-il, si vous n'avez pas des lois positives pour le retenir dans de justes bornes, vous pouvez vous attendre qu'il commettra les excès que vous redoutez, et auxquels sou vent il est entraîné par une pente irrésistible. L'amour propre blessé ne pardonne pas. Cette vérité doit servir à l'homme non seulement dans la vie privée, mais encore plus dans la vie publique. Il faut prendre les hommes tels qu'ils sont, et non pas comme on voudrait qu'ils fussent[130].

Même si le gouvernement britannique a pris sa décision, LaFontaine assiste aux débats de la Chambre des communes qui portent sur les affaires du Bas-Canada. Le 5 février 1838, on le retrouve dans la tribune de la Chambre des lords, où il assiste en compagnie de Samuel Chapman au discours de Roebuck, qui prend la défense de la cause canadienne. Si, durant son séjour, il entretient des rapports cordiaux avec les députés radicaux qui appuient les doléances du Parti « patriote », il ne se prive pas de rencontrer d'autres leaders influents proches des whigs au pouvoir, ce qui froisse d'ailleurs certains radicaux britanniques[131]. Très tôt, LaFontaine plaide l'amnistie générale pour tous ceux qui ont été faits prisonniers. Il faut dire qu'il est lui-même accusé de « haute trahison ». Le procureur Ogden fonde ces accusations graves sur des lettres personnelles échangées entre LaFontaine et son ami le notaire Jean-Joseph Girouard, de Saint-Benoît, et trouvées dans la maison de ce dernier. Ces quelques missives montreraient que le député de Terrebonne sollicitait des fonds pour armer les paysans[132].

Le 23 février, LaFontaine quitte l'Angleterre pour Paris. À lire son journal, on a l'impression que son séjour en France est plus touristique que politique. Sans succès, il tente à quelques reprises de rencontrer l'homme politique et historien Adolphe Thiers. Puis, cloué au lit par la maladie, incapable de se rendre en Italie comme il l'avait prévu à l'origine, il est obsédé par la crise qui sévit au Bas-Canada. Comme il l'explique à Edward Ellice, alors seigneur de Beauharnois, « il n'y aurait jamais eu de résistance à main armée si le gouvernement n'avait pas eu recours à des arrestations politiques, ou même si des antécédents, malheureusement trop vrais, n'avaient point fait perdre au peuple toute confiance dans l'administration de la justice[133] ». Même s'il a désapprouvé la stratégie de l'affrontement, il comprend la colère de ses compatriotes. Tout n'est cependant pas perdu à ses yeux. Il croit même qu'il serait « facile de rétablir l'harmonie dans les masses des deux partis politiques, car leurs intérêts sont les mêmes ». La solution ? « Que l'administration locale cesse, dans les rapports administratifs, ou sociaux, de faire et de soutenir des distinctions de race, et aussi des actes de favoritisme envers des classes privilégiées, et qu'elle marche franchement vers une politique libérale, mais ferme[134]. » En juin 1838, LaFontaine est de retour en Amérique. Aux États-Unis, il passe quelques jours à New York et entre en contact avec Papineau et d'autres patriotes réfugiés au Vermont. Il leur fait part de ses rencontres et de sa vision des choses. Parmi ceux qu'il rencontre, il y a l'imprimeur Louis Perrault, un proche de Papineau, qui n'aime pas beaucoup ce qu'il entend :

> L'ami LaFontaine, écrit-il à O'Callaghan, n'a pas changé dans son voyage d'Europe : il est toujours plus fin que les autres, il a toujours un meilleur jugement. Sa fatuité et sa vanité personnelle est de plus en plus insupportable. Il a l'air de faire grand mystère de ce qu'il a découvert auprès de nos amis en Angleterre [...]. Il regrette de n'être pas allé trois ans plus tôt en Angleterre. Il aurait prévenu les désastres de l'hiver dernier. Il est maintenant bien brave. Les autres ont lancé le peuple dans l'abîme et se seraient sauvés [...]. On voit que l'envie de dominer le ronge[135].

Malgré le mandat d'arrestation qui pèse contre lui, il rentre au Bas-Canada et tente aussitôt d'entrer en contact avec Jean-Joseph Girouard et son associé Joseph-Amable Berthelot, tous les deux emprisonnés. S'il n'est plus recherché par les autorités après l'amnistie du 28 juin, sur laquelle je reviendrai, il tient quand même à mettre la main sur les lettres incriminantes adressées au notaire Girouard, car il estime avoir été injustement accusé de haute trahison par le magistrat de

Saint-Benoît et vieil ennemi, Pierre-Édouard Leclère[136]. Le dimanche 4 novembre 1838, lendemain du déclenchement de la seconde insurrection, LaFontaine est fait prisonnier. Colborne avait posté ses artilleurs à la sortie de l'église Notre-Dame[137], lieu idéal, au vu et au su de tous, pour embarquer les dignitaires de Montréal et les amener à la prison « neuve », sise au pied du courant. LaFontaine reste derrière les barreaux pendant plus de six semaines. Solidaire des prisonniers avec qui il partage cellules et repas, il prend la plume lorsqu'un détenu éprouve des problèmes de santé ou souhaite voir un proche malade. Du fond de son « cachot », il crie à l'injustice et dénonce la furie répressive qui fait rage au Bas-Canada dans une argumentation qui emprunte à la politique autant qu'au droit. À l'homme politique anglais Henry Peter Brougham, LaFontaine écrit : « Est-ce que votre gouvernement n'ouvrira pas les yeux à la fin ? Toutes les cruautés et les injustices que vous commettez, c'est uniquement pour soutenir une petite oligarchie[138]. » Le fanatisme des milices loyales, de même que l'éclipse des droits les plus élémentaires, risquent selon lui de nourrir des sentiments de haine et de vengeance dans la population canadienne : « Des paroisses entières ont été pillées et brûlées par les troupes et les volontaires, sous les ordres de sir John Colborne. Le pillage continue toujours. Si c'est par ce moyen qu'on veut rétablir la paix et l'affection du peuple, on se trompe grandement. Toutes ces familles ruinées prendront refuge sur le bord des lignes et ne penseront qu'à se venger[139]. » LaFontaine s'adresse aussi à Colborne. Il déplore que les prisonniers ne puissent avoir de contacts avec leur famille et réclame pour chaque prisonnier un procès juste et équitable.

> Sous un gouvernement si vanté, écrit-il, la plupart d'entre nous ont été emprisonnés comme des animaux errant dans les rues. C'est le résultat de la *carte blanche* donnée au premier venu d'arrêter qui bon lui semblait. L'immoralité qui caractérise cette violation de tout ce qu'il y a de plus sacré, la liberté personnelle du citoyen, n'était comptée pour rien par les subalternes du pouvoir, voire même s'ils n'y trouvaient pas un sujet de satisfaction[140].

Les peuples se soulèvent seulement, explique LaFontaine dans une deuxième lettre à Colborne, lorsqu'ils « ne peuvent plus souffrir le poids intolérable de l'oppression et de la tyrannie ». À l'égard des rebelles qui ont pris part à la seconde insurrection, LaFontaine plaide la clémence. Pour éviter que les choses ne s'enveniment davantage, il faut éviter les peines capitales, car le sang, « c'est la semence intarissable des révolutions[141] ». Le chef politique a beau écrire au premier ministre Lord Melbourne ainsi qu'à tous les membres de la Chambre des communes, rien n'y fait : les exactions et les parodies de procès de la Cour martiale se poursuivent jusqu'en mai.

Durant les mois qui suivent l'insurrection de 1837, Étienne Parent tente lui aussi de calmer le jeu. Tout comme LaFontaine, il est convaincu que les véritables responsables du soulèvement appartiennent à l'oligarchie des loyaux.

> Nous le répétons, et le répéterons jusqu'à la fin, les plus dangereux ennemis de la souveraineté britannique ici, ne sont pas les quelques étourdis, et les quelques centaines de partisans abusés, qui ont levé l'étendard de l'insurrection, mais ce sont ceux dont l'opposition trop souvent heureuse aux demandes les plus justes du peuple, ont pu faire désespérer à plusieurs que justice fût jamais rendue au pays, ou leur faire espérer que le juste mécontentement du peuple offrait une chance à l'accomplissement de projets ambitieux ; c'est la conduite violente, ambitieuse, outrageante des loyaux par excellence, qui a fomenté les germes de l'insurrection dont nous recueillons aujourd'hui les fruits amers[142].

Depuis longtemps, la sombre intention des loyaux, explique Parent, a été de faire sourdre la colère chez d'honnêtes habitants du Bas-Canada que rien ne prédisposait à prendre les armes et à se rebeller contre les autorités britanniques. L'erreur des chefs patriotes, c'est précisément d'être tombés dans ce piège machiavélique tendu par les loyaux. La tâche primordiale des chefs politiques bas-canadiens les plus « prudents » est « d'organiser l'opinion réformiste dans tous les districts », de mettre sur pied des associations de citoyens qui puissent agir « dans des vues d'ordre et de sage liberté », non pas de « démagogisme qui, dans les États libres, travaille constamment la société[143] ». Tout comme LaFontaine, il plaide en faveur d'une amnistie générale pour tous les prisonniers. Il estime par ailleurs que Papineau n'est plus l'homme de la situation. En revanche, il espère que les Canadiens d'expérience vont reprendre du service afin d'orienter autrement les destinées de la nationalité. « Ceux, écrit-il, qui n'ont en vue que les intérêts généraux du pays, désireront que tous les talents, toutes les capacités du pays, qui se sont jusqu'à présent épuisés dans les dissensions politiques, soient employés à la fin de l'exploitation des sources de bonheur et de prospérité dont ce pays est assez abondamment pourvu[144]. » Au plus vite, les Canadiens doivent mettre de côté leurs vieilles rancunes politiques, mettre fin au ressentiment et collaborer au mieux-être de la collectivité. Les Canadiens ne doivent surtout pas se comporter comme les jurés du procès Chartrand qui, à ses yeux, ont laissé filer quatre meurtriers. Parent voit dans ce jugement rendu en septembre 1838 une grave entorse aux principes de justice contenus dans les 92 résolutions, si ce n'est une véritable exhortation à la vengeance[145]. S'il croit qu'il faut, dans ces circonstances exceptionnelles, garder son calme, éviter les excès, en somme, contourner un à un les pièges tendus par l'adversaire, il s'insurge contre les ordonnances du Conseil spécial de novembre 1838 et salue la fermeté des magistrats Bédard et Panet, qui ont refusé d'appliquer ces mesures tyranniques[146]. Il paiera à prix fort cette position, ainsi que sa défense des condamnés à mort par la Cour martiale. Le lendemain de Noël, Parent est lui aussi fait prisonnier. Le chef de police de Québec, le loyal Thomas Ainslie Young, homme de confiance du procureur général Ogden, accuse le rédacteur du *Canadien* de « menées séditieuses[147] ». Cette condamnation pour le moins loufoque, lorsqu'on relit les interventions de Parent durant l'année qui précède cet emprisonnement, montre l'évidente mauvaise foi des autorités et le climat de répression qui règne alors. Malgré ses nombreux appels à la prudence, Parent croupit dans l'insalubre prison de Québec pendant près de quatre mois. L'homme qui reprend sa liberté le 12 avril 1839 est physiquement et moralement atteint : son problème de surdité s'est accru et sa foi dans l'avenir de la nationalité est très ébranlée[148].

Lorsqu'il quitte presque clandestinement le Bas-Canada, en décembre 1837, dans l'espoir de convaincre les députés britanniques de convoquer à nouveau le Parlement, LaFontaine laisse derrière lui Augustin-Norbert Morin. Les actions de ce dernier durant les mois qui vont suivre sont assez mal connues. Durant l'hiver 1837-1838, il se serait réfugié dans une « sucrerie » d'un membre de sa famille, à Saint-François-de-la-Rivière-Sud, au cœur de sa région natale, loin des affrontements armés qui se déroulent dans la grande région de Montréal ou à la frontière américaine[149]. Elinor Kyte Senior, qui se fonde probablement sur les soupçons des loyaux, explique que Morin aurait été responsable de la société secrète des Frères chasseurs pour la région de Québec, qu'il aurait même « incité à la révolte la population du district de Trois-Rivières, ou de Saint-François », au cours de l'année 1838[150]. Son biographe soutient qu'il aurait caché des patriotes dans les forêts de Bellechasse, une action désapprouvée par son père, qui tenait à respecter les prescriptions de Mgr Lartigue[151]. En vérité, l'activité de Morin durant cette période est un mystère, même pour ses contemporains[152]. Ses efforts pour trouver un terrain d'entente au cours de la courte session de 1837 et l'influence qu'exerce Parent sur lui portent à croire qu'il est probablement très peu actif durant cette période. D'ailleurs, on voit mal cet être réflexif, cet homme effacé, ourdir un complot contre les autorités, se transformer, du jour au lendemain, en chef révolutionnaire. Des réflexions plus intimes sur le « bonheur privé », datées du 10 mai 1838 et retrouvées dans ses archives, montrent plutôt un Morin méditant sur la famille, l'institution la « plus paisible » selon lui, le refuge où l'on trouve une « paix constante[153] ». Quoi qu'il en soit, les autorités le surveillent de près. Le 22 octobre 1839, le procureur Ogden avertit Morin que, s'il ne quitte pas le Bas-Canada, il sera fait prisonnier ; les 7 et 14 novembre, des mandats d'arrestation pour « haute trahison » sont émis contre lui ; le 28 octobre 1839, il se rend de son propre chef aux autorités et, quelques jours plus tard, il est relâché, faute de preuves[154].

Se résigner à l'union des deux Canadas

Ce n'est que très tard en décembre 1837 que Londres reçoit la nouvelle du déclanchement de rébellions dans les deux Canadas. Cette tournure des événements marque l'échec de la mission de Gosford au Bas-Canada. On s'emploie donc à lui trouver un successeur. Il faut un personnage d'envergure, puisque l'objectif n'est pas seulement de rétablir la paix, mais de trouver une solution durable à cette crise. Le gouvernement Melbourne croit que John George Lambton, communément appelé Lord Durham, est la personne la mieux placée pour agir à titre de gouverneur, mais surtout pour recommander au gouvernement de Sa Majesté les mesures appropriées qui assureront le développement harmonieux des deux Canadas. Ministre de plusieurs gouvernements whigs, architecte du *Reform Bill* de 1832, qui allait élargir le corps électoral de son pays, tour à tour représentant du Royaume-Uni en Belgique et en Russie, Lord Durham est alors un personnage très en vue de la classe politique britannique. On l'identifie à l'aile gauche du parti whig, à tel point que certains le voient aisément à la tête d'un gouvernement de coalition auquel auraient pu adhérer les députés du parti radical ; un courant « durhamiste » au sein du parti whig aurait de fait ouvertement prôné un tel scénario. Selon Chester New, c'est pour couper court à de telles rumeurs que Lord Melbourne aurait tant insisté pour que Durham accepte cette nouvelle mission au Canada[155]. Après s'être fait tirer l'oreille, celui-ci accepte, lit tout ce qu'il trouve sur les colonies d'Amérique du Nord et arrive à Québec le 27 mai 1838. Un mois plus tard, il amnistie la plupart des prisonniers politiques, mais condamne huit d'entre eux à l'exil, une décision qui sera désavouée par le gouvernement britannique. Ce désaveu provoquera sa démission le 25 septembre suivant, c'est-à-dire à peine quatre mois après son arrivée en Amérique du Nord. Entre-temps, il parcourt les deux Canadas, discute avec le réformiste Robert Baldwin à Toronto, séjourne quelques jours au manoir d'Edward Ellice à Beauharnois, écoute patiemment les doléances des marchands anglais de Montréal et adopte une série de mesures importantes. Il abolit le régime seigneurial sur l'île de Montréal, fonde un corps de police, forme plusieurs commissions chargées d'enquêter sur les institutions municipales, l'éducation et les terres de la Couronne. À aucun moment il ne cherche à entrer en contact avec des leaders canadiens. Pire, il retient les services d'Adam Thom, le bouillant rédacteur du *Herald* et ennemi juré des Canadiens, à titre de conseiller sur les questions municipales[156]. Cette insensibilité à l'égard des Canadiens n'étonne guère. Il n'avait pas encore foulé le sol canadien que déjà ses idées sur la nationalité canadienne étaient fixées.

> Dès le départ, Lord Durham prit une position résolue sur la question, écrit son secrétaire Charles Buller, il vit l'esprit malicieux et étroit qui logeait au cœur de toutes les actions des Canadiens français ; et s'il était disposé à rendre justice et à pardonner aux individus, il prit le parti de n'accorder aucun crédit à leurs absurdes prétentions raciales. Son unique objectif était de rendre le Canada véritablement britannique[157].

Les lettres qu'envoie son aide de camp Charles Grey J[r] à son illustre père — premier ministre de 1830 à 1834 — montrent que l'ensemble de la délégation britannique n'accorde aucun crédit aux doléances « patriotes ».

> Ce que je crois fermement, écrit-il le 11 juin 1838, c'est qu'aucune concession n'arrivera à satisfaire les Canadiens français ; leur but, même chez ceux qui se disent loyaux, est de jeter les bases d'une « Nation Canadienne » indépendante et distincte. Notre but à nous, il me semble, est plutôt de faire de ce Pays un seul et même Peuple, et je ne crois pas que nous y parviendrons sans l'union des Provinces. Tous les Anglais de Montréal et tous ceux que j'ai rencontrés — et j'ai rencontrés beaucoup de gens — sont unanimes et véhéments sur cette question[158].

Assisté de son secrétaire Charles Buller et d'un spécialiste reconnu de la colonisation — Edward Gibbon Wakefield —, Durham rédige son rapport en un temps record. Le 4 février 1839, celui-ci est déposé au ministère des Colonies et, dès les jours qui suivent, des extraits en sont reproduits dans les journaux londoniens. Dans la partie de son rapport qui traite de la rébellion dans le Haut-Canada, il donne raison aux réformistes contre le Family Compact, qui s'accapare tous les pouvoirs grâce à la complicité coupable des gouverneurs. Cette analyse à la fois lucide et généreuse confirme sa réputation d'esprit libéral, celle d'un homme épris de justice. En revanche, lorsqu'il aborde le cas du Bas-Canada, il place la question nationale au centre de son analyse.

> Je m'attendais à trouver un conflit entre le gouvernement et le peuple, écrit-il dans un passage célèbre ; je trouvai deux nations en guerre au sein d'un même État ; je trouvai une lutte, non de principes, mais de race. Et je m'aperçus qu'il serait vain d'essayer d'améliorer les lois ou les institutions avant que d'avoir réussi à exterminer la haine mortelle qui, maintenant, sépare les habitants du Bas-Canada en deux groupes hostiles : Français et Anglais [159].

Homme du monde, cet ex-ambassadeur aurait très bien pu, dans son rapport, assimiler la lutte des Canadiens à celle des Irlandais ou à celle des Polonais, et associer cette légitime quête de justice et de liberté à l'éveil des nationalités américaines qui, les unes après les autres, viennent de couper les ponts avec leur ancienne mère patrie [160]. Cet être aux vues larges, et certainement au fait des grandes mutations politiques, économiques et sociales de son temps, aurait pu prendre le parti de montrer que les représentants de la majorité canadienne ne vont pas du tout aussi loin que leurs vis-à-vis irlandais, polonais ou américains dans leurs revendications ; que ceux-ci ne souhaitent en réalité que bénéficier de tous les droits et privilèges rattachés à la qualité de « sujet britannique ». Au lieu de proposer une analyse allant dans ce sens, Durham reprend, pour l'essentiel, la vision condescendante de l'oligarchie loyale. Son analyse du peuple canadien révèle toute la rigidité de son progressisme libéral [161]. Durham ne reconnaît aucunement le bien-fondé des arguments avancés par le parti majoritaire en faveur d'une réforme en profondeur des institutions de la colonie. Tout se passe en effet comme si, à ses yeux, on ne pouvait défendre à la fois des principes universels de justice et un particularisme national ; comme si, pour lui, ces deux luttes étaient complètement irréconciliables [162]. Dans son rapport, Durham explique que le gouvernement impérial ferait complètement fausse route s'il prenait au sérieux les doléances des dirigeants canadiens qui font référence à la liberté des peuples du Nouveau Monde, sinon au modèle états-unien. À ses yeux, le véritable dessein du parti majoritaire, dirigé par des êtres un peu fourbes qui manipulent une population « amorphe » et « décidément inférieure aux colons anglais[163] », était de préserver une « société vieille et retardataire dans un monde neuf et en progrès[164] », de faire perdurer, par de « vains efforts », une nationalité « sans histoire et sans littérature[165] », et non d'assurer le triomphe d'un « mouvement libéral et éclairé ». Essentiellement fondées sur le désir de pérennité d'un peuple distinct au sein de l'Empire, les revendications des rebelles ne méritent pas, selon lui, qu'on s'y attarde, puisqu'en rejetant le programme de réformes économiques des marchands, elles paralysent le développement de la colonie. Pour sortir les deux Canadas de la crise qui les secoue, Lord Durham formule deux propositions : l'octroi du gouvernement responsable, puis l'union du Haut et du Bas-Canada. Avec la première, il cherche surtout à satisfaire les réformistes du Haut-Canada, alors qu'avec la seconde, il vise explicitement l'assimilation des Canadiens français. Dans l'esprit de Durham, ces deux propositions sont éminemment « libérales », puisqu'elles permettraient de renforcer « l'influence du peuple sur son gouvernement[166] » et de tirer les Canadiens de leur « infériorité » en leur faisant cadeau de « notre caractère anglais[167] ».

Selon l'historien Ged Martin, l'influence de ce rapport aurait été largement exagérée. Le très court délai qui sépare son dépôt et la présentation du projet de loi sur l'union des deux Canadas tend à montrer que plusieurs des propositions mises en avant par Durham font déjà consensus[168]. Le 23 juillet 1840, l'Acte d'Union reçoit la sanction royale. Le Haut et le Bas-Canada sont dès lors remplacés par la province du Canada-Uni[169]. Les institutions politiques sont les mêmes que dans les anciennes colonies. Le Parlement comprend une Assemblée législative formée de quarante-deux élus et où les sections est et ouest sont représentées à parts égales, et un Conseil législatif composé de membres nommés à vie. Cette égalité de la représentation en Chambre crée évidemment une distorsion, puisqu'en 1840, le Bas-Canada compte beaucoup plus d'habitants que le Haut-Canada. Le pouvoir exécutif est exercé par un gouverneur, assisté dans sa tâche par un Conseil exécutif formé de députés. Jusqu'en 1848, le Conseil exécutif tire sa légitimité du représentant de la Couronne, et non du parti majoritaire en Chambre ou d'une coalition d'élus. En 1840, le gouvernement impérial, fort probablement influencé par le lobby tory et marchand, refuse toujours d'octroyer le gouvernement responsable. Dans ce nouveau Parlement, la langue officielle est exclusivement l'anglais. Les lois des deux anciennes colonies sont maintenues pour l'une et l'autre des sections. Pour éviter de nouvelles crises des subsides, l'Acte d'Union prévoit une liste civile fixe, mais consent en retour à ce que la Couronne renonce à certains revenus. Le budget de la nouvelle province est le produit d'une consolidation des actifs et des passifs des deux anciennes colonies. Les habitants du Bas-Canada devront donc assumer les lourdes dettes contractées par l'ancien Haut-Canada. Après des élections marquées par la violence et l'intimidation, le Parlement de la nouvelle colonie commence ses travaux le 14 juin 1841, à Kingston.

Louis-Hippolyte LaFontaine voit d'un très bon œil la nomination de Lord Durham au poste de gouverneur de la colonie. « Ami des droits populaires », écrit-il dans son journal de voyage, cet « homme d'État » ne devrait pas décevoir les Canadiens[170]. Le 30 juin 1838, soit deux jours après l'amnistie des prisonniers décrétée par Durham, il rencontre Wakefield. Ce dernier aurait souhaité que LaFontaine appuie publiquement le geste de Durham, ce que se garde bien de faire le futur chef réformiste, voyant là un possible « suicide politique[171] ». On connaît mal ses premières réactions aux analyses et aux propositions contenues dans le rapport Durham. Plusieurs lettres du leader réformiste Francis Hincks adressées à LaFontaine durant l'année 1839 révèlent que ce dernier négocie activement un rapprochement avec plusieurs vis-à-vis du Haut-Canada, et ce, même si, dans une pétition adoptée le 21 février 1840, lui et d'autres qualifient le projet d'union des deux colonies « d'humiliant, d'injuste et de tyrannique[172] ». Dans ses lettres, Hincks vante les mérites d'une alliance réformiste qui permettrait, à moyen terme, de renverser le pouvoir des bureaucrates et d'établir un gouvernement « libéral ».

Mais une telle alliance ne peut être possible que si les Canadiens renoncent à leurs « objectifs nationaux », précise toutefois Hincks[173]. Il faut
attendre la publication de son « Manifeste électoral aux électeurs du
comté de Terrebonne », le 25 août 1840, pour être véritablement fixé sur
la position définitive de LaFontaine. Dans ce court texte, le nouveau chef
des réformistes présente sa conception du « Canada ».

> Le Canada, écrit-il, est la terre de nos ancêtres, il est notre patrie, de
> même qu'il doit être la patrie adoptive des différentes populations qui
> viennent des diverses parties du globe, exploiter ses vastes forêts dans la
> vue de s'y établir et d'y fixer permanemment leurs demeures et leurs
> intérêts. Comme nous, elles doivent désirer, avant toute chose, le bon-
> heur et la prospérité du Canada. C'est l'héritage qu'elles doivent s'effor-
> cer de transmettre à leurs descendants sur cette terre jeune et hospita-
> lière. Leurs enfants devant être, comme nous, et avant tout, CANADIENS[174].

Cette référence au « Canada » et à ce « nous » canadien prête le flanc
à diverses interprétations. LaFontaine considère-t-il l'union du Haut et
du Bas-Canada comme l'acte fondateur d'une nouvelle nationalité ?
Souhaite-t-il créer, par la même occasion, une nouvelle citoyenneté qui
transcenderait les cultures et les allégeances nationales ? Michel Brunet
a cru que oui et a estimé que ce discours consacrait l'abandon d'une
référence exclusive à un peuple d'origine française[175]. Ce jugement
sévère de Brunet à l'égard de LaFontaine me semble injuste. Au moment
où celui-ci écrit son manifeste, l'ethnonyme « canadien » désigne encore
celles et ceux qui parlent français et qui habitent dans la vallée du Saint-
Laurent. Ce n'est que très graduellement que l'ethnonyme « canadien
français » apparaît au cours des années 1840. Les références à la « patrie »
et à la « terre de nos ancêtres » visent un public particulier, celui des électeurs francophones de Terrebonne (le manifeste ne sera pas traduit en
anglais), mais aussi, plus largement, tous ceux qui partagent cet héritage
national. Cette référence claire situe donc LaFontaine dans la lignée des
chefs du Parti canadien, et non dans le camp des partisans de la table
rase. Cette patrie, précise LaFontaine, n'est pas la propriété exclusive de
ses héritiers, elle est au contraire ouverte aux apports de « différentes

populations » ; pas besoin d'être né au Canada pour faire sien son destin, revendiquer son patrimoine ou épouser ses causes. En aucune façon le manifeste n'annonce un repli ethnique. Pour être canadien, il ne faut pas nécessairement être le descendant des quelque 10 000 colons qui avaient fait souche dans la vallée du Saint-Laurent au XVIIe siècle. Là encore, LaFontaine reprend à son compte l'esprit d'ouverture affiché par Louis-Joseph Papineau et son parti. Cette ouverture n'est cependant pas inconditionnelle, car les nouveaux arrivants doivent rechercher le « bonheur et la prospérité » et transmettre ces valeurs à leurs enfants. On pourrait arguer que LaFontaine est finalement assez peu exigeant, surtout par rapport aux normes d'aujourd'hui. Il ne demande pas aux immigrés d'apprendre le français, et encore moins de pratiquer la religion catholique. C'est que LaFontaine vise vraisemblablement la minorité tory, qui n'acceptera jamais l'idée que des non-britanniques puissent conduire les affaires de la colonie, qu'elle considère comme une sorte d'arrière-cour de la Grande-Bretagne, et non comme une contrée qui a ses propres traditions et son histoire. En 1840, alors que le Conseil spécial gouverne encore par décrets, faire du Canada sa patrie, se dire « avant tout CANADIEN », cela signifie s'affirmer et se faire respecter par ceux-là mêmes qui, arrivés la veille, se considèrent comme les maîtres incontestés d'une société qui leur est étrangère. À cela, LaFontaine ajoute, en bon lecteur de Tocqueville, que le destin du Canada est intimement lié à celui de l'Amérique. Les mœurs étant plus fortes que les lois, aucune caste, fût-elle imposée par la métropole, ne pourrait jamais réprimer cette « égalité sociale » en même temps que cette quête légitime de liberté politique, à tout le moins dans les affaires locales de la colonie. Partagée par les habitants du Bas-Canada et du Haut-Canada, souligne LaFontaine, cette aspiration légitime à une plus grande liberté politique que permettrait l'obtention du gouvernement responsable est non seulement conforme à la pratique des institutions britanniques, mais encouragée par le rapport Durham. Il est donc impératif, selon LaFontaine, que les réformistes d'un Canada désormais uni conjuguent leurs efforts et fassent alliance. S'il perçoit l'Acte d'Union comme un « acte d'injustice et de despotisme », LaFontaine estime qu'il serait imprudent d'en demander le rappel, comme le propose alors John Neilson. La

première conséquence d'un nouvel affrontement avec les autorités coloniales « serait peut-être de nous rejeter, pour un temps indéfini, sous la
législation liberticide d'un Conseil spécial, et de nous laisser sans représentation aucune ». Plutôt que de se lancer à corps perdu dans un
affrontement à l'issue incertaine, LaFontaine juge qu'il est préférable de
tirer le meilleur parti possible de la nouvelle conjoncture. Dans ce nouveau Parlement, plaide-t-il, il sera possible, grâce au concours des réformistes du Haut-Canada, d'adopter des législations qui permettront de
développer davantage la colonie. Le menu législatif qu'il propose est
d'ailleurs ambitieux : abolition des droits seigneuriaux, investissements
en éducation — « le premier bienfait qu'un gouvernement puisse confé-
rer à un peuple » —, poursuite de la canalisation du Saint-Laurent afin
de donner un meilleur accès aux ressources naturelles du pays.

On le voit, les grandes idées que l'on trouve dans ce manifeste sont
conformes à celles qu'il avait défendues auparavant. S'il troque l'électivité des membres du Conseil législatif pour l'obtention du gouvernement responsable, le premier argument invoqué en faveur de l'une ou
l'autre de ces réformes reste le même : l'État social américain. Dans un
cas comme dans l'autre, il dénonce le pouvoir d'une petite caste et souhaite que les décisions du gouvernement reflètent davantage les aspirations des électeurs. Fait à noter, LaFontaine ignore les analyses de
Durham sur la nécessité d'assimiler les Canadiens français. Lorsqu'il
s'avise, en Chambre, de citer le célèbre rapport pour défendre la position réformiste sur le gouvernement responsable, les tories tentent
d'embarrasser le chef réformiste en citant à leur tour les passages
controversés sur la nationalité canadienne-française. Dans aucun de ses
discours ou prises de position ultérieurs, LaFontaine ne fait référence à
ces sombres considérations, comme s'il ne leur accordait aucune importance. Malgré cette prise de position conciliante et modérée, LaFontaine
continue d'être considéré comme un ennemi de l'Empire par l'oligarchie anglo-protestante du Bas-Canada. Il est par la suite incapable de
se faire élire dans son propre comté en 1841. Victimes d'intimidation,
de nombreux électeurs favorables à LaFontaine ne sont pas en mesure
d'exercer leur droit de vote, ni même de se rendre au bureau de scrutin,
situé dans la seule localité majoritairement anglophone de la circons-

cription. Plusieurs de ces électeurs achemineront une pétition pour contester l'élection du docteur Michael McCulloch[176]. Résultat : LaFontaine, grâce au soutien du leader réformiste Robert Baldwin, sera finalement élu dans le comté de York quelques mois plus tard. Fidèle aux principes de son manifeste, il n'acceptera de nominations au Conseil exécutif que lorsqu'il aura la conviction que les gouverneurs en poste (Bagot et Elgin) reconnaissent le principe de la responsabilité ministérielle. Une fois au pouvoir, il ne se laissera pas intimider par les fanatiques loyaux qui incendieront le Parlement en 1849, et qui saccageront sa maison et ses biens personnels.

Aussitôt libéré de prison, Étienne Parent reprend la barre du *Canadien*. Ses premiers articles sont des plus sombres. Son séjour de quatre mois derrière les barreaux et les considérations de Lord Durham sur la nationalité canadienne lui inspirent quelques articles où suinte le désespoir. Un an plus tôt, Parent décrivait pourtant Lord Durham comme un homme « profondément imbu de la vérité et de l'utilité de ses principes », comme « le grand, le seul espoir du parti du mouvement[177] ». Or, voilà que cet envoyé britannique juge que l'union des deux Canadas et l'assimilation des Canadiens sont les seuls remèdes à la crise bas-canadienne. Si l'union est une mesure injuste, Parent s'y rallie finalement, de guerre lasse, même après avoir signé une pétition qui en demandait le rappel. Après une courte période pendant laquelle il broie du noir, il reprend pied et milite en faveur de l'obtention du gouvernement responsable, une mesure essentielle, selon lui, à la bonne marche du gouvernement de la colonie. De faux principes de conservation, non conformes à l'État social qui règne en Amérique et promus par une minorité qui défendait avant tout ses intérêts, expliquent d'après lui les retards considérables des colonies britanniques sur les États-Unis. Selon Parent, les causes de cette stagnation crèvent les yeux :

La liberté constitutionnelle abandonnée entre les mains d'un chef militaire ; la liberté de la pensée sans cesse menacée dans la personne de ses ministres ; les citoyens poussés au désespoir sous un gouvernement

d'anarchie constituée, [et] encombrant les prisons ou errant sur la terre
étrangère ; les défenseurs de l'*ordre* et de la justice publics brûlant et
pillant les habitants ; enfin le gibet politique venant couronner l'œuvre
et polluer le sol de l'Amérique[178].

Dans l'esprit de Parent, le gouvernement responsable défend davantage
la cause de l'ordre, de l'harmonie et de la justice qu'un quelconque progrès inscrit dans l'histoire. Accepter l'union — non sans avoir rappelé
l'injustice d'une telle mesure — et miser sur le gouvernement responsable, c'était se rallier à la politique de LaFontaine. En mars 1840, Parent
appuie le nouveau chef, car il voit en lui l'« un de ceux qui ont fait tout
ce qu'ils ont pu pour étouffer les troubles à leur origine, et qui eussent
sauvé le pays, n'en doutons pas, s'ils eussent été écoutés ». Certes,
concède Parent, LaFontaine « s'aperçut un peu plus tard que d'autres
de la tendance funeste de l'agitation mise sur pied dans l'été de 1837 ;
mais du moment qu'il vit où cette agitation menait le pays, il n'hésita
pas à chercher les moyens de rétablir l'ordre[179] ». Après une très brève
incursion en politique à titre de député du comté de Saguenay, Parent
est nommé greffier du Conseil exécutif en octobre 1842. Il quitte la
direction du *Canadien* et devient, grâce à ses célèbres conférences, l'intellectuel phare du réformisme canadien-français.

Augustin-Norbert Morin se rallie également à l'union des deux
Canadas et à la politique de LaFontaine. Une lettre adressée à Francis
Hincks révèle que ce ralliement n'a cependant rien d'enthousiaste, car
Morin n'est pas dupe des intentions de la Grande-Bretagne : « Je suis
opposé à l'Union et aux objectifs qu'elle poursuit, à l'image de tous les
paisibles habitants du Bas-Canada. Mais je ne suis pas favorable à la violence et à la haine non plus ; comme je ne prévois pas le rappel de
l'Union, du moins dans un avenir rapproché, je ne souhaite pas m'opposer au gouvernement sur cette base. Je préfère convaincre les autorités qu'[elles] ont fait une erreur, et leur donner du temps pour la réparer[180]. » En 1842, Morin accepte le poste de commissaire aux terres dans
le premier gouvernement LaFontaine, mais, solidaire de ce dernier, il

démissionne quelques mois plus tard. En plus d'exercer sa profession d'avocat, il continuera de représenter au Parlement les électeurs des comtés de Saguenay, de Bellechasse, puis de Terrebonne, et occupera la fonction de président de la Chambre sous le second gouvernement LaFontaine.

*   *   *

Plusieurs jeunes hommes qui, durant les années 1840, vont soutenir la politique de LaFontaine et faire bientôt partie du sérail réformiste seront marqués à leur façon par ces événements dramatiques.

Parmi ceux-là se trouve évidemment George-Étienne Cartier, qui se fait d'abord connaître comme parolier. Le futur avocat du Grand Tronc est en effet l'auteur de deux chansons (*Ô Canada, mon pays, mes amours* et *Avant tout je suis Canadien*) qui deviennent les hymnes officiels du club des Fils de la liberté, auquel il adhère spontanément en août 1837. Cartier se serait peut-être distingué lors de la bataille de Saint-Denis, car il a revendiqué par la suite le mérite d'avoir traversé le Richelieu pour aller chercher des munitions à Saint-Antoine pendant que la bataille faisait rage. Après les événements, étant recherché par les autorités, il se réfugie dans un marécage, près de Saint-Denis ; un journal annonce même sa mort. Cartier passe l'hiver 1838 caché dans l'étable d'un cultivateur de Saint-Antoine. Le beau temps revenu, il traverse la frontière américaine et rejoint Papineau à Saratoga, puis Ludger Duvernay à Burlington. Cartier revient au Bas-Canada en décembre 1838 sans être inquiété par les autorités[181].

Trop jeunes pour prendre part aux insurrections de 1837-1838, Joseph-Édouard Cauchon et Pierre-Joseph-Olivier Chauveau ont à peine terminé leur cours classique au Séminaire de Québec lorsque éclatent les affrontements. « La presque totalité des jeunes gens qui ont pris activement part aux événements de 1837 et de 1838 et qui en ont goûté l'amertume et la folie, écrit Cauchon dix ans plus tard, est hostile à une seconde agitation également fiévreuse et également dangereuse pour nos libertés[182]. » Cela dit, si on connaît mal les réactions de Cauchon par rapport aux soulèvements, celles de Chauveau ont laissé des traces. Le 6 avril 1838 paraît en première page du *Canadien* un poème de son cru intitulé *L'Insurrection*. Sous la plume du poète romantique, la rébellion apparaît comme une rupture tragique dans l'histoire de la nationalité. Avant ces événements, la « paix » et la « vertu » régnaient dans les « riches campagnes » du Bas-Canada, les paysans coulaient des jours heureux, passant de longs hivers devant le « vieux foyer éclatant de lumière ». Puis, s'attriste le jeune homme de dix-huit ans, vint le « démon de la guerre ». Face aux « soldats d'Albion », les Canadiens « seront braves, eux, s'ils ne sont pas vainqueurs ». La chute du poème est désespérée : deux orphelins prient en « regardant le ciel tout couvert de nuages » et meurent de froid.

Comme Cartier et Chauveau, Antoine Gérin-Lajoie et Hector Langevin semblent avoir été marqués par les soulèvements de 1837-1838. On ne sait trop comment Gérin-Lajoie perçoit les doléances politiques du parti de Papineau, car il était probablement trop jeune pour assister à l'assemblée « patriote » du 26 juillet 1837 tenue à Yamachiche, son village natal. L'exil forcé de nombreux prisonniers politiques vers l'Australie et les Bermudes lui inspire cependant *Un Canadien errant,* un poème mélancolique qu'il aurait écrit autour de 1842, alors qu'il n'avait que dix-huit ans, mais qui sera publié deux ans plus tard dans *Le Charivari canadien*[183]. Hector Langevin se prépare à faire son entrée au Petit Séminaire de Québec lorsque surviennent les soulèvements de 1837. Lorsque plus tard il évoque parfois les rébellions de 1837, c'est généralement pour parler de « tristes déchirements » qui pour rien au monde ne doivent se reproduire[184].

* * *

Les origines des rébellions de 1837 et 1838 ont été scrutées à la loupe par de nombreux historiens. Pendant longtemps, les dimensions politiques et nationales ont été jugées les plus importantes. Incapables de réformer les institutions politiques héritées de l'Acte constitutionnel de 1791 et regardés de haut par l'oligarchie anglo-protestante de la colonie, les militants « patriotes » n'auraient eu, selon ces historiens, d'autre choix que de prendre les armes[185]. Plus tard, des historiens d'autres générations sont venus bousculer ces interprétations en présentant les événements de 1837 comme les résultats d'un conflit de classes entre différentes factions de la bourgeoisie (professionnelle et marchande), ou comme le soulèvement du peuple contre une élite seigneuriale qui, dans un contexte de crise agricole et de rareté des terres, abusait de ses privilèges[186]. Récemment, des chercheurs comme Yvan Lamonde et Louis-Georges Harvey ont surtout insisté sur la modernité et l'américanité[187] des doléances « patriotes », le premier en tentant de démontrer leur caractère libéral, le second en faisant ressortir leurs dimensions républicaine et anticoloniale[188]. D'autres, comme Allan Greer et Marcel Bellavance, bien qu'empruntant des chemins fort différents, situent les rébellions dans un contexte occidental beaucoup plus large et démontrent ainsi que les insurrections de 1837 n'avaient rien d'un événement isolé et fortuit[189]. De toutes ces recherches passées et en cours, il faut évidemment retenir que les rébellions ne sauraient être imputées à une seule cause, qu'elle soit politique, économique ou identitaire, pour reprendre les catégories claires et convaincantes de Jean-Paul Bernard[190]. Cela dit, j'ai cru nécessaire de rappeler l'importance de la dimension nationale pour les acteurs que j'ai suivis au fil de ces événements. J'ai également voulu insister sur le caractère éminemment « réformiste » de leurs doléances, ce qui permettra peut-être de placer leurs actions ultérieures dans une relative continuité.

CHAPITRE 2

Parler d'une seule voix

Il ne combattait pas pour le plaisir de combattre ; toute opposition injuste, frivole, le chagrinait, parce qu'elle était à ses yeux une cause de faiblesse. Rien au contraire ne lui donnait autant de satisfaction que l'unanimité d'opinion sur une question quelconque. L'union, l'union, disait-il sans cesse, c'est elle qui fait la force des sociétés...

ANTOINE GÉRIN-LAJOIE, *Jean Rivard*, 1864

Les réformistes de l'époque font presque tous de la politique ou gravitent autour de sa faune à titre de politiciens, de journalistes, de juges ou de fonctionnaires. Pourtant, cette activité dévoreuse d'énergie qui, pour la plupart, représente l'essentiel des préoccupations de leur vie ne semble pas inspirer un grand enthousiasme. Pour plusieurs, elle est même source d'un profond désenchantement sur la nature humaine ; la politique n'est pas la sphère des grandes réalisations héroïques, mais celle des déchirements et des affrontements perpétuels. À lire les textes qui vanteront plus tard leurs vaillants efforts et à entendre les orateurs qui célébreront leur mémoire plusieurs décennies après qu'ils auront tous disparu, les réformistes auraient normalement dû aimer la politique, ou à tout le moins en tirer une légitime satisfaction, sinon une certaine fierté. Comme nous le verrons tout au long de ce chapitre, tel n'est pas le cas. Leur vision sombre de la politique est vraisemblablement induite par un événement fondamental : la scission définitive du bloc canadien-français en deux partis distincts. L'obtention de la responsabilité ministérielle en 1848 marque en effet le début du système partisan[1]. Pour la première fois de leur histoire, les Canadiens français ne forment plus un bloc relativement compact et uni derrière un seul chef, comme cela était le cas depuis le début du parlementarisme en 1791, malgré la dissidence évidente de certains, comme je l'ai souligné au chapitre précédent. Or, cette perception négative de la division des Canadiens français soulève des questions importantes. Dans quelle mesure les réformistes acceptent-ils le choc des idées et la possibilité de délibération à l'intérieur du groupe canadien-français ? Ce rapport trouble à la politique peut-il s'inscrire dans l'horizon d'une démocratie libérale ? Et cette hantise apparente de la délibération participe-t-elle d'une sensibilité « libérale » ou plutôt « conservatrice » ? De quelles manières ces rapports à la politique orientent-ils leurs réflexions sur la question du meilleur régime ?

Une perception négative de la politique

Les traces d'une certaine déception à l'époque inspirée par l'activité politique sont multiples. On en trouve plusieurs dans les lettres que LaFontaine adresse à Baldwin. En juin 1845, le chef réformiste confie à son collègue qu'il retournerait volontiers à la pratique du droit, car la politique lui a donné « une piètre opinion de la nature humaine[2] ». Trois mois plus tard, il évoque à nouveau ce « dégoût » de la « nature humaine[3] », un dégoût tel qu'il ne sait plus s'il veut encore exercer le pouvoir. Plus tard, réfléchissant à la défaite de son allié réformiste du Haut-Canada, en 1851, LaFontaine se plaint de « l'ingratitude à laquelle sont exposés tous les hommes publics quels que soient les sacrifices qu'ils ont consentis[4] ». Lors du grand banquet qu'on organise en son honneur pour le remercier de sa contribution, LaFontaine déclare que « la vie publique dans ce pays use et use bien vite. Personne plus que moi n'en connaît les effets[5] ». Une étonnante déclaration de la part d'un homme qui a été le premier de la colonie à diriger un gouvernement responsable.

Ce regard sévère sur la politique et ce thème d'une nature humaine pervertie par le conflit politique, on les retrouve dans le célèbre roman *Charles Guérin* et les « pensées » plus personnelles de Chauveau, et dans *Jean Rivard,* de Gérin-Lajoie. Dans *Charles Guérin,* le narrateur vante l'« âme noble et pure » des jeunes patriotes Jean Guilbault et Charles Guérin. Contrairement aux « vieilles prostituées politiques[6] », les personnages mis en scène par Chauveau font passer la nationalité avant leurs intérêts personnels. Dans son testament, un certain Monsieur Dumont, le meilleur ami du père de Charles Guérin, conseille à ce dernier « d'abandonner les romans, la musique, la botanique, la politique et autres frivolités[7] » pour se consacrer pleinement à l'étude du droit. Une « frivolité », mais aussi, vraisemblablement, une « calamité », si l'on en croit le narrateur. Dans la conclusion du roman, il évoque la popularité croissante de Charles Guérin dans sa localité d'adoption, une popularité telle qu'on « parle de lui comme député[8] » : « Bons lecteurs, et vous aimables lectrices, si vous vous intéressez à lui et à sa jeune famille, priez le ciel qu'il leur épargne cette calamité[9] !… » Dans les archives de Chauveau, on trouve un « cahier » rempli de « pensées » sur la vie, les femmes, la religion et, bien sûr, la politique. Probablement écrites au mitan de sa vie alors qu'il vit plusieurs expériences éprouvantes, ces pensées témoignent de l'intense dégoût que suscite chez lui l'activité politicienne. Trois de ces pensées, choisies parmi d'autres, trahissent ce sentiment :

Pour savoir jusqu'où vont la bassesse et la perversité humaine, il ne suffit pas d'être prêtre ou avocat. Il faut avoir été ministre…

On a fait beaucoup de découvertes dans ces derniers temps. Il reste cependant trois choses à trouver. La quadrature du cercle, la pierre philosophale et un homme politique strictement honnête sous un gouvernement constitutionnel…

La religion et la politique s'en vont à l'individualisme. Il y a des sectes et presque plus de religion des congrégations. Il n'y a plus de partis, il n'y a que des coteries — et encore les coteries deviennent si nombreuses que bientôt elles ne comprendront plus que trois ou quatre individus. Cela prouve que la foi et le patriotisme s'en vont. À l'amour de Dieu et à

l'amour de la Patrie, on substitue partout l'amour de soi-même […]. On
se demande si l'homme n'est pas à la veille de tomber à l'état sauvage[10]…

Cette vision désabusée de la politique, on la trouve également dans
un autre roman écrit par un acteur réformiste : *Jean Rivard*, d'Antoine
Gérin-Lajoie. Le destin du héros de ce roman est une longue ascension
vers divers sommets. Il défriche une terre, devient prospère et fonde un
village qui porte son nom. Ce rayonnement, cette réussite le poussent
tout naturellement, et bien malgré lui, vers la politique. Il devient maire
de Rivardville et se voit offrir le poste de député. Jean Rivard ne choisit
pas la politique, c'est elle qui le choisit, car celle-ci n'est pas une vocation
ou un métier, mais une reconnaissance pour le travail accompli et le
dévouement à l'égard de la communauté locale. Lorsqu'un groupe
de citoyens lui demande de se présenter, Jean Rivard lui répond que « les
charges publiques ne doivent jamais se demander, mais [qu']elles ne doivent pas non plus se refuser sans de graves raisons ; il y aurait dans ce
refus égoïsme ou indifférence[11] ». « Candidat populaire », Rivard connaît
un « triomphe » dans ce qui constitue la conclusion heureuse de l'avant-
dernière partie du roman. Or, il est intéressant de constater que la dernière partie du livre, qui commence quinze ans après ce triomphe, ne
fait pas le récit de cette expérience politique[12]. Rien là de très surprenant,
puisque l'expérience vécue par Rivard est plutôt négative ; elle aurait
constitué une parenthèse pénible par rapport à ce destin exemplaire
censé inspirer les contemporains canadiens-français du protagoniste[13].
Selon toute vraisemblance, Gérin-Lajoie situe la brève carrière politique
du politicien Jean Rivard à la fin des années 1840, puisque le personnage
est témoin de l'incendie du Parlement. Époque de divisions et de tensions par excellence, cette période marque l'avènement des rouges sur la
scène politique. Rivard se sent déchiré, voire traqué par tous ces politiciens qui veulent le convaincre de joindre leurs rangs. Dans une lettre à
son curé, il écrit : « La politique, mon ami, est beaucoup plus amusante
de loin que de près[14]. » Il décide finalement, après de longues hésitations, de rester « indépendant ». Les débats l'ennuient, les querelles de
procédure l'exaspèrent. Les discours pour « tuer le temps[15] », dont les
« enfileurs de paroles[16] » sont les spécialistes, font monter en lui la

colère : « Quelle folie de ruiner sa santé pour si peu de chose[17] ! » La politique change les hommes, se plaint Jean Rivard. Elle les rend petits,
envieux, mesquins. Pour y réussir, il faut forcément renoncer à ses principes moraux, être prêt à toutes les bassesses. Le vrai problème du politique, explique Rivard, ce ne sont pas les institutions, car « notre forme
de gouvernement est excellente ; nous jouissons d'une pleine et entière
liberté ; nous avons à notre disposition tous les moyens d'obtenir justice
et de faire respecter nos droits[18] ». Le problème du politique, ce sont
d'abord les hommes. Ce sont eux qui doivent devenir meilleurs :

> Le moyen d'en tirer bon parti [des institutions], c'est d'élever le carac-
> tère des hommes politiques, c'est de les rendre meilleurs, plus intelligents,
> plus sensés ; c'est d'infiltrer l'esprit du gouvernement chez les masses et
> de répandre dans toute la population ces principes élevés d'honneur, de
> morale, de probité qui sont après tout la meilleure sauvegarde des inté-
> rêts et des destinées du peuple[19].

Amer, Jean Rivard décide finalement de démissionner. Il explique
ses motifs dans une lettre à ses électeurs : « Notre éducation première,
nos habitudes, notre manière de vivre, je pourrais ajouter notre simplicité, notre bonne foi, tout concourt à nous inspirer de l'éloignement
pour cette vie de mensonge et d'agitation. J'ai plus souffert durant une
seule des quatre années de ma carrière parlementaire que durant les dix
plus dures années de ma carrière de défricheur[20]. » Le narrateur s'empresse toutefois de tempérer ce jugement péremptoire. Cette amertume
de Rivard, explique-t-il, serait le fait d'un orgueil blessé : « Lorsqu'on a
été longtemps le premier dans son village, il est dur de se trouver un des
derniers dans une assemblée législative[21]. »
  Ce point de vue moral éminemment conservateur, c'est-à-dire cette
insistance sur la « nature humaine » qui serait trop faible, pas assez
désintéressée, donc ingrate et corruptible, on le retrouve aussi chez
Joseph-Guillaume Barthe. En décembre 1858, devenu rédacteur du
Canadien, il explique qu'il fut un temps où les institutions étaient fondamentalement injustes à l'égard de la nationalité canadienne. Ce temps
est révolu, constate Barthe, mais le mal du politique n'est pas pour

autant disparu ; à preuve, les Canadiens français sont plus divisés que jamais. L'obtention du gouvernement responsable n'a donc pas tout réglé. S'il y a division, si la nationalité canadienne ne parle pas d'une seule voix, croit Barthe, c'est à cause de l'« envie », ce « vice honteux qui s'est attaché comme un chancre à notre corps politique ». Ce vice immonde, explique Barthe, n'est pas naturel au peuple canadien, par essence « naïf et si bon ». « Non : c'est le démon de la politique qui a donné naissance à l'envie, ce vice en germe dans le caractère français. » Certains hommes sont prêts à tout pour obtenir un siège : « Certains entêtés, par les fumées de l'ambition, ont perdu la tête[22]. »

Les ambitieux qui ne pensent qu'à obtenir un ministère, les « enfileurs de paroles » qui aiment s'entendre parler, les « vieilles prostituées politiques » corrompues et, enfin, les ingrats qui se détournent de leurs valeureux chefs auraient tous oublié le sens ultime du politique : celui de conserver la nationalité, et non de travailler à l'avènement d'un nouveau régime. C'est ainsi qu'est présentée la véritable finalité du politique — la protection de la nationalité :

> La politique, à mes yeux, n'est qu'un accessoire, un instrument qui sert à conserver notre nationalité. Que m'importe à moi que mes petits-enfants [...] vivent sous un gouvernement absolu, constitutionnel ou républicain, s'ils doivent parler une autre langue, suivre une autre religion que la mienne [...] ? Tâchons d'être une nation d'abord, ensuite nous verrons comment nous gouverner[23].

C'est du moins ce que fait dire Chauveau à Charles Guérin. On a tout lieu de croire que c'est ce que pense profondément l'auteur. Voilà en tout cas une citation qui résume bien le sentiment général des réformistes par rapport au politique. La politique est une nécessité, un devoir dont la seule grande finalité est de conserver la nationalité. « La première de toutes les lois est celle de sa préservation[24] », explique de son côté Barthe. Tout ce qui ne répond pas à l'impérieuse nécessité de la préservation n'a que peu d'importance, selon lui. Cette définition limitée du champ politique permet de mieux saisir le rapport trouble des réformistes aux idées générales sur le politique.

Il est en effet frappant de voir à quel point les réformistes partagent une aversion envers les pensées politiques qui se fondent sur ce que nous appellerions aujourd'hui des idéologies ; eux appellent cela des « systèmes ». Tout comme Cauchon, ils militent contre tout « système politique[25] », les « abstractions qui ne mènent à rien[26] », la « folie des essais prématurés[27] », les « théories constitutionnelles[28] ». Ils sont en général d'accord pour contester la potentialité de tout régime idéal « qui ne s'est jamais vu nulle part ailleurs[29] ». Homme de lectures et d'études, Étienne Parent est le plus nuancé des réformistes sur cette question. À son avis, il ne faut ni renoncer ni se laisser étourdir par ces systèmes, car « dans le premier cas, on rejette le flambeau qui doit éclairer sa marche dans la vie réelle ; dans le second, on se laisse éblouir les yeux, et l'on court aveuglément se briser contre l'impossible[30] ». Ces nuances, on ne les retrouve pas chez les autres réformistes qui n'ont de cesse de répéter leur rejet de toutes les abstractions livresques censées guider le législateur. De la même façon, la plupart des réformistes pestent régulièrement contre les concepteurs de ces « systèmes » de pensée politiques. Cauchon attribue aux « théoriciens célèbres » et autres « faiseurs de système » la « terrible crise » qui secoue la France de 1848[31]. Il accuse également les rouges et les *clear grits* d'être des « rêveurs » et des « utopistes » qui

> barbouillent sur le papier des théories ayant pour base le progrès, le perfectionnement de l'homme et autres niaiseries, aux moyens desquelles les peuples par une régénération politique et sociale doivent faire de la terre un paradis, y jouir d'une somme indicible de bonheur et de prospérité[32].

Cauchon croit qu'il faut se méfier de ces « régénérateurs politiques », de ces « perfectionneurs de l'espèce humaine » qui ne proposent rien d'autre que de faire « table rase ». À ces « hommes de théorie », explique pour sa part la rédaction de *La Minerve*, commentant à son tour les événements français de 1848, on dit préférer les « hommes pratiques » qui, comme Lamartine, un homme « pratique[33] », « seront aidés par le bon sens général, recevront l'appui des esprits éclairés et des amis de l'ordre[34] ». Les théoriciens les plus critiqués par les réformistes sont Proudhon, Louis Blanc et Charles Fourier. Aux *Mélanges religieux*, on perçoit le premier comme un « homme de plume » qui a « quelque chose d'effrayant et de répugnant comme Marat[35] ». Cauchon, de son côté, dénonce la « lecture épouvantable » de Proudhon, qui prône rien de moins que l'abolition de la propriété : une calamité selon lui[36]. À propos de Louis Blanc, le rédacteur de *La Minerve* écrit : « Il a voulu mettre en pratique tous les rêves de son imagination ardente » et « bâtir du nouveau, sans prendre le soin et le temps de bien préparer, coordonner les vieux matériaux qu'on ne peut remplacer à son gré[37] ». À la *Revue canadienne,* on met le lectorat en garde contre ces « réformateurs trop avancés, les Socialistes, les Communistes, les Fouriéristes et autres qui ne rêvent que des utopies plus ou moins absurdes[38] ».

Ces théoriciens, faiseurs de systèmes et autres hommes de « théorie » n'ont rien à leur apprendre de la politique, croient les réformistes. Ils ne font que brouiller les cartes, distraire les honnêtes gens en leur laissant croire qu'une société idéale peut être conçue de toutes pièces dans un livre. « Un homme, explique Cartier, aurait beau avoir lu 20 bibliothèques, cela ne ferait pas de lui un bon législateur. De tels hommes ont exercé le pouvoir en Allemagne et en France, et on a vu les résultats[39]. » Pour penser des institutions, une politique, il faut partir du « caractère » et de la « position respective des peuples », croit pour sa part Cauchon[40]. Adoptant une optique très burkéenne, le rédacteur du *Journal de Québec* écrit :

> Vous ne devez pas vous demander si tel gouvernement est strictement logique dans sa constitution ; mais s'il fonctionne bien dans les conditions de son existence, si à l'ombre de cette autorité qui vous semble irrationnelle, le peuple est heureux et libre, et si vous pouvez, sans avoir recours à des changements fondamentaux qui chassent et mettent en danger l'ordre social, marcher sûrement à la conquête de toute portion que vous ne posséder pas encore et dont la jouissance peut augmenter votre somme de bonheur[41].

Il faut donc faire confiance à l'expérience des peuples, à leur caractère propre avant de tout bousculer. C'est pour cette raison qu'il faut privilégier les institutions britanniques, selon Barthe ; celles-ci auraient indéniablement fait leurs preuves. « La Constitution qui nous régit est le règne le plus véritablement, le plus strictement, le plus raisonnablement populaire qu'il soit possible d'établir. Œuvre du temps, perfectionnée par les siècles, la Constitution britannique donne au peuple les maîtres qu'il veut bien se donner[42]. » Plutôt que de faire confiance aux théories, mieux vaut s'appuyer sur les conventions qui ont traversé le temps.

De toute façon, expliquent plusieurs réformistes, même si les Canadiens français souhaitaient vraiment discuter de théories constitutionnelles ou de systèmes de gouvernement, en ont-ils vraiment le loisir ? N'est-ce pas, comme l'explique Garneau dans la conclusion de son œuvre, un luxe que seuls les grands peuples peuvent se payer ? Cauchon convient cependant avec Papineau que les institutions britanniques ne sont pas parfaites. Mais, précise-t-il,

> nous ne sommes pas dans la situation d'un peuple libre faisant à son gré choix des institutions qui lui conviennent le mieux [...], il vaut mieux [...] vous servir des moyens de protection et de salut qui sont autour de vous, plutôt que d'abandonner à elle-même, pour l'amour d'une théorie quelque parfaite qu'elle soit, une population qui a besoin des secours de vos talents et de votre énergie d'autrefois[43].

La logique d'un principe, si bon et juste soit-il, doit donc s'éclipser lorsque l'unité du groupe est menacée[44]. La nationalité canadienne n'est pas dans une position de force pour discuter à haute voix, avec les risques de division que cela comporte, des bienfaits de tel ou tel régime politique. En ces heures difficiles, mieux vaut serrer les rangs, « parce que l'infortune vaut encore mieux que le néant[45] », lance Cauchon à Papineau.

Libéraux ou conservateurs ?

Cette façon de considérer la politique doit être mise en relation avec la manière dont les réformistes se définissent politiquement. En effet, s'ils considèrent la politique uniquement comme un « instrument de

conservation » de la nationalité, se disent-ils pour autant « conservateurs » ? Étonnamment, la plupart des réformistes vont refuser cette étiquette tout au long de la période étudiée, préférant généralement se présenter comme des « libéraux ». Cette dénomination ne doit cependant
pas leurrer, car l'alignement politique des réformistes, successivement
libéral et conservateur, découle d'une même optique selon laquelle la
nationalité prime le reste. C'est en fonction des impératifs et des besoins
de la nationalité, tels qu'ils sont définis par eux, bien sûr, que les réformistes se donnent un *label* politique. Leur passage du « libéralisme » au
« conservatisme » ne témoigne pas seulement d'un contexte politique
nouveau, ni d'un cynisme particulièrement odieux, mais d'une perspective qui accorde la primauté au national.

En fait, c'est du bout des lèvres que Cauchon, en avril 1852, se
réclame explicitement d'une mouvance qui serait conservatrice. « Nous
prétendons avoir toujours été réformiste, et cependant toujours conservateur, conservateur de ce qui est bon et réformateur progressif et tempéré des institutions susceptibles d'améliorations[46]. » Attaqué par le
rédacteur de *La Minerve,* qui l'accuse d'avoir retourné sa veste, Cauchon
s'explique : « Nous avons toujours été conservateurs avec nos compatriotes, et c'est parce que ceux-ci voulaient *conserver* et protéger, qu'ils
ont combattu cinquante ans contre l'oligarchie envahissante et spolia-
trice[47]. » Chauveau ne se gêne pas pour ridiculiser cette volte-face : « Il
est évident au moins qu'il y a quelque chose dans le pays qu'il [Cau-
chon] ne veut pas conserver, c'est l'administration actuelle[48]. » Il s'agit
bel et bien d'une volte-face, puisque huit ans plus tôt, Cauchon se
défendait bien d'être un conservateur. Lors d'une querelle qui l'oppo-
sait à John Neilson, alors rédacteur du *Canadien,* Cauchon écrivait en
effet : « Nous sommes des *préservateurs,* parce que nous tenons autant
que ce soit à nos anciennes institutions ; mais nous ne sommes pas
conservateurs jusqu'au point de ne pas vouloir des améliorations[49]. »

Cette précaution sémantique — se dire « préservateur » plutôt que
« conservateur » — n'a rien de surprenant, puisque pendant tout le
moment réformiste, les conservateurs, ce sont les tories. Les conservateurs, font valoir les réformistes jusqu'au début des années 1850, ce sont
ceux qui souhaitent voir assurer la suprématie de la race anglo-

saxonne[50], qui veulent que le « gouvernement » n'existe « que pour eux[51] » et qui contestent l'indéniable victoire réformiste de 1848, l'associant de façon mesquine à une nouvelle « rébellion[52] ». Au pouvoir pour de bon à partir de 1848, les réformistes ont en face d'eux une « opposition naturelle », explique la rédaction de *La Minerve*, « c'est la faction *conservatrice* que les hommes du pouvoir d'aujourd'hui ont toujours combattue et combattent encore[53] ».

Cette assimilation du conservatisme au camp des tories s'estompe peu à peu à mesure que l'on avance dans les années 1850. Il faut dire que l'évolution du contexte politique se prête de moins en moins à ce genre d'amalgame. D'une part, l'obtention du gouvernement responsable provoque de lourdes remises en question chez les tories. Les plus radicaux d'entre eux considèrent même ce geste comme une trahison de la part du gouvernement impérial ; ils ont le sentiment d'être abandonnés par la mère patrie. Leur colère prend différentes formes, surtout pendant l'année 1849. En mai, quelques-uns incendient le parlement de Montréal ; en octobre, des sections orangistes chahutent le représentant de Sa Majesté, Lord Elgin, en visite à Toronto. On lui reproche d'avoir donné trop de pouvoir aux papistes français du Bas-Canada. Ce chahut, cette violence — paradoxaux pour des gens qui se disent loyaux à la Couronne[54] — entraînent une scission au sein du camp loyaliste. Plusieurs leaders chercheront à prendre leurs distances par rapport à des sectes orangistes radicales en fondant des *constitutional societies* à Brockville et à Montréal, par exemple. Ces associations font parvenir au gouvernement impérial des pétitions dans lesquelles on souhaite voir réaffirmer le pouvoir exclusif de la Couronne. Ces tentatives se soldent cependant par des échecs. Le loyalisme des dirigeants tories doit donc se redéfinir, devenir moins exclusif. La nouvelle « idée » du loyalisme qui émerge peu à peu reconnaît que l'attachement au lien impérial et aux institutions britanniques peut être transmis par l'éducation, et non plus seulement par la naissance[55]. L'évolution du loyalisme ne se situe cependant pas seulement sur le plan des idées, explique l'historien Greg Kealey, elle correspond également aux aspirations d'une nouvelle classe commerciale qui souhaite se démarquer des manifestations violentes et populaires des sociétés secrètes liées à l'ordre d'Orange, fondé en 1830, et clairement hostiles aux francophones et aux catholiques[56]. Ce contexte nouveau, cette évolution à la fois idéelle et sociologique, et ce passage progressif du torysme au conservatisme vont rendre possible une alliance avec les Canadiens français, à la condition bien sûr que ceux-ci ne remettent pas en cause le lien impérial.

Par ailleurs, un nouveau courant politique, situé à gauche du réformisme de Baldwin, émerge au début des années 1850 au Haut-Canada. Alliés de William Mackenzie et de John Rolph — rebelles haut-canadiens de 1837 —, les *clear grits* sont dirigés par George Brown, l'influent directeur du *Globe* de Toronto, une ville alors en émergence. L'un des principaux chevaux de bataille de Brown est de faire disparaître toutes les prérogatives des différentes dénominations religieuses de la colonie en matière de propriété. Ces Églises, croit Brown, ne doivent bénéficier d'aucune aide particulière de l'État. Par ailleurs, l'éducation, selon Brown, doit être avant tout l'affaire de l'État, et non des « sectes » religieuses. Dans plusieurs discours emportés, il attribue d'ailleurs le retard des Canadiens français à leur instruction religieuse. « L'éducation, explique Brown en mars 1853, n'est pas l'affaire du clergé. Les prêtres font de mauvais enseignants. Leur enseignement tend d'ailleurs à déformer l'esprit. On n'a qu'à regarder la formation offerte dans le Bas-Canada et la comparer avec la nôtre[57]. » Brown craint d'ailleurs l'influence néfaste des papistes, dont le grand dessein serait, selon lui, d'assujettir les institutions politiques au pouvoir spirituel[58]. Ces positions ont tout pour irriter les leaders canadiens-français, qui en viennent à considérer Brown et son parti comme le nouvel ennemi de la nationalité. En somme, l'adversaire de la nationalité canadienne — du point de vue des réformistes — passe peu à peu de l'extrême droite tory à l'extrême gauche *clear grit*. Ajoutons que Brown défend avec vigueur les intérêts de Toronto et du Haut-Canada contre ceux de Montréal, intérêts auxquels seront aussi associés certains des futurs leaders conservateurs du Haut et du Bas-Canada.

Dans un tel contexte politique, le « conservatisme » devient une étiquette moins rebutante. Cauchon, nous l'avons vu, est le premier à se l'approprier ouvertement en 1851. Pour la plupart des réformistes, cependant, il faudra beaucoup de temps avant que l'on s'associe ouvertement à cette étiquette politique. Dès 1851 cependant, on voit poindre certains indices qui laissent entrevoir ce changement d'appellation. Après le départ de LaFontaine et de Baldwin, laisse entendre *La Minerve*, l'ère nouvelle qui débute est peut-être celle de la consolidation des grandes réformes. La nouvelle administration fait peut-être face à un défi encore plus difficile que celui de la précédente, car « l'on conçoit qu'il est toujours plus facile de construire que de conserver[59] ». Après 1854, on parlera souvent de la coalition « libérale-conservatrice » afin de dissiper tout malentendu, mais l'ambiguïté persiste un moment. En juillet 1857, Hector Langevin claque la porte du *Courrier du Canada*, un journal conservateur qui garde ses distances par rapport aux partis. Dans son dernier texte, il explique que sa grande mission politique sera toujours « de contribuer à la conservation de la langue, de la foi, de la nationalité canadienne[60] ». On insiste constamment sur la « conservation » de la nationalité, sans se dire pour autant « conservateurs ».

Si les réformistes semblent s'identifier, durant la période étudiée, aux idées « libérales », il est intéressant de voir comment, concrètement, ils perçoivent le libéralisme. Tous les théoriciens consultés sur le libéralisme insistent pour dire à quel point cette pensée se fonde sur l'individu. « Foi dans les possibilités de la liberté », selon Georges Burdeau[61], la doctrine libérale considère même l'individu comme une « fin », explique André Vachet[62]. Comment, dès lors, concilier la conservation de la nationalité, du groupe, de la communauté, et le fait de considérer l'individu comme une « fin » ? Il semble y avoir là un paradoxe. Ce paradoxe n'est en fait qu'apparent.

Lorsque les réformistes réfléchissent au « libéralisme », c'est toujours pour baliser, encadrer, délimiter sa portée, comme si un libéralisme non défini pouvait constituer une menace, un danger pour la communauté. En mai 1845, Cauchon fait valoir qu'il existerait un faux libéralisme qui cherche à démolir l'œuvre du passé[63]. Quelques années plus tard, lors d'un discours emporté, il se fait plus précis : « Je ne suis pas l'ennemi du progrès. Je me réjouis du triomphe des idées libérales. Mais [...] je ne suis pas un démolisseur[64]. » Pour *La Minerve*, il importe avant tout d'expliquer quel sens institutionnel on donne aux concepts de libéralisme et de liberté, sans quoi on pourrait facilement errer. Car,

d'expliquer le rédacteur du journal, « le *libéralisme* est une abstraction ;
et jamais on n'a organisé une abstraction. De même, la *liberté* n'est pas
un système de gouvernement : elle résulte de telle ou telle forme d'institutions politiques ; voilà tout[65] ». Le ton et les nuances de ces positions
se distinguent de la condamnation sans appel d'un hebdomadaire
comme *L'Ordre social*, proche des ultramontains, pour qui le « *libéralisme*, c'est la liberté absolue de tout penser, de tout dire, de tout écrire,
de tout faire », qui va dans le « *courant du progrès*, pour se fondre dans
la raison illuminée de la philosophie moderne[66] ».

Le libéralisme des réformistes se clarifie lorsque éclate le débat sur
le rappel de l'Union avec la publication des manifestes de Louis-Joseph
Papineau, en 1848. Cet affrontement permet de mieux comprendre les
fins premières que doivent servir les « idées libérales ». Dans un texte
important et controversé, par ailleurs critiqué par certains journaux
réformistes[67], la *Revue canadienne* explique que l'Union, « faite dans
le but de nous perdre », « nous a sauvés ». Grâce à l'Union, explique le
rédacteur, les Canadiens français, c'est-à-dire le « peuple » du Bas-
Canada, dépouillé avant l'Union de ses « droits politiques », peut enfin
marcher la tête haute[68]. Ainsi donc, « le libéralisme n'a été qu'un moyen
d'influence pour avancer nos intérêts nationaux ». Jamais, de poursuivre le rédacteur, « en formant une alliance avec les libéraux du Haut-
Canada nous [ne] nous sommes dépouillés de nos idées nationales,
nous [n']en avons fait abstraction[69] ». C'est précisément ce libéralisme-
là, qu'il perçoit dans le rapport Durham, qu'applaudit LaFontaine. Un
libéralisme perçu comme un moyen, un outil au service de la nationalité. Durant son séjour dans la capitale britannique, en 1838, LaFontaine
fait la rencontre de Lord Arthur Lennox, un oncle de l'envoyé spécial de
Londres au Canada. Dans son journal, LaFontaine écrit : « Il m'a assuré
que celui-ci agirait libéralement envers les Canadiens, et ne proposerait
aucun plan de constitution qui donnerait le pouvoir à la minorité[70]. »
Agir « libéralement », dans l'esprit de LaFontaine, c'est reconnaître les
mêmes droits aux Canadiens français qu'aux autres nationalités. Dans
l'esprit des réformistes, agir libéralement, promouvoir les idées libérales,
c'est d'abord travailler à défendre les droits des Canadiens français, en
tant que membres d'une communauté nationale. C'est faire de ceux-ci

des sujets égaux qui pourraient jouer un certain rôle dans les affaires de la colonie. Le libéralisme des réformistes n'est pas une quête de liberté en faveur de l'individu — l'individu abstrait ou « sujet de droit » —, c'est une lutte pour la reconnaissance d'une nationalité distincte qui s'est sentie marginalisée. Ce n'est pas l'individu qu'on cherche à affranchir, mais le groupe, la communauté. L'égalité formelle que l'on recherche n'est pas celle des individus, mais celle des nationalités. Le libéralisme des réformistes n'est donc pas centré sur l'individu, mais sur la communauté nationale. Il s'agit moins de servir une quelconque eschatologie moderniste que de prémunir une nationalité contre d'éventuels reculs politiques, voire sa disparition.

On comprend mieux, dès lors, pourquoi le gouvernement responsable est perçu comme une si grande victoire « libérale ». Si l'horizon n'est plus l'indépendance ou la république — visées jugées utopiques en ces temps difficiles —, mais la « préservation » et la « conservation » de la nationalité — les seules vraies finalités du politique —, les modalités de cette mesure britannique paraissent excellentes. Les réformistes estiment donc avoir gagné leur pari. Tout en rejetant le principe de l'Acte d'Union — un acte « illibéral » selon *La Minerve* —, les réformistes tentent d'en tirer le meilleur parti pour leur nationalité[71]. En 1840, explique la *Revue canadienne*, « le peuple était fatigué des dernières luttes » ; il faut donc trouver une stratégie qui permettrait aux Canadiens français de sauver la face. « Sous ces circonstances ne valait-il pas mieux chercher à tirer parti des institutions politiques qu'on nous octroyait contre notre volonté[72] ? » En somme, tirer le meilleur parti des institutions « libérales » proposées par Lord Durham pour sauver la nationalité du gouffre. Cette position, qui vise avant tout la « survie nationale par le moyen du libéralisme[73] », explique Michel Ducharme, est d'ailleurs celle de Parent dès 1839.

Si les réformistes avaient d'abord été des libéraux doctrinaires préoccupés par le sort de l'individu-sujet-de-droit, ou de l'individu-propriétaire, ils ne s'opposeraient pas à ce que la représentation politique reflète l'évolution démographique des populations de l'est et de l'ouest du Canada-Uni (le principe du *rep by pop*). Dans le manifeste réformiste de 1847, signé par de nombreuses personnalités

de Québec — et rédigé par Chauveau —, il est « recommandé » de
« prendre toutes les mesures que le gouvernement croira propres à obtenir une représentation plus nombreuse et plus en rapport avec la population des diverses parties du pays[74] ». Dans son long discours prononcé
en mars 1848 en réponse au discours inaugural du gouverneur, Chauveau défend cette position éminemment « libérale ». La réforme électorale qu'il préconise — un homme, un vote — est tout à fait conforme
à l'esprit du libéralisme politique de cette époque. Pondéré, Chauveau
se demande si « avec le temps nous obtiendrons d'une administration
libérale ce que nous avions osé demander à une administration ennemie ». Et Chauveau de poursuivre :

> Je me flatte que cette administration libérale s'instruira de l'opinion
> publique, ne cherchera pas à la comprimer sous prétexte que cela la gêne
> ou l'embarrasse ; que cette administration libérale ne fera pas comme
> font souvent les chefs d'un parti populaire victorieux, qui plantent sur la
> citadelle de l'ennemi leur drapeau, puis se retournent vers ceux qui les
> ont suivis pour leur crier : Liberté ! Liberté !… de ne rien penser, de ne
> rien dire, de ne rien faire… Une administration forte et populaire ne doit
> pas craindre une opinion publique indépendante[75].

Chauveau demande à la nouvelle administration d'être fidèle au seul
vrai principe libéral, celui d'être dignement représenté au Parlement en
tant qu'électeur. La conséquence de cette mesure est, selon Chauveau,
la représentation proportionnelle des parties est et ouest du Canada-
Uni au Parlement. Or, les discussions autour de cette question seront
très « acerbes », déplore Chauveau dans *Le Courrier des États-Unis*[76].
Celui-ci revient d'ailleurs à la charge en mars 1849. Il plaide alors pour
une répartition « plus juste, plus équitable de la représentation[77] ». Il
prêche cependant dans le désert. Essuyant rebuffade sur rebuffade,
Chauveau, à qui l'on reproche de faire dans la « théorie », dit ne pas
comprendre l'argumentation des autres députés réformistes canadiens-
français : « Voulez-vous bien me dire, ô hommes pratiques que vous
êtes, comment ce qui est logique en théorie, devient absurde dans la
pratique[78] ? » En effet, d'un point de vue strictement « libéral », la repré-

sentation selon la population semble relever d'un sens commun que ne se prive d'ailleurs pas d'invoquer Chauveau. Cette logique libérale élémentaire ne devrait-elle pas l'emporter sur tout le reste ? se demande un Chauveau interloqué par l'hostilité de ses collègues réformistes par rapport à cette proposition, une hostilité d'autant plus surprenante qu'une représentation proportionnelle aurait fourni une majorité au Bas-Canada.

Or, c'est justement parce qu'ils se réclament d'une autre logique que celle du libéralisme doctrinal que les réformistes s'opposent à cette proposition. Le libéralisme des réformistes, explique Cauchon, s'intéresse moins aux droits de l'électeur qu'à ceux de la nationalité. « Nous sommes, comme province et non comme individus, partie au contrat qui nous unit au Haut-Canada[79]. » Il y a là, selon Cauchon, une sorte d'équilibre à préserver. Équilibre d'autant plus précieux, prédit Cauchon dans une série d'articles, que la population du Haut-Canada risque sous peu de dépasser celle du Bas-Canada[80]. S'agissant de la « réforme électorale », les Canadiens français font face à un dilemme cornélien, selon Cauchon :

> Ou il faut que nous nous laissions entraîner au torrent de l'enthousiasme et des préjugés qui nous conduisent à l'abîme […], ou il faut que nous luttions avec des faits, quelque désolants qu'ils soient, pour sauver le pays contre cet enthousiasme des cœurs chauds et ces préjugés qui invoquent les plus beaux sentiments et les principes fondamentaux de la justice et du droit[81].

Entre ces deux options, Cauchon semble avoir fait son choix. Mieux vaut « sauver le pays », quitte à ce que certains « principes fondamentaux de la justice et du droit » soient mis de côté. La primauté du national ressort ici très clairement. D'autres réformistes semblent plus tiraillés par la question. *La Minerve* la pose d'ailleurs autrement. Le véritable enjeu, explique le rédacteur, n'est pas d'être pour ou contre le principe d'une « réforme électorale basée sur la population », c'est plutôt la participation des réformistes au pouvoir. Car si LaFontaine et ses députés faisaient de ce principe un enjeu central, une condition à leur participation

au gouvernement, ils devraient se retirer, faute d'obtenir l'appui de leurs
alliés réformistes du Haut-Canada. Conséquence : les tories revien-
draient au pouvoir[82]. La *Revue canadienne,* dans un premier temps, se
dit en faveur d'une « réforme électorale » qui permettrait une « représentation proportionnée à la population[83] ». Quelques mois plus tard
cependant, le journal se montre plus hésitant : « Aujourd'hui, explique-
t-on, il s'agit de savoir si dans la position où se trouve le Bas-Canada, la
réforme électorale basée sur le chiffre de la population pourra réparer
cette injustice, nous servir et être avantageuse pour l'avenir[84]. » Inspirée
par les prévisions mises en avant par Cauchon, la revue dit craindre pour
la représentation du Bas-Canada à moyen terme[85]. Ces analyses, qui
relèvent davantage de la realpolitik que d'un nationalisme étroit, sont
moins tranchées que celle de Cauchon. Mais la conclusion reste la
même : le « libéralisme » ne doit pas aveugler les Canadiens français, leur
faire oublier que les droits des individus-électeurs devront toujours passer en second.

La position finale de LaFontaine sur cette question sera d'accroître,
de façon égale, le nombre de sièges pour chacune des deux sections
du Canada-Uni. Le chef réformiste reconnaît que la représentation de
la population est injuste, mais refuse, avec l'accord de ses alliés du Haut-
Canada, d'établir une représentation selon la population. Son argumentation est toutefois très intéressante, car elle révèle une foi conditionnelle aux idées libérales, conditionnelle au sort qui sera réservé à sa
nationalité. Selon LaFontaine, l'égalité dans la représentation « protège
le Bas-Canada ». Le refus de la représentation proportionnelle,
explique-t-il, n'est pas d'abord venu du Bas-Canada, mais de la province
voisine. « Ce refus, fait valoir LaFontaine, a établi en fait et en droit que
l'Acte d'Union n'avait pas fait des deux Canadas une seule et même
législature. » Cette égalité dans la représentation signifie plutôt qu'« à
l'exemple de nos voisins, une confédération de deux provinces, de deux
États », a été fondée en 1840.

> C'est en me fondant sur le principe de ne voir dans l'Acte d'Union
> qu'une confédération de deux provinces, comme le Haut-Canada l'a
> déclaré lui-même, que je déclare ici hautement que jamais je ne consen-

tirai à ce que l'une des sections de la province ait, dans cette chambre, un nombre de membres plus considérable que celui de l'autre, quel que soit le chiffre de sa population[86].

En réponse aux propositions de Chauveau, qu'il juge trop abstraites et philosophiques, LaFontaine fait valoir que cette égalité dans la représentation « nous protège » — « nous », c'est-à-dire les Canadiens français — et qu'il serait par conséquent bien téméraire de s'en départir sous quelque prétexte « théorique » que ce soit.

Ce n'est qu'en 1854 que le nombre de députés par « section » passe de 42 à 65[87]. Le principe d'égalité sera rigoureusement respecté par le successeur de LaFontaine à la barre du gouvernement réformiste. Lors du discours d'ouverture qui inaugure la nouvelle session, le 19 août 1852, Augustin-Norbert Morin annonce clairement ses intentions sur cet enjeu qui devient sensible, surtout dans le Haut-Canada, où la population croît beaucoup plus rapidement que celle de la province voisine. D'entrée de jeu, Morin met cartes sur table : « Jamais je ne consentirai à ce qu'on abolisse l'égalité dans la représentation qui règne aujourd'hui entre les deux sections[88]. » Trop tard, semble dire le nouveau chef réformiste canadien-français. Si les représentants du Haut-Canada souhaitaient une représentation proportionnelle, il fallait l'accepter en 1840.

La hantise de la délibération

Ce rejet de la représentation proportionnelle permet de préciser le sens que donnent les réformistes au « libéralisme ». La fin première de ce libéralisme est pour eux de fournir des garanties au groupe canadien-français, et non pas seulement de procurer des droits à l'électeur. On pourrait également illustrer cette hiérarchie de principes en se penchant sur le rapport qu'entretiennent les réformistes avec la délibération politique. L'une des caractéristiques de la démocratie libérale est d'accepter l'idée du débat. Un certain horizon du bien commun ne peut émerger que si différents points de vue peuvent s'affronter, que si les représentants du peuple peuvent exprimer un certain nombre d'idées. Comme la vérité ne saurait s'imposer d'elle-même ou n'appartenir qu'à un seul, la délibération est donc un processus nécessaire, et éminemment libéral. De là la pertinence d'une « loyale opposition » dont les idées peuvent permettre de faire avancer le débat sur certaines questions. Cette conception libérale du politique permet d'encadrer le conflit, de le circonscrire à la Chambre des représentants. De façon implicite, la discorde est donc perçue comme une donnée incontournable de la politique.

Entre 1841 et 1848, les Canadiens français forment un bloc relativement homogène en Chambre. Il y a cependant certains politiciens marginaux, comme Denis-Benjamin Viger et Denis-Benjamin Papineau, qui acceptent de siéger dans les ministères tories (1843-1847). En agissant de la sorte, ils refusent de suivre la politique mise en avant par LaFontaine et son groupe, et s'attirent par conséquent les foudres des journaux réformistes. Après 1847, le clivage du bloc canadien-français s'approfondira davantage avec l'entrée en scène de Louis-Joseph Papineau et de ses jeunes supporters de l'Institut canadien. L'avènement des rouges marquera la fin définitive de l'unité relative du bloc politique canadien-français. Ces voix discordantes qui se font entendre au sein du bloc de députés canadien-français obligent les réformistes à préciser leur vision de la délibération politique.

Il appert que les réformistes ont une véritable hantise de la délibération. Leur obsession de la cohésion, de la concorde et de l'unité est particulièrement frappante. Évidemment, derrière ces apologies de l'unité, qui communient à l'une des grandes mythologies politiques des temps modernes[89], il y a une volonté de conserver le pouvoir, de garder la maîtrise du jeu politique. Il y a cependant là plus qu'un enjeu tactique. Dans cette obsession de l'unité, on décèle aussi certains principes politiques qui obligent à nuancer considérablement le « libéralisme » des réformistes. Car pour ces derniers, le meilleur des mondes serait celui où tous les Canadiens français parleraient d'une seule voix, où tous les esprits vibreraient à l'unisson d'une entente mélodieuse et éternelle. C'est un peu le rêve du héros d'Antoine Gérin-Lajoie. Devenu maire de la ville qui porte son nom, Jean Rivard doit faire face à l'opposition du détestable « Joe-le-Plaideux », un concitoyen qui, apparemment, prend un malin plaisir à contredire les idées du valeureux maire. Or, Rivard n'a rien d'un « ferrailleur » ; rien ne le rebute davantage qu'une « opposition injuste, frivole ». Au fond, « rien […] ne lui donn[e] autant de satisfaction que l'unanimité d'opinion sur une question quelconque[90] ». C'est à cette « unanimité », à cette concorde parfaite, que rêvent les réformistes.

De tels espoirs peuvent surprendre, compte tenu du fait que le constitutionnalisme britannique admet, depuis le XVIIIe siècle, l'existence, voire la nécessité de partis distincts. Respectueux des règles et des traditions parlementaires dont ils ont hérité, les partis incarnent des courants importants de la nation. Ils peuvent, périodiquement, se partager le pouvoir, assurant ainsi une certaine alternance. Mais les réformistes ne voient pas les choses ainsi, du moins à l'intérieur de la nation canadienne-française. Ferments de division, les partis sont à leurs yeux une abomination. Dans le meilleur des mondes, ils n'auraient pas lieu d'exister.

Il faut, dans un premier temps, savoir distinguer la stratégie de la pensée. Chez les réformistes, dans le rejet souvent féroce de la notion de parti, il y a une part de stratégie. Le concept de « parti » est associé à celui de « faction ». Les « partisans », ce sont toujours les autres, ceux qui veulent rompre la belle unanimité d'autrefois. C'est une façon de stigmatiser l'adversaire qui, par le simple fait d'exprimer un désaccord sur la place publique, dessert la cohésion du groupe. Les « partisans » — un terme alors utilisé de façon péjorative — permettent aux représentants de la majorité de se présenter à la population comme les modérés, les défenseurs de l'ordre et du sens commun. Les partis peuvent donc être utiles comme faire-valoir. C'est un peu de cette façon qu'on doit comprendre l'usage que fait Baldwin du concept de « parti ». Voyant Louis-Joseph Papineau et ses supporters monter au créneau, l'allié de LaFontaine admet qu'il peut être avantageux « d'avoir au Parlement un parti qui affiche des idées plus radicales que les nôtres[91] ». Ce même sens tactique pousse Cauchon à voir d'un bon œil l'adhésion de plusieurs tories au principe de l'annexion aux États-Unis, car « ils montreront à l'Angleterre clairement ce qu'ils sont et elle aura plus de sympathie pour les Canadiens français qui restent fidèles pendant que ses amis, ses loyaux sujets, l'abandonnent[92] ». Et si jamais, dans un cas d'exception, les Canadiens français devaient faire alliance avec un parti, ce serait uniquement pour « assurer le triomphe des grands principes[93] ». Car, explique la *Revue canadienne,* « c'est pour mieux les protéger et les conserver [les Canadiens français] que nous formons des alliances politiques[94] ».

La plupart du temps toutefois, on dénonce l'existence des partis, on peste contre leurs effets néfastes sur la nationalité. En octobre 1842, le rédacteur de *La Minerve* affirme que les « partis divisent le pays ». Ce pays, explique-t-on, vit « dans l'attente qu'une loi providentielle lui assure un interprète de ses infortunes, un défenseur de ses droits, et que cet homme donne le signal de l'action[95] ». La chose la plus urgente n'est pas de créer des partis, mais de trouver un défenseur de la nationalité. Dans son premier article, la *Revue canadienne* rêve pour sa part d'aller au-delà des considérations partisanes[96] et dénonce assez vite l'« esprit de parti » qui provoque une « guerre à mort » entre factions rivales[97]. Dans sa longue réponse à l'ancien chef patriote en Chambre, LaFontaine accuse Papineau d'être devenu un « homme de parti », insulte suprême pour cet homme qui avait autrefois incarné tous les espoirs de la nationalité[98].

Les réformistes rejettent non seulement la notion de parti, mais aussi l'idée d'une « opposition ». En cela, ils prennent leur distance par rapport à la tradition britannique.

> Ne serait-il pas souverainement ridicule et puéril, se demande le rédacteur de *La Minerve* en juillet 1848, l'homme politique qui viendrait dire qu'il prend une attitude hostile à l'administration, non par conviction, non par manque de confiance en elle, mais pour la simple raison qu'il faut de l'opposition et que l'opposition donne de la force au ministère[99] ?

Une opposition organisée et encadrée n'a pas sa place au Parlement, croit le rédacteur de ce journal. Seuls ceux qui s'opposent à l'existence de la nationalité canadienne, explique-t-il, sont en droit de s'opposer au gouvernement LaFontaine ; les autres devraient plutôt serrer les rangs et soutenir l'administration du chef réformiste. La critique pour la critique ne mène à rien, estime le rédacteur du journal[100]. Quelques années après s'être retiré de la vie politique, LaFontaine écrit à l'archiviste français Pierre Margry :

> Nous avons dans le Bas-Canada, les bleus et les rouges, dénominations qui ont bien peu de sens. Je crois que les uns ne valent pas mieux que les autres. *Ôte-toi que je m'y mette* pourrait être la règle suprême. J'éprouve un profond dégoût pour la politique ; peut-être dois-je l'attribuer aux années dont je commence à sentir le poids[101].

Alors que les partis en viennent à faire partie du décor, le chef réformiste admet le peu d'estime que lui inspire le jeu partisan. Il ne voit rien de sain dans le principe de l'alternance.

Selon eux futile et puéril, le jeu partisan n'inspire rien de positif aux chefs réformistes, mais il en vient tout de même à s'imposer. On a beau maudire les opposants, remettre en question l'existence même d'une opposition, peu à peu, le jeu des partis s'installe pour de bon. Les rouges, devenus plus modérés, font élire des députés même si leur succès se limite pour l'essentiel à la grande région de Montréal. Le temps du parti unique est donc bel et bien terminé. Quoi qu'en pense LaFontaine, les Canadiens français se voient offrir le choix d'élire des rouges ou des bleus. Les réformistes, devenus les alliés des conservateurs du Haut-Canada, en viennent à accepter à contrecœur cette nouvelle donne. En septembre 1855, le rédacteur de *La Minerve* conçoit qu'une opposition puisse exister, à la condition cependant d'être « loyale, éclairée et constitutionnelle », ce qui ne serait pas le cas du journal des rouges, *Le Pays*[102]. Plus conciliant que d'autres réformistes, Barthe, qui dirige *Le Canadien* à la fin des années 1850, rêve encore de voir émerger une nouvelle unité des Canadiens français. Pour y parvenir, il plaide pour la « fusion des partis » qui mettrait fin aux querelles intestines et à la fausse opposition entre rouges et bleus. Selon Barthe, la « ridicule » distinction entre rouges et bleus découle en bonne partie de la « vanité personnelle » de certains individus. Contrairement à la situation qui prévaut en Europe, une telle distinction n'aurait pas de sens ici, car les rouges du Canada français n'ont rien à voir avec ceux des vieux pays, qui prônent l'anarchie, le désordre et l'anéantissement, selon Barthe. Associer les rouges d'ici avec ceux de l'Europe relève d'une mauvaise foi qui entretient la division dans les rangs canadiens-français. « Rouge ou bleu, nous sommes avant tout canadiens-français, catholiques, démocrates après, dans le sens raisonnable du mot, et voulons demeurer tels[103]. » La « fusion des partis », plaide Barthe, permettrait de mettre fin aux « querelles de familles », de refermer les « plaies » d'un « esprit de parti acharné[104] ». « Imagine-t-on un petit peuple, se demande Barthe, isolé comme l'est le nôtre en Amérique, ne pouvant attendre rien que de lui-même et de Dieu, intéressé à se fractionner en partis, quand les lois les plus fondamentales de sa préservation lui crient si haut de se tenir serré et compact[105] ? »

Sous la plume de Barthe, on retrouve l'essentiel des hantises réformistes à propos de la politique. La division, les querelles ne sont pas inhérentes à la politique, mais le produit de basses vanités individuelles. D'abord impératif moral, la fusion des partis est aussi une nécessité nationale. Là-dessus, Barthe est toutefois plus nuancé que certains de ses alliés conservateurs. Selon lui, la division partisane n'est pas seulement la faute des rouges, mais celle de tous ceux qui tiennent avant tout à leur « place », peu importe leur parti. C'est en s'élevant au-dessus de la notion de parti qu'il prône cette fusion, et cela en dénonçant même ceux qui démonisent les rouges en les associant à de dangereux révolutionnaires. Cette vision morale du politique qui associe le concept de « parti » aux basses ambitions de ses porte-parole, on la retrouve également chez Étienne Parent. Selon lui, le régime de partis repose sur la dimension matérielle de l'homme, et non sur sa dimension spirituelle. C'est là son défaut principal ; d'où, selon Parent, l'importance des prêtres pour rappeler à chacun que la société est plus qu'une agrégation d'individus et d'intérêts.

> À l'heure qu'il est, constate Parent, ce qu'on a pu trouver de mieux, c'est le régime de la majorité. C'est du matérialisme sur une base plus large que celle de l'ancien ; mais c'est encore du matérialisme ; c'est le gouvernement du partisanisme, d'autant plus redoutable qu'il est plus maté-

riellement fort que ses prédécesseurs. Avec ce gouvernement on peut bien soumettre les corps, mais on ne satisfait pas les esprits, qui pourront s'avérer vaincus, mais non convaincus ; on compte les opinions, on ne les pèse pas ; l'intérêt tient la balance, non la justice et la raison ; on a la force physique, non la morale ; on a l'homme, non Dieu[106].

Cette perception du rôle des partis explique en bonne partie la violence des attaques dirigées contre ceux qui s'opposent aux réformistes. Ceux, en effet, qui osent afficher leur désaccord et affirmer des vues différentes font constamment l'objet d'insultes personnelles. Parce qu'il suit une voie différente de celle qui a été tracée par LaFontaine, Denis-Benjamin Viger est comparé par Cauchon à un « apostat politique » comparable à Lamennais en religion[107]. Parce que le candidat Joseph-Édouard Turcotte ose conserver ses distances par rapport aux réformistes, le même Cauchon appelle à voter contre lui[108], car les électeurs de Champlain ne devraient surtout pas élire un « pareil homme », plus soucieux de se trouver une « place » que de servir sa « conscience ». En n'acceptant pas la politique de LaFontaine, celui-ci chercherait « à diviser ses concitoyens[109] ». Le même genre d'accusations est porté contre Chauveau lorsqu'il tente, en vain comme nous l'avons vu, de faire adopter le principe de la représentation selon la population. *La Minerve* et les *Mélanges religieux* l'accusent d'être de « mauvaise foi », de devenir l'allié objectif de Papineau[110], et donc de « nuire » au ministère[111]. Puis, arroseur arrosé, Cauchon a droit aux mêmes reproches de la part de la presse ministérielle, après avoir décidé de tourner le dos au ministère réformiste. « M. Cauchon, demande *Le Canadien,* cherche-t-il ou non depuis tantôt deux ans à jeter la division dans la phalange canadienne-française et à préparer, par-là, notre perte[112] ? »

Ces reproches, voire ces anathèmes, jetés à la face de tous ces esprits critiques n'ont cependant rien de comparable à ceux qui seront adressés à Louis-Joseph Papineau, le chef patriote déchu. *La Minerve* estime que Papineau, en critiquant publiquement la politique réformiste, est « devenu hostile aux intérêts bien compris du peuple canadien ». Son opposition « factieuse » au gouvernement LaFontaine révèle une « rage malhonnête » qui menace la cohésion de la nationalité[113]. Les *Mélanges religieux* déclarent Papineau « ennemi acharné de la paix, du bonheur et de la prospérité de ses compatriotes » ; par conséquent, l'ancien chef patriote est devenu le « plus dangereux ennemi du peuple », son « adversaire le plus acharné et par-là même le plus criminel ». C'est un bien triste spectacle, explique le rédacteur du journal, que de voir « cet ancien défenseur de nos droits se retourner aujourd'hui contre son pays[114] ». Cauchon assimile les discours de Papineau en faveur du rappel de l'Union à des « déblatérations haineuses[115] ». En Chambre, les députés canadiens-français de la majorité réformiste n'y vont pas de main morte. Le docteur Wolfred Nelson accuse Papineau d'avoir menti à propos de son rôle lors de la bataille de Saint-Denis. En cherchant à discréditer la politique de la majorité, Papineau tente selon lui de « semer la discorde » ; Nelson l'accuse d'être devenu le « mauvais génie du Canada[116] ». « Aujourd'hui, se demande Cauchon, vient-il replacer les pierres de cet édifice qu'il a détruit par ses folies ? Non, il vient encore jeter le désordre dans le pays ; s'il reste encore un édifice, il veut le détruire, le bouleverser[117]. » Cauchon lui reproche également ses « idées désorganisatrices » qui seraient inspirées de Louis Blanc, d'Arago et de Lamennais[118]. Tous les réformistes ne vont toutefois pas aussi loin. Dans *Le Courrier des États-Unis*, Chauveau reproche à Papineau de manquer d'empathie pour ceux qui ont dû composer avec les dures réalités politiques de l'Union. « C'était là, écrit Chauveau dans son bilan de l'année politique 1848, une époque de transition très dangereuse, il y avait des difficultés énormes à surmonter ; après avoir protesté contre l'union, il était difficile de combattre le nouvel ordre des choses autrement qu'avec les armes. […] Ce qui a été fait alors n'était point ce qu'il y avait de mieux à faire, [mais Papineau] ne devrait pas être dépourvu de toute indulgence[119]. » *Le Canadien* déplore pour sa part les attaques personnelles et les dénonciations acerbes lancées au visage de l'ancien chef patriote. « On se mit à accuser, on donna le mot d'ordre pour perdre l'homme ; et, dans l'empressement qu'on mit à conjurer sa ruine, on sacrifia même l'histoire du pays[120]. »

Dans l'ensemble cependant, on ne trouve pas de mots assez durs pour stigmatiser l'opposition de Papineau au gouvernement LaFontaine. « Ennemi du peuple », « criminel », « mauvais génie », l'imagination destructrice de certains réformistes semble s'enrichir chaque mois d'un nouveau vocable pour condamner Papineau-le-factieux. Sauf en de très rares occasions, il ne vient jamais à l'esprit d'un porte-parole réformiste de considérer les critiques de Papineau comme une contribution saine à la délibération politique, c'est-à-dire au débat public, pour utiliser une expression bien connue aujourd'hui. On ne discute pas des positions de Papineau, on s'en prend à l'homme. On remet en cause son intégrité personnelle, on met en doute sa loyauté à l'égard du pays, on discrédite son jugement. Papineau devient le renégat, celui qui sème la zizanie et provoque la discorde.

Cette posture politique qui n'admet pas la critique — même constructive, celle d'un Chauveau par exemple —, qui cherche à détruire les opposants plutôt qu'à discuter leurs positions, n'a toutefois rien de surprenant si l'on considère l'importance que les réformistes accordent à l'idée d'« unité ». Car bien plus grave encore que toutes les institutions politiques imparfaites, que toutes les décisions injustes de Londres, que toutes les mesures inappropriées des gouverneurs depuis l'Union, il y a la division qui risque un jour de perdre la nationalité. En fait, laissent entendre les réformistes, le danger ne se situe désormais plus à l'extérieur de la nationalité, mais à l'intérieur. Les véritables ennemis ne sont plus ailleurs mais ici. L'ennemi, explique le rédacteur de *La Minerve*, « s'est assis parmi nous [...], ce n'est plus contre l'étranger que l'enfant du Canada dispute sa Nationalité, c'est contre ses propres frères, contre ses propres amis, contre ses propres parents[121] ». À René-Édouard Caron, maire de Québec et président du Conseil législatif, qui a des entretiens avec William Draper au sujet d'un futur ministère au milieu des années 1840, LaFontaine écrit : « Ce qu'il faut avant tout aux Canadiens français, c'est de rester unis et de se faire respecter[122]. » *Le Canadien* est très clair : « Ce que nous redoutons le plus pour le pays, plus encore que les maux de l'union [...], c'est la division dans les rangs libéraux, dans les rangs canadiens. » Les Canadiens français, explique le rédacteur, ont pu traverser l'épreuve de l'Union grâce au fait qu'ils ont su resserrer les rangs : « Nous nous sommes sauvés par l'unité d'action, malgré l'Union, d'une ruine désespérée[123]. » C'est aussi ce que pense Cauchon : « Le plus grand danger pour un pays, ce n'est pas [tant] le système qui pèse contre lui que la désunion entre ceux qui sont appelés à le défendre. » En Chambre, le député de Montmorency lance à l'assistance : « Nous, hommes du Bas-Canada, ne pouvons consentir à nous diviser pour aucune considération au monde, la division pour nous est un suicide[124]. » En fait, Cauchon va même plus loin. Selon lui, c'est lorsque la nationalité est le plus durement attaquée qu'elle devient la plus forte. C'est dans ces moments de lourd désespoir qu'elle peut rebondir par l'unité. « Nous ne sommes forts que dans la faiblesse et dans l'abaissement, car ce n'est que là que nous sommes unis[125]. »

Si, précisent certains réformistes, il fallait choisir entre la vérité d'un principe et l'unité de la nationalité, on ne devrait pas avoir de scrupules, car, explique Cauchon, il n'est pas toujours utile de dire la vérité :

> On a dit quelque part qu'il y avait de la lâcheté à ne pas dire toute vérité et à ne pas jeter à la face des tyrans leurs injustices et leurs spoliations. Le courage est quelque chose de noble et de beau, mais pour être méritoire, il a besoin d'être utile, et il ne peut y avoir de mérite à dire ce que l'on croit être la vérité, si loin de faire le bien, elle peut faire du mal à la société au nom de laquelle on la dit[126].

Même son de cloche dans *La Minerve*, cette fois à propos du rôle temporel de l'Église catholique dans l'histoire, dénoncé à cette époque par *L'Avenir*.

> Quand bien même toutes les horribles révélations que ce journal nous débite contre ce que la religion a de plus vénérable dans ces ministres seraient aussi vraies qu'elles sont mensongères, est-ce que ce ne serait pas notre intérêt, à nous Canadiens catholiques, de cacher ces misères de famille ? […] Quels intérêts sert-on, en révélant ces choses à nos adversaires religieux qui déjà nous méprisent[127]…

Il y a des vérités qui ne sont pas bonnes à dire parce qu'elles nourrissent la hargne des adversaires, nuisent à notre intérêt de « famille », portent atteinte à la belle concorde. Toutes les vérités ne doivent pas être mises en avant ou confrontées lors d'une délibération ouverte. Dans sa conférence sur le travail prononcée en septembre 1847, Parent se permet quelques digressions intéressantes sur ce thème :

> Chaque vérité a son temps marqué, avant lequel elle court le risque d'avorter, et de tuer la société qui lui donne le jour. [...] [Car] toute vérité n'est pas toujours bonne à dire. Qui niera, par exemple, que les idées de liberté sociale et politique n'aient été proclamées trop tôt en France ; qu'il eût été mieux d'attendre que les idées d'ordre et de morale publique y eussent préparé les esprits[128] ?

Il ne suffit pas, explique Parent dans une autre digression de la même conférence, d'exposer un principe, si juste et vrai soit-il, pour qu'il importe, toutes affaires cessantes, de le faire triompher. En régime de liberté, il faut savoir être patient, surtout lorsque notre peuple est en « travail d'émancipation politique ». La vérité des plus beaux principes doit pouvoir exister « sans déchirement » et « sans entraîner de ces folles luttes politiques[129] ».

Certaines vérités doivent être tues ou cachées pendant un moment, car elles pourraient provoquer des dispersions inutiles. Dans certains cas, explique le rédacteur du *Canadien*, revenant sur l'incendie du Parlement, il faut peut-être même supprimer la discussion si elle peut s'avérer « funeste à la société[130] ». Sur ce point précis, on note une convergence entre la position des réformistes et celle des ultramontains. Certains y verront peut-être une tactique de « contrôle social ». Je préfère, pour ma part, parler de sensibilité commune quant à l'enjeu de la délibération. Dans le premier éditorial du *Courrier du Canada*, signé par Joseph-Charles Taché, on peut lire en effet qu'il est parfois mieux de « sacrifier certaines opinions bonnes en elles-mêmes, mais qui, pour excellentes qu'elles soient, valent encore moins que l'union entre les citoyens[131] ». Un patriote sage cherche avant tout l'unité, même si, pour cela, il doit taire certaines idées ou principes qui lui semblent justes et vrais. Cette abnégation face à ce qui serait une parole vraie est la meilleure mesure de la loyauté au groupe. Ceux qui refusent cet unanimisme des idées, qui ne peuvent s'empêcher de dire ce qu'ils pensent sans égard à la ligne déterminée par les chefs réformistes, ont décidé de laisser leur ego primer l'intérêt de la nationalité. Les esprits qui se disent libres sont au fond des grosses têtes qui ne cherchent qu'à se faire une « place ». Bref, c'est toujours la même obsession. Ces « âmes lâchement ambitieuses » qui ne révèlent au fond que des « jalousies individuelles » ne peuvent rien apporter de bon à la nationalité, car « la division seule nous perdrait [...], elle ne peut briser nos rangs qu'au profit de l'ennemi[132] ».

La démocratie « capacitaire »

Si l'unité est un absolu, si elle prime parfois la vérité, comment dès lors la démocratie pourrait-elle être acceptable ? Doit-on en conclure que les réformistes sont fondamentalement hostiles aux idées démocratiques ? Pas vraiment… Les réformistes ont intégré l'idée que leur nationalité fait partie de l'Amérique, qu'il est dans la nature de ce continent d'être ouvert à l'égalité devant la loi. Si tous les hommes naissent égaux, certains ont toutefois plus que d'autres les capacités de décider de ce qui est bon pour l'ensemble de la communauté. Les réformistes sont des démocrates modérés dont certains chercheront les moyens de pondérer les effets potentiellement dangereux de la démocratie sur la cohésion sociale.

Dans l'esprit des réformistes, la « démocratie », comme état social où l'égalité entre les individus l'emporte sur les privilèges d'une caste, serait naturelle à l'Amérique. Fait de nature, cet état social n'a pas dû être conquis de haute lutte et n'a pas nécessité de révolutions sanglantes contre une classe désignée par la Providence ou l'Histoire. Cette perspective inspire grandement le discours public des réformistes. Ils se servent de cet argument pour contrer les influences occultes des tories qui réclament l'établissement d'un régime de privilèges. Après l'obtention du gouvernement responsable, ils invoquent de nouveau cet argument, cette fois pour dissuader Papineau et les jeunes de l'Institut canadien de demander le rappel de l'Union. Par sa seule appartenance au continent, expliquent les réformistes, le Bas-Canada est assuré d'un avenir prometteur en matière de liberté et d'égalité. Il serait donc inutile et téméraire de précipiter les choses. L'« état social » américain, tout comme le « libé-ralisme », est invoqué ici comme un argument polémique censé faire taire ceux qui veulent imposer un régime d'inégalités ou ceux qui récla-ment un changement radical de régime.

Cette idée d'une Amérique-terre-de-liberté, on la retrouve chez plu-sieurs réformistes influents. Dans le chapitre précédent, nous avons vu l'importance qu'accorde LaFontaine à l'appartenance à l'Amérique dans son pamphlet contre les frères Mondelet, dans son journal de voyage et dans son manifeste aux électeurs de Terrebonne. C'est guidé par une « opinion publique » aux aguets, croit Cauchon, que l'on peut gouverner. Dans le premier article qu'il écrit pour son nouveau journal, le jeune journaliste admet qu'« il n'est pas toujours facile de connaître cette opinion publique », ce « sentiment général ». Toutefois, le juge-ment éclairé d'un bon journaliste doit reposer sur sa capacité à inter-préter celle-ci afin d'orienter ceux qui prennent les décisions[133], car c'est cette même opinion publique qui décide du succès ou de l'échec des grandes réformes. Devenu surintendant de l'Instruction publique, Chauveau désespère de voir l'« opinion publique » influencer positive-ment les commissaires d'école afin que ceux-ci consentent de meilleurs salaires aux instituteurs[134]. « Beaucoup dépend aussi de l'action de l'opinion publique sur les autorités locales, entre les mains desquelles la loi a mis une si grande part de responsabilité[135]. »

L'avènement des rouges dans l'arène politique oblige toutefois les réformistes à préciser ce qu'ils entendent par « démocratie », car les adversaires des réformistes se réclament eux aussi d'une logique démo-cratique conforme à la nature profonde du continent américain. Cet argument utilisé pour mettre fin au pouvoir et à l'influence des tories est cette fois retourné contre les réformistes. En réponse à tous ceux qui l'ac-cusent de vouloir diviser la nationalité, Papineau soutient qu'il est sim-plement fidèle aux principes libéraux de « l'ancienne Chambre ». Parmi ces principes, il y a celui de faire du « peuple » la « source légitime de tout pouvoir » et de permettre la « discussion libre », la « diffusion du pou-voir » et l'« extension du principe d'élection[136] ». Aux yeux de Papineau et des rouges, cette logique démocratique propre au continent est à ce point claire qu'ils ne craignent nullement l'annexion aux États-Unis. Ils s'en font même, pendant un certain temps, d'ardents propagandistes.

Avant que Papineau ne réponde à ses détracteurs et que les jeunes de l'Institut canadien n'attaquent ouvertement l'administration réformiste, Cauchon avait pressenti le malaise qu'engendrerait l'opposition des rouges sur ce terrain. Dans une lettre adressée à LaFontaine en novembre 1847, il anticipe les conséquences de l'opposition de Papineau. Sur le plan tactique, les réformistes n'auront d'autre choix que de se « venger contre lui et de l'isoler », écrit-il. Cette position risque toutefois d'entraîner des conséquences fâcheuses, car « ils nous placeront dans une fausse position en nous fesant [*sic*] frapper pour des hommes opposés aux idées démocratiques qui envahissent le nouveau monde ». Par ailleurs, Cauchon croit qu'il serait téméraire de précipiter la marche du Bas-Canada vers les idées démocratiques. « Je ne vois pas la nécessité de faire tuer nos compatriotes pour l'unique honneur de proclamer des idées vers lesquelles nous marchons assez rapidement [...] et qui envahissent lentement l'Angleterre elle-même[137]. » Ce dernier argument, Cauchon l'exprime publiquement quelques semaines plus tard dans les pages de son journal. Il ne serait pas sage, explique-t-il en réponse aux manifestes de Papineau, de précipiter des changements inscrits au cœur de la destinée du continent et de plonger ainsi le pays dans des affrontements violents, alors que cet « état de chose [...] doit arriver quoi qu'on fasse pour l'empêcher[138] ». Beaucoup plus tard, Barthe reprend à son compte le même type d'argument. Selon lui, la démocratie est un acquis, un fait de nature : « Nous n'avons pas à nous agiter pour y trouver une démocratie : elle s'y trouve [au Bas-Canada] toute faite[139]. » La démocratie, c'est-à-dire la possibilité pour tous d'être libres, existe déjà. S'il faut améliorer cet état social, rien ne sert de bousculer les choses ou d'accélérer artificiellement un processus déjà en cours. C'est donc à l'Amérique que les idées libérales doivent être fidèles, non à la France de 1848. « Ne confondez pas la démocratie américaine du parti libéral, explique le rédacteur de *La Minerve,* avec la démocratie *française,* la démocratie impossible prêchée dans le désert par deux journaux de jeunes de Montréal[140]. »

Cette distinction est capitale, car dans l'esprit des réformistes, il existe bel et bien une bonne et une mauvaise démocratie : l'une, comme l'a dit Barthe, est naturelle à l'Amérique, inhérente à sa nature profonde ; l'autre est généralement importée d'ailleurs et s'appuie sur des idées dangereuses pour l'ordre social. Cette distinction se rapproche de celle de Montalembert, dont on reproduit une conférence sur l'« Avenir de l'Angleterre » dans les pages du *Canadien* en avril 1856. Selon Montalembert, il y a une démocratie qui privilégie les lois de l'équité et de l'honneur, ainsi que l'accès égal aux emplois ; cette démocratie-là ne conçoit de privilèges que s'ils révèlent les mérites de l'intelligence. Quant à l'autre démocratie, elle serait « haineuse », « ennemie de tout ce qui dure » ; elle serait aussi la « furieuse fille de l'envie » et d'une « implacable ingratitude ». Le seul but de cette seconde démocratie, selon Montalembert, serait de « contester et détruire toutes les autorités ». En somme, « le progrès de la démocratie est le fait dominant de la société moderne, mais c'en est aussi le danger suprême ». Le grand défi des hommes politiques est donc de « contenir et régler la démocratie sans l'avilir, l'organiser en monarchie tempérée ou en république conservatrice ; tel est le problème de notre siècle[141] ». Sans s'y référer outre mesure, les réformistes reprennent les catégories de Montalembert lorsqu'ils accusent les rouges de faire la promotion d'une fausse conception de la démocratie « synonyme de *destruction* » et de jouer ainsi le jeu des « ennemis de notre nationalité et de notre sainte religion[142] ». Tout comme Montalembert, les réformistes sont préoccupés par les effets nocifs que pourrait avoir cette mauvaise démocratie sur la cohésion de la nationalité canadienne-française. Les adversaires n'étant plus du continent européen mais, comme eux, de l'Amérique, il est dès lors nécessaire de forger de nouveaux arguments. Confrontés à la « canaille rouge[143] », les réformistes acquièrent une sensibilité conservatrice par rapport aux types d'institutions qui doivent encadrer le débat politique. Dans un pamphlet contre les rouges écrit sous pseudonyme mais attribué à Chauveau et à Joseph-Charles Taché, on en vient même à se moquer gentiment du jugement des électeurs de certaines circonscriptions :

Depuis des années que l'on prêche au peuple souverain qu'il est infaillible, omnipotent et omniscient, il lui est survenu qu'il pourrait bien se passer de ceux-là mêmes qui lui ont enseigné ces belles choses. Il s'est donc mis dans quelques comtés à choisir ses représentants comme il élit souvent des commissaires d'école, et comme il élira bientôt des juges de paix ; c'est-à-dire en raison directe des masses et en raison inverse des connaissances[144].

À mesure qu'avancent les années 1850, on voit clairement émerger dans les pages de la presse ministérielle un discours hostile au règne absolu de l'« opinion publique ». Le règne de la majorité, laisse-t-on parfois entendre, peut entraîner des dérives dangereuses, du fanatisme même. Dans une lettre à son frère Edmond, Hector Langevin se dit clairement opposé au suffrage universel, qui ferait en sorte « qu'un mendiant qui ne possède pas 4 sous au monde pourra[it] neutraliser la voix de M. De Beaujeu qui vaut peut-être £ 150,000 ou de MM. Masson qui en valent de £ 50 à £ 60 000 chacun[145] ! » Dans l'un de ses discours, Cauchon fait valoir un point de vue similaire. Le député de Montmorency dit craindre le jugement souvent volatil et peu avisé d'une « opinion publique quelques fois injuste, imprudente, irréfléchie ». Il dit s'appuyer sur un texte des *Federalist Papers,* une « publication remarquable », précise-t-il, dans laquelle on met le pays en garde contre les dérives possibles du régime démocratique. Le danger des institutions trop démocratiques, croit Cauchon, « c'est de tout niveler, de tout effacer, c'est de tout égaliser ; c'est de décentraliser et d'affaiblir à l'infini les forces sociales par l'individualisme[146] ». S'agissant précisément de statuer sur le rôle de l'« opinion publique », le rédacteur du *Canadien* écrit : « On sait déjà fort bien ce qu'on entend par ces mots dans une république où le fanatisme a pour apôtre les Know-Nothings[147]. »

Les excès de la démocratie sont de plus en plus décriés par la presse ministérielle, au point que le qualificatif « démocratique » en vient à être associé au radicalisme, au désordre. *La Minerve* du 5 juillet 1853, par exemple, s'en prend à « la presse dite démocratique », qui serait en train de saper les fondements de la nationalité[148]. Plus tard, le même journal attaque sévèrement les « démocrates les plus échevelés » et s'en prend aux tenants de la « démocratie rouge[149] », à ceux qui prônent ni plus ni moins l'« ultra-démocratie ». Car, explique-t-on, « si nous sommes démocrates, nous voulons aussi la civilisation, le progrès, l'ordre, la moralité et le règne des lois[150] ». Dans l'esprit des réformistes devenus conservateurs, les excès de la démocratie peuvent freiner le mouvement du temps, entraver le bon ordre de la société. Historiquement, plaide même *La Minerve*, le régime le plus favorable à la liberté a été la monarchie : « Elle en a donné des preuves en abolissant le commerce des esclaves, tandis que la démocratie américaine protège encore ce commerce humiliant[151]. » Rien ne garantit que le règne absolu du commun, de la majorité, n'entraînera pas une suspension des libertés, poursuit le journal. « Premier pas de la tyrannie », une démocratie laissée à ses seuls ressorts pourrait engendrer les pires excès[152]. Les gouvernements des pays qui ont adopté le « suffrage universel » — la France, par exemple — ont donc « besoin de moyens de résistance et de répression énergiques », écrit Parent à l'intellectuel français Rameau de Saint-Père[153], sans quoi le désordre pourrait régner. Dans une autre lettre à ce dernier, Parent écrit : « Ah ! mon cher ami, prions Dieu de préserver longtemps encore nos deux pays de la domination telle qu'elle se traduit de nos jours[154]. »

S'il faut se méfier des tournures emphatiques et des effets rhétoriques qui visent davantage à discréditer l'adversaire qu'à dessiner les contours d'une pensée digne de ce nom, on sent tout de même chez les réformistes une inquiétude réelle quant aux progrès non maîtrisés de la démocratie. Si la démocratie pure peut s'avérer dangereuse, pensent certains d'entre eux, c'est d'abord parce que ceux qui sont appelés à voter, et donc à prendre les décisions, n'ont pas toujours la capacité d'exercer ces lourdes responsabilités.

Cette notion de capacité, je l'emprunte à Pierre Rosanvallon, qui a cherché à comprendre la position de Guizot sur le suffrage universel. Dans la France de la première moitié du XIXe siècle, explique Rosanvallon, le suffrage du plus grand nombre est associé à la tyrannie révolutionnaire de 1793. Les débordements de cette période trouble avaient entraîné le recul du principe de liberté pourtant situé au cœur de la Révolution française. Pour que cette perversion des idéaux de la Révolution ne se reproduise plus jamais, certains, dont Guizot, conçoivent les notions de « capacité politique » et de « suffrage capacitaire ». Le sens ultime de la Révolution française, selon Guizot, n'était pas de faire participer le plus grand nombre aux décisions collectives, mais de protéger les droits fondamentaux du citoyen contre le pouvoir excessif d'un roi ou d'une caste aristocratique. Dans un tel contexte, le suffrage doit être accordé à la portion la plus capable de délibérer de façon raisonnable, et, selon Guizot, les propriétaires sont les citoyens qui disposent des meilleures capacités politiques, car, prudents par nature, ces possédants n'accepteraient jamais de suivre un démagogue qui viendrait compromettre les acquis de la Révolution[155].

Sans que le vocabulaire de Guizot soit explicitement repris, cet enjeu de la « capacité politique » est également soulevé par certains réformistes. Cauchon, par exemple, explique que, pour diriger le pays, il faut des « hommes capables et mûrs[156] », car, précise-t-il deux ans plus tard, « là où il y a une multitude de personnes pour délibérer, celles-ci sont généralement en proie à l'excitation générale[157] ». Pour Parent, les capacités littéraires, intellectuelles, doivent primer toutes les autres. Le jugement sur les affaires de la cité vient de l'éducation, des lectures et de la réflexion. Selon Cartier, la capacité politique est tributaire de la propriété, de la possession d'une terre, car l'énergie déployée pour l'acquérir et les vertus démontrées pour la conserver et la faire fructifier sont les signes évidents d'un jugement éclairé. Dans un cas comme dans l'autre, il s'agit moins, comme Guizot, d'être fidèle aux principes libéraux de la Révolution française que d'assurer la cohésion de la nationalité. Pour ne parler que d'une seule voix en tant que nationalité, il faut s'assurer que ceux qui prennent la parole aient quelque chose à dire.

Pour porter un jugement éclairé sur les affaires de la cité, il faut avoir reçu une certaine éducation et posséder des connaissances variées, estiment certains réformistes. Commentant l'adoption du suffrage universel peu après le soulèvement de février 1848, la *Revue canadienne* explique : « Le peuple a encore une fois reçu le baptême républicain et se trouve investi de sa souveraineté. L'avenir nous dira s'il est assez instruit pour l'exercer avec avantage pour le bien commun[158]. » Le jugement des gens, sans des connaissances de base, sans un certain niveau d'éducation, croit pour sa part Étienne Parent, est entravé par les « préjugés », par les « instincts les plus aveugles[159] ». Ce point de vue de Parent sur les « capacités littéraires » revient souvent après la mise en place des structures municipales par le Conseil spécial. Parce qu'il estime que plusieurs de ses compatriotes n'ont pas l'éducation nécessaire pour prendre des décisions politiques éclairées pour l'ensemble de leur nationalité, Parent s'emploiera à mettre ses concitoyens en garde contre les préjugés de certains d'entre eux qui sont peu instruits mais qui exercent des responsabilités importantes à l'échelle locale. Une mise en garde que des collègues ne comprennent cependant pas.

Rappelons que dans son célèbre rapport, Lord Durham attribuait une partie « de l'insuccès du gouvernement représentatif et de la mauvaise administration » du Bas-Canada à la déficience des institutions municipales. « Par malheur, estime l'envoyé spécial britannique, les habitants du Bas-Canada furent initiés au gouvernement responsable justement par le mauvais bout ; des gens à qui on ne confiait pas le gouvernement d'une paroisse purent par leurs votes influencer les destinées d'un État[160]. » Avant de diriger un État, même colonial, les habitants d'un pays doivent apprendre à se gouverner localement. Cette recommandation sera suivie par le Conseil spécial, qui met les municipalités sur pied par décret en 1841. Durant les premiers mois, cette nouvelle structure municipale sera dirigée par un officier nommé par le Conseil spécial. Cette façon de faire irrite au plus haut point les réformistes, qui contestent déjà la légitimité du Conseil spécial. Les mesures adoptées sans consultation par cette instance toute-puissante sont cependant moins contestées pour leur contenu que pour le coup de force qu'elles incarnent dans le paysage politique de l'époque. C'est pourquoi certains journaux proposent aux Canadiens de faire obstruction à la bonne marche des municipalités[161]. Une proposition que rejette avec vigueur *Le Canadien,* car ce serait comme « donner sa démission ». La structure municipale, plaide le journal, a bien d'autres finalités que celle de construire des routes, et « tout homme réfléchi » devrait plutôt « y voir une école politique, une école de *self-government* ; une arène où les hommes les plus influents et les plus intelligents de chaque paroisse pourront se former à jouer un rôle sur un théâtre plus élevé ». Le journal voit donc cette nouvelle institution d'un très bon œil. Dans tous les coins de la colonie, les habitants pourront débattre des grands enjeux qui les concernent, et donc apprendre à délibérer.

Chaque conseil municipal, prédit le journaliste, sera une petite Chambre d'assemblée, où l'on s'habituera à réfléchir et discuter sur les affaires publiques, où l'intelligence s'agrandira, où l'égoïsme et l'indifférence politique feront place au dévouement et au zèle pour la chose publique, où enfin le peuple [...] apprendra à ne pas être pris au dépourvu, et à se gouverner lui-même quoi qu'il arrive[162].

Cet enthousiasme est toutefois tempéré par le fait que les officiers du Conseil spécial, pendant un certain temps, prennent les décisions sans consulter les communautés locales. En février 1845, un projet de loi sur les municipalités est présenté en Chambre ; celui-ci prévoit la mise en place du principe électif. Même si elle vient de la majorité tory, LaFontaine appuie la loi avec enthousiasme. La loi municipale de 1841, déplore le chef réformiste, « manquait de cette essence du principe électif et populaire[163] ». Une fois cette hypothèque levée, la plupart des réformistes semblent d'accord avec le principe de ce *self-government*, signe évident d'une certaine ouverture à l'idée de la démocratie. Il faut dire que, contrairement à ce qu'affirme Durham, les Canadiens ont déjà une bonne expérience de la démocratie locale[164].

Si les réformistes se montrent ouverts au principe d'une démocratie locale, considèrent-ils pour autant que les Canadiens sont prêts à se gouverner eux-mêmes ? Ces derniers disposent-ils de connaissances suffisantes pour prendre les décisions éclairées qui s'imposent ? D'allégeance libérale, la *Revue de législation et de jurisprudence* répond par l'affirmative à cette question : « Il n'est pas vrai de dire que nos cultivateurs ne sont pas suffisamment instruits pour comprendre et conduire leurs affaires. » Très optimiste, le journaliste poursuit : « À part le peuple des États-Unis, qu'on nous montre une population agricole plus intelligente et plus apte aux affaires que la nôtre [...]. [La] manière [des cultivateurs] de conduire leurs affaires de fabrique, de régler leurs affaires de voirie, de surveiller la construction de leurs églises indiquent-elles qu'ils sont incapables de toute gestion administrative[165] ! » Même son de cloche chez Augustin-Norbert Morin, qui s'oppose en février 1849 à ce qu'on contourne les conseils municipaux en levant une taxe nationale pour les routes. Il y voit même une question de principe, un enjeu de

« gouvernance », dirions-nous aujourd'hui. « Il me paraît contradictoire de laisser l'imposition de la taxe au peuple dans les affaires minimes et de [la] lui ôter dans les affaires importantes. Si l'on admet que le peuple n'est pas capable de faire ses chemins, qu'on détruise tout à fait les institutions municipales[166] », écrit Morin à son collègue LaFontaine.

Pierre Chauveau et Étienne Parent voient toutefois les choses autrement. Dans un discours qu'il prononce le 20 juillet 1847, Chauveau se montre impatient face aux administrations municipales. Celles-ci, explique-t-il, avaient « pour but de changer les mœurs et les institutions du peuple, au moyen d'une nouvelle division du pays ». Or, les effets de cette nouvelle structure se font toujours attendre, ce qui montre bien « qu'il était impossible de changer en quelques années les habitudes de toute une population[167] ». Cette impatience est partagée par Parent. Si elle n'est pas une mauvaise chose en soi, la démocratie locale requiert un certain niveau de connaissances et d'instruction, ce que n'ont pas les Canadiens français, selon l'ancien journaliste devenu fonctionnaire et conférencier. Jusqu'en 1845, ce sont les instances municipales qui administrent les écoles, après quoi on crée la structure des commissions scolaires. Qu'ils relèvent de la municipalité ou de la commission scolaire, ce sont des élus locaux qui perçoivent les taxes nécessaires à l'entretien des écoles, à l'achat des manuels et à l'embauche des instituteurs. Ce nouveau pouvoir de taxation, sur lequel je reviendrai, soulève beaucoup de mécontentement et d'opposition dans certaines localités. Cette « guerre des éteignoirs » que mènent certains ralentit la mise en place d'un véritable système scolaire. C'est dans ce contexte que Parent formule ses « considérations sur notre système d'éducation populaire », le 19 février 1848. Parent croit que le « défaut capital [du] système d'éducation » est d'avoir « confié l'administration d'un système compliqué à un peuple encore étranger aux premiers rudiments de l'instruction[168] ». Parent se dit d'emblée favorable au principe de la décentralisation du pouvoir : « Personne aussi ne sent plus vivement que moi la nécessité d'habituer peu à peu le peuple à gérer ses propres affaires locales[169]. » Mais, précise-t-il du même souffle, il ne faut pas que l'« éducation du peuple » et la « vie intellectuelle » deviennent un « sujet d'expériences législatives ». Les Canadiens français ont un important retard à rattraper, il faut faire vite et agir « le plus efficacement » possible. Pour y arriver, peut-être faut-il même retirer ce pouvoir au peuple, le temps d'une génération.

> Si pour avoir des écoles, de bonnes écoles immédiatement, il faut retirer au peuple, en tout ou en partie, la part qu'on lui a faite dans la régie des écoles, il n'y a pas à hésiter un instant, il faut le faire. Instruisons une génération d'enfants, et ces enfants, devenus hommes, connaissant le prix de l'instruction, vous rendront facile l'instruction d'un système amélioré, plus populaire[170].

Parce qu'il est urgent d'éduquer le peuple, Parent propose de confier au pouvoir exécutif l'imposition des taxes et la répartition des budgets selon les besoins. L'objectif est de « soustraire les autorités locales à la malveillance […] des populations au milieu desquelles elles sont appelées à agir[171] ». En proposant cette centralisation administrative, Parent a le modèle prussien à l'esprit :

> Voyez […] le gouvernement absolu de la Prusse : entouré d'États beaucoup plus puissants que lui, il a senti qu'il devait augmenter la force de son peuple, et par-là compenser sa faiblesse numérique : qu'a-t-il fait ? il a établi un système d'enseignement populaire que l'on cite, et qui sert de modèle pour tout le monde civilisé[172].

Le contexte national peut obliger l'administration centrale à suspendre les droits démocratiques des communautés locales. Parent n'y voit pas un principe de gouvernement éternel et immuable, mais une nécessité qu'impose le retard d'une nationalité dont la « faiblesse numérique » saute aux yeux, si on la compare avec celles qui occupent le continent.

Cette optique pour le moins paternaliste, sympathique au despotisme éclairé du régime prussien, fait l'objet de dures critiques dans les rangs réformistes. *La Minerve* reproche à Parent sa volonté de tout centraliser même si « cela va dans la vue de soustraire les autorités locales à la malveillance […] des populations ». Si certaines populations sont « malveillantes » ou ne semblent pas comprendre les bienfaits de l'éducation, on aurait tort de les dépouiller du droit de se gouverner elles-mêmes, car « il faut habituer le peuple à gérer lui-même ses propres affaires, c'est le moyen de lui faire comprendre ce qu'on lui veut, la centralisation est déjà trop grande parmi nous[173] ». Plus tard, le même journal propose toutefois que les commissaires d'école soient obligés de disposer d'un certain niveau d'instruction pour exercer leurs responsabilités. S'il ne faut pas retirer le pouvoir au peuple, il serait sage de confier les décisions aux éléments les plus éclairés des populations locales. En somme, le journal réformiste rejette la solution mise en avant par Parent, mais partage sa préoccupation[174]. Sans aller jusqu'à recommander la proposition de Parent, le surintendant Chauveau admet que, dans certains cas, les commissaires d'école peuvent être des obstacles au progrès de l'éducation. Il souhaite que ces commissaires avares et sans grande envergure, plus soucieux de faire des économies sur le salaire des enseignants que d'embaucher des éducateurs compétents et bien formés, puissent éventuellement laisser leur place à des esprits plus éclairés[175].

Dans les rangs réformistes, l'enjeu du *self-government* ne fait pas l'unanimité. LaFontaine et Morin semblent moins inquiets que Chauveau et Parent de voir le plus grand nombre participer aux décisions politiques. En cela, les premiers font peut-être écho à l'esprit républicain de 1837, alors que les seconds semblent juger que le peuple n'est pas encore prêt à se gouverner lui-même. Cela dit, s'ils ne sont pas tous prêts à dépouiller les communautés locales de leur droit de se gouverner, plusieurs réformistes craignent que le manque d'éducation de certains élus nuise sérieusement au progrès de la nationalité. Si les Canadiens français doivent apprendre à se gouverner eux-mêmes, leurs dirigeants locaux doivent, au plus vite, acquérir de meilleures « capacités littéraires ».

Pour d'autres réformistes, la capacité politique passe avant tout par la propriété. Ceux qui parlent devraient toujours être des propriétaires. La question est soulevée lorsque l'enjeu de l'électivité des membres du Conseil législatif revient à l'ordre du jour, peu après la mise en place du second gouvernement réformiste, en 1848. Il s'agit moins de savoir si l'on doit ou non élire les membres de la Chambre haute que de statuer sur les qualifications de ceux qui pourront éventuellement y siéger.

Le texte des 92 résolutions accordait une grande importance à la réforme du Conseil législatif du Bas-Canada. Le parti de Papineau remettait en effet en cause la légitimité de cette instance du pouvoir législatif, dont les membres étaient nommés par le gouverneur au lieu d'être élus par la population. Depuis l'Acte constitutionnel de 1791, le Conseil législatif du Bas-Canada avait exercé ses prérogatives à de très nombreuses reprises, bloquant l'adoption de plusieurs lois importantes pour la majorité canadienne. Celle-ci comprenait bien le rôle social que devait jouer la Chambre des lords. Plus conservatrice que la Chambre basse, l'inamovible aristocratie terrienne anglaise constituait un contrepoids salutaire pour l'Empire. Or, une telle aristocratie terrienne n'existait pas en Amérique. Au lieu d'élever les débats, cette Chambre haute, composée la plupart du temps d'étrangers et d'éléments hostiles à la nationalité canadienne, servait les intérêts d'une petite « clique » proche du gouverneur. Pour mettre fin à cette situation qui portait préjudice à la population de la colonie, il fallait donc réformer le Conseil législatif et permettre l'élection de ses membres.

À partir de 1848 cependant, le contexte change. Le vrai pouvoir appartient désormais à l'Exécutif, responsable de ses actes devant la Chambre basse. Le Conseil législatif, dont les membres sont nommés avec l'accord du chef de l'Exécutif, n'a plus la même légitimité. De plus, des Canadiens français influents comme René-Édouard Caron et Étienne-Paschal Taché vont y être nommés. L'institution n'est plus le repaire de la « clique du château ». Elle a également « perdu son caractère obstructif [176] » contre lequel s'étaient insurgés les rebelles du Bas-Canada. Les motifs de réforme du Conseil législatif que l'on trouve dans les 92 résolutions ne valent donc plus, puisque les Canadiens ont désormais accès à ce Conseil. En fait, il ne reste plus que le principe « démocratique » pour justifier une telle réforme.

Ce principe, LaFontaine le juge toujours aussi noble, explique-t-il dans un discours qu'il prononce en Chambre le 22 mai 1850. Le chef du gouvernement se demande toutefois comment une telle mesure pourrait concrètement être mise en application. Depuis l'obtention du gouvernement responsable, croit LaFontaine, l'élection des membres du Conseil législatif devient moins urgente. Une telle réforme nécessiterait des changements « organiques » à la Constitution qui feraient suite à une demande officielle auprès du gouvernement britannique. En somme, beaucoup d'énergie pour bien peu de choses, semble dire LaFontaine[177]. Cet avis est partagé par Cauchon le lendemain : « Peut-être conviendrait-il de se demander si une seule chambre élective ne pourrait pas tenir lieu des deux chambres actuelles[178]. »

En 1852, la question est de nouveau débattue en Chambre. Cette fois, un projet de loi en bonne et due forme est soumis à la discussion par le gouvernement Morin-Hincks. Ce projet de loi ne prévoit aucune qualification particulière pour devenir membre du futur Conseil législatif. Rédacteur des 92 résolutions, Augustin-Norbert Morin n'y voit pour sa part aucun problème. Reprenant à son compte les arguments du Parti canadien, le chef du gouvernement explique qu'il serait inutile de fonder la qualification sur l'« hérédité » de la richesse, puisque dans la colonie, les fortunes sont appelées à changer rapidement de mains. Il rappelle que le principe au cœur du projet de loi est de ne plus accorder de nominations à vie pour éviter d'octroyer à certains des privilèges indus[179]. Il y aura toutefois des objections de fond. Celle de Cauchon, par exemple, qui insiste pour que cette seconde Chambre représente l'« élément conservateur ». Un peu comme en Angleterre, cette Chambre haute doit incarner la « maturité », être « un modérateur aux pensées trop ardentes, aux mesures trop hâtives et trop fraîches des réunions tumultueuses de la rue[180] ». Après d'âpres débats, la loi est finalement adoptée et entre en vigueur en 1854. L'existence même de l'institution est toutefois remise en question en mars 1859, lorsque plusieurs de ses membres s'opposent à la majorité gouvernementale sur la question du lieu à choisir pour établir la capitale, qui n'avait pas encore été désigné par la reine Victoria. Un journaliste de *La Minerve*, oublieux des 92 résolutions, associe l'électivité des membres de cette Chambre au « sentiment démocratique que la révolution française de 1848 avait réveillé et propagé ». Or, le journaliste constate de nombreuses « difficultés politiques qui naissent de sa nouvelle organisation[181] ».

Sur l'enjeu de la qualification, la position de George-Étienne Cartier est clairement conservatrice. Le 22 septembre 1852, Morin annonce à la Chambre qu'il a proposé à Cartier de faire partie du Cabinet à titre de ministre des Travaux publics, mais que celui-ci a refusé. L'explication officielle donnée par Cartier a trait à la qualification requise pour faire partie du corps électoral qui pourrait élire les membres du Conseil législatif. À son avis, « la propriété est partout l'élément, la base de notre état social ». Celui qui a acquis une propriété possède un meilleur jugement : « N'est-il pas vrai que l'homme qui, par son travail, s'est acquis du bien, doit être capable, honnête, économe ? » Chose certaine, aux yeux de Cartier, le propriétaire « inspire plus de confiance que celui qui n'a rien[182] ». Dans un discours qu'il prononce le 27 mai 1853, Cartier s'explique : « Un homme qui possède une propriété d'une valeur de £ 1 000 a certainement plus les qualifications pour devenir un bon législateur qu'un homme qui perd son temps à lire des ouvrages sur la politique et la démocratie. » Il va même plus loin : « Une constitution qui aurait pour effet d'éloigner les jeunes hommes de l'industrie au profit de la politique est mauvaise. Ceux-ci doivent d'abord apprendre à faire de l'argent, après, ils pourront s'engager en politique[183]. » Dans *La Minerve*, Cartier explique que l'exigence de la propriété ne va pas exclure beaucoup de gens, puisque « tout le monde ici est propriétaire ». Ce cens électoral fondé sur la propriété n'a rien de discriminatoire, selon Cartier, car tous peuvent, un jour, s'ils sont prêts à fournir les efforts nécessaires, avoir accès à la propriété. « Tous ceux qui ont du talent, qui se distinguent dans leur industrie par leur habileté, leur honnêteté, leur morale et leur bonne conduite peuvent parvenir sans qu'on s'enquiert du nom de leur état de vie[184]. » Nul besoin d'être bien né pour avoir accès à la propriété du sol. Il suffit d'un peu de talent et d'ardeur au travail, et le tour est joué.

Dans l'esprit de Cartier, la franchise par la propriété est accessible à tous, dans la mesure où chacun peut librement décider de se retrousser les manches, de travailler dur et de prospérer. Qu'arriverait-il cependant si, un jour, toutes les terres de la colonie étaient occupées ? Cette question hante Cauchon, qui explique :

> Le suffrage universel n'est pas dangereux aujourd'hui en Amérique parce qu'il y a de l'espace pour tout le monde et qu'avec un peu d'énergie et de travail, tous peuvent posséder. Mais le germe du mal sera là quand ces

sociétés auront un peu vieilli, quand toutes les places seront remplies, et quand pour posséder il n'y aura d'autre ressource que le dépouillement, ce dépouillement se fera par le suffrage universel[185].

Cartier, cependant, ne va pas jusque-là. Il espère qu'avec la fin du régime seigneurial, la terre sera désormais accessible à tous, même aux plus miséreux. Il suffira d'avoir eu la patience d'amasser un petit pécule pour, le cas échéant, faire l'acquisition d'une terre à soi. Cet optimisme, c'est toute la réussite de Jean Rivard, qui quitte son village pour défricher une terre en plein bois. Ce n'est qu'après avoir travaillé dur, acquis du bien et fondé un village qu'il se montre disponible pour la politique et les affaires de l'État.

*   *   *

Il m'a toujours semblé que les historiens québécois avaient éludé la question du rapport des Canadiens français à la politique, étudié néanmoins de brillante façon par André-J. Bélanger dès le milieu des années 1970. Dans une étude minutieuse consacrée aux idéologies des années 1930, Bélanger jette en effet un éclairage saisissant sur une pensée qu'il qualifie d'« apolitique » puisque, si elle décrivait clairement ce qu'elle rejetait, elle se montrait incapable de formuler des actions réalistes et de proposer un programme de gouvernement qui aurait pu être mis en pratique à la suite d'élections. L'idéologie canadienne-française esquissée par Bélanger est aussi dite apolitique parce qu'elle refusait de penser le conflit — inhérent au politique dans une société libérale et démocratique — et rêvait plutôt à la restauration d'un temps d'harmonie et de concorde[186]. Penser politiquement la société, explique Bélanger, c'est identifier un mal à résorber, mais surtout être en mesure de formuler une doctrine d'action qui puisse se traduire en programme électoral porté par un parti ; et c'est aussi accepter de débattre de ses idées, puis de subir la sanction des électeurs. Pour ceux qu'observe Bélanger, la politique n'était pas la solution aux grands défis de la nation, mais bien ce qui avait causé sa perte ; elle n'était pas la voie du salut, mais l'impasse dans laquelle s'étaient perdus les Canadiens français depuis qu'on leur avait imposé le régime parlementaire. Contrairement à ce qu'avaient affirmé Michel Brunet ou Pierre Elliott Trudeau à une certaine époque, ce n'était pas d'abord l'État ou la démocratie qui posait problème, selon Bélanger, mais bien le rapport à la politique lui-même. C'est exactement ce que j'ai aussi perçu chez les réformistes.

Ce rapport trouble au politique est aussi constaté par Ralph Heintzman dans une étude substantielle sur la culture politique canadienne-française, où l'auteur tente de comprendre pourquoi, au Québec plus qu'ailleurs, des institutions à caractère public ont échappé au contrôle des politiciens (par exemple, les sociétés de colonisation, le département de l'Instruction publique). Selon Heintzman, cette situation découlait d'une méfiance de la population à l'égard des politiciens et, plus largement, d'une méfiance à l'égard de la politique. Celle-ci aurait longtemps été perçue par les Canadiens français comme le lieu des basses œuvres et de la vile corruption. En confiant certains secteurs de la vie collective à des institutions non partisanes, les Canadiens français auraient cherché à les mettre à l'abri du conflit permanent entre politiciens intéressés[187]. Heintzman estime que le concept d'« apolitisme » n'est pas tout à fait approprié pour décrire la culture politique canadienne-française. À son avis, les Canadiens français entretenaient à l'égard du politique une sorte de relation d'« amour-haine[188] » qui découlait directement de leur infériorité économique. Dans le Canada français d'avant la Révolution tranquille, les situations stables des fonctions publique et para-publique jouissaient d'un prestige plus grand qu'ailleurs. Or, ces postes étaient attribués en fonction des loyautés partisanes, et non selon les compétences et le mérite. Aux yeux d'Heintzman, Bélanger aurait été plus près de la vérité en retenant le concept d'« *anti*politisme[189] ».

L'explication matérialiste d'Heintzman est intéressante, mais s'agissant des réformistes du milieu du XIXᵉ siècle, elle ne convainc guère. Les politiciens réformistes ont été les premiers à distribuer les prébendes partisanes, les premiers à nommer des compatriotes à certains postes clés, et jamais il ne leur serait venu à l'idée de se départir de cette lourde responsabilité qui venait tout naturellement avec l'obtention de la responsabilité ministérielle. Pour ma part, j'attribuerais davantage cet anti-politisme à une peur bleue de la division, probablement typique des nations minoritaires qui craignent pour leur survie. Cet antipolitisme irait également de pair avec la naissance du système partisan et de la responsabilité politique. Jusque-là, les Canadiens français avaient en effet été cantonnés dans l'opposition ; jamais un de leurs leaders n'avait eu à assumer des décisions gouvernementales. L'introduction de la responsabilité ministérielle dans la colonie et la participation de Canadiens français au gouvernement ont transformé en profondeur cette situation, pour le meilleur et pour le pire.

CHAPITRE 3

S'occuper de ses affaires

Désormais, il faut combattre par l'intelligence et par l'industrie. N'allons pas croire que les conditions d'existence, de vitalité et de prospérité de notre société sont tout entières dans les luttes de chaque jour entre les partis politiques.

Revue canadienne, premier éditorial, 1844

Si la politique n'était pas le haut lieu des grandes réalisations, si, pour reprendre les mots de Parent, c'est possiblement par elle que les Canadiens français pouvaient périr, alors, il fallait se réaliser autrement, consacrer le meilleur de soi-même à d'autres activités pouvant s'avérer plus utiles. Cette voie de salut, les Canadiens français la trouveraient dans l'activité économique, selon les réformistes. Si, auparavant, il avait été primordial de dénoncer une minorité privilégiée et de faire respecter les prérogatives de la Chambre, l'heure était maintenant venue de s'intéresser à l'économie politique, de produire davantage, de transmettre des connaissances pratiques dans les écoles, de vendre ses produits ailleurs que dans un empire qui, à partir de 1846, adopte des mesures libres-échangistes, et de trouver des capitaux qui permettraient d'emprunter le chemin de la prospérité.

Dans ce chapitre, j'ai voulu interroger l'intention réformiste derrière ce souci apparemment réel pour la dimension économique des choses. Les réalités de l'économique sont pensées tout autant que celles du politique ou du social. Lorsqu'un journaliste, un politicien ou un penseur plaident en faveur de la prospérité, c'est toujours en fonction d'une certaine idée du bien commun. C'est cet arrière-plan de la pensée que j'ai voulu faire ressortir chez les réformistes. Pour y voir plus clair, il fallait pouvoir apprécier les idées économiques qui circulaient dans la presse ministérielle du milieu du XIXe siècle et le niveau de compréhension des nouvelles réalités industrielles qui commençaient à prendre place à cette époque. J'ai surtout voulu analyser les valeurs et les moyens mis en avant par le discours réformiste pour tendre vers une plus grande prospérité, et voir si le discours réformiste appelait par exemple l'éclosion d'une « éthique individualiste[1] » propre à inspirer les entrepreneurs canadiens-français.

Sur la pensée économique de l'élite canadienne-française postrébellions, des thèses contraires s'affrontent. L'une, influencée par les hypothèses de l'école de Montréal sur la Conquête, insiste sur l'« agriculturisme » de la pensée canadienne-française. Exclue des grands circuits commerciaux de l'Empire britannique, soutiennent les tenants de cette thèse, victime d'une crise du blé qui perdure depuis 1815, et incapable d'avoir accès aux capitaux, l'élite canadienne-française, résignée, ne voit d'autre destin pour son peuple que l'agriculture de subsistance. Cet « agriculturisme », explique Michel Brunet, est une « philosophie qui idéalise le passé, condamne le présent et se méfie de l'ordre social moderne. C'est un refus de l'âge industriel contemporain qui s'inspire d'une conception statique de la société[2] ». Selon Brunet, après la première moitié du XIXe siècle, l'élite canadienne-française met tout en œuvre pour convaincre le peuple que sa seule vocation est agricole, que seule cette philosophie du monde lui convient. À des lieues de cette thèse, d'autres, comme Fernand Ouellet, présentent plutôt les réformistes comme « des éléments authentiquement libéraux[3] » qui font disparaître les vieilles entraves au capitalisme, mettant ainsi fin à la longue léthargie nationaliste de leurs compatriotes autrefois attachés à un système seigneurial vétuste. Rien là de très surprenant, ajoute Brian Young, puisque les réformistes sont des bourgeois de la ville qui s'allient aux forces du capitalisme pour faciliter l'avènement d'une véritable économie de marché[4]. On a donc affaire à deux perspectives diamétralement opposées et irréconciliables. Pour les uns, les réformistes sont des agriculturistes attardés ; pour les autres, des libéraux enthousiastes qui travaillent activement à l'avènement du capitalisme.

Tout comme François-Albert Angers, je crois qu'émerge, à l'époque des réformistes, un « mouvement d'opinion et de curiosité [...] à une époque où la science économique est tout de même relativement jeune et ne compte guère encore dans le monde entier que quelques grands noms[5] ». Une analyse attentive du discours réformiste sur l'économique permet en effet de nuancer quelque peu les deux perspectives trop tranchées esquissées plus haut, et tend à donner raison à Angers. C'est qu'en dépit des grands travaux d'infrastructures qui sont en cours, des villes qui ne cessent de gagner en importance, et de l'engagement de certains réformistes dans le développement d'une industrie moderne capitaliste, le discours réformiste reste étonnamment axé sur l'agriculture. Cette insistance n'a toutefois rien à voir avec la philosophie agriculturiste telle que Michel Brunet la décrivait dans les années 1950. Dans l'esprit des réformistes, l'agriculture est d'abord un secteur de la production nationale, et les agriculteurs sont des hommes d'industrie.

La survie par l'économie

Les deux premières grandes conférences d'Étienne Parent sont très révélatrices de l'importance qu'accordent les réformistes aux questions de nature économique. Dans la première, prononcée le 22 janvier 1846, Parent considère l'industrie comme un « moyen de conserver [la] nationalité ». La production de nouvelles richesses doit tendre à des fins bien précises, explique-t-il quelques mois plus tard : celles de servir « ce qu'il y a de plus menacé[6] », c'est-à-dire la nationalité. Pour y arriver, croit-il, il faudra faire découvrir l'étude de l'« économie politique » aux Canadiens français et valoriser davantage le travail. Ce retard à combler est un phénomène normal, selon lui, car leurs prédécesseurs avaient d'autres soucis, celui notamment de « combattre pour la liberté politique[7] ». Or, le contexte a changé. Le gouvernement responsable est un fait presque établi, et la Grande-Bretagne laisse ses colonies voler de leurs propres ailes, sur le plan commercial, depuis l'abolition des *Corn Laws* quelques mois plus tôt. Dès lors, estime Parent, la grande mission qui attend la « nouvelle génération » est essentiellement de nature économique. C'est sur ce nouveau terrain que les Canadiens français doivent désormais combattre, car leur « machine gouvernementale est maintenant régulièrement organisée, c'est-à-dire que les principes qui doivent en régler le fonctionnement sont arrêtés et reconnus [...]. Des hautes théories gouvernementales, [la lutte] est descendue aux questions d'intérêt matériel[8] ».

S'il faut passer à l'économique, c'est d'abord parce que les Canadiens français accusent un sérieux retard sur ce terrain. C'est du moins de cette façon que les réformistes du milieu du XIXᵉ siècle posent le problème. Certains continuent de s'en prendre à la minorité au pouvoir dans l'ancienne colonie bas-canadienne. L'ignorance des Canadiens en matière d'industrie, explique Barthe dans *L'Aurore des Canadas*, aurait été le calcul d'« oppressives administrations[9] ». Dix ans plus tard, *La Minerve* convient avec le *Herald* que le Bas-Canada est nettement inférieur au Haut-Canada sur le plan économique. La pauvreté des cultivateurs bas-canadiens serait cependant moins le résultat d'un manque d'énergie ou d'industrie — comme le croit le *Herald* — que la manifestation de « l'exploitation sans justice et sans pudeur » du Bas-Canada par le Haut-Canada à la suite de l'Union. « On a taxé l'industrie des Bas-Canadiens, se plaint le journal, pour répandre l'argent dans la partie supérieure[10]. » Cette injustice, note le même journal quelques semaines plus tard, ne date toutefois pas de l'Union. Bien avant, le « Bas-Canada a été gouverné par une minorité hostile achetée par les gouverneurs que l'Angleterre nous envoyait ». Cette injustice aurait été planifiée par Londres et « consacrée » par Lord Durham dans son célèbre rapport. Ce n'est donc pas parce que les habitants du Bas-Canada sont des « arriéré[s] » ou parce qu'ils manquent d'« esprit public » qu'ils éprouvent des difficultés dans l'industrie, mais bien à cause de leur sujétion au sein d'un empire qui espérait, à moyen ou long terme, les « anglifier[11] ».

Tout n'est cependant pas la faute des Britanniques et de leurs représentants dans la colonie. Plusieurs leaders réformistes reconnaissent que les Canadiens sont en partie responsables de ce retard. En décembre 1846, Cauchon déplore que les lumières de l'industrie soient moins fortes dans ce pays qu'en Écosse ou aux États-Unis. Le devoir des représentants politiques, explique Cauchon, est justement de combattre cette dangereuse indifférence[12]. Sous la rubrique « Notre commerce », *La Minerve* souhaite que la population s'intéresse davantage à cette « branche importante de la prospérité du pays ». Ce manque d'intérêt pour les affaires provoque de fâcheuses absences, déplore le journal, notamment à la Chambre de commerce de Montréal où, note-t-on, il n'y a « personne » pour « représenter notre population[13] ». Lors d'une assemblée de la Corporation de Montréal qui se tient en juillet 1849, Cartier tente de convaincre les élus présents de voter un prêt important en faveur des chemins de fer. Un journaliste rapporte que l'avocat « plein d'énergie » aurait lancé à la foule : « Voici le temps de réparer notre réputation d'hommes apathiques, sans énergie et sans esprit d'entreprise[14]. » Si l'on en croit Cauchon et Cartier, cette indifférence est réelle, cette mauvaise réputation a bien quelque fondement. Les hommes politiques éclairés doivent mettre fin à cette situation gênante, sortir les habitants de cette apathie apparente, de cette « routine » paresseuse qui marginalise les Canadiens français sur le plan économique. Cette apathie est également dénoncée dans *Charles Guérin* par Pierre, le frère aîné du personnage principal, qui décide de s'exiler après avoir vécu de nombreux échecs. Dans une lettre adressée à sa mère, le personnage constate avec regret l'encombrement dans les professions libérales et un « dédain » des plus instruits pour l'industrie[15]. Il déplore cette condescendance, puisqu'il rêvait de devenir le « chef du progrès » et d'établir « quelque manufacture nouvelle » dans sa localité. Mais cette ambition ne rencontre que moquerie et scepticisme :

> Lorsque j'ai voulu parler de quelque chose de semblable aux personnes âgées et influentes que j'ai rencontrées, elles ont levé les épaules, elles ont ri de moi, elles ont rendu justice à la bonté de mes intentions, mais elles m'ont paru ajouter en elles-mêmes : c'est bien dommage que ce jeune homme-là n'ait pas un peu de sens commun. Je vois que c'est l'idée dominante[16].

À cette audace, on préfère une « routine » qui ne serait pas seulement le lot des « habitants », souligne Chauveau à travers le personnage de Pierre, mais aussi celle des « gens riches et instruits ».

En partie le résultat de la domination coloniale, en partie le produit de l'apathie des Canadiens, cette infériorité économique est bel et bien constatée par les réformistes. Forte de conquêtes politiques importantes et soumise à un contexte nouveau, la « nouvelle génération » canadienne doit s'atteler à ce défi majeur. C'est sa mission, sa responsabilité devant l'histoire, car « désormais, explique Étienne Parent, ce ne sera plus au-dehors que l'on ira chercher les ennemis de la prospérité publique, mais au-dedans[17] ». Les « ennemis », selon Parent, ce seront les paresseux, les oisifs qui ne pensent qu'à s'amuser. Assurer le développement de l'industrie est une nécessité patriotique, selon certains. C'est le « moyen de conserver [la] nationalité », comme le croit Parent, mais aussi de résister aux Anglais. Dans *L'Aurore des Canadas*, Barthe ne dit pas autre chose : « Nous n'avons rien à attendre que de nous-mêmes. » Le meilleur moyen de « résister » aux Anglais « est de ne pas leur céder en constance, en économie et de travailler tout de bon sans se rebuter à la vue des obstacles[18] ». Cinq ans plus tard, la *Revue canadienne* revient à la charge avec le même type d'argument. L'industrie, d'expliquer le rédacteur, est une « question de vie ou de mort[19] » pour la nationalité. Ou bien elle prend ce défi à bras le corps, ou bien elle disparaît. L'industrie est un devoir patriotique qu'impose le progrès matériel propre au siècle. À la *Revue canadienne*, on croit même avec optimisme que les « garanties d'avancement et de prospérité pour le Pays » pourront, dans un avenir rapproché, permettre une saine « convergence des intérêts » qui entraînera une « répudiation de ce système d'hostilité » des uns à l'égard des autres[20]. En d'autres termes, si chacun s'occupe de ses affaires et cherche à faire prospérer l'industrie, la nationalité parlera plus facilement d'une seule voix.

Que ce soit pour résister aux étrangers ou pour se conformer à l'air du temps, par patriotisme ou parce que l'on se montre ouvert aux innovations de l'époque, le passage à l'économique est une impérieuse nécessité. Pour y parvenir, disent plusieurs réformistes, il faut s'intéresser à l'« économie politique », car avant de lancer des industries, de créer des commerces, encore faut-il mieux comprendre les « sources de la richesse nationale », comme l'écrit le personnage Jean Rivard à son ami Gustave Charmesnil. Ce dernier lui répond qu'il s'est « dévoué depuis quelque temps à l'étude de l'économie politique » et dit y trouver un « charme inexprimable ». L'intérêt pour l'économie politique découle en bonne partie de cette idée selon laquelle cette science fournit les clés pour comprendre ces « sources » si importantes à la base de la « richesse nationale[21] ». Les règles de cet univers sont ignorées par trop de Canadiens français, déplorent les réformistes. Plusieurs de ces derniers ont le sentiment que l'économique est un monde en soi, et que celui-ci est mû par des lois qui lui seraient propres. Les signes de l'intérêt pour l'économie politique sont nombreux. Dans sa lettre d'octobre 1844 aux électeurs de Montmorency, Cauchon estime que seule une étude sérieuse de l'économie politique permettra de redresser la situation. « Presqu'ignorée, du moins dans la pratique, jusqu'à nos jours[22] », cette nouvelle science fournirait aux Canadiens de précieux outils de développement. Mais le seul qui ose articuler une pensée et écrire à ce propos, en dépit d'un manque évident de « spécialité » sur le sujet, c'est Parent. Selon ce dernier, parce qu'elle « préside à la richesse », l'économie politique est la « science du progrès par excellence ». Cette science enseigne des « vérités » qui, une fois bien comprises, doivent être « appliquées » au plus grand bénéfice de chacun[23].

À l'époque où Parent fait cette conférence sur l'économie politique, en 1846, ce sont encore les thèses classiques anglaises qui tiennent le haut du pavé. Contrepartie des idées physiocrates élaborées au milieu du siècle précédent par François Quesnay, les thèses de Smith, de Malthus, de Ricardo et de Mill, dont les œuvres sont toutes accessibles au Bas-Canada depuis le début du siècle, sont celles qui recueillent la plus large audience, selon les historiens de la pensée économique. Les penseurs de l'économie politique anglaise proposent à la fois une méthode, un système et une doctrine. Ils ont une conception mécaniste et déterministe de l'économie politique, qu'ils perçoivent comme une « science rationnelle » faisant face à des problèmes qui pourraient être résolus par l'« expression mathématique ». La richesse n'est plus seulement générée par la production agricole, comme le croyaient les physiocrates, mais aussi par la production industrielle et les échanges. La doctrine de cette école de pensée postule l'existence d'un *homo œconomicus* qui recherche avant tout à satisfaire ses besoins et ses désirs[24].

Le principal interprète de l'école classique anglaise dans le monde francophone a sans contredit été Jean-Baptiste Say (1767-1832), même s'il n'a jamais eu recours à la formule « libéralisme économique » pour qualifier son œuvre[25]. Son *Traité d'économie politique* publié en 1817 est disponible à la bibliothèque du Parlement de Québec deux ans plus tard. Une édition américaine de ce traité est acquise par la bibliothèque du Parlement en 1836 ; et la cinquième édition française, revue et augmentée, y est disponible en 1838[26]. Contrairement à la plupart des autres économistes, Say résume plus succinctement ses thèses dans un petit ouvrage intitulé *Catéchisme d'économie politique*[27], ce qui permet à des non-spécialistes comme Étienne Parent ou Amédée Papineau[28] d'avoir un accès plus facile aux principes généraux de l'économie politique[29]. C'est donc surtout grâce à Say que l'on se familiarise avec l'économie politique dans le Canada français des années 1840. La chose mérite d'être rappelée, puisque les historiens qui cherchent à démontrer le libéralisme des réformistes évoquent parfois l'influence de John Locke[30] ou, plus récemment, de Jeremy Bentham[31]. Or, ces auteurs ne sont jamais cités, ni même mentionnés par les réformistes. Brian Young, qui a analysé le contenu de la bibliothèque de Cartier, note d'ailleurs que les œuvres de Locke en sont absentes[32]. Quant à LaFontaine, il possédait un seul ouvrage de Locke *(Essai sur l'entendement humain)*, et ce n'était pas celui qui traite de la propriété[33]. Jean-Baptiste Say est donc l'un des rares penseurs auxquels se réfèrent explicitement les quelques leaders canadiens-français intéressés par l'économie politique pendant cette période. Même s'il reconnaît, tout comme Locke, que le droit de propriété constitue « le plus puissant des encouragements à la multiplication de la richesse[34] », Jean-Baptiste Say ne propose aucune anthropologie politique, ni ne cherche à convaincre son lecteur de l'importance de fonder une société sur la propriété. Quant à Bentham, si Say partage son aversion pour les lois d'usure[35], son objectif n'est toutefois pas de proposer une nouvelle organisation de la société[36]. À la suite d'Adam Smith, il présente l'économie politique comme une « science de l'observation[37] » qui se contente d'analyser les « faits essentiels[38] ». Mieux connaître et comprendre l'économie politique, c'est moins remédier définitivement à tous les maux qui affectent la société que tenter modestement d'en réduire certains, « sans qu'il en coûte le moindre sacrifice aux privilégiés[39] », de préciser Say. Son approche est donc résolument réformiste. Say peut très clairement être classé dans la catégorie des penseurs libéraux. Sa théorie sur la « valeur » en est une preuve parmi d'autres. Say fondait la valeur des choses sur l'« utilité », c'est-à-dire sur « tout ce qui est propre à satisfaire les besoins, les désirs de l'homme tel qu'il est[40] ». La valeur d'une chose n'a rien à voir avec la morale, selon lui, elle découle simplement des « besoins » et des « désirs » qu'elle suscite chez l'homme « tel qu'il est ». Fait à noter, nulle part Parent ou d'autres réformistes ne reprennent cette théorie sur la valeur. Ce détail a son importance, puisque la perspective utilitariste de Say fonde le principe de l'harmonie des intérêts se trouvant au cœur du libéralisme économique.

L'une des grandes idées sur lesquelles insistait Say est que la richesse doit être générée avant tout par la production, et non par la finance ou la monnaie. Le boulanger, martelait-il, n'achète pas sa viande avec de l'argent, mais avec du pain. Même si Say ne rejoint pas les physiocrates, pour qui la possession de la terre était seule garante de richesse, même s'il reconnaît aux secteurs secondaire (transformation) et tertiaire (services) une importance indéniable et croissante, il ne continue pas moins d'accorder une place de choix à l'agriculture comme secteur de production de la richesse. C'est cependant en économiste que Say traite d'agriculture, et non en moraliste. La production agricole, pour le Canada français du milieu du XIXe siècle — tout comme pour la France du début du même siècle — restait un secteur névralgique de l'économie. L'optique de Say, est-il nécessaire de le préciser, n'est donc pas « ruraliste », elle ne fait que prendre en compte une dimension vitale de la productivité globale de son époque. Les réformistes n'aborderont pas l'agriculture autrement.

Pour produire davantage, il faut cependant beaucoup de capitaux. Le perfectionnement des techniques agricoles, l'expansion des industries de transformation et le développement des infrastructures de transport nécessitent des sommes considérables. Ce capital, on peut notamment l'obtenir en faisant disparaître toutes les lois d'usure, selon Say, car il arrive souvent que les épargnes ne suffisent pas, qu'une mobilisation importante de capitaux oblige l'entrepreneur à aller voir un prêteur, un « capitaliste » — terme nullement péjoratif à ses yeux. Hélas ! déplore Say dans ses écrits, les « lois ecclésiastiques » et parfois civiles ont restreint l'usure. Si la richesse dépend de la production, et que la production dépend d'investissements importants, il faut aussi s'assurer qu'il existe des débouchés. Pour avoir accès à ces débouchés, le libre-échange entre les nations s'avère une solution incontournable, et cela pour la prospérité des nations comme pour celle des individus. Say était donc contre le « système exclusif » qui restreignait le commerce[41]. Après sa mort, des fidèles défendent ses idées sur le libre-échange au sein de l'« école de Paris », un regroupement d'intellectuels libéraux plutôt hostiles à la politique de Guizot, qu'ils jugent trop conservateur sur le plan économique, c'est-à-dire trop protectionniste. Regroupés au sein du *Journal des économistes* et de la Société d'économie politique, deux institutions fondées en 1842, ces intellectuels libéraux critiquent le gouvernement Guizot, qui met fin au traité d'union douanière avec la Belgique en 1842, et prennent part à la fondation de l'Association pour la liberté des échanges en 1846, soit l'année de l'abolition des *Corn Laws* par la Grande-Bretagne[42].

Si Say semble être une référence incontournable en matière d'économie politique, pour les libéraux français comme pour les réformistes qui cherchent des pistes d'avenir, ces derniers sont aussi exposés à des perspectives qui contestent l'économie politique libérale de façon radicale. À peine deux mois après la conférence de Parent, une critique virulente de l'économie politique anglaise est publiée dans *Le Canadien*. Le journal reproduit des extraits d'un traité d'« économie politique chrétienne », publié originalement en 1834, et dont l'auteur est Alban de Villeneuve-Bargemont. Ce haut fonctionnaire français, un temps préfet de Lille, avait alerté dès la fin des années 1820 le gouvernement français des dangers du « paupérisme » provoqué par l'économie nouvelle[43]. Dans son traité, il reproche à l'économie politique anglaise de prôner la « non-intervention » de l'État afin que puissent prédominer les intérêts privés d'un système qui privilégie le laisser-faire. Ce système, déplore Villeneuve-Bargemont, repose « sur un égoïsme insatiable et sur un mépris profond de la nature humaine ». Une telle conception des choses « n'a cessé d'exciter l'amour des richesses, du luxe, des jouissances matérielles », provoquant par le fait même une « monstrueuse centralisation de fortune[44] » et l'émergence d'une aristocratie de l'argent et de l'industrie[45], ajoute cet analyste. Dans cette société marchande, les ouvriers anglais ont à peine le temps de prier et ils ne disposent pas du loisir nécessaire pour cultiver leur « intelligence » et les « vertus morales » qui sont les « seules sources véritables de la civilisation[46] ». Car selon Villeneuve-Bargemont, il existe bel et bien une « double nature de l'homme » ; il est à la fois physique et moral. « Développer les vertus morales et sociales, refouler les vices et les passions mauvaises », voilà le véritable « perfectionnement » de l'homme, les « seuls progrès auxquels la société doit tendre sans cesse[47] ». Le traité de cet auteur, reproduit dans un journal important de la presse ministérielle et cité plus tard par Cauchon lors d'une démonstration emportée sur les limites du modèle anglais de développement industriel[48], montre bien que d'autres thèses que celles des économistes libéraux anglais circulaient. Cela ne surprend guère, puisque c'est durant les années 1840 que les critiques les plus virulentes de l'économie politique anglaise sont publiées en Europe. En 1843, Friedrich Engels publie son *Esquisse d'une critique de l'économie politique*. L'année suivante, Karl Marx rédige le manuscrit de *Critique de l'économie politique*[49]. Dans la presse ministérielle de l'époque, on ne trouve cependant aucune trace de ces deux auteurs. En revanche, les réformistes citent régulièrement les thèses révolutionnaires de Proudhon. Tout comme Villeneuve-Bargemont, cité plus haut, Proudhon refuse de considérer l'économique comme une sphère autonome du politique et prétend que la valeur des choses dépend moins de leur utilité que du travail consenti pour les produire. Les thèses de Proudhon seront toutefois clairement rejetées par les réformistes, surtout à cause de ses idées sur la propriété.

Commencer par l'agriculture

Préoccupés par la nécessité de faire passer la nationalité canadienne du politique à l'économique, les réformistes, peut-on penser, manifestent un certain intérêt pour ces enjeux théoriques. Les leaders réformistes ne sont cependant pas des penseurs. Leur objectif ultime est de tracer les chemins de la prospérité que pourraient emprunter les Canadiens français de leur époque. Inspirés par la lecture de Say, les réformistes acquièrent la conviction que la prospérité passe par la production. La question est toutefois de savoir ce qu'il faut produire en premier. Faut-il, par exemple, privilégier l'agriculture ou l'industrie ? Doit-on privilégier les villes ou les campagnes ? Voilà les premières questions que se posent les leaders réformistes de cette époque.

En mai 1843, Cauchon se montre perplexe par rapport à cet enjeu. Il faut selon lui se méfier des incantations en faveur de l'industrie, surtout si l'industrie d'ici « ne rivalise pas de qualité et de bon marché avec l'industrie européenne ». Les « appels au patriotisme et à l'esprit national » ont leurs limites[50]. Peut-être faut-il se résigner à se concentrer sur l'agriculture, pense Cauchon. On constate le même type d'hésitation dans *Le Canadien* en octobre 1846. Selon le journal, la vraie question à l'ordre du jour « est de savoir si le Canada doit devenir un pays exclusivement agricole ou manufacturier[51] ». Pour d'autres, il s'agit clairement d'une fausse opposition. L'agriculture, l'industrie et le commerce sont des activités complémentaires essentielles. *La Minerve* explique par exemple que si l'agriculture est la « source immédiate des provisions humaines », le « commerce », à la condition qu'il s'exerce « sans monopole », « conduit à cette production de denrées[52] ». Une économie prospère ne doit négliger aucune de ces deux activités. Après réflexion, Cauchon revient sur ses hésitations. Dans un contexte où les villes ne cessent de croître — un mouvement qui semble irréversible —, celles-ci doivent devenir « des centres de toutes sortes d'industries, car autrement où prendraient-elles l'argent qu'elles donnent aux campagnes en échange de leurs produits[53] » ? Le directeur du *Journal de Québec* réalise peu à peu qu'il ne doit pas y avoir d'opposition entre les campagnes et les villes, mais qu'au contraire, les deux sont complémentaires ; citadins et paysans ont besoin les uns des autres pour prospérer. « Pendant longtemps, explique Cauchon, on a cru que les populations agricoles étaient plus heureuses que celles des districts manufacturiers. Il n'en est rien [...]. Manufacturiers et agriculteurs sont solidaires : si les premiers sont sans travail ils ne peuvent consommer les produits des seconds. » Pour qu'une société puisse prospérer, il est donc impératif que les agriculteurs se montrent « éminemment intéressés à la prospérité des industriels[54] ». Cette complémentarité, voire cette solidarité, c'est exactement ce que propose Augustin-Norbert Morin dans un discours qu'il prononce devant la Mercantile Library Association en avril 1845. À son auditoire d'industriels de Montréal, Morin lance : « Associez-vous pour des objets d'agriculture et d'industrie [...]. Songez à la création de fermes-modèles, à l'établissement d'exhibitions annuelles des produits ; faites aux gens des campagnes de petits cadeaux en livres, en semences, en instruments [...]. Vos efforts ainsi dirigés ne pourront manquer de porter fruit[55]. »

Ces interventions, qui insistent sur la complémentarité entre la ville et la campagne, entre l'industrie et l'agriculture, montrent bien que les réformistes ne pratiquent pas l'« agriculturisme », tel que Michel Brunet l'a présumé. L'agriculture n'est pas un refuge, un pis-aller, voire une mission sacrée permettant aux Canadiens français d'être préservés des affres de la ville, elle apparaît plutôt, sous leur plume, comme un mode de production de la richesse. Et ce mode de production est très important, peut-être même le plus important, au stade où en sont alors les Canadiens français dans leur histoire. Dans l'esprit de Morin, il s'agit clairement d'une question d'étapes. Avant de penser à construire des industries fortes et prospères et de faire du commerce, il faut s'assurer que les agriculteurs produisent davantage. Adoptant un point de vue qui fait beaucoup penser à celui des physiocrates, Morin, dans la « lecture » citée plus haut, propose le développement suivant : « Vous savez que ce sont les campagnes qui forment les villes et non les villes qui créent les campagnes ; vous admettez que nous tous, que les économistes rangent sous le terme de non-producteurs, [...] nous ne vivons, médiatement ou immédiatement, que du surplus amassé petit à petit par les producteurs[56]. » Dans la thèse qu'il a consacrée à Augustin-Norbert Morin,

Jean-Marc Paradis montre d'ailleurs l'importance qu'accordait ce leader réformiste à l'agriculture. Dans la bibliothèque de Morin, Paradis a recensé plus de 520 titres sur l'agriculture et l'horticulture. Dans ses rares temps libres, Morin traduit des textes anglais qui portent sur des techniques agricoles nouvelles, en rédige d'autres sur la culture des haricots blancs et sur celle du sarrasin noir. Il s'intéresse aussi à la botanique et à la géologie, explique Paradis[57].

Cela dit, dans l'esprit des réformistes, les agriculteurs sont avant tout des « producteurs » pour la société. Inspirée par une vision tout à fait similaire, *La Minerve* publie en septembre 1842 un texte qui exlique que l'« économie rurale » est le « premier anneau du lien social auquel les autres chaînons se rapportent[58] ». Quelques années plus tard, on peut lire dans le même journal que l'agriculture représente pour une « nation » la « base du commerce, des manufactures, de l'industrie et l'âme de toutes les autres affaires[59] ». Au moment même où Morin prononce sa conférence à Montréal, on peut lire dans la *Revue canadienne* que « la base de la prospérité d'un peuple sont les ressources que la nature a mises à sa disposition ». « Dans ce pays », prédit la revue, l'agriculture « sera pendant de longues années encore la principale source de richesse pour nous[60] ». Deux ans plus tard, la revue montréalaise explique à ses lecteurs que « nous aurions tort de négliger l'agriculture pour d'autres industries, car l'industrie agricole nous offre les matières premières nécessaires à son exploitation[61] ». En octobre 1847, elle revient à la charge : la « prospérité » et l'« avenir » du pays sont dans l'agriculture[62]. Dans les pages du *Canadien*, en janvier 1847, Napoléon Aubin traduit assez bien la perspective réformiste lorsqu'il explique que les enfants de ce pays devront, à terme, « se lancer dans la carrière de l'industrie ». Il ne faudrait cependant pas que ces nouvelles carrières freinent le développement de l'agriculture. Car « sans le pain à bon marché l'on ne produit pas de marchandises à bas prix, [...] une population manufacturière ne peut prospérer qu'entourée d'une population agricole prospère aussi[63]. »

L'intérêt des réformistes pour l'agriculture est avant tout économique, et non pas culturel ou anthropologique. Il ne s'agit pas de savoir si on serait ou non plus heureux à la campagne, si la nationalité s'en porterait mieux sur le plan des mœurs, mais d'envisager pour les agriculteurs de meilleures conditions de production. C'est là la tâche la plus urgente, le défi le plus pressant selon eux. En travaillant à l'amélioration de la production agricole, en faisant en sorte que les habitants deviennent plus efficaces et performants, ils espèrent fournir des assises suffisamment solides à l'industrie et au commerce, qu'ils voient par ailleurs d'un œil tout à fait favorable. Au cours du moment réformiste, l'un des grands défis que ces hommes politiques tentent de relever pour favoriser l'accroissement de la production agricole est d'améliorer les connaissances pratiques et théoriques des agriculteurs.

Le premier pas vers la prospérité passe selon eux par l'amélioration des techniques agricoles. Mais cette amélioration ne deviendra possible, pensent alors les réformistes, que si les agriculteurs canadiens-français abandonnent la routine paresseuse des temps anciens, que s'ils acceptent de s'instruire davantage des nouveaux procédés qui permettent de meilleurs rendements, que s'ils consacrent à l'étude des sols et des engrais plus de temps, d'énergie et d'enthousiasme. Cette tâche est urgente, explique Cauchon, car, « nous devons l'avouer avec regret, nos terres sont bien en arrière des fermes européennes[64] ». Il faut apprendre à mieux cultiver la terre sur des espaces plus restreints, explique Cauchon. Dans les pages de la presse ministérielle, des espaces importants, surtout dans la première moitié des années 1840, sont consacrés aux questions agricoles. On donne des conseils pratiques et techniques. On découvre la science de l'« économie rurale », qui a pour but d'enseigner comment « tirer de la terre tous les produits qu'elle peut fournir[65] », car l'agriculture n'est plus un « art » qui se transmet de génération en génération, mais une « véritable science exacte » qui peut s'apprendre, explique le rédacteur du *Canadien*. Partout, de s'enthousiasmer le journaliste, les « connaissances agricoles prennent [...] un essor prodigieux » ; les découvertes de cette science « promettent aux studieux adeptes des récompenses morales et matérielles ». On aurait tort de passer à côté de ces « connaissances », explique le journaliste, car ce pays « neuf » possède un « sol fertile[66] ». La *Revue canadienne* va dans le même sens ; pour en arriver à « la plus importante et la plus désirable de toutes les améliorations », il faudrait instaurer un « système de culture plus rationnel[67] ».

Toutes ces suggestions prennent un certain temps à porter leurs fruits. C'est du moins ce qui ressort des rapports acheminés par Hector Langevin et Augustin-Norbert Morin au comité spécial de la Chambre chargé d'enquêter sur l'état de l'agriculture dans le Bas-Canada en 1850. Alors directeur de la Société d'agriculture du Bas-Canada, Langevin accuse dans un premier temps le « gouvernement colonial » d'avoir placé les Canadiens français dans un état d'infériorité en adoptant de mauvaises législations qui « ne tendai[en]t qu'à favoriser les grands propriétaires à l'exclusion du petit propriétaire ». Mais le gouvernement colonial ne saurait être le seul fautif. Langevin déplore aussi le fait que le « cultivateur, en général, n'ait qu'aversion pour les innovations dans son genre de vie et dans son mode de culture ». Morin constate pour sa part des améliorations, « mais la marche est lente », laisse-t-il tomber[68].

C'est que la presse ministérielle a beau donner des conseils pratiques, vanter les mérites de la science agricole et expliquer l'importance de l'économie rurale, il faut plus que cela pour faire des Canadiens français de meilleurs agriculteurs. Il faut par exemple créer des sociétés d'agriculture dans chacune des paroisses et dans chacun des *townships*. Les membres de ces sociétés pourraient faire connaître leurs innovations, organiser des « exhibitions », récompenser les meilleurs agriculteurs, créer un journal de liaison spécialisé. *La Minerve* souhaite qu'un jour, toutes ces sociétés puissent se réunir au sein d'une grande association nationale[69]. Dans leurs rapports respectifs cités plus haut, Langevin et Morin déplorent que les sociétés d'agriculture déjà fondées soient trop isolées les unes des autres. C'est une chose, souligne Morin, de récompenser les agriculteurs qui ont du beau bétail, c'en est toutefois une autre de « publier les circonstances et les méthodes qui ont accompagné les résultats[70] ». À terme, cependant, ces heureuses initiatives ne pourraient suffire. La tâche la plus urgente est donc d'instruire les futurs agriculteurs, dès le bas âge, des nouveaux rudiments de la science agricole. L'école doit jouer un rôle clé dans cet effort de prospérité. Dans son rapport de l'année 1863, le surintendant Chauveau explique que les investissements en éducation sont les plus rentables. « Il est, en effet, admis par tous les économistes (et c'est aujourd'hui une vérité de l'ordre le plus vulgaire) que nulle dépense n'est plus productive au point de vue du revenu public lui-même que celle qui se fait pour l'instruction publique. » Selon Chauveau, l'instruction permet de tendre plus facilement vers la prospérité, car elle « développe les forces productives » de la nationalité, la rendant ainsi plus prospère[71]. Or, ce lien étroit entre école et production établi par Chauveau en 1863 apparaît clairement tout au long du moment réformiste. Au milieu des années 1840, par exemple, Cauchon cherche à montrer que les choses ont changé : « La terre ne veut plus produire d'elle-même comme autrefois. Il faudra du travail, et pour rendre ce travail utile et profitable, il faudra la science et l'instruction[72]. »

Dans un article publié en 1987, Jean-Pierre Charland soutient que les réformistes du milieu du XIXe siècle auraient cherché à implanter un système scolaire s'inspirant des grands idéaux du libéralisme, soit l'« accessibilité », la « tolérance religieuse et [le] développement économique ». Charland reproche à Fernand Ouellet et à Nadia Eid d'avoir exagéré l'emprise d'un « conservatisme à la sauce cléricale[73] » dans les écoles. L'objectif du Parti réformiste, explique Charland, était moins d'exercer un contrôle social serré sur les âmes canadiennes-françaises que d'« habituer » le peuple à la « vie démocratique » et d'« assurer la prospérité du territoire[74] ». S'appuyant pour l'essentiel sur des extraits de rapports annuels du surintendant de l'Instruction publique Jean-Baptiste Meilleur, Charland cherche à montrer que les porte-parole du Parti réformiste souscrivaient aux idées philosophiques libérales sur l'égalité des hommes, les droits individuels et la poursuite du bonheur, qu'ils adhéraient également au credo libéral sur le plan économique en appuyant les principes d'une économie de marché et du libre-échange[75]. Cette recherche tend à confirmer certaines hypothèses de Charland. Lorsqu'ils écrivent ou discourent sur l'école, les réformistes insistent avant tout sur son rôle pratique, économique. Il s'agit en premier lieu de fournir des techniques indispensables, de transmettre des savoirs concrets qui permettront aux futurs travailleurs agricoles ou autres de produire davantage. En forçant un peu le trait, Charland semble tenir pour acquis que cette préoccupation pour la prospérité serait une déclaration de principes en faveur du libéralisme, tant politique qu'économique. Les réformistes semblent peu préoccupés par la transmission des principes premiers du libéralisme politique à l'école. Dans les écrits réformistes et dans la presse

ministérielle, les références à l'idéal de perfectibilité humaine, à la nécessité de favoriser l'autonomie de l'individu, sont minimes ou très secondaires. La prospérité qui importe aux réformistes, ce n'est pas celle qui
vise à procurer le bonheur aux individus, mais celle qui pourra profiter
à la survie et au développement de la nationalité. Ainsi, si *La Minerve*
convient que la finalité de l'éducation est de rendre l'« homme libre », elle
s'empresse d'ajouter que cette liberté doit servir à « accomplir les grands
travaux qui doivent placer le Canada dans la haute position qui lui est
réservée sur le continent américain ». Par-dessus tout, le journal dit souhaiter que « l'instruction se répande dans les masses et au sortir des
écoles », afin que le pays puisse se forger un « avenir industriel et commercial en exploitant toutes les richesses de notre sol », après quoi « toute
la jeunesse canadienne ira peupler les ateliers qui lui seront ouverts[76] ».
Si les Canadiens français refusent de travailler selon un bon système de
cultures, d'acquérir des connaissances agricoles suffisantes et de pratiquer une économie domestique convenable, bref, « tout ce que possèdent
[leurs] voisins de l'Union », ils devront dès lors accepter de devenir des
marginaux. « Eh bien ! cultivateurs et industriels canadiens, il faudra
encore vous résigner à être supplantés par des étrangers, et à passer votre
vie comme simples travailleurs dans les derniers rangs des employés de
ces manufactures[77] », conclut le rédacteur de *La Minerve*.

Au milieu de la décennie 1840, les projets de loi sur l'école se succèdent. Une bataille épique contre les « éteignoirs » fait peu à peu rage
dans les campagnes, où certains refusent de payer la taxe scolaire devenue obligatoire. L'argumentation réformiste insiste surtout sur la mission économique de l'école. *La Minerve* ne trouve d'ailleurs pas de mots
assez durs pour stigmatiser ces éteignoirs. Si les Canadiens français ne
veulent pas rester des « scieurs de bois » ou des « valets de l'étranger »,
ils ont intérêt à s'instruire, explique le journal[78]. L'argument en faveur
de l'instruction, et donc de la taxe qui doit obligatoirement l'accompagner, n'est donc pas moral ou « libéral » sur le plan philosophique, mais
essentiellement économique. Il faut s'instruire, non pas parce que tous
aspirent au bonheur et à l'autonomie, mais pour ne plus être les « valets
de l'étranger ». LaFontaine aura d'ailleurs recours au même genre d'argument en 1846 lors de l'un des nombreux débats sur les lois scolaires.

S'instruire, explique le chef réformiste, c'est s'enrichir : « Si on prétexte la pauvreté du pays pour empêcher la nouvelle génération de s'instruire, il est clair que l'on parlera longtemps de notre pauvreté. Sans instruction notre population ne s'enrichira jamais[79]. » Encore une fois, l'argument économique vient au premier plan.

Il n'est cependant pas suffisant d'offrir à tous la possibilité d'être éduqués. Encore faut-il s'assurer que les contenus offerts dans les écoles soient adaptés à la réalité canadienne. Selon le rédacteur du *Journal de Québec,* l'école doit d'abord transmettre des notions « pratiques » et « usuelles » que l'agriculteur pourra « appliquer à ses besoins, à la culture de la terre, à ses entreprises et à son industrie ». La grande formation classique, avec son « cours de latin poussé en deux années jusqu'à la syntaxe » et ses « leçons de piano et d'orgue, convient peu à des fils de laboureurs ». Cauchon croit que les jeunes des États-Unis et de l'Europe apprennent beaucoup plus rapidement, car « les systèmes, la méthode d'enseignement sont améliorés et perfectionnés » ; sur ce plan, déplore d'ailleurs Cauchon, « nous sommes en arrière d'un siècle[80] ». L'année suivante, il salue la création de *L'Écho des campagnes,* à Berthier, qui aura pour principale mission de transmettre des « connaissances utiles » aux agriculteurs[81]. Cette perspective, on la retrouve aussi chez Chauveau. Dans son rapport sur l'émigration vers les États-Unis, celui-ci estime que la formation mal adaptée aux réalités agricoles est en partie responsable de l'exil de nombreux Canadiens français vers les États-Unis[82]. Dans son deuxième rapport en tant que surintendant de l'Instruction publique, Chauveau se montre très sévère à l'égard des collèges classiques. Les diplômés de ces institutions, déplore-t-il, manquent de « connaissances usuelles ». « Les premières années y sont surtout consacrées à l'étude des langues mortes, et si l'on pousse plus loin l'étude des mathématiques et des sciences naturelles, ces dernières se trouvent rejetées à la fin du cours[83]. » Mal adapté aux « besoins d'une société comme la nôtre », ce cours classique n'a rien à voir avec les écoles « primaires-supérieures » qu'on retrouve en France, aux États-Unis ou en Prusse. Tous ces plaidoyers en faveur d'une connaissance utile visent à contrer le préjugé selon lequel l'agriculture ne requiert aucune vraie formation. Dans ses différents rapports, Chauveau revient souvent sur le « préjugé social » contre l'instruction agricole. Il l'attribue parfois à l'étroitesse d'esprit des commissaires d'école. Son rêve serait d'instaurer des écoles agricoles pratiques et techniques qui formeraient les futurs enseignants du réseau scolaire. À preuve, dans son dernier rapport en tant que surintendant, Chauveau fait état de ses impressions à la suite d'un long voyage en Europe. Le pays qui l'impressionne le plus est l'Irlande, dont il admire la « véritable école d'agriculture théorique et pratique » qui jouxte toutes les écoles normales. Les futurs maîtres y acquièrent des « connaissances qu'ils peuvent distribuer ensuite dans tout le pays, et [y] contractent des goûts en harmonie avec leur profession et une aptitude particulière à se rendre utiles aux populations au milieu desquelles ils doivent vivre ». Ces connaissances pratiques et théoriques de l'agriculture seraient utiles aux « fils de laboureurs » qui travaillent sur la terre. Elles permettraient aux agriculteurs de prospérer en maximisant les rendements de leurs terres. On sent que c'est ce modèle que Chauveau aimerait instaurer au Québec[84].

Dans l'esprit des réformistes, il faut d'abord s'instruire pour ensuite participer à la prospérité de la nationalité. L'agriculture est moins un mode de vie qu'une activité économique, moins un type d'organisation sociale qu'un moyen de produire de la richesse. Si on parle autant d'agriculture, ce n'est pas parce qu'on dénigre l'industrie ou le commerce, bien au contraire. Cela a plus à voir avec un sens des priorités. Au milieu du XIXe siècle, même si la vallée du Saint-Laurent vit une transition vers le capitalisme, l'assise économique première reste l'agriculture. Ces appels des réformistes à l'innovation semblent avoir porté leurs fruits. Si l'on en croit Courville, Robert et Séguin, l'amélioration des méthodes de travail aurait « sans doute » joué un certain rôle dans la croissance de la production agricole entre 1831 et 1871[85].

L'accès au marché

Il faut produire plus et mieux, certes, mais il faut aussi pouvoir vendre toutes ces denrées, trouver des débouchés. Une économie prospère ne peut se fonder sur une agriculture de subsistance et routinière. C'est pourquoi les réformistes accordent une certaine importance à la ville ; aucun d'entre eux, je l'ai dit, ne la rejette[86]. On l'estime même néces- saire au développement économique, par l'écoulement des stocks. Les villes constituent en effet des débouchés pour les produits agricoles, car une économie nationale ne peut se contenter de produire ; elle doit s'as- surer qu'un marché pourra acheter les surplus produits par ses agricul- teurs les plus travaillants et ingénieux. Or, l'époque qui nous intéresse est marquée par deux événements importants sur ce plan : l'abolition des *Corn Laws* en 1846 et le traité de réciprocité avec les États-Unis de 1854. Ceux-ci permettent de mieux saisir la position des réformistes par rapport à cet enjeu concret qu'est l'économie politique.

Dans son livre posthume sur la décennie 1840, Antoine Gérin-Lajoie explique que les mesures de libre-échange adoptées par la Grande-Bre- tagne en 1846 ont eu un énorme retentissement[87]. Sur le coup, se sou- vient Gérin-Lajoie, « nos marchands et nos hommes politiques » ont été terrifiés par « le changement proposé dans les relations commerciales, qui s'attaquait à la base même du système colonial[88] ». À en juger par la presse ministérielle de 1846, ce souvenir colle assez bien à la réalité. Cau- chon parle de « révolution » du gouvernement Peel sur le plan com- mercial. Il croit que celle-ci risque d'ébranler la loyauté de plus d'un marchand de Québec : « Cette ville dont la *loyauté* était jusque-là *imper- méable* s'est laissée *imbiber* du désir d'appartenir à un gouvernement plus *protecteur*[89]. » Cauchon se console tout de même en se disant que cette révolution entraînera fatalement le « libre accès aux marchés étran- gers ». Probablement inspirée par le *Journal des économistes* auquel elle est abonnée, la *Revue canadienne* est beaucoup plus enthousiaste ; elle considère même l'abolition des *Corn Laws* comme une « vraie révo- lution commerciale ». Cette évolution devait avoir lieu, semble croire le rédacteur, puisque les « lois de protection [...] ont fait leur temps[90] ». Entre ces deux pôles, le rédacteur de *La Minerve*, dans son bilan de l'an- née 1846, croit que l'abolition des *Corn Laws* a eu l'effet d'un « coup de foudre dans cette colonie ». Désormais, constate-t-il, « nous serons lais- sés à nos propres et seules ressources[91] ». En somme, la seule réaction authentiquement libérale est celle de la *Revue canadienne*, qui souscrit sans hésitation à cette avancée qu'elle considère comme le produit fatal du temps. Le ton des deux autres journaux est moins enthousiaste. Avant tout soucieuse d'assurer les débouchés nécessaires aux produits de la colonie, leur perspective est moins spontanément idéologique que celle de la *Revue canadienne.*

L'adhésion au principe du libre-échange avec les autres pays ne va cependant pas sans conditions, selon la plupart des réformistes. Lors d'un débat en Chambre sur la question, Chauveau craint « un marché de dupes[92] » pour la colonie. Cauchon estime pour sa part que le Bas-Canada n'est pas prêt pour le libre-échange. Le pays, plaide-t-il, n'a pas beaucoup d'industries, ni d'immenses capitaux à sa disposition ; par conséquent, « le Canada ne peut subsister que par la protection tant que le système colonial sera la base de notre commerce[93] ». Si ce protectionnisme ne tient plus, si les marchands et les agriculteurs de la colonie ne peuvent plus compter sur le marché de la Grande-Bretagne pour écouler leurs produits, dès lors, il faut envisager des actions compensatoires : « Que l'on nous permette d'ouvrir nos ports aux vaisseaux de toutes les nations, explique Cauchon, et je suis sûr que pas une voix, ni dans cette Chambre, ni dans le pays, ne se fera entendre pour se plaindre que la protection nous est enlevée, car ce serait là une glorieuse et équitable compensation[94]. » Cette position est aussi celle de la *Revue canadienne,* qui explique que des mesures comme l'abolition des *Corn Laws* sont « impolitique[s] » si elles ne sont pas accompagnées d'une « compensation », de « moyens efficaces de remplacer la protection qu'on [...] enlève [à la colonie] ». La « liberté commerciale » ne doit pas être l'apanage de quelques pays, déjà riches de surcroît. Elle doit être une « mesure générale, universelle, pleine et entière ». Fidèle à cet ambitieux programme, la revue propose le « rappel en entier du droit sur [les] grains exportés », l'abolition des restrictions commerciales en faveur des manufactures britanniques et une modification des lois de navigation[95]. Dans son journal, Cauchon reprend de nouveau cet argument de la « compensation » nécessaire à laquelle la Grande-Bretagne doit consentir. Selon lui, c'est la prospérité de la colonie qui est en jeu. Sans des mesures compensatoires comme l'« abolition des lois de navigation[96] », l'économie canadienne risque d'être asphyxiée[97].

La réaction réformiste, d'abord inquiète, privilégie assez tôt la levée de toutes les barrières commerciales qui liaient auparavant la colonie à l'Empire britannique. Cette ouverture dont les réformistes font preuve à cet égard est cependant moins le résultat d'une doctrine longuement mûrie que le produit de circonstances difficiles. D'autres voix ne partagent pas cet optimisme devant le libre-échange. Certains croient que le pays n'a pas les ressources pour faire concurrence aux riches voisins du sud. C'est le cas du député de Saguenay Marc-Pascal de Sales Laterrière, selon qui le libre-échange n'avantage pas les Canadiens français : « Qu'aurons-nous à leur donner en échange ? De l'argent ? Nous n'en n'avons point. Du bois ? Ils en ont à vendre. Des effets manufacturiers ici ? Nous n'en avons point[98]. » En dépit de certaines résistances isolées, LaFontaine se prononce contre l'instauration de nouveaux droits protecteurs[99]. Cauchon, qui réagit au discours d'un député opposé au libre-échange, explique que la libéralisation des échanges est devenue une « nécessité commerciale », un « ordre de chose » auquel on ne peut plus échapper.

> Aujourd'hui donc que la grande lutte entre les deux éléments puissants de prospérité nationale, l'industrie manufacturière et l'agriculture, s'est terminée à l'avantage du premier, la liberté commerciale n'est plus une question pour nous, ce que nous avons de mieux à faire maintenant c'est de tâcher d'y arriver par le meilleur chemin possible, et le plus prudemment possible. Je suis ami du libre échange dans ses limites les plus extrêmes, et je ne crois pas être prophète quand je dis que tel est l'avenir du monde[100].

La métropole ayant tranché la question, semble dire le député de Montmorency, les Canadiens français ne peuvent plus reculer et seraient bien imprudents de débattre ouvertement de la direction que l'Histoire semble prendre. Mieux vaut suivre le courant, prendre acte de cet « ordre de chose ». Dans un autre discours, Cauchon fait l'apologie d'une saine « concurrence » entre les nations :

> Fermer un pays, l'isoler, c'est l'opprimer et l'affaiblir. La concurrence, la compétition, sont la meilleure protection. Fondée sur des intérêts

réciproques et naturels cette protection ne varie point comme celle des tarifs. S'attacher au commerce exclusif de la Grande-Bretagne lorsqu'elle appelle chez elle le commerce de toutes les nations du monde, ce serait folie ; folie d'autant plus grande que nous, colonie, nous, étant faible, traitant avec la métropole, serons toujours à sa merci[101].

L'année suivante, la *Revue canadienne* revient à la charge. Le rédacteur se dit tout à fait d'accord avec les principes avancés par les *free traders* qui écrivent dans *The Economist*, une publication britannique. L'industrie et l'esprit d'entreprise des premiers colons américains ont été moins le fait du protectionnisme que de la liberté. Tout le monde reconnaît la « fausseté » du mercantilisme protectionniste. Trois grandes vérités ont été reconnues par tous, selon la revue : le commerce forcé n'est jamais profitable ; le commerce d'un pays s'étend à la même vitesse et selon la même proportion que se développent ses ressources ; la liberté entière et parfaite du commerce assure la meilleure garantie de l'accroissement des ressources[102].

Après avoir énoncé, puis répété encore et encore ces principes libéraux, les réformistes réclament de façon pressante l'abrogation des lois de navigation. Possessions de l'Empire britannique, les Grands Lacs et le Saint-Laurent sont des lieux protégés par Londres. Ne peut y naviguer qui veut. Une motion est donc adoptée en Chambre afin d'ouvrir la navigation aux bateaux étrangers. Grandiloquent comme toujours, Cauchon explique :

> Ouvrir le Saint-Laurent à toutes les nations du monde, c'est nous faire reconnaître, nous préparer des relations, des sympathies, des sympathies d'intérêt, et ce sont les meilleures, tandis qu'aujourd'hui nous sommes ignorés de l'univers. C'est aussi ouvrir une carrière à la jeunesse du pays, que l'égoïsme, l'esprit de famille, et les préjugés des marchands écossais, éloignent à présent des affaires[103].

Des négociations sont engagées entre la Grande-Bretagne et les États-Unis sur cette question. Des rumeurs venues de Londres laissent entrevoir une ouverture. Il y aurait cependant une condition : les produits canadiens devraient être transportés exclusivement par des vaisseaux britanniques. *La Minerve* s'oppose aussitôt à cette condition dans laquelle elle voit une entrave au libre commerce, un « fardeau » et un « monopole » inacceptables[104]. Une assemblée publique est organisée au marché Bonsecours en juin 1848 sur cette question. Plus de 2 000 personnes y sont réunies, selon ce que rapporte un journaliste de *La Minerve* qui se réjouit de constater l'« unanimité la plus parfaite » en faveur de l'abrogation des lois de navigation. Augustin-Norbert Morin, flanqué de George-Étienne Cartier, de John Young et de quelques autres, présente la première résolution, qui prévoit la « restriction des lois anglaises sur la navigation, et la suppression de tout obstacle à la libre navigation du St-Laurent aux vaisseaux étrangers ». Une autre résolution s'oppose à ce que le commerce des marchandises soit restreint aux bateaux britanniques. Le tout est adopté dans l'enthousiasme, rapporte-t-on. L'abrogation de ces lois, fait valoir Morin à son auditoire, serait un bien pour les « générations futures ». Une opinion qu'approuve Cartier, dont le discours « plein d'énergie et de force », indique la presse, plaide en faveur d'un rapprochement avec les États-Unis, « dont l'exemple nous donnerait plus d'esprit d'entreprise[105] ». Deux mois plus tard, *La Minerve* s'impatiente. Le gouvernement britannique, qui a bien reçu les doléances de la Chambre du Canada-Uni, n'a toujours pas réagi ; des représentations ont également été faites par les bureaux de commerce de Montréal et de Québec ; Lord Elgin a officiellement informé Londres de la requête canadienne. Le journal réformiste déplore cette « indifférence sur nos intérêts[106] ».

Cette indifférence du gouvernement impérial poussera, on le sait, un groupe d'hommes d'affaires à défendre l'annexion aux États-Unis. Ces hommes d'affaires, auxquels s'allieront plusieurs rouges canadiens-français pour des motifs plus politiques qu'économiques, en viennent à croire que la seule voie de salut pour sortir de l'impasse est dans le rattachement avec les États-Unis, une option que rejettent les réformistes. Toutefois, s'ils s'opposent à l'annexion, ils souscrivent avec enthousiasme à l'idée d'une réciprocité commerciale avec les États-Unis.

Les réformistes ont à plusieurs reprises répété leur admiration pour l'esprit d'entreprise de leurs voisins du sud. Dans son *Journal,*

LaFontaine cite un extrait du livre de Tocqueville sur l'Amérique sou-
lignant le dynamisme du commerçant américain qui « brave la concurrence sur son propre sol [et] combat encore avec avantage les étrangers
sur le leur[107] ». Plus loin dans son journal, LaFontaine va jusqu'à affirmer : « Aux États-Unis, il n'y a pas de pauvres pour ainsi dire, chacun
pouvant y gagner sa vie aisément[108]. » Cette admiration est partagée
par la *Revue canadienne* en décembre 1844. Ce pays « jeune et déjà si
avancé » a connu en peu de temps des « progrès rapides, étonnants, prodigieux ». Ses « villes magnifiques » s'élèvent au milieu de la nature
vaste, en dépit des « tribus sauvages[109] ». Appelés à devenir une sorte de
contrepoids à l'Europe, les États-Unis, explique la *Revue canadienne*
deux ans plus tard, offrent l'« exemple d'une prospérité […] extraordi-
naire » qu'ils doivent à des « populations intelligentes, laborieuses, flo-
rissantes ». Il ne faut pas en douter, d'ajouter le rédacteur, « un peuple
qui en moins d'un siècle étend son commerce, sa navigation, ses manufactures, son industrie, son agriculture, dans les proportions qu'ont déjà
prises les manufactures, le commerce et l'agriculture des États-Unis,
semble être destiné par la Providence à changer la face du monde
entier[110] ». Cauchon, de son côté, évoque en mai 1848 l'« incroyable
industrie » de ce peuple, capable de relever les grands défis économiques
de son temps, de remuer ciel et terre pour faire surgir l'activité économique là où il n'y a que désert[111].

Quel mal pourrait-il y avoir à s'associer d'un peu plus près à ce
peuple téméraire et industrieux, intelligent et prospère ? semblent se
demander les réformistes. Ce rapprochement économique ne permet-
trait-il pas de mieux comprendre ce qui fait le succès des Américains ?
C'est l'argument mis en avant par *La Minerve*, qui voit dans la réciprocité commerciale un moyen « d'étudier de plus près les coutumes de
nos voisins, leur habileté, leur honnêteté dans les transactions commerciales, leurs habiletés industrielles[112] ». Le projet de réciprocité commerciale commence à circuler dans la presse réformiste après l'abolition des *Corn Laws*. En juin 1848, le rédacteur de *La Minerve* admet
que ce serait une idée intéressante à explorer[113]. L'année suivante, le
même journal répète son ouverture au projet et souhaite bonne chance
à Merritt, en qui on voit le principal promoteur de la réciprocité

canado-américaine[114]. Cet enjeu ne suscite pas de débats de fond dans la presse réformiste. À partir du moment où on s'entend pour faire la promotion de la liberté de commerce, il n'y a plus de véritables raisons de s'opposer à la réciprocité commerciale avec les Américains. L'historien D. C. Masters montre bien que l'initiative en faveur de la réciprocité commerciale vient du Haut-Canada. Les leaders réformistes canadiens-français ne feront que suivre le courant sur cette question[115].

S'ils adhèrent à la liberté de commerce, les réformistes rejettent toutefois les arguments économiques du manifeste annexionniste. Si les États-Unis sont si riches, si puissants sur le plan économique, le Canada-Uni ne gagnerait-il pas à s'associer politiquement à ce pays ? Abstraction faite des institutions démocratiques et républicaines, probablement discutables, l'annexion ne représenterait-elle pas une bonne affaire ? L'immense richesse américaine ne permettrait-elle pas de financer plus facilement les infrastructures de la colonie ? Voilà des questions qui doivent traverser les esprits.

Dans un article très documenté, Cauchon tente de répondre à cet argument économique. Selon lui, avant d'envisager sérieusement l'annexion, il faut examiner toutes les facettes de l'économie américaine. Les Américains font face, eux aussi, à un contexte économique difficile à la fin des années 1840. La plupart des États se sont énormément endettés pour financer leurs infrastructures : « La dette actuelle du seul État de Pennsylvanie est de plus de 37 millions de piastres », explique Cauchon, de quoi refroidir ceux qui pensent que les capitaux abondent au pays des Yankees. Les États-Unis sont aussi le royaume de la spéculation, prévient le député de Montmorency. Jusqu'à la crise commerciale de 1837, « un grand nombre de banques particulières furent chartées », explique Cauchon, ce qui entraîna une « circulation du papier-monnaie » sans précédent. En fait,

le peuple américain était ivre de ses succès ; il ne faut donc pas s'étonner qu'il ait poussé l'esprit de la spéculation jusqu'à la rage [...]. La confiance des banquiers dans la prospérité commerciale était égale à celle des spéculateurs, elle était telle qu'il suffisait pour obtenir de l'argent de mentionner une entreprise ou une spéculation hasardeuse[116].

Cette « spéculation hasardeuse » a provoqué un accroissement vertigineux des prix. Lorsque éclata la crise de 1837, les « banqueroutes se multiplièrent ». Cette spirale inflationniste et spéculative, insiste Cauchon, doit rendre prudent. Les Américains sont des hommes industrieux qu'on se doit d'admirer, et « ce n'est pas pour les déprécier » que Cauchon publie cette longue analyse, mais plutôt pour mettre en garde les Canadiens français tentés par l'aventure annexionniste. Car les Américains ont beau être vaillants et prospères, les structures de leur système économique ne sont pas sans failles. Les Américains, pris un à un, ont des choses à apprendre aux Canadiens sur leurs succès en affaires. Mais il semble y avoir un revers à cette médaille, un côté parfois sombre à la frénésie du profit, sur lequel je reviendrai au chapitre 6.

Trouver des capitaux

S'il faut s'intéresser à l'économie politique, devenir de meilleurs agriculteurs en se donnant une meilleure éducation, s'assurer qu'il y aura des débouchés commerciaux dans un contexte où la Grande-Bretagne abolit les *Corn Laws,* il faut aussi trouver des capitaux qui financeront cette nouvelle activité économique. Les réformistes canadiens-français comprennent bien que la prospérité n'est pas possible sans capital. Cette préoccupation, on la perçoit sur deux plans très distincts, mais en réalité complémentaires. On la retrouve autant lorsqu'il est question des chemins de fer que lorsqu'il est question de l'achat par les agriculteurs de nouveaux outils.

Dans l'esprit d'Étienne Parent, il suffirait d'épargner et de travailler dur pour accumuler le pécule nécessaire pour réaliser de « grandes entreprises[117] ». La rareté des capitaux dans la société canadienne-française est selon lui un trait culturel hérité de l'aristocratie française, par nature frivole et dépensière, plus soucieuse de paraître et de briller que de travailler. Or, c'est par le travail, l'effort et la persévérance que l'on accumule des capitaux, selon Parent. Les fruits du travail ne doivent pas être gaspillés en « besoins factices[118] » ou en luxe inutile, ajoute de son côté *La Minerve*. La prospérité est d'abord une affaire de vertu, non de hasard, de chance ou, pire, de fourberie. L'épargne révèle le caractère moral d'une personne, sa capacité à ne pas succomber aux gratifications immédiates que peut procurer un pécule durement gagné. Ce sont des considérations importantes sur lesquelles je reviendrai au prochain chapitre, lorsque j'aborderai les représentations que se font les réformistes du pauvre et du criminel. Les réformistes ne tarderont toutefois pas à se rendre compte qu'il faut bien plus que de la bonne volonté pour financer la construction de chemins de fer ou pour venir en aide aux agriculteurs. Que ce soit pour financer des infrastructures nouvelles ou pour fournir un meilleur crédit aux agriculteurs canadiens-français, l'accès aux capitaux, comme le découvrent graduellement les réformistes, requiert plus que les épargnes des particuliers.

En 1850, le Canada-Uni n'est pas, loin s'en faut, le territoire le mieux pourvu en chemins de fer. La colonie compte alors 68 milles de lignes alors que les États-Unis en comptent déjà 9 021, et la Grande-Bretagne, beaucoup plus petite, 6 621. Ce retard, explique Robert Leggett, est la conséquence des incertitudes générées par les rébellions de 1837-1838, de l'effondrement des marchés occidentaux de 1845 et des difficultés rencontrées par les intérêts canadiens à trouver des capitaux sur le marché londonien. Pour combler ce retard, pour que les compagnies de chemins de fer de la colonie puissent lancer leurs grands travaux, il faut trouver rapidement une quantité prodigieuse de capitaux[119]. À quoi servirait-il de produire plus et d'accéder à de nouveaux marchés si on ne dispose pas des moyens modernes de communication ? À mesure que se précise le projet de réciprocité avec les États-Unis, cet argument s'impose de lui-même :

> La vraie question qui se pose maintenant, explique LaFontaine en Chambre après le dépôt d'une motion de Hincks et de Baldwin sur l'aide financière que devrait fournir l'État aux compagnies de chemins de fer, c'est de savoir si le Canada accepte d'aller de l'avant en établissant des liens de communication avec la civilisation et d'ainsi avoir accès à la prospérité de notre voisin [...] ou bien si le Canada doit être paralysé dans la glace durant les six mois d'hiver[120].

Au départ, la presse réformiste semble croire que l'on pourra financer les grandes lignes ferroviaires grâce à la contribution des petits épargnants. Ces derniers sont d'ailleurs invités à acheter des actions, à encourager individuellement les promoteurs. En avril 1845, une assemblée publique est organisée en vue de convaincre des investisseurs d'acheter des actions d'une compagnie qui tente d'aménager une ligne ferroviaire entre Montréal et Portland. D'une valeur de cinquante livres chacune, ces actions font l'objet d'une souscription. Le rédacteur de *La Minerve* invite fortement les lecteurs à s'en procurer. Voilà en effet une « question vitale », explique-t-il ; « il s'agit d'empêcher la ruine du commerce dont le pays est menacé[121] ». Très vite cependant, on constate que les épargnes des particuliers ne pourront suffire, d'où la nécessité de recourir aux instances gouvernementales. La prospérité ne deviendra réalité, peut-on lire dans *La Minerve* en novembre 1848, que s'il y a un « concours collectif du pays tout entier[122] ». Ce « concours collectif » doit commencer par les « corporations » municipales de Montréal et de Québec[123], précise-t-on, et être soutenu par l'État. Si le gouvernement ne consent pas à ouvrir les cordons de sa bourse, si les Canadiens de l'une et l'autre des provinces ne veulent faire aucun sacrifice, les investisseurs étrangers, ceux de la *City* notamment, continueront de bouder ces grands travaux, plaide-t-on[124]. Les études sur les chemins de fer canadiens insistent toutes sur le rôle clé de l'État dans le financement des grands projets ferroviaires. La plupart d'entre elles soulignent l'importance du *Guarantee Act*, adopté en 1849 par le gouvernement LaFontaine-Baldwin, qui permet désormais à l'État de se porter garant des grands emprunts contractés par les compagnies de chemins de fer. Les spécialistes de la question ont répertorié une liste de quatorze mesures qui, votées à partir du tournant des années 1850, permettent aux compagnies de chemins de fer d'être financées à même les deniers publics[125]. Ces mesures vont de prêts garantis par le gouvernement jusqu'à des octrois de terres de la Couronne, en passant par des prêts accordés directement par certaines corporations municipales. Cet appui de l'État donne des résultats très concrets. En dix ans, les milles de lignes ferroviaires passent de 68 à plus de 1 700[126]. En 1861, montre John McCallum, le financement public représente le quart du financement total des chemins de fer. À lui seul, le gouvernement du Canada-Uni mobilise vingt millions de dollars pour les chemins de fer[127]. Sans l'appui des réformistes, cette mobilisation de capitaux par l'État ne serait certainement pas possible. Le fait que certains de ces réformistes soient personnellement impliqués dans ces grands projets d'infrastructures ferroviaires n'est certainement pas étranger à leur activisme. Cela dit, en faire de simples entremetteurs de compagnies me semble exagéré. Certes, Morin est membre du conseil d'administration de la St. Lawrence and Atlantic Railroad Company avant que cette compagnie ne devienne le Grand Tronc. Son collègue George-Étienne Cartier sera pour sa part l'avocat de cette nouvelle grande entreprise et membre de plusieurs autres conseils d'administration. De son côté, Cauchon fait activement la promotion de la construction d'un chemin de fer sur la rive nord du Saint-Laurent. Ses échecs successifs dans ce domaine au cours des années 1850 sont d'ailleurs loin d'être étrangers à sa sortie fracassante du gouvernement en avril 1857. Il est cependant important de rappeler que, exception faite de Cartier, aucun des réformistes ne semble s'être véritablement enrichi grâce aux chemins de fer. Langevin, Chauveau, Gérin-Lajoie, Parent et LaFontaine sont morts alors qu'ils étaient des salariés de l'État. Quant à Cauchon, les indications biographiques montrent un homme décédé sans avoir laissé de grandes richesses accumulées[128]. Le testament de Morin indique qu'il léguait à ses héritiers de nombreuses dettes[129].

Les réformistes sont aussi préoccupés par l'accès aux capitaux dans les petites localités. Ils se soucient en effet du sort des agriculteurs qui souhaitent s'installer sur une nouvelle terre ou qui veulent accroître leur production. Les préoccupations des réformistes ne sont pas seulement urbaines et industrielles, mais aussi régionales. Pour assurer le développement de toutes ces nouvelles petites industries — celles dont parlent Courville, Robert et Séguin[130] —, il faut être en mesure de trouver un capital accessible localement. Pour y parvenir, il est donc important de se doter d'un système bancaire. Nous savons grâce à Ronald Rudin que les Canadiens français vont développer quelques institutions devant servir cette fin (la Banque du peuple à Montréal en 1835 ; la Caisse d'économie à Québec en 1848[131]). Un peu comme dans les années 1830, lors de la création de la Banque du peuple, les réformistes estiment que leurs compatriotes ont plus de difficultés à avoir accès à des capitaux que les habitants d'origine britannique. En 1845, Cauchon déplore le fait que les institutions financières de Québec ne traitent pas les Canadiens anglais et les Canadiens français sur le même pied[132]. Il croit également que si les marchands canadiens-français de Montréal « y ont la même protection et les mêmes avantages que leurs confrères d'origine britannique », c'est en grande partie grâce à la création de la Banque du peuple, qui fait véritablement « époque dans l'histoire commerciale de Montréal[133] ».

Les réformistes examinent donc différentes formules qui permettraient aux agriculteurs et aux petits industriels en région d'avoir un meilleur accès à des capitaux. En mai 1847, Le Canadien propose à tous les habitants du Bas-Canada de créer des « espèces de petites caisses paroissiales[134] » qui permettraient de cumuler les épargnes de chacun. Le même journal se réjouit d'ailleurs, le mois suivant, de la création d'une « Banque d'épargne et de Prévoyance[135] », mais constate avec regret la méfiance des Canadiens qui hésitent à y déposer leur argent. Historiquement, explique le rédacteur, le peuple, « toujours à la merci du riche et bien souvent maltraité par lui[136] », se méfie de ces institutions qui, dans le passé, ont été très instables[137]. Pour favoriser le développement de la colonie, plaide de son côté la Revue canadienne, « formons une Caisse politique, un budget pour la Réforme, à l'aide d'une contribution populaire de deux sous par semaine[138] ». À côté de l'État, cette « caisse politique » forcerait l'épargne et contribuerait au développement économique de la nationalité. En août 1859, La Minerve propose la création d'un « crédit foncier ». En dépit des « exhibitions » et des sociétés d'agriculture qui font désormais partie du paysage, les agriculteurs canadiens-français ne produisent toujours pas assez, selon le journal. Une partie du problème viendrait du manque de capitaux. L'argent ne circule pas assez, se plaint le rédacteur ; « l'agriculteur emprunte donc difficilement et à des taux élevés[139] ». Voilà un problème grave, constate le journaliste, car il faut des capitaux pour acheter du bétail, procéder à des travaux d'amélioration et drainer les terres. Cette solution, explique-t-il, fournirait aux habitants des capitaux à taux d'intérêt raisonnables, rendrait le commerce des usuriers moins profitable. Ces multiples propositions semblent être restées lettre morte. Contrairement à ce qui s'est passé pour les chemins de fer, l'État n'est pas intervenu. Ce « crédit agricole » ne viendra que beaucoup plus tard.

*　⁎　*

Cette importance accordée aux capitaux pose rapidement problème. Le capital est-il une marchandise comme une autre ? Peut-on et doit-on se le procurer au prix du marché ? Voilà des questions sensibles sur lesquelles les réformistes n'ont pas de position tranchée. Leur hésitation montre bien qu'ils ne sont pas des libéraux doctrinaires sur le plan économique. Certaines règles établies du libéralisme économique en incommodent quelques-uns.

C'est que l'économie de marché, telle qu'elle est conçue par les économistes libéraux, heurte certains principes de l'Église catholique sur l'usure, elle qui a longtemps proscrit tout profit sur les capitaux prêtés[140]. Aux yeux de Jean-Baptiste Say, par exemple, les lois sur l'usure sont un bien triste héritage des « lois ecclésiastiques » du Moyen Âge. Selon Say, il est impératif de se débarrasser de cette vision dépassée de l'usure. D'une part, parce que l'économie moderne mobilise beaucoup plus de capitaux que celle du Moyen Âge. D'autre part, parce que ce préjugé moral contre le prêt à intérêt prive la société d'un « secours dont [elle] a besoin », d'un développement salutaire pour tous. Say se prononce également contre le taux d'intérêt unique. « Forcer les capitalistes à ne prêter qu'à un certain taux, c'est taxer la denrée dont ils sont marchands ; c'est la soumettre à un *maximum* ; c'est ôter de la masse des capitaux en circulation tous ceux qui ne sauraient s'accommoder de l'intérêt fixé[141]. » C'est donc le marché, et non pas les lois civiles, qui doit fixer le taux d'intérêt d'un prêt, selon Say. Le capitaliste offre un service utile aux sociétés industrielles ; il est donc normal de le rétribuer convenablement. Les risques encourus par le prêteur sont le seul étalon à partir duquel on doit juger le niveau du taux d'intérêt. Le concept même d'« usure », constate Say avec dépit, « est devenu odieux ; il ne réveille plus que l'idée d'un intérêt illégal, exorbitant », qui entretient les « préjugés contre les riches[142] ».

Dans le Canada-Uni du milieu du XIXe siècle, cette question devient un enjeu d'une importance certaine. D'immenses capitaux sont en effet nécessaires pour financer les grands travaux en infrastructures. Plusieurs, surtout parmi les députés anglophones, voudraient abolir le plafond de 6 % d'intérêt sur les prêts alors en vigueur. Les lois sur l'usure qui prévalent dans la colonie sont périodiquement débattues en Chambre. En mars 1849, Henry Sherwood et Francis Hincks déposent un amendement à la loi sur les intérêts. S'inspirant de la loi anglaise, ils proposent qu'un créditeur et un emprunteur puissent fixer le taux d'intérêt de leur choix, à la condition qu'un contrat soit signé en bonne et due forme et que celui-ci ne dépasse pas un an. Si une propriété terrienne fait partie du contrat, proposent les deux députés, le taux d'intérêt ne devrait pas dépasser 8 %[143]. En juin 1850 et en juillet 1851, Henry Sherwood revient à la charge et propose l'abolition pure et simple des lois sur l'usure. Il estime que celles-ci sont « absurdes » et qu'elles constituent un frein au développement du commerce. À son avis, c'est le marché, c'est-à-dire la demande, qui doit fixer le taux d'intérêt, et non pas une loi civile[144] ; voilà la position libérale par excellence.

Les réformistes ne sont donc pas ceux qui lancent le débat sur l'usure. Ils se doivent cependant de réagir à cette question sensible. L'historienne Christine Hudon soutient que les prêts à intérêts sont très répandus au Bas-Canada à l'époque, les actes notariés qu'elle a étudiés en faisant souvent mention. À partir du milieu des années 1830, le clergé catholique, inspiré par un avis de la Sacrée Pénitencerie rendu public par le Saint-Office en septembre 1830, adopte une position moins dogmatique sur la question. Si l'usure est tolérée par les supérieurs de l'Église catholique bas-canadienne, on exige toutefois que les prêteurs respectent le taux fixé par la loi civile, soit 6 %[145]. Les réformistes ont des avis partagés sur la question. En novembre 1843, Cauchon critique sévèrement l'instauration des bureaux d'enregistrement par le Conseil spécial. À son avis, cette institution favorisera l'usure. En établissant clairement la valeur des propriétés, en répertoriant les titres, ces bureaux encourageront les habitants à contracter des emprunts trop lourds. L'usure, convient Cauchon, permettra aux capitaux de mieux circuler : une bonne chose lorsque les récoltes sont excellentes et que les agriculteurs ont de quoi rembourser leurs emprunts. Mais qu'en sera-t-il en période de disette ? C'est à ce moment que les « capitalistes deviennent dangereux », écrit Cauchon, car « c'est quand on est pauvre et sans ressource assurée qu'il est dangereux d'emprunter[146] ». Ce n'est pas tant le principe de l'usure que Cauchon craint que son usage excessif. Cette ambivalence est typique chez les réformistes. En décembre 1848, *La Minerve* explique l'enjeu du débat. Souhaite-t-on un taux fixe de 6 %, ou est-ce le libre jeu de la compétition qui doit déterminer le taux d'intérêt du capital prêté ? Le journal ne souhaite pas trancher l'épineuse question. « Il est connu que les membres du Cabinet ont un différend entr'eux au sujet de la loi[147]. » Tout au plus le journal dit-il souhaiter qu'une libre discussion puisse se tenir sur cet enjeu. Par ailleurs, estime-t-on, il est très important que la question de l'usure ne devienne pas une question de confiance pour le ministère. Il est préférable, à la limite, d'appuyer les députés du Haut-Canada contre l'usure, plutôt que de se retirer du gouvernement sur cette question, de seconde importance, selon le journaliste.

Cauchon et Chauveau sont ceux qui expriment les plus vives résistances à la levée des lois sur l'usure. Dès le dépôt de la première loi qui vise à abolir le plafond de 6 %, en mars 1849, Chauveau manifeste son désaccord : une loi inutile, selon lui, puisque les capitalistes sont rares au Bas-Canada. La saine compétition souhaitée par Sherwood n'aurait donc pas lieu[148]. Réagissant de nouveau à cette question en juin 1850, Chauveau considère l'usure comme un crime ; par conséquent, il ne peut appuyer une loi qui laisserait une telle pratique se répandre impunément[149]. L'année suivante, il réaffirme son opposition. Il y voit une question de « moralité générale ». Selon le futur surintendant de l'Instruction publique, « les lois d'un peuple font ses mœurs ». Si l'usure est permise sans restrictions, on risque de voir apparaître une nouvelle forme d'aristocratie. La « tyrannie du capital » risque d'asservir de nouvelles façons un peuple sans défense[150]. La position de Chauveau est plus tranchée que celle de Cauchon. Ce dernier convient que dans un monde idéal, il

n'existerait pas de lois qui encadreraient l'usure. Mais il ne peut faire totalement confiance aux lois du marché, surtout dans le cas des agriculteurs
canadiens-français. Il craint qu'une escalade des taux d'intérêt n'oblige
les agriculteurs à donner leurs terres aux capitalistes. Cette dépossession
appréhendée ruinerait autant la nationalité que les agriculteurs[151].

La position de LaFontaine, quant à elle, évolue. Dans un premier
temps, le chef réformiste admet qu'il a du mal à se faire une idée sur la
question, même s'il décide par ailleurs d'appuyer la loi présentée par
Sherwood en juillet 1851. LaFontaine croit qu'il faudra, dans un avenir
rapproché, mieux distinguer les prêts à court et à long termes. Il souhaite donc voir adopter une nouvelle loi de la banqueroute afin de fixer
plus clairement les droits du prêteur autant que ceux de l'emprunteur.
La situation qui prévaut alors ne peut toutefois perdurer. Les règles
rigides en matière d'usure créent de sérieux problèmes pour les marchands, qui ont du mal à se procurer des capitaux, ce qui peut nuire à
la prospérité du pays[152]. Le chef réformiste revient à la charge quelques
jours plus tard. Cette fois, le ton est plus affirmé : il faut abolir les restrictions, plaide LaFontaine. Un taux d'intérêt de 6 % n'est pas réaliste.
La preuve en est que dans les campagnes du Bas-Canada, l'usure est
plus pratiquée que dans les villes et à des taux beaucoup plus élevés —
de 15 à 20 %, précise-t-il. Ces pratiques encore illégales montrent bien
que les lois d'usure sont devenues inopérantes, qu'il faut les adapter aux
nouvelles réalités du commerce[153].

Plusieurs de ces tentatives pour abolir ou amender les lois sur
l'usure vont mourir au feuilleton sans être étudiées en comité ou seront
bloquées par le Conseil législatif où, selon *La Minerve,* Étienne-Paschal
Taché répète inlassablement son opposition aux propositions de Sherwood[154]. Le *modus vivendi* trouvé en 1853 est de lever toutes les restrictions dans les transactions entre individus, sous réserve d'en fixer les
termes dans un contrat d'une durée de un an, mais de continuer d'as-
treindre les banques à ne pas dépasser un taux d'intérêt de 6 %.

En 1858, un autre député du Haut-Canada, Boulton, propose un
amendement à la loi sur l'usure. Il souhaite faire passer le taux d'intérêt
maximum pour les banques de 6 à 8 %. Cette proposition, « toute en
faveur des capitalistes, et par conséquent désavantageuse à la population

de cette province », est aussitôt dénoncée par *La Minerve*. Le journal conservateur estime qu'un taux d'intérêt de 6 % permet amplement aux banques de réaliser des profits convenables. Plus fondamentalement, on n'accepte pas que le commerce des capitaux soit plus rentable que celui de l'agriculture. « Quand l'argent rapporte plus de profits que la propriété foncière, comment veut-on qu'un pays, jeune, pauvre, agricole, un pays qui emprunte pour défricher et cultiver ne se ruine pas ? C'est impossible[155]. » Quelques jours plus tard, le même journal se défend bien de mettre en avant un argument moral. On y voit plutôt une question de justice. Il s'agit de défendre l'habitant moyen contre le capitaliste sans scrupules. La loi contre l'usure « rend d'immenses services à l'habitant des campagnes ; elle l'empêche de devenir la proie du capitaliste, qui, spéculant sur sa misère et ses besoins, lui avance des sommes à un taux ruineux et arbitraire ». À choisir, « ne vaut-il pas mieux être gêné par cette rareté de capitaux que d'en avoir en abondance à un taux ruineux[156] ? » Ces critiques d'un libre marché des capitaux, on les retrouve aussi dans *Le Canadien* quelques mois plus tôt. Sur cette question litigieuse, il y a deux écoles de pensée, explique le rédacteur Barthe : celle des économistes libéraux Adam Smith et Jean-Baptiste Say d'un côté, et celle des doctrines chrétiennes de l'autre. D'emblée, Barthe se dit peu sympathique aux thèses de Smith, selon qui « l'argent est comme toutes les autres marchandises[157] ». Considéré comme une simple marchandise, le capital risque de devenir « une cause de séduction qui lui fait sacrifier au besoin de la posséder pour en jouir follement, toutes les autres valeurs réelles qui assurent à la société son repos et sa stabilité », craint pour sa part *Le Canadien*[158]. La vraie valeur des choses doit venir du travail, non des transactions ou de la spéculation.

Malgré ces craintes bien senties, c'est finalement l'option du libre marché des capitaux qui va triompher. Toutes ces réserves, toutes ces réticences ne semblent pas avoir infléchi l'opinion de la majorité gouvernementale à laquelle sont associés les conservateurs canadiens-français. Au tournant des années 1860, toutes les lois restrictives sur l'usure sont levées. Les motifs de cette levée restent d'ailleurs à être explorés. Désormais, seule la conscience morale individuelle peut freiner la cupidité de certains capitalistes retors ou éloigner le pauvre des dettes inutiles. C'est d'ailleurs à cette conscience individuelle que s'adresse la lettre pastorale sur l'usure de Mgr Ignace Bourget, en 1861. Selon l'évêque de Montréal, il faut en cette matière comme en d'autres éviter deux écueils : celui du « rigorisme inexcusable » qui rejette toutes les formes de prêt à intérêt et celui du « relâchement impardonnable » qui abuse de ce « droit naturel » à des fins immorales. Le prêteur doit éviter la cupidité, viser un profit « modéré » et vivre « dans le détachement des choses du monde ». L'emprunteur, de son côté, doit craindre les dettes, tenter d'acheter en « argent comptant », résister au « luxe », vendre, le cas échéant, certaines nécessités, plutôt que de vivre à crédit[159].

*   *   *

Chez les leaders réformistes, il y a donc cette idée d'un nécessaire « passage » à l'économique, comme s'ils étaient les premiers à vraiment s'intéresser au développement matériel de la nationalité. Avec l'obtention du gouvernement responsable, les institutions politiques n'ont plus à être débattues, ni remises en question. Avec les réformistes au pouvoir, les Canadiens français ont obtenu gain de cause. Conséquence : le champ du politique devient celui de l'administration courante. Le grand défi de la nationalité est désormais économique, pensent les réformistes. Parent croit même que c'est là le meilleur moyen d'assurer la survie de la nationalité. Pour survivre et se développer en tant que nationalité, il faut s'intéresser davantage aux choses matérielles afin de tendre vers une plus grande prospérité. Pour les réformistes, l'agriculture reste une assise primordiale du développement économique de leur nationalité. C'est toutefois la production agricole qui les intéresse avant tout, et non le mode de vie rural. Les réformistes ne sont ni des agriculturistes ni des bourgeois tournés uniquement vers la ville et son industrie. Plus qu'une façon de vivre, l'agriculture est d'abord une richesse à exploiter. Les réformistes n'opposent pas l'agriculture à l'industrie ; ils ont le sentiment — sinon la conviction — que ces deux activités économiques sont complémentaires. L'agriculture n'est donc pas — pas encore — un bouclier contre la décadence urbaine, ni un pis-aller pour une nationalité résignée, mais une *étape* d'un développement nécessaire. C'est pour relever ce défi économique que les réformistes souhaitent réformer l'éducation, afin que les agriculteurs puissent recevoir une formation mieux adaptée, plus pratique.

La philosophie économique des réformistes était-elle libérale ? Si, par « libéral », on entend l'« éthique individualiste » des hommes d'affaires montréalais du tournant du XXe siècle étudiée par Fernande Roy, la réponse est non. Pas d'apologie du succès individuel dans les pages de la presse ministérielle. La réussite matérielle est d'abord et avant tout au service de la nationalité. La convergence d'intérêts dont parlent Cauchon et la *Revue canadienne* à un certain moment, lors du débat sur le libre-échange, est celle des nations, non celle des individus. De même, l'éducation à fournir ne vise pas avant tout l'autonomie de la personne ou le bonheur de l'individu, mais la prospérité de la nationalité. Si, par « libéral », on entend une certaine confiance dans les règles du libre marché, dès lors la réponse est oui, mais il faut être prudent. Les réformistes, une fois les *Corn Laws* abolies, réclament une véritable libéralisation des frontières. Leur position à cet égard est clairement libérale. Toutefois, sauf pour la *Revue canadienne* dont l'optique libérale semble clairement doctrinale, tout indique que les réformistes se satisfont du protectionnisme impérial sur le plan commercial. Avant l'abolition des *Corn Laws*, aucun réformiste ne réclamait une telle libéralisation : la protection commerciale de la métropole semblait aller de soi, être inscrite dans l'ordre des choses.

En somme, si les Canadiens français ne deviennent pas des entrepreneurs dynamiques et performants, s'ils ne parviennent pas encore à se lancer à l'assaut du continent, à fonder des compagnies, ce n'est pas faute d'avoir essayé. S'ils ne créent pas des banques aussi puissantes que la Banque de Montréal, ce n'est pas non plus, fait valoir Ronald Rudin, faute d'avoir tenté leur chance dans ce secteur névralgique. Ajoutons que si, plus tard, l'infériorité économique des Canadiens français saute aux yeux, ce n'est pas parce qu'ils n'ont pas fait l'effort de penser les nouvelles réalités économiques qui apparaissent durant la première moitié du XIXe siècle.

CHAPITRE 4

Assainir le corps social

Le corps social sera-t-il livré à la hache du bourreau, et des restes inanimés du cadavre pétrira-t-on une société nouvelle ? ou bien la société se confiera-t-elle aux soins d'un habile opérateur qui saura préserver la vie du malade, tout en rétablissant chez lui l'ordre des fonctions et l'équilibre des forces vitales ? c'est là le secret de l'avenir...

ÉTIENNE PARENT, février 1852

Se relever d'une défaite militaire, ne parler que d'une seule voix, passer à l'économique et surtout vivre les transformations de son temps sans que s'étiole le groupe, sans que le « corps social » se dissolve, voilà des préoccupations importantes des réformistes ; elles hantent d'ailleurs également les grands esprits du XIXe siècle[1]. C'est que les conquêtes démocratiques, acquises de haute lutte, ne peuvent masquer les disparités économiques criantes qui sautent bientôt aux yeux de tous. Les grands combats de la démocratie passent peu à peu du champ de la politique formelle à celui du « social[2] ». Le « peuple », découvre-t-on au XIXe siècle à mesure que les effets de la révolution industrielle se font sentir, n'est pas fait d'un seul bloc. Les élites urbaines découvrent le phénomène du « paupérisme » et cherchent des solutions pour y remédier. On verra ici que les interventions des réformistes révèlent également un certain nombre de préoccupations, de préjugés et de convictions sur le

« social ». Ils n'abordent évidemment pas la société en scientifiques patentés qui, à la manière d'Auguste Comte, leur contemporain, chercheraient à découvrir les lois de la « physique sociale[3] », mais en politiciens à la recherche de solutions concrètes. Cela ne rend pas leurs réflexions moins intéressantes, surtout si on cherche à savoir si leurs idées sont vraiment « libérales » ou plutôt « conservatrices ». À l'intérieur du spectre réformiste, Étienne Parent, le premier sociologue canadien-français, selon la plus récente étude consacrée à l'histoire de la sociologie québécoise[4], fait certainement figure de penseur. L'ancien directeur du *Canadien* est probablement celui qui pousse la réflexion sociologique le plus loin. Les conférences de Parent sur le travail, l'éducation, la classe ouvrière et les rapports que doit entretenir l'intelligence avec la société témoignent d'un souci évident pour la cohésion sociale. Si Parent est l'un des premiers à traiter les problèmes du Canada français en « sociologue », il faut cependant attendre les travaux de son petit-fils Léon Gérin avant d'assister à l'émergence d'une véritable science sociologique conforme à l'esprit scientifique et positiviste du XIXe siècle. À la suite de Pierre Trépanier, Jean-Philippe Warren démontre que l'école sociologique à laquelle appartiendra Gérin a été grandement influencée par la pensée et l'œuvre de Frédéric Le Play. Durant le moment réformiste cependant, Parent ne cite pas les travaux de Le Play (il faut dire que son premier grand ouvrage — *Les Ouvriers européens* — est publié en 1855). Parent semble avoir découvert les travaux du penseur français grâce à Rameau de Saint-Père, lui-même un disciple de Le Play[5]. Selon Parent, l'avenir de la nationalité ne tient plus seulement aux institutions politiques, surtout après l'obtention du gouvernement responsable, ni aux seuls droits à conquérir en tant que sujets britanniques, mais à la solidité du corps social. S'il est nécessaire d'exercer le pouvoir et de concevoir des réformes politiques, s'il est essentiel de développer l'industrie, il ne faut pas perdre de vue les liens qui unissent la société et lui permettent de progresser. Dans cette nébuleuse réformiste, Parent fait toutefois figure d'exception. Dans l'ensemble, le discours réformiste sur le social est souvent sommaire ; c'est un discours d'élite dirigeante, un discours d'hommes qui prennent des décisions, qui gouvernent, et non d'intellectuels détachés des contingences quotidiennes de la politique.

Aux yeux des réformistes, le pauvre et le criminel passent pour de véritables « plaies » en train d'infecter le corps social canadien. Si elles sont moins profondes ici qu'ailleurs, les réformistes, tels des chirurgiens devant une partie infectée du corps humain, n'en sont pas moins animés d'un sentiment d'urgence. En décembre 1852, Cauchon, commentant favorablement le rapport Nelson sur la gestion des criminels, se réjouit que cet enquêteur ait su enfoncer « son scalpel, sans miséricorde, dans cette hideuse plaie sociale pour enlever toute la partie gangrenée[6] ». Ces idées de « gangrène », de « plaie », de « mal », on les retrouve constamment sous la plume des réformistes, pressés d'en finir avec tous ces fléaux. Pour mieux saisir les principales caractéristiques du discours normatif des réformistes sur le social, je me suis penché sur leur perception de trois catégories de personnes bien spécifiques : les pauvres, les criminels et les femmes. L'étude des discours sur ceux qui n'ont pas voix au chapitre permet souvent d'esquisser les principes mis en avant par les réformistes pour assurer la cohésion sociale. Étudier leurs représentations du pauvre et du criminel, c'est comprendre comment les réformistes abordent le problème de la « dépendance » et de la « déviance », et quelles sont les solutions qu'ils mettent en avant pour y remédier. Je me suis également demandé si les femmes pauvres ou criminelles suscitaient des réflexions particulières chez les réformistes. Dans un contexte où la famille constitue un pivot central sur lequel toute la société doit reposer, comment traiter les femmes qui s'écartent du rôle « naturel » qui leur est dévolu ? Ce regard particulier permettra d'éclairer la représentation générale de la femme chez les réformistes et l'importance que ces derniers accordent à la famille.

Ces interrogations sur la pensée sociale des réformistes s'inscrivent dans un sillon tracé depuis une vingtaine d'années par de nombreux chercheurs québécois, à mon avis trop influencés par les travaux du philosophe Michel Foucault sur l'« enfermement » et le système pénitentiaire mis en place au XIXe siècle[7]. Ce penseur de la contre-culture a élaboré la thèse selon laquelle un pouvoir étatique d'un genre nouveau allait resserrer son emprise sur celles et ceux qui risquaient de gêner la marche triomphale du capitalisme libéral. Cette nouvelle gestion de la dépendance et de la déviance incarnait selon lui la « "rationalité" gouvernementale fort complexe » du « libéralisme », et non une humanité plus grande[8]. L'influente perspective foucaldienne a été depuis très critiquée. On lui reproche surtout sa charge radicale contre l'héritage des Lumières, sa façon de présenter l'État au XIXe siècle comme une sorte de *big brother* totalitaire, ainsi que son indifférence à l'égar de l'historicité et du contexte de mise en place des nouvelles prisons et des nouvelles institutions sociales du XIXe siècle[9]. Ces critiques ne semblent pourtant pas avoir convaincu les quelques chercheurs québécois intéressés par les phénomènes de « déviance », qui souvent reprennent autant les fulgurances stylistiques de Michel Foucault que ses thèses[10]. Dans l'ensemble, ces travaux québécois s'intéressent assez peu aux motivations des acteurs et des décideurs réformistes, ils décrivent un processus anonyme, une mécanique froide et implacable. S'ils s'attardent à certains décideurs, c'est pour mieux faire ressortir les humeurs d'une bourgeoisie sans pitié qui met en œuvre un vaste plan d'encadrement institutionnel. Ces recherches pionnières permettent difficilement de saisir les intentions de l'élite canadienne-française du milieu du XIXe siècle, qui fonde les nouvelles institutions de réclusion ; elles ont un caractère déterministe, voire « systémiste[11] », qui ne rend pas toujours compte des problématiques et des réflexions sous-jacentes aux différentes mesures mises en avant pour remédier à l'indigence des pauvres et aux crimes de ceux qui déviaient du droit chemin.

Cela dit, l'historiographie québécoise fournit énormément d'informations sur les institutions du XIXe siècle qui venaient en aide aux pauvres et aux orphelins, principalement à Montréal[12], ainsi que sur les interventions que se partageaient l'Église et les pouvoirs publics dans ce champ complexe de l'assistance aux plus démunis[13]. On sait également beaucoup de choses sur les lieux de réclusion du milieu du XIXe siècle (prisons ou asiles[14]). Quant aux femmes, on sait qu'elles sont l'objet d'une représentation relativement nouvelle — héritée notamment des Lumières — qui explique leur exclusion de la sphère publique. C'est en effet durant le moment réformiste que les femmes perdent leur droit de vote (1849), et, avec l'adoption du Code civil (1866), celles qui sont mariées seront désormais considérées comme des mineures[15].

L'indigence morale du pauvre

Les réformistes accordent une assez grande importance au phénomène du paupérisme. Le dénuement des chômeurs, des mendiants et des itinérants est d'ailleurs de plus en plus visible, particulièrement dans les grandes villes. Le XIXe siècle voit d'ailleurs se développer, au Canada-Uni et ailleurs, tout un réseau d'assistance aux pauvres, aux orphelins et aux enfants abandonnés. À Montréal, les Sulpiciens, l'évêché et des congrégations féminines mettent sur pied des associations de bienfaisance. Au milieu du XIXe siècle, ce sont principalement des dons privés qui financent ces œuvres en tout genre. Les pouvoirs publics seront cependant très vite sollicités[16]. Si on est encore loin de la forme bureaucratisée et centralisée de l'État providence, les pouvoirs publics ne sont pas moins présents[17]. Dans le Bas-Canada du milieu du XIXe siècle, cette aide prend surtout la forme de crédits accordés ponctuellement à des institutions comme l'Hôpital général de Montréal, l'Asile des orphelins catholiques ou l'Orphelinat Saint-Patrice[18]. Plusieurs institutions d'assistance se voient également accorder des chartes spéciales qui les exemptent de payer des taxes foncières. Les corporations municipales seront aussi sollicitées. Que ce soit en consentant des congés de taxes aux immeubles des communautés religieuses, en mettant sur pied des « maisons d'industrie » pour les itinérants qui ne savent où loger l'hiver, en facilitant l'approvisionnement en bois lors des grands froids ou en faisant construire des lavoirs publics à la fin des années 1860, les municipalités adoptent une série de mesures qui visent à contrer les effets du paupérisme.

Dans un tel contexte, les pauvres deviennent l'objet d'une attention soutenue. Cet enjeu gagne en importance à mesure que le temps passe. Les premières grèves du canal Lachine, en 1843, et l'arrivée massive d'immigrants pauvres et malades ne peuvent laisser les politiciens, journalistes et fonctionnaires réformistes indifférents. Leurs fonctions politiques et sociales les obligent à intervenir sur cette question sensible. Chacun à leur façon, ils cherchent des solutions qui permettraient d'enrayer ce paupérisme grandissant.

Ce qui frappe d'emblée, c'est une différence de ton entre les réformistes de Québec et ceux de Montréal. Les interventions de Parent et de Cauchon sont souvent très générales et philosophiques, alors que celles des réformistes de Montréal sont plus pragmatiques. C'est comme si le paupérisme était un phénomène encore abstrait, lointain pour les gens de Québec, alors qu'il en était tout autrement pour ceux de Montréal. Les réformistes de Québec et de Montréal s'entendent néanmoins sur le fait que les pauvres sont plus nombreux en Grande-Bretagne qu'au Canada. La presse réformiste de Québec et de Montréal multiplie les descriptions inquiétantes de l'Angleterre industrialisée de l'époque. Voilà un pays qui inspire des craintes réelles, des appréhensions senties. On craint que le nouveau mode de vie qui y a cours puisse un jour se propager au Bas-Canada. Les réformistes connaissent les *Poor Laws* adoptées en 1834, ils sont tout à fait au courant des conditions difficiles des *workhouses* dans lesquelles le gouvernement britannique entasse les chômeurs et les itinérants encombrants. En octobre 1842, le rédacteur de *La Minerve* se montre très sévère à l'endroit de la société anglaise. Il déplore l'ambition et l'avidité des plus riches, la mauvaise gestion des gouvernants et surtout la misère du peuple. Cette situation critique et déplorable, ainsi que cette souffrance des plus démunis, qui ne pourront être réprimées éternellement, pense le rédacteur, risquent d'engendrer une crise sociale d'envergure[19].

L'Angleterre et l'Europe sont toutefois loin, semblent dire à leur façon Parent et Cauchon. « Grande plaie de l'Europe moderne[20] » selon Parent, le paupérisme reste un phénomène relativement étranger, extérieur à la société canadienne-française. « Eux, ils ont à guérir le mal ; nous, nous avons à le prévenir[21]. » Ce mal à guérir, c'est « le sort des classes ouvrières », qui sont « dans un état déplorable, sous le double rapport moral et matériel[22] ». Les chartistes anglais, explique de son côté Cauchon, bien au fait de l'existence du mouvement politique radical qui réclame des réformes politiques et sociales très avant-gardistes, sont « nés des effrayantes misères du peuple qui demande du pain ». Ces pauvres qui envahissent les villes, « cette grande mer populaire qui menace d'engloutir tout l'ordre social sur le sol de la Grande-Bretagne », est en train de faire reculer le « matérialisme pratique jusqu'aux siècles où n'était pas connu le christianisme, ce père de la civilisation et de la véritable liberté[23] ». Il faut donc prévenir ce mal, mieux encadrer cette « mer populaire » qui risque de tout emporter. Deux ans plus tard, Cauchon décrit le triste sort des ouvriers anglais : « L'industrie, à la vérité, enrichit un peuple, mais elle le tient sans cesse sous le coup de dangereuses vicissitudes. » Les mesures mises en place pour aider les Anglais pauvres, constate Cauchon, sont nettement insuf-fisantes. On nourrit à peine les « malheureux » qui travaillent dans les *workhouses*. Comment admettre que l'on puisse « mourir de faim dans un pays qui regorge de richesses[24] », se demande le directeur du *Jour-nal de Québec*. *Le Canadien*, au printemps 1843, offre des analyses fort intéressantes sur les effets de l'industrialisation en Angleterre. Selon les « théories des économistes », explique le rédacteur, les machines per-mettraient une augmentation de la production, favoriseraient une plus grande « aisance individuelle » et généreraient une véritable « richesse nationale ». Toutefois, il semble que

> l'on [n'] a pas assez fait attention que dans l'organisation actuelle de l'in-dustrie, les machines, tout en augmentant la richesse nationale, devaient à la longue accumuler cette richesse entre les mains d'un petit nombre d'individus, en déshéritant les ouvriers au profit des maîtres, et par conséquent augmenter, avec la *richesse*, la *misère nationale* dans un pays manufacturier[25].

Dans un tel contexte, la population industrielle de la Grande-Bretagne est en train de devenir une sorte de « lèpre ». Des pauvres sont mis « en présence de fortunes colossales qui s'élèvent à leurs dépens, et d'un luxe effréné qui semble insulter leurs souffrances[26] ». Pour mettre fin à cette situation, il ne faut pas renoncer aux machines, et encore moins recourir à la violence, mais bien revoir « l'organisation sociale où les bénéfices de la production sont trop inégalement répartis ». Parmi les solutions à envisager, il y aurait celle du « rétablissement des anciennes corporations d'ouvriers, avec les modifications qu'exige le temps[27] ». Quelques semaines plus tard, le même journal dénonce sans ménagement les *workhouses* britanniques. Cette « espèce de charité inconnue », écrit le journal, condamne ni plus ni moins les pauvres « à la prison ». On ne doit donc pas se surprendre que Daniel O'Connell les ait dénoncées avec vigueur dans son pays, l'Irlande. Là-bas, explique le rédacteur, les conditions de « l'indigent sont terribles » et les « horreurs » se multiplient[28]. Le pouvoir des commissaires chargés d'administrer ces établissements est total et la compassion est rarement au rendez-vous. Le meilleur moyen de remédier à la pauvreté, explique *Le Canadien* en juin 1847, c'est d'accorder de meilleurs salaires aux ouvriers, « car l'aisance de la classe laborieuse est la pierre de touche du bien être général[29] ».

Ce triste portrait des ouvriers britanniques sera repris en Chambre par Cauchon en février 1853. Le député de Montmorency réagit alors aux propos tenus par George Brown sur les congrégations religieuses. Le leader *clear grit* soutient que la meilleure façon de venir en aide aux pauvres, c'est de favoriser le bénévolat privé et la philanthropie, et non de donner des privilèges à des institutions religieuses. « Les interventions froides et sans humanité de corporations légalement constituées seront toujours vaines, explique l'influent directeur du *Globe*. Seules la gentillesse personnelle et la chaleur humaine, offertes gracieusement, permettront peut[-être] un jour de soulager la détresse et la pauvreté qui accablent la société[30]. » Si l'importance qu'accorde Brown à la bonté personnelle comme moyen de remédier aux problèmes de pauvreté est partagée par les réformistes — comme on le verra plus loin —, son rejet tranché des congrégations religieuses soulève l'ire du député de Montmorency, non parce que les institutions religieuses doivent être les seules responsables de l'indigence, mais bien parce que l'État ne peut tout régler dans ce domaine, comme le montre l'exemple britannique.

> Ce sont là les institutions que vous voulez anéantir, pour leur substituer, sans doute, le paupérisme. Mais qu'est-ce que le paupérisme, qui pèse si lourdement sur le peuple anglais ? C'est la *loi substituée à la charité*, à l'évangile, *c'est la loi remplaçant l'amour de ses semblables*. On se taxe pour se débarrasser du pauvre, pour l'éloigner de soi comme un objet hideux, qui blesse le regard, qui flétrit l'odorat [...]. À l'infortuné qui demande du pain, vous répondez rudement : aux maisons de pauvres... nous sommes taxés pour vous y nourrir[31].

La « loi substituée à la charité », voilà une idée importante sur laquelle on reviendra au chapitre suivant. Il faut surtout retenir pour l'instant cette crainte exprimée par Cauchon de voir les mieux nantis se déresponsabiliser quant au sort des plus démunis. Une préoccupation qui semble aller de pair, dans l'esprit de Cauchon, avec le fait que l'État puisse un jour intervenir directement auprès des pauvres, comme en Angleterre. Parce qu'elles relèvent de l'État, ces « maisons de pauvres » n'ont que faire de la morale chrétienne ; elles se contentent d'administrer froidement la loi, semble croire Cauchon. Dans ces institutions, explique-t-il, « on […] viole les lois les plus saintes de l'évangile, on […] porte atteinte aux principes les plus sacrés, aux sentiments les plus dignes de respect. Le mari y est séparé de son épouse, la mère de son enfant. Tel est le paupérisme[32] ». La moralité du pauvre est donc d'une extrême importance. Si on le laisse à lui-même, si on le sépare de ses proches, on risque de le faire basculer dans le camp des gens sans morale, sinon des malfaiteurs. Ce paupérisme, poursuit Cauchon lors d'un autre discours qu'il prononce quelques jours plus tard, n'est pas le résultat du protestantisme, mais de la condition sociale qui règne en Angleterre. « L'industrie démesurée », croit Cauchon, serait la source ultime de la dégradation de la vie et des mœurs que l'on observe à Londres et à Liverpool. Dans ces grandes métropoles britanniques, les « femmes publiques » se multiplient — à Londres seulement, note Cauchon, il y aurait plus de 80 000 prostituées, et plus de 5 000 bordels — et les mendiants se comptent par milliers[33]. Voilà bien la source du mal anglais, selon lui. Non pas une religion différente, non pas des institutions politiques que l'on admire, non pas les mœurs d'une grande nation qu'on respecte, mais la condition sociale qui règne dans ce pays. Un peu comme le souhaite Parent dans l'une de ses conférences, Cauchon semble vouloir que l'on prévienne ce mal dangereux qu'est le paupérisme, que l'on trouve des moyens qui permettraient d'éviter la propagation. Ces appréhensions par rapport au règne de la loi ne doivent toutefois pas leurrer. Si l'État ne doit pas gérer directement les mesures d'assistance, il se doit d'appuyer l'Église et les congrégations religieuses, en leur accordant les chartes, les crédits et les privilèges fiscaux nécessaires.

Si Parent et Cauchon semblent penser que le Bas-Canada est encore à l'abri de ce paupérisme, les réformistes sont tout de même attentifs à tout ce qui pourrait laisser présager son émergence ici. À Québec, les signes de la pauvreté se font sentir dans les quartiers Saint-Roch et Saint-Jean, où vivent la plupart des ouvriers. Cauchon fait état de difficultés dans le commerce du bois en décembre 1842. Durant cet hiver difficile, le chômage frappe plus de 2 500 ouvriers[34]. La corporation municipale, dirigée par René-Édouard Caron, discute des moyens à prendre pour remédier à cette misère publique. Cette « nouvelle classe de pauvres » doit être aidée, explique Cauchon ; il faut « [la] mettre en état de se supporter [elle-même][35] ». La semaine suivante, la corporation décide d'emprunter pour venir en aide aux pauvres. Pour bénéficier d'une aide quelconque, ces indigents doivent cependant obtenir un certificat d'un prêtre ou d'un ministre de congrégation qui pourra attester de l'« état de destitution[36] », car il importe par-dessus tout de ne pas encourager la fainéantise parmi les classes laborieuses. Il leur est certes permis de faire face à des difficultés, d'être affectées par les politiques commerciales britanniques sur lesquelles, reconnaissent les réformistes, ces classes n'ont aucune prise. Le pire serait cependant de « secourir le vice et la paresse toujours effrontés[37] » en ayant recours, comme en Angleterre, à des lois appliquées par des fonctionnaires qui n'ont aucune préoccupation morale. C'est à l'échelle de la paroisse, du village, que l'on peut remédier le plus efficacement aux problèmes de la pauvreté, pense Cauchon. Dans ces petites communautés naturelles, « il s'établit entre le riche et le pauvre […] des rapports basés d'un côté sur la bienveillance, de l'autre sur la gratitude. Il n'y a pas de société durable sans ces rapports ; le but principal du législateur doit être de les créer[38] ».

Cette bienveillance du riche et cette gratitude du pauvre doivent être dans l'ordre des choses. Sans que cela soit dit aussi clairement, l'inégalité des conditions semble une chose normale qui participe d'un équilibre du corps social. En février 1848, Cauchon évoque la création d'une « Caisse d'économie pour les loyers de familles ouvrières ou indigentes » dans le quartier Saint-Roch, créée en collaboration avec la Société de Saint-Vincent-de-Paul[39]. Les arguments mis en avant par

Cauchon en faveur de cette nouvelle institution révèlent assez clairement la vision paternaliste que l'on a des indigents à cette époque. Il est relativement facile pour les pauvres de s'acheter du pain, explique Cauchon. En revanche, il est souvent moins aisé de réunir le pécule nécessaire pour payer le loyer. S'il en est ainsi, ce n'est pas parce que le salaire de l'ouvrier est trop bas, mais bien parce que celui-ci a souvent du mal à « mettre [ses] petits pécules à l'abri de la tentation ». Cette « insouciance du lendemain », explique Cauchon, est « naturelle aux indigents ». La Caisse d'économie permettra de « stimuler l'action et la volonté des pauvres eux-mêmes », de favoriser en quelque sorte la « culture morale » de cette classe ouvrière si prompte à succomber à ses premiers désirs, fût-ce au risque de ne pas pouvoir payer le loyer. En somme, une conjoncture économique défavorable peut affecter la vie des ouvriers. Toutefois, certains semblent directement responsables de leur indigence. Et cette indigence du pauvre serait davantage morale que matérielle, selon Cauchon. C'est parce que le pauvre écoute plus facilement ses désirs que le riche qu'il se retrouve dans le besoin.

Si, au milieu du XIXᵉ siècle, le paupérisme commence à préoccuper la bonne société de Québec, le phénomène se fait surtout sentir à Montréal. Pour les Montréalais, il constitue une réalité quotidienne qui nécessite des solutions rapides. Lors d'une visite à Montréal, en mai 1845, Cauchon constate d'ailleurs que « cette ville va croissante dans une effrayante progression[40] ». Dans *La Minerve* et la *Revue canadienne* de cette époque, on retrouve de nombreuses allusions à ces pauvres et à ces mendiants que l'on croise de plus en plus dans certains quartiers de Montréal. Il faut dire que la population montréalaise du milieu du XIXᵉ siècle s'accroît à un rythme beaucoup plus rapide que celle de Québec. Les nouveaux arrivants sont des Canadiens français de la campagne ou des immigrants européens parmi lesquels on trouve de nombreux Irlandais qui fuient la famine. Montréal commence peu à peu à s'industrialiser. Cette croissance rapide entraîne des tensions sociales, provoque des inégalités nouvelles, des « contrastes » toujours plus visibles et palpables, selon Jean-Claude Robert[41]. Les demandes d'assistance ne cessent d'ailleurs d'augmenter. Au pouvoir en 1842, LaFontaine ne peut rester insensible aux requêtes de la révérende sœur

Beaubien, responsable de l'Hôtel-Dieu de Montréal. Celle-ci réclame une aide financière pour les « enfants trouvés et aliénés », car il faut payer un « grand nombre de nourrices tous les mois[42] ». Les réformistes doivent trouver des moyens concrets et rapides pour s'occuper des pauvres et des mendiants de plus en plus nombreux qui envahissent les rues de Montréal.

S'il faut proposer des solutions, celles-ci doivent, tout comme à Québec, avoir une portée morale. On le voit clairement lorsque vient le temps de soutenir davantage une « maison de refuge ». Identique à celles que l'on crée à la même époque en Angleterre et aux États-Unis, dès le début du XIXe siècle[43], cette maison devait à la fois fournir un abri aux pauvres — surtout l'hiver — et les éloigner du vice et du crime en leur procurant du travail[44]. Administrée jusqu'en 1854 par des associations philanthropiques des deux confessions religieuses, cette maison se voit accorder des contrats de concassage de pierre qui permettent de macadamiser les rues, explique *La Minerve* dans son édition du 16 février 1843. La rédaction invite donc les plus fortunés à contribuer aux œuvres de bienfaisance qui permettront aux pauvres et aux mendiants de retrouver le droit chemin. Les « vrais nécessiteux », explique le journal, ont besoin d'endroits spéciaux, car « notre système de prison » et la « mendicité » constituent des « écoles du vice ». Au lieu de les laisser vagabonder, il faut leur fournir « de l'ouvrage » et ainsi leur permettre de réintégrer le plus rapidement possible la vie active. Dans un proche avenir, suggère le rédacteur, l'administration municipale devrait même instaurer une taxe pour les pauvres. Les sommes ainsi recueillies permettraient de financer plus facilement ces « maisons d'industrie[45] ». Le rédacteur semble donc favorable à une intervention accrue des pouvoirs publics, mais ne dit pas si cette nouvelle taxe serait simplement remise aux organisations philanthropiques ou s'il incomberait au pouvoir public municipal de gérer directement ce service. Le ton du texte laisse cependant penser que c'est la première option qui aurait été retenue. Deux ans plus tard, le même journal revient à la charge et presse le gouvernement d'agir. Les rues de Montréal, écrit le rédacteur, sont « [encombrées] de boiteux, d'aveugles et d'infirmes de toute espèce qui tendent la main aux passants et qui exhibent, et leur misère et leur nudité. Qui croirait que ce tableau aussi révoltant que pitoyable nous est encore offert tous les jours dans notre cité ! » Il faut, au plus tôt, « mettre un frein à la mendicité, qui est une vraie calamité pour notre pays ». Le journal propose donc que l'on taxe les riches pour créer des maisons de refuge. En bout de ligne, toute la société y gagnerait, « car il en coûte beaucoup moins d'entretenir les pauvres en commun que de les soutenir séparément[46] ». Le glissement est intéressant. Il ne s'agit plus seulement de faire travailler les pauvres, mais de les « entretenir », afin qu'ils cessent le plus tôt possible d'arpenter les rues et de choquer la vue des bonnes gens. À lire la presse réformiste, on voit bien que la situation ne cesse de se dégrader. En dépit des efforts louables des institutions de charité, peut-on lire dans *La Minerve* en février 1846, « notre ville est encore infestée de mendiants » ; un phénomène qu'ignorent les gens de la bonne société :

> L'opulence n'a aucune idée de la somme de misère qui existe en ce moment dans nos faubourgs ; nos asiles de charité sont remplis de pauvres, et plusieurs nécessiteux dénués de tout secours sont forcés de chercher secours dans nos prisons où ils trouvent au moins un logement chaud et un morceau de pain à chaque jour[47].

Le journal continue de croire que les « maisons de refuge » seraient la meilleure solution à court terme. Il ne serait pas sage de distribuer la charité à la maison ; cela ne permettrait pas de vaincre efficacement la mendicité. « Car il est malheureusement de fait que la plus stricte économie n'est pas toujours observée chez quantité de familles qui vivent de charité[48]. » Le rédacteur de *La Minerve* adopte le même point de vue moral que Cauchon. Comme le pauvre a du mal à contenir ses désirs de consommer des biens inutiles, mieux vaut l'avoir à l'œil. Le mendiant ne doit toutefois pas se retrouver en prison, car le vice des prisonniers pourrait l'influencer. La maison d'industrie ou de refuge constitue une meilleure solution que l'aide à domicile, car l'objectif ultime semble moins de faire disparaître la pauvreté en tant que telle que de « moraliser » ces pauvres qui ont bien du mal à gérer convenablement un budget serré.

La *Revue canadienne* réclame elle aussi des lieux particuliers pour les pauvres et les mendiants. Les « richesses augmentent et s'accumulent », constate le journal en octobre 1846, mais les autorités n'ont « pas le courage et le cœur d'établir une maison d'industrie pour les pauvres enfants qui, faute de travail, d'occasion, et de protection, se perdent et se démoralisent[49] ». Le travail est donc un remède moral qui peut permettre à de malheureux enfants de reprendre le droit chemin. Ces maisons, explique le journal un an plus tard, devront être financées par une légère taxe. Elles doivent être « ouvertes et libérales » sans pour autant devenir des refuges trop accueillants. Si tel devenait le cas, « cet asile serait bientôt rempli de tous les fainéants des campagnes environnantes », de tous les « vagabonds » et de tous les « paresseux » qui traînent un peu partout. De même, il faudrait éviter que cette maison prenne les immigrants en charge[50]. Il va par ailleurs de soi que les pauvres ont une importante part de responsabilité dans ce qui leur arrive. Car « dans cette contrée, jeune encore, les adultes avec tant soit peu de tempérance et d'industrie ne peuvent jamais manquer de rien ». Il faut donc du vice et de la paresse pour ne pas arriver à tirer son épingle du jeu. Le journaliste remarque d'ailleurs qu'il existe une pratique assez courante, chez les familles pauvres, qui consiste à « laisser grandir les enfants dans des habitudes de paresse et de nonchalance[51] ». Le souci moral reste toujours présent. Les pauvres, qu'ils arrivent des campagnes ou d'Europe, sont en partie responsables de ce qui leur arrive. Le rôle des pouvoirs publics est moins de secourir que de moraliser ces pauvres et ces sans-abri démunis en leur transmettant les vertus du travail et de la tempérance.

Ce discours paternaliste n'a rien de proprement catholique ou canadien-français. La rédemption par le travail est l'une des grandes convictions protestantes de l'ère victorienne et des réformateurs sociaux américains des années 1820. Comme le fait remarquer Jean-Philippe Warren, le roman à thèse d'Antoine Gérin-Lajoie présente également le travail comme un « instrument de régénération morale ». Les valeurs adoptées et défendues par Jean Rivard sont similaires à celles de l'éthique puritaine[52]. Rien de surprenant, donc, au fait que des catholiques et des protestants de Montréal aient codirigé la maison d'indus-

trie qui survit tant bien que mal jusqu'en 1854. Par la suite, l'institution ferme ses portes, au grand désespoir du maire Côme-Séraphin
Rodier qui, revenant de New York, estimait qu'une telle institution était
nécessaire à Montréal[53]. Faute de financement et parce que la collaboration confiante entre protestants et catholiques commence à fléchir,
le projet est néanmoins abandonné[54]. Ce n'est qu'en 1869 que le gouvernement provincial vote une loi-cadre sur les maisons d'industrie et
de correction[55].

La presse réformiste témoigne de la préoccupation d'une certaine
élite à l'égard des pauvres et des sans-abri, qui sont issus, la plupart du
temps, d'un nouveau prolétariat urbain plus présent à Montréal qu'à
Québec. Ces nouveaux pauvres inquiètent, même si des réformistes
comme Parent et Cauchon répètent que la situation est pire ailleurs,
notamment en Angleterre. Car pour cette élite qui tient tant à ce que la
nationalité passe à l'économique, ces pauvres sont embarrassants. On
cherche tout de même des remèdes à ce mal qui ronge le corps social.
Le retour aux corporations, la transmission d'habitudes d'épargne et le
maintien de maisons d'industrie sont quelques-uns des remèdes envi-
sagés. Ces solutions, qui s'inspirent de ce qui se fait ailleurs, sont cependant temporaires. Elles n'ont pas la cohérence d'un programme longuement mûri.

Certains réformistes cherchent toutefois à aller plus loin et tentent
d'identifier quelles solutions durables permettraient de guérir la plaie
du paupérisme. S'il faut certes moraliser les pauvres, les rendre plus travaillants, moins dissipés, d'autres avenues doivent également être explo-
rées, selon Augustin-Norbert Morin et Étienne Parent, qui élaborent des
idées plus larges sur cet enjeu sensible. Sans être nécessairement accep-
tées par l'ensemble des réformistes, les propositions de Morin et de
Parent permettent d'éclairer les paramètres du débat qui a alors cours.

Augustin-Norbert Morin propose pour sa part une solution très
moderne : l'éducation. Selon lui, seule l'instruction permettrait aux
pauvres de s'en sortir. Lors d'un discours sur « l'Éducation Élémentaire
au Bas-Canada », Morin déclare : « Souvent les plus beaux génies, les
conservateurs ou libérateurs des peuples, les bienfaiteurs du monde,
les auteurs des plus utiles découvertes, sont sortis des rangs les plus

humbles[56]. » Évidemment, tous les parents n'ont pas les moyens d'envoyer leurs enfants dans les collèges supérieurs, et tous les enfants ne possèdent pas le talent nécessaire pour réaliser des études avancées. Qu'importe : « Donnez à tous la chance de parcourir la même carrière : n'eussiez-vous dans chaque école primaire à faire un choix, que d'un seul enfant pauvre *méritant* d'être envoyé à l'école de paroisse où à celle du comté [...], cette école aurait fait son devoir et payé son prix de revient[57]. » Le manque d'argent ne devrait jamais être un prétexte, une excuse pour ne pas envoyer un enfant à l'école : « Je voudrais que l'État, le fonds des écoles, et le zèle des particuliers, rendissent assurés les moyens nécessaires pour que pas un seul des enfants [...] ne restât dans l'ombre à cause de sa pauvreté[58]. » Dans ses archives personnelles, on trouve d'ailleurs un plan très élaboré de l'« école idéale[59] ». Très clairement, Morin s'y attarde au sort qui serait ainsi réservé aux plus humbles. L'article premier de ce plan prévoit la conception des écoles élémentaires « d'après la manière Lancaster ». Cette méthode, importée de l'Angleterre par l'éducateur Joseph-François Perrault, vise les classes laborieuses et mise essentiellement sur un apprentissage par les pairs. Dans cette école rêvée, le maître « ne se feroit payer de qui le voudroit » et les élèves les plus pauvres auraient de la soupe. Après les études primaires, les collèges seraient gratuits pour les enfants issus des couches défavorisées. « Il faudrait n'admettre dans les collèges que ceux dont les talents transcendants promettent de faire des hommes publics ou de profession ; ou bien qu'ils puissent espérer assez de fortune pour être encore capables après leur collège de prendre l'agriculture ou les manufactures. » L'école normale qui formerait les futurs maîtres serait très accessible, c'est-à-dire que les droits à payer seraient nuls ou proportionnels aux revenus des parents. Pour Morin et les rédacteurs de la *Revue canadienne,* les « éteignoirs » qui s'opposent à la taxe obligatoire en éducation ne font que creuser l'écart qui existe entre les riches et les pauvres. Ces éteignoirs privent ainsi la société tout entière de ses « moyens de grandeur, de prospérité, et d'avenir. Malheur à eux[60] ! » Dans la même veine, la *Revue canadienne,* en février 1848, croit que c'est le manque d'éducation qui mène à la pauvreté, voire au vice et au crime. Ceux qui encombrent nos prisons « sont des gens sans éducation ». Ces « hommes infortunés » ont hélas ! été « privés des lumières d'une raison sagement cultivée ». L'éducation adoucit les mœurs, permet l'éclosion de « sentiments moraux », élève l'esprit et le cœur vers le beau et le juste[61]. Morin et la *Revue canadienne* font le pari que l'instruction devrait un jour venir à bout de la pauvreté.

Étienne Parent ne semble pas partager cet optimisme. Il y aura toujours des pauvres, comme il y aura toujours des paresseux, estime-t-il. L'effort de pensée qu'il déploie vise moins l'éradication de la pauvreté que la concorde fraternelle entre le riche et le pauvre. Tout comme Morin, l'ancien directeur du *Canadien* est un partisan de l'éducation pour toutes les classes de la société. Il s'en explique dans sa conférence sur l'éducation, déjà citée. Un système d'éducation accessible permet au « fils du pauvre » de concurrencer le « fils du riche », de les placer « sur le pied de quasi-égalité ». Aux yeux de Parent, cet accès à l'école permettrait d'éviter « la concentration de la richesse dans certaines classes de la société », qui, à terme, risquerait de créer « deux peuples ennemis » au sein d'une même société. À l'école ou ailleurs, il faut viser la concorde entre le riche et le pauvre, fournir aux plus démunis la possibilité de gravir les échelons sociaux grâce au talent et à l'effort. Ainsi, « du pauvre vous faites l'ami du riche, vous refondez votre peuple en une masse homogène et compacte[62] ». Voilà bien la fin ultime recherchée par Parent. Ce rêve d'une « masse compacte et homogène » où le pauvre et le riche travaillent main dans la main à une œuvre commune, on le retrouve dans sa dernière grande conférence, qui porte précisément sur le sort des classes ouvrières. Selon Parent, le développement de la science et l'accroissement des besoins ont provoqué une « division du travail » tout à fait normale. Il y a d'un côté ceux qui fondent les entreprises et trouvent les capitaux nécessaires au fonctionnement des industries et, de l'autre, ceux qui exécutent les tâches les plus ingrates. « Chez les anciens, explique Parent, l'ouvrier était l'esclave, c'est-à-dire une vraie bête de somme, que l'on traitait même souvent comme une bête fauve[63]. » Heureusement, tel n'est plus le cas. Toutefois, une inégalité naturelle persiste, qui aurait même été conçue par Dieu : « Une voix intérieure ne nous dit-elle pas à tous, que la science, la force, la grandeur, la puissance ont été données *à quelques-uns* pour l'avantage

de leurs frères plus nombreux, à qui est échue la part la plus pénible,
et la plus indispensable à l'œuvre sociale[64] ? » Les ouvriers, en bons
chrétiens, doivent accepter ce sort qui leur échoit, ne pas envier les
patrons, et surtout ne pas se « coaliser » pour « faire augmenter le prix
de la main d'œuvre », car cela « ne peut qu'empirer leur sort[65] ». Le
« prix du travail », explique Parent en s'appuyant sur Adam Smith et
Jean-Baptiste Say, « règle la concurrence » par « la demande et l'approvisionnement[66] ». « Indépendantes de l'homme », ces lois sont celles de
la « nature », elles ont « été décrétées par le Créateur ». Tous les efforts
de l'ouvrier pour changer sa condition « ne font que consumer nos
forces dans une lutte inutile et insensée[67] ». Cette « bienveillance » réci-
proque, cette collaboration franche et sincère entre le riche et le pauvre
sont possibles uniquement si chacun montre de la bonne foi :

> L'ouvrier méconnaît ses intérêts bien entendus, lorsque par des coalitions
> avec ses compagnons ou autrement, il force celui qui l'emploie à lui don-
> ner un prix plus élevé que celui résultant de la concurrence. [...] Le
> maître de même méconnaît aussi ses vrais intérêts, lorsqu'il ne donne
> pas à son employé le prix qu'il a droit d'attendre[68].

Et Parent de poursuivre : « Le meilleur axiome d'économie politique
sera toujours ce beau précepte de l'évangile : "aimez-vous les uns les
autres[69]." » Cela dit, Parent rappelle que la richesse n'appartient pas
« uniquement à ses possesseurs », mais « aussi *un peu* à la communauté
entière[70] ». Pour éviter des confrontations stériles et dangereuses, il
estime même que les « gouvernements doivent, jusqu'à un certain
point, s'interposer entre les maîtres et les ouvriers » en astreignant les
« maîtres, en temps de prospérité industrielle ordinaire [...], à déposer
aux caisses d'épargnes [...] tant pour cent en sus de ce qu'ils paient
chaque semaine à leurs ouvriers, ou ce qui reviendrait au même, tant
pour cent sur les gages convenus[71] ». S'il réclame la bonne foi du riche
et du pauvre, il entrevoit toutefois une action nécessaire des gouvernements et de l'État en vue de secourir l'ouvrier qui pourrait être victime
des fluctuations imprévues du marché. Parent souhaite également que
les ouvriers se regroupent en associations de métiers, non pour tirer de

leurs maîtres de meilleurs salaires, mais pour s'entraider lorsque la conjoncture économique est moins favorable. C'est exactement ce que feront plus tard les ouvriers, lorsqu'ils se rassembleront au sein des mutualités.

* * *

De ces réflexions des réformistes sur le « paupérisme » on peut tirer au moins trois constats. D'abord, le paupérisme est un défi d'organisation sociale qui interpelle les pouvoirs publics. Si on est évidemment loin de l'État providence, on peut tout de même parler d'un « mariage mixte » entre la charité et l'État dès le milieu du XIXe siècle[72]. Les réformistes ne s'opposent pas à ce que les pouvoirs publics prêtent leur concours et fournissent des moyens lorsque cela s'avère nécessaire. L'un des moyens retenus a été de consentir un grand nombre de chartes à plusieurs congrégations religieuses. La presse réformiste de Montréal a aussi milité en faveur de l'instauration d'une taxe foncière pour financer une maison d'industrie qui serait cependant gérée par des philanthropes ou des religieux. En effet, aucun réformiste ne semble favorable à une intervention directe de l'État. Le rôle des pouvoirs publics est de soutenir les œuvres qui viennent en aide aux plus démunis, et non de fournir des services directs, car les meilleures lois, estiment les réformistes, ne pourront jamais remplacer la morale. Commentant un crime atroce commis à Montréal en 1845, un rédacteur de *La Minerve* dit regretter ces « temps reculés où la morale n'avait pas été traitée en chapitres et en paragraphes dans des livres destinés au bonheur des hommes[73] ». À elles seules, les lois ne peuvent redresser les mœurs, ni remplacer l'exemple et le dévouement de bénévoles vertueux qui offrent leur vie aux pauvres et aux miséreux. Il est essentiel de garder en tête ce scepticisme par rapport à l'action directe de la loi, et donc de l'État, pour comprendre la conception que se font les réformistes de la religion.

Un deuxième constat consiste en ceci que les réformistes estiment que le pauvre peut être réformé. Il ne faut pas seulement écarter le pauvre de la vue des honnêtes citoyens, et encore moins l'emprisonner avec de vrais criminels, mais le sortir de sa torpeur morale en le faisant travailler et en lui transmettant les bonnes vertus. Par conséquent, il ne faut pas voir la maison d'industrie comme une sorte de prison ou comme un camp de travail, mais comme une entreprise de rééducation morale. Les réformistes, tout comme les philanthropes américains de la décennie précédente, sont convaincus que la rédemption par le travail permettra aux pauvres de se prendre en main et de retrouver le droit chemin. C'est cette indigence morale, laisse entendre Cauchon, qui pousse au crime. Selon lui, les « mauvaises compagnies, la séduction, l'ivrognerie, les mauvais exemples, la négligence des parents, l'amour de la toilette[74] » conduisent bien des pauvres à commettre des gestes irréfléchis qui peuvent mener à la prison.

Enfin, on ne saurait sous-estimer les effets de ce paupérisme sur la représentation que se font peu à peu les réformistes au sujet de la ville. Ces pauvres, de plus en plus nombreux, sont surtout issus de la classe ouvrière et s'entassent dans les nouveaux quartiers des grandes villes, constatent les réformistes. S'il ne leur vient pas à l'idée de condamner l'industrie en tant que telle, ni de souhaiter un retour en arrière, on voit poindre chez plusieurs d'entre eux une certaine nostalgie de la vie rurale. Une ville comme Montréal, à cause de sa croissance extrêmement rapide, suscite plusieurs craintes, car les mœurs y semblent plus relâchées. Certaines « chroniques canadiennes » de *La Minerve*, qui proposent des portraits légers de la réalité quotidienne montréalaise, font état de ces appréhensions. En 1845, l'une d'elles raconte qu'un jeune homme aurait agressé sexuellement sa propre sœur et l'aurait battue à mort. « N'envions plus rien aux grandes villes de l'union américaine et de l'Europe[75] », de conclure le rédacteur. Ville de progrès et d'industrie, croit pour sa part Cauchon, Montréal aurait « plus d'éléments matériels que d'éléments intellectuels d'existence, plus d'éléments de progression que d'éléments sociaux. L'étranger n'y remarque pas cette sociabilité qui distingue si éminemment la bonne et morale ville de Québec ». Et les Montréalais ? Selon Cauchon, ils ne « sont pas doués de la faculté de comprendre et de sentir ; mais, plus occupés par leur bien-être matériel[76] ». Mais contrairement à ce que laisse entendre Cauchon, Québec prendrait également de mauvais plis. En mai 1847, un rédacteur du *Canadien* écrit : « Dans le moment actuel et depuis quelques années, l'appât d'un gain régulier, l'attrait de la société, l'éclat des habits ont attiré vers les faubourgs de nos villes un grand nombre de personnes de la campagne qui viennent y contracter des habitudes, des nouveaux besoins dont il serait impossible de se défaire[77]. » Les villes, explique le rédacteur, créent souvent des « avantages illusoires ». Cette attirance pour le clinquant, cette fascination de certains pour les plaisirs factices et les apparences trompeuses, que l'on retrouve surtout en ville, sont aussi vigoureusement dénoncées par Gustave Charmesnil dans l'une des lettres qu'il envoie à Jean Rivard[78]. La ville suscite donc son lot d'inquiétudes. On sent déjà clairement qu'elle deviendra le principal creuset du paupérisme.

La réforme du criminel

S'il faut rééduquer le pauvre, c'est avant tout pour éviter une possible chute vers l'abîme du crime. Ne mêlons surtout pas les pauvres aux criminels et aux délinquants, pensent les quelques réformistes qui se penchent sur la question, cela ne pourrait qu'empirer les choses en « démoralisant » davantage ces pauvres dont le seul péché est d'être nonchalants, voire paresseux. S'il est un argument qui semble rallier certains réformistes pressés de mettre sur pied des maisons d'industrie, c'est bien celui des prisons, qui seraient devenues des « écoles du vice ».

Au milieu du XIXe siècle, les prisons sont en effet l'objet d'une certaine attention de la part des réformistes. Entre 1839, l'année de la publication du rapport Durham, et 1862, on passe de trois à huit prisons pour l'ensemble du Bas-Canada[79]. Celles-ci accueillent, en pratique, à peu près toutes les formes de déviance : les « insensés » et les mendiants s'y retrouvent autant que les criminels. Il faut dire que le premier asile du Bas-Canada est fondé à Beauport en 1845. Une école de « réforme » pour les jeunes délinquants est également ouverte en 1857, à l'île aux Noix, par les Frères de la Charité[80]. Les jeunes

femmes « déviantes » — parmi lesquelles on trouvait souvent des filles-
mères — sont successivement prises en charge par la Corporation
des jeunes filles repenties, un organisme de bienfaisance dirigé par des
dames de la bonne société, puis par la congrégation Notre-Dame-
de-la-Charité-du-Bon-Pasteur, dirigée par les Sœurs de la Miséricorde[81]. Le seul vrai pénitencier pour les criminels endurcis est à Kingston. Jusqu'à la fin des années 1840, ce pénitencier est reconnu pour
les traitements cruels qui y sont infligés aux détenus. À la fin des
années 1840, George Brown mènera sur ce pénitencier une enquête
importante qui donnera lieu à d'importants changements[82]. Si on passe
de trois à huit prisons au Bas-Canada, à l'époque du Canada-Uni, c'est
donc qu'on ressent le besoin de rendre les conditions de vie des détenus
plus décentes et qu'on juge que, pour y arriver, il faut mieux classer les
criminels. Le cas de la prison de Montréal (le Pied-du-Courant) pour
l'année 1851 est à cet égard révélateur. Raymond Boyer rapporte qu'environ 1 865 personnes vont y séjourner durant cette seule année. La plupart y sont détenus quelques jours ou quelques semaines pour « félo-
nie », simple délit ou parce qu'ils sont en attente de leur procès. C'est
beaucoup de monde pour une ville de 57 700 habitants. Fait à noter :
47 % des détenus sont des femmes[83]. Sylvie Ménard, qui s'est pen-
chée sur le cas des jeunes délinquants, souligne qu'entre 1853 et 1858,
9 % des détenus de la prison de Montréal ont moins de vingt et un ans
(les deux tiers de ce groupe ont moins de quinze ans). La plupart sont
condamnés pour des délits mineurs : ivresse, vagabondage, vol[84]. Les
prisons accueillent donc beaucoup de gens ; et les plus inoffensifs et les
plus jeunes y côtoient les plus dangereux et expérimentés. Sorte de
fourre-tout de la déviance et de la marginalité, les prisons doivent être
repensées, estiment plusieurs réformistes.

Les prisons et les asiles spécialisés font donc l'objet de quelques
réflexions intéressantes de la part des réformistes. Les deux contributions réformistes les plus importantes sur la prison, celle de Cauchon
et celle de Wolfred Nelson, témoignent de la même aspiration à la
« réforme morale ». Le criminel, comme le pauvre, peut et doit être
réhabilité et réintégré dans la société. Cette réinsertion nécessite cependant une méthode et des normes sur les comportements à prescrire.

De tous les réformistes, je l'ai dit, Cauchon est l'un de ceux qui défendent avec le plus de vigueur la réforme morale du pauvre. C'est également ce type de solution qu'il privilégiera pour le criminel. Très tôt en effet, il prend parti contre un certain modèle de prison qui prévaut aux États-Unis. À cette époque, le système cellulaire américain est une référence, un modèle que la plupart des pays occidentaux cherchent à imiter. Les réformateurs sociaux et philanthropes de la jeune république américaine des années 1820 font en effet construire des pénitenciers d'un genre totalement nouveau. L'objectif de ces réformateurs, explique David J. Rothman, n'est pas simplement de se débarrasser des criminels, mais bien de les réhabiliter, de les réformer et de faire ainsi des États-Unis un modèle d'organisation sociale[85]. L'État de New York érige les pénitenciers d'Auburn et d'Ossining en 1823 et 1825 ; la Pennsylvanie construit une prison comparable à Philadelphie. Ces pénitenciers suscitent la curiosité de plusieurs États européens, qui y dépêchent des enquêteurs devenus par la suite célèbres, comme Gustave de Beaumont et Alexis de Tocqueville[86]. On retrouve alors aux États-Unis deux variantes du système cellulaire. La première, celle d'Auburn, à laquelle adhèrent Beaumont et Tocqueville, propose la cellule individuelle pendant la nuit alors que les repas et le travail se font en commun. Le second modèle, celui de Philadelphie, propose l'isolement absolu le jour comme la nuit. Or, Cauchon, citant le rapport des deux enquêteurs français, adhère à certaines de leurs conclusions. Il considère que l'« isolement absolu » du « régime cellulaire » n'a « rien de bon » parce qu'il est « cruel » et « impie[87] ». Lors d'une visite qu'il effectue au pénitencier de Kingston, Cauchon dénonce de nouveau la « réclusion » permanente, qui jette l'homme dans un « état de prostration mentale » et détruit les « fibres de son cœur[88] ». Cauchon dit parler en connaissance de cause, puisqu'il aurait déjà visité la prison de Philadelphie[89]. Il préfère de loin le pénitencier de Kingston, qui « permet le travail en silence des prisonniers dans un même appartement ». Cauchon se félicite également que la « direction odieuse » et les « traitements cruels » d'autrefois n'aient plus leur place dans cet établissement. Brown et ses collègues commissaires auraient fait du bon travail, selon lui, rendant ces lieux plus sains et plus humains. Lors du même voyage à l'ouest de la rivière des Outaouais, il en profite pour visiter l'asile des

« insensés » de Toronto, dont la construction n'est pas tout à fait achevée, explique-t-il dans *Le Journal de Québec*. Il ne fait cependant aucun commentaire sur la pertinence de telles institutions. Tout au plus souligne-t-il la « belle apparence » et la modernité de l'édifice, qui compte quatre étages, une vaste « proportion » et qui « sera réchauffé dans toutes ses parties par de la vapeur d'eau, au moyen de tubes innombrables ». Même une chaire pour un ministre du culte a été prévue[90]. En juillet 1852, Cauchon réclame d'importants changements dans le « système actuel [...] odieux » des prisons. Cette réforme nécessaire ne doit cependant pas aller dans le sens d'un « système de réclusion parfaite » qui provoque, selon lui, l'« anéantissement des facultés intellectuelles et morales », la « démoralisation ». Cauchon ne dit pas en quoi le modèle de Philadelphie est si dangereux, ni ne décrit avec beaucoup de précision le type de prison qu'il souhaiterait. Il ne croit pas, tout comme Beaumont et Tocqueville, à une « classification » parfaite des prisonniers, c'est-à-dire qu'il n'estime pas nécessaire de départager de façon rigoureuse les différents criminels selon les types de délits. Il n'est pas complètement contre le concept des « cellules », mais à la condition que les prisonniers puissent, tout comme à Kingston, travailler en silence pendant la journée[91].

Ces préoccupations de Cauchon pour un milieu carcéral qui favorise la réforme du prisonnier surviennent à un moment où le gouvernement du Canada-Uni confie à Andrew Dickson et à Wolfred Nelson le mandat de faire enquête sur l'état des prisons du Canada-Est et du Canada-Ouest. Les deux hommes doivent formuler des recommandations qui devront notamment permettre de distinguer les types de délits et de prisonniers, et de fournir un encadrement plus approprié. Ce n'est pas la première fois qu'on mène de telles enquêtes au Bas-Canada. À la suite du décès d'un détenu montréalais, apparemment mort de froid, une consultation avait été menée en 1836 afin d'en déterminer les causes. La direction de la prison de Montréal avait été sévèrement blâmée pour n'avoir pas su chauffer adéquatement les lieux[92]. Dix-sept ans plus tard, c'est au tour des réformistes de réfléchir à la question des prisons. Pour mieux cerner leur pensée sur la réforme du criminel, il est essentiel de se pencher sur le rapport que Wolfred Nelson rend public en 1853. Ce rapport porte sur la « condition, la discipline, l'administration et l'entretien des prisons de district et autres prisons du Bas-Canada[93] ». En 1853, Nelson fait partie du sérail réformiste, même s'il n'est plus député depuis 1851. Médecin de profession, défenseur de la cause patriote durant les années 1830, chef « militaire » victorieux lors de la bataille de Saint-Denis (le 23 novembre 1837), Nelson est emprisonné durant sept mois à la prison du Pied-du-Courant de Montréal, puis condamné à l'exil aux Bermudes. Avant de partir, il confie l'un de ses enfants au couple LaFontaine[94]. Il ne revient de son exil qu'en 1842. Deux ans plus tard, il est élu député de Richelieu et appuie la cause réformiste de LaFontaine. Réélu en 1848, il s'oppose vigoureusement aux propositions de Papineau sur le rappel de l'Union et tente par tous les moyens de discréditer l'ancien chef patriote. On confie donc cette enquête à un homme de confiance qui partage les vues modérées des réformistes au pouvoir dans le Canada français de l'époque, et qui connaît de l'intérieur le milieu carcéral bas-canadien.

> Mon séjour de sept mois à la prison de Montréal, écrit-il à l'historien Robert Christie, m'a permis de réfléchir douloureusement et profondément au sujet, en plus de me fournir une connaissance pratique des problèmes de la prison, des abus qui y sont commis, comme dans toutes les prisons, de la discipline demandée et des misères sans nom infligées aux prisonniers[95].

Son rapport fournit quantité de données révélatrices sur l'état des prisons dans le Bas-Canada du milieu du XIXe siècle. Raymond Boyer tire de ce document des informations factuelles sur le nombre de prisons ou le salaire des surveillants, par exemple, mais il se garde bien d'analyser le contenu du discours de Nelson sur la réclusion et l'emprisonnement. Le rapport de Nelson porte essentiellement sur trois catégories de criminels, soit les jeunes, les hommes et les femmes. Son exposé sur les « déviants » révèle plusieurs dimensions du discours normatif réformiste. Son rapport explique en effet dans le menu détail comment l'homme adulte peut être réformé et donc réintégrer la société. Il offre aussi une riche représentation de la déviante, qui permet de mieux saisir le discours réformiste sur la femme.

Les recherches récentes sur les prisons et les « régulations sociales » se sont intéressées au rapport Nelson surtout dans le but d'éclairer l'évolution de la « politique de l'enfance délinquante en danger[96] ». Sur cet enjeu, estimaient récemment les membres d'un groupe de recherche dirigé par Jean-Marie Fecteau, « le texte de Nelson est un fascinant mélange de traditionalisme et de modernisme[97] ». En effet, Nelson attribue une partie de la responsabilité de la délinquance des enfants à leurs parents. Il va même jusqu'à proposer de « prendre les moyens de remplacer l'autorité des parents de mœurs vicieuses et dissolues[98] », une proposition plutôt avant-gardiste pour l'époque. En proposant que l'État puisse s'interposer entre les enfants et leurs parents, lorsque ces derniers s'avèrent de piètres modèles sur le plan moral, Nelson défie l'autorité du père. Selon Sylvie Ménard, « cette proposition de Nelson est une des premières visant à retirer l'enfant des familles déclarées indignes, une politique qui sera au cœur de la protection de l'enfance dans le demi-siècle à venir[99] ». Le modernisme de Nelson tient également à une autre idée que l'on trouve dans son rapport. Il estime en effet que les « maisons de refuge pour les enfants » ne sont que « des maisons de corruption où s'élève une génération de voleurs[100] ». Cette « position de Nelson, expliquent Fecteau et ses collaborateurs, est une critique explicite des méfaits de *l'enfermement* comme méthode de réforme de l'enfance[101] ». Plutôt qu'on enferme les enfants, Nelson préfère qu'on les place sur des fermes modèles où « quelque[s] respectable[s] fermier[s][102] » pourraient leur transmettre les valeurs du travail et une bonne discipline. Des organismes philanthropiques seraient chargés de placer ces enfants chez les fermiers volontaires, propose Nelson. Mais là s'arrête cependant son modernisme. La solution qu'il préconise est certes différente de l'enfermement, mais elle n'a rien de très moderne… Traditionaliste, Nelson propose en effet de mettre sur pied un nouveau « tribunal » qui infligerait des « châtiments sommaires corporels[103] » aux jeunes délinquants. L'ancien leader patriote est convaincu que ce genre de peine permettrait une meilleure « régénération morale » que l'enfermement dans les prisons, où l'ordre et le respect sont trop souvent obtenus « par la force [et] par l'esclavage, ordre propre à dégrader l'homme, jamais à le conduire au bien[104] ». C'est donc parce qu'il croit qu'il faut châtier les enfants que Nelson s'oppose à l'enfermement; parce qu'il estime que le redressement moral — objectif ultime qu'il poursuit — nécessite la méthode forte : les sévices corporels[105].

Cette proposition choquante pour les modernes que nous sommes, celle de châtier les enfants fautifs, ne sera pas retenue par le législateur, ni par la presse réformiste d'ailleurs, qui opteront plutôt pour la création de maisons spécialisées pour les jeunes contrevenants. Le gouvernement du Canada-Uni suivra davantage les recommandations d'Andrew Dickson qui, sur la question des lieux de réclusion pour les mineurs, adopte des vues tout à fait opposées à celles de Nelson. Il propose plutôt au gouvernement de mettre sur pied des institutions spécialisées pour les jeunes délinquants. De tels établissements, estime Dickson, favoriseraient davantage la « réforme » de ces jeunes. Ce désaccord entre les deux enquêteurs expliquerait, selon Sylvie Ménard, les longs délais entre le dépôt des rapports respectifs et les premières véritables mesures[106], car les décideurs réformistes canadiens-français doivent trancher une question délicate avec leurs collègues du Haut-Canada. Il s'agit de choisir entre deux options : la « punition » (option Nelson) ou la « réclusion » (option Dickson). Le gouvernement cherche à savoir laquelle de ces deux options permettra véritablement de réformer les jeunes délinquants, laquelle de ces deux mesures les aidera à retrouver le droit chemin. En août 1856, *Le Canadien* se montre favorable à la création d'un « azyle » pour les délinquants « précoces[107] ». On semble croire que la réclusion des délinquants est nécessaire, mais on ne trouve pas d'explications plus élaborées qui permettraient de mieux comprendre la position réformiste sur cet enjeu. Chose certaine, le journal se montre favorable à l'idée de mieux classifier les déviants en fonction de leur âge. En 1857, rapporte *La Minerve*, Cartier fait adopter une loi « pour accélérer le procès et la punition des jeunes délinquants » de moins de seize ans. Inspirée d'une loi anglaise, cette loi prévoit qu'un « magistrat stipendiaire » ou « deux juges de paix » pourront juger sommairement les jeunes fautifs. La peine d'emprisonnement ne devra cependant pas dépasser trois mois. En attendant que des « institutions spécialisées » et des écoles de réforme les prennent en charge, explique Cartier, ces jeunes délinquants seront détenus dans les prisons conventionnelles[108]. La première institution ouvre officiellement ses portes en octobre 1858, mais cette première expérience va se solder par un échec. La vétusté des locaux, les évasions fréquentes, le manque de classification suivant le degré de gravité de la délinquance, la discipline trop stricte et la présence de filles provoquent de lourds disfonctionnements[109]. La réhabilitation du jeune délinquant ne sera donc possible que sous haute surveillance. Ni le « châtiment corporel » ni le placement chez « quelque fermier respectable » ne semblent suffire à la majorité réformiste, qui se rallie finalement aux recommandations d'Andrew Dickson.

La richesse du rapport Nelson ne tient pas seulement au discours sur la délinquance — un discours minoritaire, semble-t-il, à tout le moins chez les réformistes. Son rapport permet surtout d'entrevoir la conception que se font les réformistes de la prison pour les adultes, hommes ou femmes. La majorité du rapport Nelson est toutefois consacrée aux hommes. Tout comme Cauchon, il a médité sur les réflexions de Beaumont et de Tocqueville sur le système pénitentiaire américain. Nelson rejette lui aussi la réclusion totale et privilégie le modèle d'Auburn : l'isolement le soir et la nuit, la vie en communauté le jour et lors des repas. S'agissant des hommes adultes, une grande intuition ressort du rapport Nelson : la réhabilitation du prisonnier mâle est facilement possible par la discipline, le travail et une routine quotidienne qui ne laisse rien au hasard. Il faut donc penser la prison en fonction de ce pari et ne rien négliger, afin que le reclus puisse éventuellement retrouver le droit chemin. Étonnamment, Jean-Marie Fecteau ne fait jamais mention de cette partie du rapport Nelson, pas même dans la seconde partie de son ouvrage *La Liberté du pauvre*, qui porte précisément sur la représentation du crime au milieu du XIXe siècle, ni dans sa bibliographie. Ce silence ne saurait s'expliquer par l'ignorance, puisque Fecteau cite abondamment ce rapport dans un article mentionné précédemment et écrit en collaboration avec d'autres chercheurs. Cette omission étonnante s'explique probablement par le fait que le rapport Nelson ne cadre pas du tout dans la démonstration très foucaldienne proposée par Fecteau, lequel cherche avant tout à dénoncer le caractère exclusivement répressif d'une élite bourgeoise qui ne souhaitait d'aucune manière, selon lui, la réhabilitation du criminel ou du délinquant. Or, le rapport Nelson montre une indéniable préoccupation « réformiste », c'est bien le cas de le dire, dont Fecteau ne rend pas compte[110].

Pour favoriser la réhabilitation, Nelson propose une discipline rigoureuse et un régime de vie sain. L'hygiène du détenu doit être « parfaite » : sa barbe doit être rasée tous les jours, ses cheveux tenus courts[111]. Nelson propose pour chaque détenu un uniforme dont la couleur dépendrait de la gravité du délit. Pour qu'on le distingue bien, le « meurtrier » devrait porter un uniforme noir[112]. La « diète » du détenu a aussi son importance. Il faut le nourrir d'« aliments sains », « bien cuits et bien assaisonnés ». Ses repas doivent être variés et le cuisinier doit tenir compte du fait que certains aliments ne conviennent pas à tous[113]. Le détenu doit aussi bouger le plus possible, « faire de l'exercice », combattre l'oisiveté. La discipline de l'âme passe en premier lieu par la discipline du corps[114]. Il faut ensuite que le détenu travaille, occupe son esprit à une tâche bien précise accomplie solitairement mais dans une salle commune. Nelson suggère de former des menuisiers, des cordonniers ou des tailleurs, l'important étant de pouvoir travailler assis, de façon monotone et répétitive, le tout sous la supervision de gardiens « intelligents et humains ». Ce régime de vie, ce traitement humain, pense Nelson, permettra de réhabiliter la plupart des prisonniers. « Dans la grande majorité des cas, la réforme du criminel sera assurément la conséquence du bon traitement des prisonniers[115]. » Ainsi traités, la plupart en viendraient à comprendre « qu'ils sont les seuls à blâmer pour les malheurs auxquels ils ont été exposés ». Cette « douceur » et cette « sympathie » qu'ils rencontreraient en prison devraient les éloigner définitivement des « mauvaises compagnies[116] ». Nelson met cependant son lecteur en garde : il y aurait certainement des récalcitrants. Ceux-là seulement devraient se voir imposer une vraie punition. Attention, prévient toutefois Nelson, il ne s'agit pas d'être « cruel » ni « excessif » comme à l'époque où l'on administrait les pires supplices aux condamnés. Le but de la prison n'est pas d'infliger des sévices corporels. Le fouet, la douche froide, le carcan et les fers ne sont

donc plus de mise. La « raison », mais aussi le « sens commun et la charité chrétienne » ont fort heureusement fait disparaître ces « châtiments
exagérés » créés autrefois par des « hommes irréfléchis et des gouvernements tyranniques[117] ». Cela dit, la punition est toujours de mise, car
on ne peut laisser les criminels transgresser les règles établies. Au fouet,
Nelson préfère la mise au cachot. Selon lui, cet isolement total dans
l'obscurité est le meilleur moyen de vaincre les résistances les plus
tenaces. Le détenu y serait nourri au pain et à l'eau, et ne pourrait être
entendu des autres s'il s'avisait de crier à gorge déployée. Cette punition
serait bien plus efficace que le fouet qui, généralement, « endurcit
encore les plus endurcis[118] » et excite les sentiments de haine et de
revanche. Le cachot est préférable, puisqu'il mène presque toujours à la
réflexion et à la repentance.

Si le docteur Nelson croit qu'on peut réhabiliter les prisonniers, il
souhaite également qu'on les catégorise mieux. Tout comme Beaumont
et Tocqueville, qu'il cite, Nelson estime qu'une « classification positive
des criminels[119] » est impossible. En revanche, il faut cesser d'emprisonner les « aliénés ». Selon Nelson, l'asile de Beauport ne suffit plus aux
besoins, il faut en ouvrir d'autres au plus tôt afin que l'on cesse d'emprisonner ces « pauvres malheureux ». Trop souvent, déplore Nelson,
on se retrouve avec des « maniaques » dans les prisons. Nelson réclame
donc la création d'un nouvel asile à Montréal. Des « messieurs » seraient
prêts à en assumer les coûts, explique-t-il. Si toutefois ces charitables
bailleurs de fonds se défilaient, le « gouvernement pourrait le faire lui-
même[120] ». De cette façon, les « aliénés et la classe la plus violente des
maniaques » seraient « confiés à des soins vigilants et humains[121] ». Peu
importe qui financerait ce nouvel établissement, il faudrait que le gouvernement se réserve le droit d'inspecter les lieux et voie au respect des
règles et des règlements. Le nouvel édifice ne devrait pas « viser les
grands effets d'architecture », mais être « simple, propre et commode »,
car ce qui compte par-dessus tout, explique le docteur Nelson, ce sont
les malades. « Il faudrait apporter le plus grand soin au traitement
médical des aliénés, qu'on ne transporte généralement dans ces institutions que pour s'en débarrasser, sans avoir le moindre égard à la maladie mentale ou physique dont ils peuvent être atteints[122]. » Un méde-

cin et des infirmières devraient donc être rattachés au nouvel asile qui devrait être construit. Ainsi, s'il est possible de procéder à la réhabilitation morale du détenu, il est probablement pensable d'entrevoir la réhabilitation médicale du malade. Dans un cas comme dans l'autre, la guérison du mal est possible ; il suffit de choisir le bon moyen et de diriger le déviant ou l'« insensé » vers le bon établissement.

Voilà, en somme, le genre de traitement qu'il faudrait réserver aux détenus considérés comme normaux, c'est-à-dire aux hommes (les jeunes délinquants et les femmes étant, selon Nelson, des cas spéciaux). La réforme du prisonnier par la discipline, le travail et la réclusion fermée lorsqu'il ne respecte pas les règles est une chose possible, car l'homme ne naît pas criminel, il le devient, laisse entendre Nelson. Il ne faut pas simplement le tenir à l'écart de la société, mais le rééduquer en lui fournissant les moyens d'une véritable réhabilitation. La prison reçoit ceux dont la morale est douteuse. Les crimes sont en général commis par des « esprits faibles », incapables de maîtriser leurs pulsions et leurs désirs. Pour les réhabiliter, il n'est pas nécessaire de leur infliger des supplices exemplaires à la vue de tous. La cruauté et les châtiments cruels ne sont plus de mise, insiste Nelson. Non seulement ces vieilles pratiques des gouvernements tyranniques sont dépassées, elles sont aussi devenues moins efficaces. Le prisonnier doit découvrir par lui-même le mal qu'il a fait et ainsi intérioriser les normes acceptables de sa société. Si elle est inspirée par la « charité chrétienne », cette réhabilitation morale n'a, en soi, rien de spécifiquement catholique. Les ambitions et les espoirs de réhabilitation de Nelson sont donc très proches de ceux des réformateurs américains des années 1820. Les nouvelles prisons américaines, qu'il n'a apparemment jamais visitées, connaissent pourtant leurs premiers ratés[123]. Les méthodes de rédemption préconisées par ce réformiste pouvaient très bien convenir aux criminels de confessions non catholiques. Cette préoccupation pour une morale à restaurer chez le fautif ne poursuit pas en premier lieu des finalités religieuses. L'État n'est pas l'intermédiaire de Dieu, son rôle n'est pas de rendre la nature humaine meilleure. Il s'agit, plus modestement, d'« assumer la défense de la société[124] », comme l'expliquent Gustave de Beaumont et Alexis de Tocqueville dans leur traité sur le système pénitentiaire américain, qu'ont visiblement lu et médité Cauchon et Nelson. Les réformistes veulent faire respecter une morale sociale, et non transformer l'homme de l'intérieur pour l'éternité. Cette tâche plus ambitieuse appartient à d'autres, comme on le verra au prochain chapitre.

Préserver les vertus féminines

Cette indigence morale du pauvre et du criminel pourrait probablement être évitée si les familles transmettaient les bonnes valeurs, pensent plusieurs réformistes. Avant de demander assistance aux pouvoirs publics, avant d'être incarcéré pour avoir commis un délit, avant de devenir une charge pour la société, il eût fallu que le déviant intériorise les normes convenables au sein de la famille. Ce qui devient un problème dans la sphère publique a donc des origines dans la sphère privée. Cette sphère privée, composée en premier lieu de la famille et du foyer domestique, constitue, selon Cauchon, la « base morale sur laquelle [la société] doit être assise[125] ». Or, la mère et l'épouse sont les premières responsables de la famille. Saluant l'opposition de Cartier à un projet de loi sur le divorce présenté par un député du Haut-Canada, un rédacteur de *La Minerve* écrit : « La famille est sans force où la mère est sans dignité [...], les races s'élèvent et s'honorent à mesure que s'élargit la place que la femme occupe en leur sein[126]. » « Mères de la race », les femmes ont donc un rôle clé : celui de transmettre une morale qui doit servir de ciment au corps social[127].

On connaît assez peu les motifs qui ont poussé cette élite à abolir le droit de vote des femmes en 1849 et à adopter les positions fort restrictives du Code civil de 1866 sur les femmes mariées. Dans les deux cas, le moment réformiste est pourtant crucial. On assiste en effet à l'éclipse de la femme sur la place publique. Entre 1791 et 1849, le cens électoral dépendait de la propriété, et non du sexe. Pendant ces soixante années, pour le district de Montréal, environ 2 % des personnes qui ont exercé leur droit de vote étaient des femmes. Ces 857 électrices étudiées par Nathalie Picard étaient de diverses origines ethniques et sociales[128].

En 1834, Papineau avait présenté et fait adopter un projet de loi qui excluait les femmes du corps électoral. Cette loi n'ayant jamais été promulguée, et l'Acte d'Union n'ayant rien prévu de spécifique sur cette question, les femmes pouvaient théoriquement continuer à exercer leur droit de vote. Les réformistes sont donc revenus à la charge. Comme en 1834[129], il n'y a pratiquement aucun débat lorsque, en 1849, le gouvernement décide d'exclure les femmes pour de bon du corps électoral. Aucun député réformiste ne se prononce sur le sujet, et la presse réformiste n'exprime aucun point de vue, n'avance aucun argument sur la question. Cet enjeu ne semble soulever aucun débat de principes, comme si cette décision allait de soi, s'imposait d'elle-même.

L'autre enjeu important a trait au Code civil. Les travaux qui mènent à son adoption commencent en 1857 sous l'impulsion de Cartier, alors procureur général. Parmi les trois avocats commissaires, on retrouve Augustin-Norbert Morin, devenu professeur de droit à l'Université Laval depuis son retrait de la vie politique en 1854. Parmi les questions traitées, il y a celle des droits civils de la femme mariée. Les dispositions restrictives du Code civil qui la concernent sont bien connues : elle doit obéissance au mari ; elle est frappée par la même incapacité générale que le mineur ou l'« interdit » ; elle ne peut exiger le divorce pour cause d'adultère (alors que tout mari le peut) ; elle ne peut devenir « marchande publique » sans l'autorisation explicite du mari, etc.[130]. Par rapport à l'époque précédente, le nouveau code inaugure-t-il une ère nouvelle pour les femmes ? Pas vraiment, si l'on en croit les spécialistes qui se sont penchés sur la question. Selon le collectif Clio, « le Code civil de 1866 assure la continuité en ce qui concerne les droits des femmes. La plupart des dispositions de la Coutume de Paris touchant le statut légal des femmes sont reproduites intégralement[131] ». Le collectif prétend même que le nouveau Code civil « présente certains assouplissements[132] », notamment pour les « marchandes publiques » qui, une fois obtenu le consentement de leur mari, détiennent le plein contrôle sur leur commerce. Selon ces historiennes, le code de 1866 ne fait donc que reconduire la vision patriarcale de l'ancien régime français, un point de vue que partage, pour l'essentiel, Brian Young. Selon ce dernier, ce confinement de la femme mariée à la sphère privée se retrouve ailleurs qu'au Bas-Canada, et la sensibilité patriarcale des Canadiens français catholiques semble partagée par la minorité anglophone et protestante. Cette vision patriarcale reconduite par le Code civil, Young l'attribue aux liens étroits qu'entretiennent Cartier, Morin et toute l'élite réformiste avec la hiérarchie catholique, alors sous l'emprise de l'idéologie ultramontaine[133]. Fidèles au dogme de la suprématie du spirituel sur le temporel, les ultramontains vouaient une sorte de culte au mariage. Young ne reconnaît pas aux réformistes de position autonome sur le rôle que les femmes devaient jouer dans la société canadienne-française. Pour rendre compte de la position des réformistes, il cite le journal *Le Nouveau Monde* — un organe ultramontain — et fait état des positions de Mgr Bourget et de son successeur, Édouard-Charles Fabre, le beau-frère de Cartier, précise Young[134]. Or, la position ultramontaine n'explique pas à elle seule l'exclusion définitive des femmes du corps électoral et les valeurs pour le moins conservatrices du Code civil. On retrouve suffisamment d'éléments dans le discours des réformistes pour comprendre la place que doit selon eux occuper la femme dans la société.

La vision réformiste de la femme est bien résumée par une formule simple d'Étienne Parent. Dans la conclusion de sa deuxième conférence sur « l'intelligence dans ses rapports avec la société », Parent consacre quelques paragraphes au rôle de la femme. Selon lui, les « femmes sont aussi bien le lien que l'ornement de la société[135] ». Qu'entend Parent par « lien » et « ornement » de la société ? Et quelles sont les implications pratiques de ces concepts ?

Les femmes sont le « lien » de la société, c'est-à-dire que leur rôle est de contribuer prioritairement à la cohésion de la communauté. La femme y parvient en étant un modèle de vertu, en préservant les bonnes mœurs qui permettent à la société d'exister par-delà les vicissitudes du présent. Dans ses vœux du Nouvel An 1846, *La Minerve* souhaite au jeune homme célibataire d'épouser une jeune femme « un peu rieuse, à la mine éveillée [et] qui est toujours contente ». Cette femme honnête, travaillante et désintéressée, écrit le journal, doit penser « plus aux affaires de son mari qu'aux fleurs de son bonnet de soierie ». Quant aux autres femmes, les « vieilles filles », celles qui n'ont pas eu le bonheur d'être choisies, il faudra bien leur trouver un « couvent où elles puissent aller enfouir leur inutilité et leurs caprices[136] ». Deux ans plus tard, les *Mélanges religieux,* alors dirigés par Hector Langevin, font état d'une pièce de théâtre montée par des jeunes filles de Saint-Hyacinthe. Cette pièce, explique le rédacteur, a « fait voir la délicatesse de leur goût et la sensibilité de leur cœur », révélant ainsi les qualités essentielles d'une jeune fille, à savoir la vertu, la générosité, la « délicatesse exquise », la « résignation admirable » ainsi que l'« innocence ». Et le rédacteur d'ajouter qu'une bonne éducation doit être orientée vers ces qualités, qui sont l'essence même de la femme[137]. En novembre 1853, *La Minerve* insiste sur l'importance pour les femmes de faire des lectures utiles qui enseignent la « pureté des mœurs ». Les « récits d'amourettes », qui « pèchent parfois sous le rapport de la morale », ne doivent pas distraire les jeunes Canadiennes françaises, les éloigner d'une quelconque façon de la vertu. Cette vertu féminine est essentielle au lien social, car selon Parent, les hommes sont « plus enclins qu'on le pense à la sauvagerie ». Gardienne du « foyer domestique », la femme complète ainsi l'« œuvre de la Création », car c'est dans ce milieu vital pour la cohésion du groupe qu'elle propage « toutes les vertus douces et bénignes ». Si la femme ne doit pas « aller sur l'arène politique se profaner au contact de toutes les mauvaises passions », c'est avant tout pour garder intactes les vertus de sa nature. Compte tenu de ce que nous avons vu plus haut sur le rapport trouble qu'entretiennent les réformistes avec le politique, ce nécessaire apolitisme de la femme témoigne d'une certaine cohérence de la pensée. En fréquentant l'espace politique — ce lieu des mauvaises passions, des divisions fratricides et des mesquineries anonymes qui usent les hommes les mieux intentionnés — la femme risque de perdre sa pureté et son innocence. Parce qu'il arrive souvent de voir l'homme se perdre dans les machinations partisanes et les affrontements violents, semble dire Parent, mieux vaut garder la femme loin de la politique et ainsi préserver ses belles et nobles qualités qui rendent de si précieux services au groupe[138].

Dans la presse réformiste, les femmes ne prennent jamais la parole. La politique, et le commentaire qu'elle suscite, sont l'affaire des hommes, sauf lorsqu'une femme accepte de défendre cette séparation étanche qui doit exister entre le monde public des hommes et la sphère privée des femmes. Cette optique, on la retrouve chez une certaine « Madame de Grandmont », une Française du « médi » de passage au Bas-Canada en mai 1854 pour faire une « causerie », « cette chose gracieuse dont la femme seule a le secret[139] », explique *La Minerve*. Cette « causerie » porte justement sur le rôle de la femme au foyer. Le rédacteur approuve le « style chaste et poétique », cette « belle éloquence du cœur » de la conférencière et les idées qu'elle vient défendre devant son auditoire peu nombreux.

> L'objet de son entretien, peut-on lire dans le journal réformiste, est de démontrer que la destinée de la femme n'est point de commander ou de se faire redouter, mais d'aimer et de plaire ; qu'elle n'est point faite pour porter une couronne, mais que son trône à elle c'est le foyer domestique, et que ses jouissances sont les joies de la famille[140].

Ce rôle primordial de la femme dans le foyer domestique, que Mme de Grandmont explique en ayant recours à l'histoire, prouverait « cette vérité que si les hommes font les lois, les femmes font les mœurs[141] ». Parent n'aurait su mieux dire. Cette vertu, à conquérir et à préserver, est le premier devoir que l'on assigne à la femme pour que les bonnes mœurs, tellement nécessaires au lien social, puissent être conservées malgré la sauvagerie des hommes à certains moments. Cette mission particulière, ces qualités propres font de la femme ce « lien » évoqué dans la métaphore de Parent.

Par ailleurs, les femmes sont aussi, selon lui, l'« ornement » de la société. Les dictionnaires fournissent depuis toujours deux éléments essentiels pour comprendre ce mot. L'ornement embellit, donne du lustre à un lieu, de l'éclat à un édifice. Si l'ornement enchante le regard, il a cependant un caractère accessoire qui tient de l'artifice. Dire de la femme qu'elle est l'ornement de la société, c'est donc une façon polie de souligner que la femme peut être agréable à regarder, mais qu'elle peut aussi distraire l'homme vaillant de l'essentiel, sinon le soumettre à de dangereuses tentations. Les romans de Chauveau et de Gérin-Lajoie font bien ressortir ce danger que peut représenter la femme. Trop de femmes, peut-on lire dans ces romans, accordent une importance exagérée à leur apparence, à leur toilette. Dans *Charles Guérin*, le vaillant Jean Guilbault, qui n'hésite pas à revêtir les étoffes du pays pour être fidèle à la cause qui lui tient à cœur, déplore le manque de patriotisme des femmes[142]. À la blague, Guilbault lance à son ami Guérin : « Les femmes sont la ruine du pays ! moralement et politiquement[143]. » Moralement parce qu'elles font passer leur apparence et leur coquetterie avant le bien commun ; politiquement parce qu'elles ne savent pas reconnaître la nécessité de la solidarité et de l'affrontement. Dans *Jean Rivard*, les lettres qu'envoie Gustave Charmesnil à son ami sont très claires sur cette question. Les femmes, surtout celles d'un certain milieu urbain et bourgeois, succombent beaucoup trop facilement à la « vie dissipée », à la légèreté du paraître qui les fait courir les « bals » et les « soirées ». « Combien de jeunes filles, écrit Charmesnil à son ami Rivard, cherchent à vous éblouir par la richesse et l'éclat de leur toilette, et se croient d'autant plus séduisantes qu'elles affichent plus de luxe ! Elles ne savent pas que ces goûts extravagants épouvantent les jeunes gens et en condamnent un grand nombre au célibat[144]. » Cette situation est un peu pénible pour des jeunes hommes qui, comme Gustave, n'ont pas de situation fixe. Pour séduire ces jeunes femmes trop soucieuses de leur apparence, il faut être fortuné, déjà disposer d'une certaine aisance : de quoi décourager les hommes d'origine modeste comme Charmesnil. Ce dernier envie l'épouse choisie par son ami Rivard. Cette Louise Routier est non seulement vertueuse, mais également frugale et travaillante. Elle a « des habitudes d'industrie, d'ordre et d'économie[145] », explique Gérin-Lajoie par la voix de son narrateur, qui, visiblement, la préfère aux femmes plus frivoles.

En même temps que la femme est ce lien si précieux à la cohésion du groupe, elle peut, et c'est bien là son paradoxe, représenter une menace à l'ordre établi. Si Guilbault et Charmesnil se plaignent surtout des bourgeoises superficielles de leur milieu éduqué, les réformistes se méfient tout autant des « déviantes » qui, dans les milieux populaires, vendent leur corps ou commettent des méfaits. Plus que toutes, ces femmes représentent un danger pour le lien social. Elles incarnent le contre-modèle de la femme qu'ils idéalisent. Ces déviantes bénéficient d'ailleurs de l'attention particulière de l'enquêteur Wolfred Nelson. À la douceur et à la sympathie nécessaires à la réforme des âmes masculines, Nelson oppose la plus stricte sévérité à l'égard de cette classe « extrêmement incommode, incorrigible et improfitable[146] » que constituent les femmes détenues. Le ton et les mesures que propose Nelson pour réformer ces prisonnières tranchent avec ceux qu'il privilégie pour les hommes. On a le sentiment que Nelson considère leur déviance comme plus grave, plus choquante que celle des hommes. Ces déviantes, c'est-à-dire, aux yeux des réformistes, ces femmes sans « vertus » — faute terrible pour ce sexe —, doivent être mises au pas, explique Nelson. Elles doivent être supervisées par une « matrone » sévère qui doit se faire craindre en même temps qu'elle se fait respecter ; « car c'est une circonstance extrêmement heureuse que les mauvaises femmes faiblissent en la présence d'une femme vraiment vertueuse[147] ». Lors de leur entrée dans la prison, elles doivent être « lavées complètement », être forcées de se tenir propres et bien coiffées, afin qu'elles conservent le « respect » d'elles-mêmes[148]. Seules les femmes « silencieuses et obéissantes » doivent être admises dans la salle commune pour travailler — une précision qu'on ne retrouve pas pour les hommes. Une fois qu'elles sont admises en salle commune, il faut « les empêcher de se regarder entr'elles » et se montrer intraitable lorsque l'une d'entre elles trouble le décorum. Les « babillardes et insolentes » doivent aussitôt être enfermées dans une « cellule obscure, au pain et à l'eau[149] ». Si elles continuent à résister, si cette humiliation ne suffit pas, il faut « les priver de leur lit ». Enfin, « si elles résistent encore, et comme punition en dernier ressort et la plus sévère, [il faut] leur couper les cheveux ras et les conduire au cachot noir[150] ». L'objectif ultime, on l'aura compris, est de réduire les « plus dépravées et les plus méchantes à la tranquillité, et finalement à la soumission ». Et pour y arriver, mieux vaut séparer les « vieilles coupables […] pleines de ruses » des « novices » qui en sont à leur premier délit. Cette sévérité doit être maintenue tant que l'on ne voit pas surgir une « étincelle de vertu[151] ».

Se pose par la suite le problème de la réinsertion de ces femmes dans la société. On comprend, en lisant le rapport Nelson, que ces femmes sont marquées à jamais. Souillées par leur passé de délinquantes, ces déviantes ne peuvent espérer trouver un mari et avoir des enfants, puisque aucun homme ne voudra d'elles. Dans un tel contexte, la prisonnière repentie doit bénéficier d'une attention spéciale pour qu'elle ne retourne pas à la rue retrouver ses mauvaises fréquentations d'autrefois. L'État a donc un rôle à jouer « jusqu'à ce que quelque femme charitable soit disposée à l'employer. À l'expiration de [sa] sentence, propose Nelson, il faudrait lui permettre de rester si elle le désire[152] » et la payer en retour du travail qu'elle pourrait offrir[153]. En cas de récidive cependant, il faut se montrer intransigeant, croit Nelson. Il ne faut pas avoir peur d'envisager l'emprisonnement « permanent » s'il le faut. « Qu'on se rappelle toujours que c'est cette classe de délinquantes qui en font succomber des milliers d'autres[154]. »

Parce qu'elle joue le rôle fondamental de lien dans la société, mais qu'elle peut, en même temps, être source de distraction, la femme ne doit pas avoir de rôle en dehors de la famille, sinon pour devenir sœur dans une congrégation religieuse, un rôle tout désigné pour celles qu'aucun homme ne daigne choisir, selon la presse réformiste. Celles qui refusent de jouer ce rôle domestique, qui dévient de cette route tracée pour elles, sont l'objet d'une attention très particulière. Les « vieilles filles » inutiles, écrit le rédacteur de *La Minerve*, doivent être envoyées dans des couvents ; et les déviantes, disciplinées sévèrement jusqu'à ce qu'une « étincelle de vertu » apparaisse à nouveau. Les femmes sans vertus, les capricieuses autant que les coquettes qui aiment parader, sont une plaie sociale. Un corps social en santé doit donc se prémunir contre ce fléau qui pourrait facilement se propager si des moyens musclés ne sont pas mis en œuvre, des moyens comme l'asile Saint-Joseph, destiné aux jeunes femmes déviantes, que l'on inaugure à Montréal en mai 1859. L'objectif de cette nouvelle institution ? Apprendre « aux jeunes filles de la classe ouvrière à coudre, à tricoter, à repasser, etc. », mais surtout « former leur cœur à la vertu[155] ». Dans ce discours sur la femme, fragmentaire mais révélateur, on retrouve donc cette séparation stricte entre le monde public des hommes braves et courageux — quoique enclins à la « sauvagerie », nous dit Parent — et la sphère privée des femmes vertueuses.

*   *   *

Si on convient de la nécessité d'agir, s'il est urgent de rétablir la bonne santé de ce corps social infecté par le paupérisme et le crime — deux « plaies » qui sont liées, selon les réformistes —, il reste cependant à trouver les bons remèdes. C'est bien là le premier défi des réformistes de cette époque. Quels remèdes, quelles méthodes, quels moyens faut-il appliquer ? Évidemment, on chercherait en vain un programme clair, d'une cohérence implacable, nourri d'« expertises » sur une panoplie de sujets complexes. Les réformistes avancent à tâtons, cherchent à trouver une ligne directrice dans cet épais brouillard. Quelles sont, malgré tout, les principales idées qui circulent dans leurs rangs ? Comment comptent-ils améliorer l'organisation sociale ? Pour y voir plus clair, examinons les options que les réformistes semblent d'emblée rejeter. D'une part, il n'est pas question de revenir en arrière, de stopper l'élan de changement qui secoue la société de cette époque. L'industrie et la « machine » sont là pour rester, il vaut mieux se faire à cette idée. D'autre part, aucun réformiste ne remet en question le principe de la libre concurrence, c'est-à-dire les règles fondamentales qui régissent le capitalisme naissant. Sans faire l'apologie de l'économie de marché, ils semblent croire que celle-ci a quelque chose d'évident, de naturel qu'on ne saurait remettre en question. La régulation par le marché — une expression inconnue à l'époque — va donc de soi ; il faut s'y adapter. S'il ne faut ni stopper les changements qui sont en cours ni entraver les lois de la libre concurrence, quelles solutions doit-on dès lors favoriser pour faire diminuer la pauvreté et la criminalité ? D'abord, il est nécessaire de s'assurer que les familles peuvent transmettre les bonnes valeurs. Ce rôle appartient en premier lieu à la femme, le lien social par excellence, selon Parent. Les vertus féminines de l'épouse et de la mère sont donc primordiales pour la société. Pour préserver ces vertus, il faut écarter la femme de la sphère publique, trop encline à la « sauvagerie », diriger les « vieilles filles » vers les congrégations religieuses et prévoir des punitions spéciales pour les déviantes. Ensuite, afin de remédier aux mauvais comportements de certaines familles, il est impératif de travailler à la moralisation du pauvre et du criminel en créant des institutions de divers

Louis-Hippolyte LaFontaine (Bibliothèque
et Archives nationales du Québec, P560, S2, D1, P1553)

Augustin-Norbert Morin
(Bibliothèque et Archives
nationales du Québec,
P560, S2, D1, P1637)

Étienne Parent
(Bibliothèque et Archives
nationales du Québec,
P560, S2, D1, P10045)

Pierre-Joseph-Olivier Chauveau (Bibliothèque et Archives Canada, C-007592)

Joseph-Édouard Cauchon (Musée McCord d'histoire canadienne,
Archives photographiques Notman, I-95651)

George-Étienne Cartier (Bibliothèque et Archives Canada, C-008360)

Wolfred Nelson (Bibliothèque et Archives Canada, C-028190)

Joseph-Guillaume Barthe (Bibliothèque et Archives nationales du Québec, P560, S2, D1, P1620)

Hector Langevin (Bibliothèque et Archives nationales du Québec, P560, S2, D1, P615)

François-Xavier Garneau (Bibliothèque et Archives Canada, PA-074097)

types. Les réformistes s'attardent sur quelques-unes d'entre elles : les caisses d'économie, censées favoriser le sens de l'épargne et la frugalité, des qualités qui manquent aux plus démunis, selon les réformistes ; ainsi que les maisons d'industrie et les prisons pour les pauvres et les criminels. Il faut retirer ces derniers de la société afin qu'ils puissent être « rééduqués », afin qu'ils redeviennent plus ordonnés, disciplinés, tempérants et travaillants. Cette foi dans la rédemption par le travail est partagée par les élites de plusieurs sociétés occidentales de l'époque. Au cœur de la réflexion sociale des réformistes, il y a la question morale qui, tôt ou tard, doit renvoyer au rôle du religieux dans la société, car si les institutions temporelles peuvent « gérer » la pauvreté, discipliner les uns et punir les autres, et parfois faire jaillir des étincelles de vertu dans le cœur des déviantes, elles ne peuvent espérer convertir les âmes, ni assurer leur salut éternel. En d'autres termes, les hommes seraient mal avisés de croire que, seuls, ils peuvent venir à bout de toutes ces plaies qui s'attaquent alors au corps social.

CHAPITRE **5**

Rendre le peuple meilleur

*Vous oubliez donc que nous ne sommes pas seulement âme
mais corps; et que l'existence matérielle, politique, sociale
et religieuse, comme les obligations et les devoirs qui en
découlent, tout cela se touche, se lie, s'enchaîne et se tient?*

Joseph-Guillaume Barthe, 1852

Menacé par le paupérisme, le crime et la délinquance, le corps social canadien-français, estiment les réformistes, a besoin d'hommes travaillants, de femmes vertueuses, d'institutions d'assistance et de prisons capables de remettre les déviants sur le droit chemin. Pour y arriver, il faut cependant plus que des encouragements à la vaillance et au dépassement, plus qu'une meilleure collaboration entre travailleurs et patrons, plus que des maisons de refuge et des asiles, plus que des prisons réformées. Aux yeux des réformistes, ni les institutions temporelles ni les lois ne peuvent à elles seules venir à bout de tous les maux de la société. Pour que chaque Canadien français pense davantage aux autres, consacre le meilleur de lui-même à sa famille et à la communauté, il se doit d'intérioriser certaines normes morales que seul un clergé dévoué peut transmettre. C'est principalement en fonction de ce lien social à préserver et à renforcer que l'on doit comprendre le rapport des réformistes au religieux.

Peu de chercheurs ont tenté de dégager l'intentionnalité qui guide l'action des réformistes sur le terrain religieux. Deux raisons expliquent un tel silence. D'une part, les historiens intéressés par le fait religieux de l'époque réformiste se sont surtout demandé si un « réveil religieux » avait bel et bien eu lieu en 1840 ; d'autre part, les réformistes ont laissé très peu d'écrits sur ce sujet. Étienne Parent est alors le seul à se pencher sérieusement sur les rapports qui doivent exister entre le « spiritualisme », le prêtre et la société. À ces deux raisons s'en ajoute probablement une autre, plus fondamentale. C'est que, pour la plupart des historiens intéressés par cette époque, les réformistes ne semblent pas avoir de pensée autonome sur le religieux. Pendant longtemps, la pensée politico-religieuse de l'époque réformiste est réduite à deux camps distincts et antagonistes : à gauche, le libéralisme doctrinal et plutôt anticlérical des rouges, et à droite, l'ultramontanisme de Mgr Bourget et d'une Église catholique alors dominée par l'intransigeance du pape Pie IX. Dans cette lutte de titans entre deux visions irréconciliables, il ne semble pas y avoir de place, quelque part au centre, pour les réformistes au pouvoir[1]. À cette optique s'en ajoute une autre qui a présenté l'élite réformiste comme une « bourgeoisie » intéressée exclusivement par les rapports de force et le pouvoir. Porte-parole de la bourgeoisie, les réformistes auraient fait alliance avec les ultramontains pour diverses raisons qui tiendraient qui de leur faiblesse, qui de leurs intérêts de classe[2].

Par rapport à l'historiographie cléricale d'autrefois, les perspectives plus récentes ont permis de mettre au jour certains rapports de force, de montrer que l'alliance des réformistes-conservateurs et du clergé n'est pas seulement le fruit d'une docte Providence, mais le produit de circonstances politiques et économiques qui ont souvent peu à voir avec une quelconque quête spirituelle. Ces travaux ont aussi permis de comprendre le rôle que peut jouer à l'époque l'Église dans l'avènement d'une société libérale et capitaliste en disciplinant les travailleurs et en prêchant la soumission à l'autorité. Dans ce chapitre, j'entends corroborer les hypothèses avancées dans plusieurs de ces travaux en décrivant le rôle social crucial accordé par les réformistes au clergé dans cette société en pleine transformation. Mon approche du rapport des réformistes au religieux diffère cependant de celle des chercheurs de la génération précédente. En voulant prendre le contre-pied de l'idéalisme de recherches souvent menées par des clercs, plusieurs historiens de cette génération ont parfois versé dans l'excès contraire, cherchant constamment à montrer que le discours sur le religieux ne faisait que masquer des intérêts, un rapport de force, une volonté d'asservir les masses. Or, à la suite du philosophe Marcel Gauchet, je pense que la religion « est un phénomène historique capital [...] qui ne se laisse pas ramener aux besoins de mensonge ou d'illusion des sociétés dictées par leur structure de classe[3] ». Qu'il soit de l'élite ou du peuple, premier ministre ou agriculteur, chaque individu fait face à sa propre finitude et se questionne sur le sens de la vie. Comme le montre de brillante façon l'historien Serge Gagnon dans ses derniers ouvrages, ces questions de sens inhérentes à la condition humaine induisent en chacun des interrogations de nature spirituelle[4]. Ma perspective est donc « postmarxiste », c'est-à-dire qu'elle ne considère pas, *a priori,* le discours sur le religieux comme un discours de légitimation du pouvoir.

Avant d'esquisser les contours de la sensibilité particulière des réformistes face au religieux, je vais me pencher sur les rapports parfois troubles qu'entretiennent les réformistes avec l'Église catholique comme institution. Je souhaite bousculer cette perception très répandue dans notre historiographie selon laquelle la posture des réformistes à l'égard du religieux serait réductible à celle d'une bourgeoisie soumise ou intéressée. Pour illustrer cette distance, il faut revenir sur l'épisode de 1846 sur les biens des Jésuites. L'enjeu du débat était simple : savoir si cette dotation devait financer l'éducation des seuls catholiques ou l'éducation de tous les enfants, peu importe leur confession. Dans sa grande synthèse sur l'histoire des idées, Yvan Lamonde estime que « l'alliance du politique et du religieux » est scellée en 1846 lorsque LaFontaine et les réformistes décident d'appuyer la position des évêques sur cette question[5]. Je crois pour ma part que ce jugement mérite une meilleure mise en contexte et qu'il est nécessaire de revenir sur l'argumentaire des réformistes en faveur de la position des évêques. Je souhaite montrer que cet appui circonstanciel n'avait rien d'une déclaration de principes en faveur d'une quelconque idéologie ultramontaine ou réactionnaire, bien au contraire. Les réformistes de 1846 peuvent difficilement être assimilés aux conservateurs québécois de 1875 qui ont offert le système d'éducation à l'Église sur un plateau d'argent. Si, par ailleurs, dans l'ordre pratique des décisions gouvernementales — l'ordre temporel —, les réformistes conservent une certaine autonomie de pensée et d'action face au clergé, ils ne considèrent pas moins l'Église catholique comme une institution nationale fondamentale. Pour reprendre une expression de l'historien français René Rémond : « Les commandements de Dieu soit, mais pas pour autant les commandements de l'Église[6]. » L'Église catholique canadienne-française a selon les réformistes un rôle à jouer dans la société, mais ce rôle, fondamentalement social, est complémentaire à l'action temporelle de l'élite politique. En plus de transmettre une morale sociale par l'entremise de l'école, l'Église doit combattre les vices du luxe et de l'intempérance. Cette action est primordiale, puisque, pour venir à bout de certains maux sociaux — la pauvreté et le crime par exemple —, l'action de la loi et de l'État ne peut suffire, pensent les réformistes. Pour mieux illustrer cette fonction sociale des clercs, je me suis penché sur le débat concernant la tempérance qui fait rage à l'époque des réformistes, car il permet de préciser les distinctions qu'établissent les réformistes entre loi et morale.

Ces précisions permettront, dans la dernière partie du chapitre, de mieux saisir la sensibilité religieuse des réformistes. À partir d'écrits laissés par Gérin-Lajoie, Barthe et Parent, j'entends confirmer que cette sensibilité religieuse ne s'inscrit ni dans l'horizon de l'ultramontanisme, qui privilégie la primauté du spirituel sur le temporel, ni dans celui d'un libéralisme doctrinal qui cherche avant tout à reléguer le religieux dans la sphère privée. Un peu comme l'a révélé William Westfall pour la culture protestante ontarienne de la même époque[7], les sphères spirituelle et matérielle constituent les deux faces d'une seule et même réalité. On chercherait donc en vain chez ces réformistes une opposition radicale, une lutte à finir, entre les lumières du progrès et l'obscurantisme religieux. Entre le spirituel et le temporel, il y a moins la recherche d'un *modus vivendi*, tel que Claude Couture le voit chez Parent[8], moins l'effort d'en arriver au « compromis » évoqué par Fernande Roy à propos des hommes d'affaires montréalais de la fin du XIXe siècle[9], qu'une quête d'unité et d'harmonie sur les plans national et social. Aux yeux des réformistes, aucune des deux sphères, matérielle et spirituelle, ne doit dominer l'autre ou la prendre en otage. Chacune a été conçue et voulue par le Créateur, chacune doit donc tendre vers des fins plus élevées. Pour Gérin-Lajoie, Barthe et Parent, cette quête d'unité semble fondamentale.

Une Église tenue à distance

La presse réformiste témoigne d'une certaine indépendance d'esprit face aux *Mélanges religieux*. À quelques reprises, elle conteste même ouvertement certaines décisions de l'Église catholique canadienne et condamne le zèle de certains clercs. Ainsi, en décembre 1842, *La Minerve* reproche aux autorités de ne pas laisser les femmes suivre des cours de chant : « Où est le mal ? » se demande le rédacteur, qui semble trouver l'Église trop rigoriste ; « ici ce ne sont point des actrices d'opéra à qui l'on interdit le chant, ce sont des filles et des femmes de paroissiens connus pour leur probité et leur religion[10] ». Quelques semaines plus tard, au sujet d'une dispute qui se serait déroulée lors d'une assemblée de fabrique, le même journal accuse les *Mélanges religieux* d'avoir des « prétentions à l'absolutisme ». Le rédacteur est en effet agacé par les certitudes tranquilles du journal religieux : « Nous ne sommes plus dans un siècle où l'on doive croire sur parole[11]. » Le même journal laisse entendre, dans son édition du 20 février 1845, que le mysticisme religieux serait à l'origine du suicide d'un « habitant aisé et respectable de Boucherville ». Avant de se trancher la gorge, le pauvre homme, guidé par une « fausse interprétation des exhortations religieuses », se serait écrié à deux reprises : « Quand verrais-je Dieu ? » Quelques années plus tard, c'est au tour de la très réformiste *Revue canadienne* de s'en prendre aux *Mélanges*, qui lui reprochent de publier des extraits de journaux aux idées libérales dangereuses. Or, si elle se dit de « tendance catholique », la *Revue canadienne* refuse de « condamner les lecteurs canadiens à ne lire que les productions de ce qu'on peut appeler l'école catholique[12] ». La sagesse française ne se retrouve pas que dans *L'Univers*, le journal des ultramontains français alors dirigé par Louis Veuillot, ou dans *L'Ami de la religion,* un autre périodique catholique français de l'époque, d'expliquer le rédacteur. La presse réformiste conserve ce ton relativement détaché par rapport à l'Église catholique pendant toute la période étudiée. Cette tension entre les deux journaux n'est évidemment pas étrangère au fait que les *Mélanges* appuient la participation de Denis-Benjamin Papineau au gouvernement tory[13]. Mais le haut clergé ne faisait là que suivre la ligne politique établie par Mgr Lartigue durant les rébellions de 1837-1838, c'est-à-dire se soumettre à l'autorité légitime du pouvoir britannique, et ce, même si les évêques du Bas-Canada s'étaient formellement opposés au projet d'union tel qu'il avait été formulé par Lord Durham dans son rapport. À choisir, cependant, les évêques vont préférer s'entendre avec le pouvoir britannique plutôt que de risquer l'annexion du Bas-Canada aux États-Unis. Pour les réformistes, toutefois, la participation de Papineau à un gouvernement tory ne constitue rien de moins qu'un acte de trahison. Cela révèle bien le fossé qui peut séparer les réformistes et le haut clergé[14].

Cette distance critique face à l'Église est également perceptible lorsque l'on aborde la question scolaire. Cet enjeu sensible, rappelons-le, a entraîné une querelle importante entre le Parti « patriote » et la hiérarchie catholique au début des années 1830. Insatisfaits de la vitesse à laquelle les écoles de fabrique se répandaient à travers le Bas-Canada, les députés patriotes avaient créé une nouvelle structure scolaire relevant directement de l'État — les écoles de syndic. Selon Gilles Chaussé, le biographe de Jean-Jacques Lartigue, cet affrontement ne serait pas étranger au refus du haut clergé d'appuyer l'action des rebelles lors des événements de 1837[15]. Cette position des autorités religieuses avait certainement dû irriter plusieurs réformistes qui, sans avoir appuyé la stratégie privilégiée par Louis-Joseph Papineau durant les événements de 1837, étaient restés solidaires des 92 résolutions. Dans une lettre à LaFontaine acheminée en septembre 1840, Morin craint que le clergé ne leur fasse encore faux bond : « Je crains bien que le clergé qui n'a pas voulu nous soutenir quand nous avions l'espoir d'obtenir justice ne se porte maintenant à des extravagances. Ce parti-là n'a certainement ni expérience ni lumières ; il compte trop sur sa propre importance[16]. »

Difficile de savoir si cette méfiance à l'égard du clergé est partagée par l'ensemble des réformistes. Chose certaine, lorsque la question scolaire revient sur la table après l'adoption de l'Acte d'Union, Morin et LaFontaine n'affichent guère de précipitation à servir les desseins de l'Église catholique. En effet, la loi scolaire de 1841, décrétée par le Conseil spécial, prévoit que les écoles relèveront désormais de la Commune, c'est-à-dire d'une structure civile neutre. Cette loi scolaire stipule également que les biens des Jésuites seront intégrés au fonds consolidé de la colonie, ce qui, concrètement, signifie la perte de contrôle de ce patrimoine substantiel par les catholiques[17]. Pour l'Église, cette situation représente un recul très important. À l'époque de la Nouvelle-France, la Société de Jésus avait reçu de la Couronne des terres et une dotation significative qui lui permettait notamment de financer les activités du Séminaire de Québec. Frappée d'interdit par le pape Clément XIV en 1773, la Société de Jésus ne fut dès lors plus en mesure de soutenir ses institutions d'outre-mer. De plus, après le traité de Paris de 1763, les Jésuites de la Nouvelle-France ne purent recruter de nouveaux membres. En 1800 disparaissait le dernier jésuite de la colonie, et la Couronne anglaise a aussitôt récupéré la dotation des Jésuites. Pendant plus de trente ans, le clergé et la Chambre ont réclamé ces biens des Jésuites, alléguant qu'il s'agissait d'un patrimoine qui appartenait d'abord et avant tout aux catholiques du Bas-Canada. En 1832, le gouvernement britannique a finalement consenti à ce que ce soit l'Assemblée législative qui administre ces biens, mais à la condition que ceux-ci servent à l'éducation[18]. En 1841, le clergé catholique a donc le sentiment de revenir à la case départ. En plus de voir menacée la transmission de sa religion dans les écoles, la majorité catholique du Bas-Canada perd le contrôle d'une dotation cruciale destinée à financer son réseau scolaire[19].

Le régime scolaire non confessionnel imposé par le Conseil spécial et cette perte de la dotation des Jésuites ne semblent pas troubler Morin ou LaFontaine outre mesure. Il faut dire que LaFontaine s'est déjà montré ouvert à une structure locale neutre indépendante de la paroisse. Avocat de Louis Comte, un maçon de la paroisse Saint-Édouard qui intente une action contre l'Église locale parce qu'il prétend ne pas avoir été payé pour des travaux exécutés en 1831, LaFontaine insiste sur la distinction qui doit exister entre l'« ordre ecclésiastique » et l'« ordre civil ». La fabrique de la paroisse de Saint-Édouard souhaite que ce soit là « commune » qui paie le maçon, et non l'Église : une position que conteste l'avocat réformiste. Dans le factum qu'il rédige pour défendre son client, LaFontaine écrit : « Si donc la *Commune* est un être moral tout à fait distinct de la *paroisse,* comment la dette de celle-ci pourrait-elle être la dette de la première ? » Cette distinction entre les ordres civil et religieux, LaFontaine la justifie ainsi : « Dans une population mixte, professant des religions différentes, ce qui est la "paroisse catholique" ne comprend pas *"l'universalité des personnes"* qui habitent le territoire circonscrit de la Paroisse [...]. Elle ne comprend que ceux d'entre eux qui professent la religion catholique[20]. » Cet argument de l'avocat LaFontaine est généralement celui auquel ont recours les libéraux pour distinguer entre les ordres spirituel et temporel. Il semble donc clair que la décision de Londres de reconnaître la « dissidence » religieuse des parents et des écoles qui en feront la demande fait suite aux pressions exercées par les évêques, et non à celles des réformistes. Les catholiques et les protestants qui le souhaitent pourront disposer de leurs propres écoles. Ce régime d'écoles « dissidentes » sera celui qui prévaudra jusqu'à la Confédération de 1867, à la suite de quoi on créera progressivement deux réseaux scolaires distincts et confessionnels. Créées par la loi de 1845, les commissions scolaires se devront toutefois de financer équitablement les écoles « dissidentes », qui formeront bientôt la grande majorité des élèves des confessions catholique et protestante.

Durant toute la période réformiste, ni LaFontaine ni Morin ne vont militer en faveur d'une confessionnalisation accrue du réseau scolaire. On trouve même des traces du contraire. Grand promoteur de la méthode Lancaster, Morin privilégie une « éducation sans prosélytisme » qui, tout en respectant les principes chrétiens, ne cherche d'aucune façon à privilégier une confession particulière[21]. Dans un discours sur l'éducation élémentaire au Bas-Canada prononcé en décembre 1845, Morin se satisfait d'un enseignement religieux transmis par « la famille chrétienne, première source de nos connaissances véritables[22] », et il réprouve toute forme de prosélytisme. Selon lui, une majorité, quelle que soit sa dénomination religieuse, aurait tort d'abuser de son pouvoir.

J'ai trouvé dans le cours de ma vie publique, parmi les catholiques et parmi les protestants, et comme rares exceptions, des individus qui voulaient de cette manière imposer leur foi aux autres [...]. À tous je ferai remarquer que ceux qui sont majorité dans un endroit, sont minorité quelque part ; que, quant à l'oppression par le bras de la loi, elle est inutile et dangereuse ; à mes compatriotes de mon origine en particulier, je dirai qu'eux surtout ont intérêt à invoquer la liberté et la tolérance comme règle générale, parce que si l'exception prévalait, il est peu à croire qu'elle fût en leur faveur[23].

Cet extrait indique que les réformistes font indéniablement preuve d'une certaine tolérance à l'égard des autres confessions religieuses. Lorsque surgissent des affrontements entre catholiques et protestants, la presse réformiste n'invoque jamais la supériorité morale du catholicisme sur les autres religions. Si les réformistes s'attaquent farouchement aux apostats de la French Canadian Missionary Society, qui tentent de convertir les Canadiens français au protestantisme[24], ce n'est jamais parce qu'ils considèrent la religion catholique comme supérieure aux autres. Les arguments développés par certains journaux réformistes pour dénoncer la campagne de propagande des protestants ne sont pas ceux de l'intolérance religieuse, mais ceux de l'unité nationale. Plutôt que de critiquer les doctrines du protestantisme, le rédacteur de La Minerve insiste sur l'argument de l'unité et de la cohésion du groupe : « Tous ont un intérêt réel et profond dans le maintien de l'harmonie religieuse qui a si heureusement régné parmi nous jusqu'ici [...]. Comment en effet s'imaginer que l'État qui ne fait que d'échapper au naufrage politique put être assailli par les tempêtes religieuses sans être aussitôt englouti dans cette mer sans fond[25] ? » S'il faut rejeter les apostats, ce « ramassis de quelques obscurs imbéciles », cette « bande de misérables fainéants[26] », ce n'est pas pour défendre les idéaux ultramontains de prédicateurs comme Mgr de Forbin-Janson, qui, lors de sa tournée triomphale au Bas-Canada en 1840, disait combattre le prosélytisme protestant, ni parce que les préceptes du catholicisme sont nécessairement meilleurs, mais bien davantage par souci de cohésion et d'unité. Témoin des vifs affrontements qui opposent les anglicans aux gens d'autres confessions religieuses protestantes dans le Canada-Ouest, notamment sur la question de la confessionnalité du King's College (l'Université de Toronto), LaFontaine écrit à son ami Baldwin :

> Je me demande qui sont ces gens avec lesquels vous devez composer ? Comme ils sont différents des nôtres. Ici, nous formons un peuple, chez vous il n'en existe pas. Dans le Haut-Canada, les dissensions religieuses exercent une influence funeste. A ne votera pas pour B parce que B est méthodiste. B ne votera pas pour C parce que C est épiscopalien. C ne votera pas pour D parce que D est je ne sais trop quoi. Mais ils s'entendront tous pour ne pas voter pour un catholique… […] Notre population canadienne-française est catholique à une âme près. Néanmoins, personne ne demandera jamais à un candidat à quelle religion il appartient. À quel parti appartenez-vous, voilà la seule question qu'ils poseront[27].

Quelques années plus tard, Mgr Bourget fait pression sur le gouvernement LaFontaine afin que la fête de l'Action de grâce soit décrétée jour férié dans le calendrier civil. Le chef réformiste ne donne pas suite à cette requête. Hector Langevin explique à son frère Edmond que cette conduite de LaFontaine « a été la plus sage ». « S'il avait consulté les sommités catholiques, écrit-il, il eût dû faire de même avec les Anglicans, les Presbytériens, les Juifs, les Junkers, les etc., les etc. Autrement, il eût froissé un grand nombre de susceptibilités. En s'abstenant, il a laissé tout le monde à même d'agir comme bon lui semblait[28]. » Au début des années 1850, Alessandro Gavazzi, un ancien moine italien converti au protestantisme et ardent défenseur de l'unité italienne, effectue une grande tournée nord-américaine. En juin 1853, il se rend à Québec et à Montréal. Dans les deux villes, il pourfend le papisme, en train de se répandre en Occident, selon lui. Des manifestations très violentes ont lieu à Québec le soir du 4 juin, et à Montréal cinq jours plus tard[29]. *La Minerve* critique l'intolérance religieuse des manifestants, vraisemblablement des catholiques irlandais[30]. Quelques jours après les manifestations de Québec, le rédacteur de *La Minerve* écrit : « Nous condamnons de la manière la plus formelle et la plus énergique possible l'attaque faite hier soir sur l'église presbytérienne. Nous regrettons que cette grave atteinte à la liberté puisse dorénavant faire dire : les citoyens de Québec ne sont plus les amis de la liberté religieuse[31]. » Commentant les événements de Montréal, le même journal affirme qu'on ne doit pas contester le « goût de la classe respectable de nos frères séparés de recevoir avec autant de marques de considération, un homme qui n'appartient pas à leurs croyances religieuses [...]. Notre religion nous impose le devoir d'être pacifiques[32] ». Ces réactions de la presse réformiste au fanatisme religieux révèlent une certaine aversion pour les positions dogmatiques qui pourraient diviser la communauté ou troubler l'ordre public.

Tolérants à l'égard des autres religions, les réformistes vont manœuvrer pour que l'État conserve le contrôle de la gestion du réseau scolaire en train de se mettre en place à cette époque. Plusieurs indices révèlent qu'ils ne sont nullement disposés à confier la gestion du système scolaire (primaire) du Bas-Canada à l'Église catholique. En mai 1847, *La Minerve* s'oppose à ce qu'un prêtre catholique puisse un jour devenir surintendant au Bas-Canada : « Cette prétention serait absurde, dans un pays comme le nôtre, dont la population se compose de catholiques et de vingt sectes religieuses protestantes[33]. » Selon le rédacteur, la « générosité des laïcs » a joué un grand rôle dans le développement du réseau scolaire, et le Parlement consacre une partie importante de ses dépenses à l'éducation, ce qui revient à dire que c'est au gouvernement de nommer le surintendant, et non à l'archevêché. Déjà à cette époque, plusieurs voix ultramontaines au sein du clergé réclament que l'Église dispose du plein contrôle du réseau scolaire. L'argument invoqué à certaines reprises par les *Mélanges religieux* au cours de l'hiver 1851 est qu'un surintendant nommé par un gouvernement n'a pas toute l'indépendance requise pour exercer correctement ses fonctions. Obligé de plaire aux ministres du moment, le surintendant est soumis à des pressions partisanes dangereuses. Cauchon convient alors avec les *Mélanges* que la position du surintendant est délicate, car « il dépend *directement* du gouvernement dont il tient sa charge, *durant son bon plaisir,* pour nous servir du langage constitutionnel anglais[34] ». Toutefois, prévient Cauchon, on ne résoudra pas ce problème en confiant cette tâche cruciale à un représentant du clergé, mais davantage en permettant au « chef de l'enseignement » de siéger au Cabinet. Selon le député de Montmorency, un « surintendant ministre » donnerait « plus d'élan, plus de largeur et plus de lumière dans la direction de l'enseignement[35] ». Cette proposition de Cauchon prendra effet en 1867, alors que Cartier et Chauveau — deux leaders réformistes — s'entendent pour créer, l'année suivante, un ministère de l'Instruction publique. Le premier premier ministre de la province de Québec, Chauveau, sera donc aussi, jusqu'à sa démission en 1873, ministre de l'Instruction publique. Cette distance entre l'État et l'Église sur le plan scolaire, nul ne l'incarne mieux que Chauveau, nommé surintendant de l'Instruction publique en 1855. Comme l'établit l'historienne Hélène Sabourin, pendant toute la période durant laquelle il est maître d'œuvre en matière d'éducation, Chauveau multiplie les gestes en faveur d'une plus grande intervention de l'État et des laïcs dans le financement et le fonctionnement de toutes les composantes du système scolaire québécois. Aussitôt entré en poste, Chauveau tente d'instaurer un système de bibliothèques publiques qui relèveraient directement des commissions scolaires, ce que désapprouve l'Église, qui, avec son réseau de « [Cabinets] de lecture paroissiale » exclusivement pourvus de « bons livres », tient à conserver une certaine mainmise sur ce type d'institutions culturelles[36]. Faute de ressources suffisantes, Chauveau n'aura cependant pas le choix de compter sur l'Église. De plus, critique face à l'enseignement dispensé par les religieux dans les collèges classiques, à son avis pas suffisamment « pratique », comme nous l'avons vu au chapitre 3, Chauveau fonde deux écoles d'arts et de métiers — l'une à Montréal (1869), l'autre à Québec (1871) — et une académie commerciale (1869) financées directement par l'État[37]. Selon Sabourin, ce type d'initiatives distingue clairement Chauveau de son prédécesseur, Jean-Baptiste Meilleur, qui souhaitait confier l'enseignement technique aux collèges classiques[38]. Notons enfin que la majorité des professeurs des écoles normales et des membres du Conseil de l'Instruction publique sont des laïcs. Chauveau souhaite d'ailleurs que la carrière enseignante attire les jeunes talents qui ne sont pas intéressés par les carrières libérales ou qui n'ont pas la vocation pour devenir clercs, d'où ses démarches constantes auprès des commissions scolaires afin que celles-ci améliorent les conditions de travail offertes aux enseignants.

Si les réformistes ne critiquent guère le caractère fondamentalement non confessionnel de la loi de 1841, s'ils ne montent pas au créneau pour défendre les prérogatives institutionnelles de l'Église catholique, ils ne peuvent cependant échapper au débat sur les biens des Jésuites. Un amendement à la loi de 1841, adopté en 1842, permet d'éviter que la dotation jésuite soit absorbée par le fonds consolidé de la colonie. « Aux affaires » en 1842, LaFontaine ne fait pas de cette question une priorité. Lorsque vient le temps de nommer un commissaire aux biens des Jésuites, il louvoie, ne sait trop quelles directives donner : « Il est vrai, avoue-t-il à un correspondant, que je connais peu de choses de l'administration des biens des Jésuites[39]. » Quelques mois plus tard, il semble toutefois pencher vers une juste distribution de cette dotation entre les différentes confessions du Bas-Canada. En visite à Kingston, où siègent les membres de l'Assemblée législative, le grand vicaire Hyacinthe Hudon, une sorte de « chef de cabinet » de Mgr Bourget, rencontre le chef réformiste.

> Ce Monsieur m'assure qu'il n'y aura et qu'il ne peut y avoir cette année de mesure prise pour l'emploi des revenus des Jésuites ; qu'il faut auparavant qu'il y ait un recensement fait de toute la population protestante et catholique du Bas-Canada, ce qui aura lieu probablement l'année prochaine ; qu'alors les biens des Jésuites seront nécessairement partagés entre les Catholiques et les Protestants en proportion de la population, et cela pour l'éducation des uns et des autres[40].

Voilà une mauvaise nouvelle pour l'évêque de Montréal, qui comptait sur cette dotation pour fonder à Montréal une première université française en Amérique[41]. LaFontaine n'a cependant pas le temps de régler cette affaire. Après s'être brouillé avec le gouverneur Metcalfe, il retourne dans l'opposition en novembre 1843.

Dans le nouveau ministère tory, ce sont les deux Denis-Benjamin (Viger et Papineau) qui représentent les Canadiens français. Ces deux hommes n'ont pas l'appui des réformistes du Bas-Canada. Or, c'est à eux que revient la tâche de trancher la délicate question des biens des Jésuites. En mai 1846, Viger fait valoir que la dotation des Jésuites est un vieil héritage de la Nouvelle-France qu'il importe de faire disparaître, car selon lui, la France de Louis XIV n'avait pas le même degré de tolérance à l'égard des minorités religieuses. Le contexte religieux de la colonie ayant changé, le temps serait venu de céder ces biens à la Couronne, ajoute Viger, afin que les protestants autant que les catholiques puissent jouir de cette dotation[42]. Son collègue Papineau partage cet avis. Les catholiques du Bas-Canada ne sont plus les seuls à vivre sur ce territoire, explique-t-il à la Chambre ; ils doivent donc partager cette dotation avec d'autres[43]. Leur position est conforme à l'esprit de la loi de 1841. Elle est assez proche de celle que LaFontaine défendait trois ans plus tôt devant le grand vicaire Hudon. Pourtant, les réformistes canadiens-français s'opposent farouchement au projet tory et réclament que les biens des Jésuites ne profitent qu'à l'éducation des seuls catholiques du Canada-Est. Le 28 mai 1846, Augustin-Norbert Morin présente un amendement à une résolution déposée par William Cayley qui propose de répartir équitablement les revenus des biens des Jésuites entre les institutions d'enseignement catholiques et protestantes du Bas-Canada. L'amendement de Morin stipule que les revenus des biens des Jésuites « devraient être mis à la disposition de l'Église Catholique du Bas-Canada » et ne servir par conséquent qu'aux seuls catholiques[44]. Cette proposition d'amendement, qui reçoit l'appui des seuls réformistes canadiens-français, sera rejetée par l'Assemblée. Si elle avait été adoptée, cela aurait signifié que les revenus des biens des Jésuites auraient échappé au contrôle du Conseil exécutif. LaFontaine revient donc à la charge, mais avec une proposition d'amendement plus prudente. Probablement parce qu'il souhaite remettre le débat à plus tard, il propose de biffer la dernière partie de la motion de Cayley qui prescrit la façon dont les revenus des biens des Jésuites seraient partagés. La motion ainsi amendée aurait réitéré la décision de 1831 voulant que les revenus des biens des Jésuites « soient consacrés à l'Éducation dans cette partie de la Province ci-devant le *Bas-Canada*[45] », mais sans évoquer la question du partage entre catholiques et protestants. La proposition d'amendement de LaFontaine connaît toutefois le même sort que celle de Morin, et la motion de Cayley est finalement adoptée. L'« Acte pour approprier les revenus provenant des Biens des Jésuites pour l'année mil-huit-cent quarante-six » est ratifié par le gouverneur le 9 juin 1846.

Cette position réformiste s'apparente à une volte-face : quelques années plus tôt, LaFontaine semblait disposé à fournir aux protestants leur part du gâteau ; quelques mois plus tôt, Morin se montrait très ouvert à l'école commune. Comment expliquer ce retournement apparent ? Les réformistes font-ils preuve d'opportunisme ? Cautionnent-ils certaines idées ultramontaines ?

Dans la décision des réformistes, il y a certainement une part de calcul stratégique. Morin, LaFontaine et Chauveau souhaitent isoler Viger et Papineau le plus possible sur cet enjeu délicat, question de faire ressortir encore plus clairement leur manque de légitimité. Évidemment, l'appui du clergé sur cette question ne peut qu'aider les réformistes, car il faut rappeler que le ministère auquel appartiennent Viger et Papineau est dominé par des tories depuis les démissions de LaFontaine et de Baldwin du gouvernement, en novembre 1843. Toutefois, et c'est là selon moi la véritable raison de cette apparente volte-face réformiste, il y a alors un danger réel de voir cette cagnotte importante utilisée à d'autres fins que celle de l'éducation de la majorité bas-canadienne. Les porte-parole réformistes reviennent constamment sur le fait que le Bas-Canada ne reçoit pas sa part des investissements publics. Cela vaut bien sûr pour les infrastructures, mais aussi pour l'indemnisation des rebelles de 1837-1838[46]. Ils s'opposent également à ce que les taxes courantes servent à couvrir les pertes encourues lors des rébellions au Bas-Canada. « De spoliations en spoliations, on finira par priver toutes nos institutions de charité et religieuses des avantages qui leur étaient garantis avant l'union des Provinces[47]. » Cette crainte de voir le ministère tory utiliser la dotation jésuite à d'autres fins est clairement exprimée dans le manifeste « de la réforme et du progrès » publié par des personnalités de Québec et rédigé par Chauveau.

> Les revenus des biens [...] des Jésuites ont été appropriés de manière à mécontenter toute la population du Bas-Canada et principalement la population catholique, et ont servi à payer des dépenses qui avaient été

jusque là défrayées à même le fonds consolidé, ce qui équivaut à un partage de ces revenus entre les deux sections de la province[48].

En somme, si les réformistes plaident pour que les biens des Jésuites ne servent que les catholiques — un souhait important du clergé, il va sans dire —, c'est aussi pour s'assurer que les tories au pouvoir ne puissent d'aucune façon avoir accès à cette cagnotte. Il s'agit bel et bien d'une décision politique dictée par la méfiance qu'inspire un ministère dominé par une majorité non canadienne-française.

Mais bien au-delà de cette motivation stratégique, les arguments juridiques sur lesquels se fondent les réformistes pour appuyer les évêques renvoient à une certaine idée de la justice tout à fait conforme aux normes d'une société libérale. Pour comprendre le cheminement des réformistes, notamment celui de Morin, il vaut la peine de s'attarder à la *Note sur les biens que les Jésuites possédaient en Canada, et sur l'affectation que ces biens doivent recevoir aujourd'hui,* dont on trouve la version originale dans les archives d'Augustin-Norbert Morin.

Dès 1843, Mgr Bourget croit nécessaire de fonder la requête des évêques sur un avis juridique solide et convaincant. Arrivé en Europe en décembre 1843, le grand vicaire Hyacinthe Hudon est chargé de solliciter un juriste éminent qui saura fonder en droit les prétentions de l'épiscopat canadien sur les biens disputés. Grâce à l'intervention de jésuites haut placés, Hudon entre en contact avec le comte de Vatimesnil, un juriste respecté par les milieux catholiques et autrefois ministre de l'Instruction publique, sous Charles X. C'est durant l'hiver 1844 que le comte effectue ses recherches et rédige le mémoire attendu. Mais il n'est pas convaincu de posséder toutes les connaissances pour s'acquitter de cette lourde tâche :

> L'affaire qui intéresse M. Hudon, explique-t-il à un jésuite français, a exigé de moi beaucoup de travail et de recherches. Elle se rattache à des questions qui étaient nouvelles pour moi. Je ne sais même si, en traitant de cette matière si peu connue aujourd'hui *de la nature des biens de l'Église et de l'immutabilité de leur destination* je ne suis pas tombé dans quelque erreur. Vous et les révérends Pères qui êtes dans votre maison,

connaissez ces choses bien mieux que moi. Je vous soumets mon travail.
Ne le considérez que comme un projet et faites tels changements que
bons vous semblera[49]…

Lorsqu'il revient à Montréal le 30 octobre 1844, le grand vicaire
Hudon a dans ses valises le mémoire du comte. Selon toute vraisemblance, ce mémoire n'est qu'une première mouture de l'avis juridique
qui sera finalement envoyé à l'imprimeur Augustin Côté au début de
l'année 1845. Est-ce parce qu'ils ont repéré certaines erreurs de faits ou
de dates ? Est-ce parce qu'ils ont été avertis des insuffisances du comte,
admises d'ailleurs par le principal intéressé ? Toujours est-il que les
évêques demandent à Augustin-Norbert Morin de réviser le mémoire
et d'y apporter les changements nécessaires afin qu'il soit le plus solide
possible. Le 11 décembre 1844, Morin présente au grand vicaire Cazeau,
de Québec, la liste de ses nombreux ajouts et changements au mémoire
original[50]. Jusqu'au dénouement de cet épisode, Morin agira d'ailleurs
comme avocat des évêques dans cette affaire. Même s'il était député, il
sera dûment rétribué pour ses services[51].

Cette *Note sur les biens que les Jésuites…* retrace l'histoire de cette épineuse question. Constitués de terres accumulées par la Société de Jésus à
l'époque de la Nouvelle-France, ces biens ont de multiples provenances.
Plusieurs de ces terres ont été cédées par le roi ; d'autres ont été achetées
par la Société de Jésus ; certaines ont été offertes par des particuliers, ce
qui n'est pas sans importance dans l'argumentaire du comte de Vatimesnil et de Morin, comme je le montrerai plus loin. Après l'introduction
historique et ces quelques précisions quant à l'origine de ces biens, on en
arrive à la question centrale du mémoire : « Les biens des Jésuites doivent
être employés à l'*éducation* ; c'est un point arrêté et que personne ne
conteste. Mais doivent-ils l'être exclusivement à l'entretien des Collèges
ou écoles catholiques ? Ou peut-on en distraire une partie pour les collèges et écoles tenus par des Protestants ? Voilà la question[52]. » Si les
auteurs conviennent que c'est d'abord à la législature de trancher, ils
annoncent clairement leurs couleurs dès le début : « La justice, l'équité et
les convenances se réunissent en faveur des collèges ou écoles catholiques. » On note tout de suite la nature des concepts invoqués : la justice,

l'équité et les convenances, et non pas l'histoire, la tradition, voire même la culture, ni la supériorité de la religion catholique sur les autres religions, ni la philosophie ou de savantes théories sur le vivre-ensemble.

Le premier argument invoqué est celui de la séparation de l'Église et de l'État. Sous l'ancien régime français, rappelle-t-on, la fonction spirituelle nécessitait que l'Église puisse compter sur des revenus indépendants. Dans le cas du Bas-Canada, ces revenus provenaient de la dîme versée par chaque paroissien à son Église et des biens des Jésuites. C'est du moins ainsi, précise-t-on, qu'on voit les choses en France avant la révolution de 1789. Selon l'interprétation étonnante que propose le mémoire, cette « séparation » — c'est bien le concept qui est utilisé — aurait été abolie lors de la Révolution française, puisque les prêtres sont alors devenus des salariés de l'État. Si l'Église du Bas-Canada ne disposait plus des revenus des biens des Jésuites, elle deviendrait, tout comme dans la France postrévolutionnaire, inféodée à l'État, soumise à son diktat, une perspective que ne souhaitent certainement pas envisager les autorités de la colonie, qui ont bien d'autres chats à fouetter. Au milieu des années 1840, il est bien évident que le concept de « séparation » ainsi employé n'a pas la même portée polémique qu'après l'instauration de la IIIᵉ République française. Il s'agissait davantage de protéger la liberté de l'Église face à un État qui cherchait à instrumentaliser les clercs pour qu'ils servent mieux la cause du régime. Le deuxième argument invoqué a trait au droit de propriété. Parmi les biens des Jésuites, il y a ces terres concédées jadis par de simples particuliers qui souhaitaient en faire profiter l'Église catholique et ses fidèles. En accaparant ces biens, « l'État [...] auroit non seulement dépouillé l'Église et frustré la société catholique de services auxquels cette société avoit droit, mais encore violé la loi que le donateur avait établie ». Si l'État s'avisait de commettre cette « spoliation » — ce concept fut ajouté par Morin —, il serait donc dans l'obligation de rétrocéder ces terres aux descendants des donateurs, car il n'aurait pas respecté les vœux des propriétaires qui, jadis, étaient libres de disposer de ces biens comme ils l'entendaient. « Ainsi, à moins que la conquête n'ait changé cet état de choses, il faut reconnaître que les biens dont il s'agit conservent encore aujourd'hui le caractère de biens de l'Église catholique et que par conséquent on ne pourroit aujourd'hui, sans commettre un excès de pouvoir, une usurpation, leur donner une destination qui ne seroit pas exclusivement catholique. » Selon les auteurs du mémoire, la Conquête n'est pas censée avoir affecté le droit de propriété, elle ne concerne *que* la « souveraineté du pays », c'est-à-dire le « droit public », son effet « ne s'étend pas plus loin ». En revanche, tout ce qui est du domaine privé doit être préservé : « Le conquérant ne peut s'emparer des propriétés appartenant à des particuliers [...]. Il ne peut pas davantage s'emparer des biens appartenant soit à l'Église, soit aux hôpitaux, soit aux communes ; car ces propriétés n'existent que dans l'intérêt spirituel et temporel des habitants, et par conséquent, elles doivent être respectées comme des propriétés privées. » En somme, l'Église est une association qui, telles des personnes morales reconnues par la loi ou tels des individus protégés par l'État, a le droit de posséder des biens, fussent-ils hérités de l'époque de la Nouvelle-France. Contrevenir à cette règle, ce serait violer le droit de propriété pourtant respecté par le conquérant après 1760. « La conquête n'a rien changé à la nature des biens des Jésuites, ni au droit exclusif que l'Église catholique avoit sur ces biens. » Enfin, le dernier argument renvoie à l'idée de tolérance religieuse chère aux esprits libéraux de cette époque. Selon les auteurs du mémoire, il est clair qu'« aux yeux des catholiques les biens en question ont un caractère sacré ». Dépouiller les catholiques de ces biens serait donc une offense très grave, voire un affront : « Les sentiments des Canadiens catholiques seroient blessés. » Aux autorités coloniales, on suggère la prudence : « La politique s'oppose à ce qu'on froisse des sentimens de cette nature. » Et les auteurs d'ajouter :

> On a pu hésiter à cet égard en 1774 et en 1790, époques où les principes de la tolérance religieuse étaient mal compris et surtout très peu pratiqués ; mais heureusement depuis ils ont fait des progrès ; et les mêmes idées qui ont amené en France la liberté des cultes et en Angleterre l'émancipation des catholiques doivent déterminer la législature du Canada à réserver exclusivement à la religion catholique des ressources qui originairement n'ont été créées que pour elle et qui ne sauraient être portées ailleurs sans faire naître dans l'âme de tous ceux qui professent ce culte une juste et profonde affliction.

Plutôt que de « blesser » les catholiques du Bas-Canada, plutôt que de leur faire subir une « profonde affliction », comme au temps des guerres de religion où chaque confession tentait d'imposer ses dogmes aux autres, la législature canadienne ne devrait-elle pas prendre acte des progrès de la tolérance religieuse qui emporte l'adhésion de pays comme la France et la Grande-Bretagne ? Accepter que les catholiques puissent seuls bénéficier des biens des Jésuites en matière d'éducation, n'est-ce pas, au fond, montrer un réel souci pour la coexistence pacifique des différentes confessions religieuses au sein d'une même société ? N'est-ce pas prendre fait et cause pour un certain progrès des mœurs que d'agir ainsi ? Ce dernier argument n'étonne guère, sous la plume d'Augustin-Norbert Morin, lui qui ne disait pas autre chose dans la conférence citée plus haut.

Une lecture attentive de ce mémoire tend à montrer que l'appui des réformistes à la position des évêques n'a rien d'une conversion au projet idéologique des ultramontains. Et la séparation de l'Église et de l'État, le droit de propriété et la tolérance religieuse ne sauraient faire partie de la matrice idéologique de l'ultramontanisme. Si les réformistes appuient finalement la demande du clergé, ils ne renoncent pas pour autant à une certaine conception de la société. Lorsqu'on y regarde de plus près, on remarque que les Canadiens français courent alors le risque de perdre la maîtrise d'une dotation extrêmement importante pour l'époque. Lorsque, dans une lettre au grand vicaire Cazeau, Morin explique qu'en agissant comme procureur des évêques sur cette question, « je sais bien sûr qu'en cela j'agirai *nationalement*[53] », c'est sûrement à cet aspect politique des choses qu'il fait référence. Que l'on soit ultramontain ou libéral, réfractaire ou favorable à l'esprit du temps, il faut faire passer les intérêts de la communauté nationale canadienne-française avant ceux des idéologies des uns et des autres. Le primat du « national » compte sûrement pour beaucoup dans la décision des réformistes d'appuyer les évêques, ce qui ne veut pas dire que les réformistes aient pour autant renoncé à leur vision de la société, comme en fait bien foi l'argumentaire de Morin. À cette intention probable des acteurs de l'affaire s'ajoute une autre explication qui, elle, a probablement échappé aux contemporains. Cette autre explication renvoie au fonctionnement d'une société libérale qui, certes, reconnaît des droits aux individus, mais accorde aussi beaucoup de privilèges aux « associations », qui deviennent ainsi autant de « personnes morales » sur lesquelles l'État se fonde pour établir un certain ordre des choses. Parmi les droits fondamentaux revendiqués par les citoyens des sociétés modernes, il y a en effet, comme l'a fait voir Jean-Marie Fecteau, celui de se regrouper au sein d'associations « privées[54] ». Alors que les sociétés d'ancien régime étaient marquées par l'union du trône et de l'autel, par le caractère sacré du pouvoir, dans les sociétés modernes, l'exercice du culte devient une affaire qui ne regarde que les fidèles regroupés au sein d'Églises instituées qui voient à l'administration des rites. Même si, à plusieurs égards, il y aura de nombreuses interférences entre les sphères publique et privée, notamment lorsque viendra le temps de prendre en charge les pauvres, les malades et les déviants, l'Église catholique du Québec en vient peu à peu à revendiquer une certaine place au nom de la liberté de ses croyants à adhérer à ses dogmes[55]. Ce qui ressort de l'argumentaire du mémoire défendu par Morin, n'est-ce pas au fond cette idée que l'Église catholique peut être défendue en tant qu'association ? N'est-ce pas cette idée qu'une société libérale confère aux associations des droits que l'État ne devrait jamais violer ? Ne peut-on pas lire ce mémoire comme un vigoureux plaidoyer en faveur de la liberté d'association des catholiques du Bas-Canada, qui souhaitent voir respecter leurs droits ?

La fonction sociale du clergé

Si les réformistes se montrent tolérants à l'égard des protestants, s'ils sont jaloux des prérogatives de l'État en matière d'éducation, et s'ils perçoivent l'Église catholique avant tout comme une « association », considèrent-ils pour autant que le religieux n'est qu'une affaire privée qui ne regarde pas l'ensemble de la société ? Cette distance critique face au clergé et à l'Église fait-elle des réformistes d'authentiques libéraux pour qui la religion est une affaire strictement personnelle, comme c'est le cas aujourd'hui ? Certainement pas. Au milieu du XIXᵉ siècle, la tâche du clergé n'est plus de convertir des « sauvages » ni de civiliser des païens, mais de moraliser le peuple, de le rendre meilleur afin que la société puisse renforcer ses liens. En août 1843, on peut lire dans *Le Journal de Québec* :

> Plus le principe religieux est fort et un chez un peuple, plus il y a d'ensemble dans sa volonté, et plus il est capable d'opérer de grandes choses ; mais chez les nations où est nul ou presque nul ce principe religieux et moral, il y a autant de centres qu'il y a d'individus, dont les intérêts égoïstes se heurtent constamment dans leur sphère d'attraction réciproque, et les hommes ne sont plus alors que des bêtes féroces, qui se déchirent ou se tuent sans scrupule et sans remords, pour une proie de nulle valeur[56].

Ce qui frappe, dans cet extrait, c'est l'expression « principe religieux ». Ce n'est pas seulement la religion catholique qui fortifie la société ou la nation, mais un plus grand dénominateur commun. Ce ne sont pas les préceptes d'une religion particulière qui préservent la société du désordre, mais le fait de se soumettre à des normes morales formulées par un « principe religieux ». Comme on l'a vu dans le chapitre précédent, les réformistes estiment que l'indigence du pauvre et du criminel est surtout morale, d'où la nécessité de mettre sur pied des institutions capables de transmettre la vertu, d'où également l'importance que joue la femme dans la famille et dans la sphère privée. Mais il faut plus pour venir à bout des grandes plaies sociales, selon les réformistes. Le rôle principal du clergé est de combattre cette indigence morale, de réformer les âmes afin que les plus miséreux corrigent leurs vices.

Cette « moralisation » du peuple doit commencer à l'école. Même si la plupart des réformistes ne militent pas activement en faveur d'une structure confessionnelle de l'éducation, ils estiment nécessaire de transmettre des valeurs religieuses à l'école, et ce, quelle que soit la religion, pourvu qu'elle serve la cohésion sociale, l'unité du groupe et la prospérité. *La Minerve* cite en exemple, en juillet 1845, le cas d'un enseignant d'une école protestante de Laprairie. En plus d'appliquer d'excellentes méthodes d'enseignement pour faire apprendre les notions pratiques de grammaire, de physique et d'arithmétique, cet enseignant inspire « aux enfants l'amour de Dieu et de la morale de manière à ne blesser la croyance d'aucun d'eux[57] ». D'une certaine façon, ce n'est pas la confession religieuse qui compte le plus aux yeux des réformistes, mais l'amour de Dieu et l'intériorisation de certaines normes. Voilà bien une citation révélatrice qui semble témoigner du fait qu'il faut avant tout transmettre une morale sociale aux enfants, et non leur inculquer à tout prix les dogmes d'une religion, fût-elle supérieure aux autres. À certains rouges qui réclament un enseignement laïc, *La Minerve* répond en décembre 1854 qu'un « enseignement religieux *quelconque* vaut mieux que l'indifférence dans une société[58] ». Les réformistes consentent donc à ce que les prêtres catholiques ou les ministres protestants choisissent les livres scolaires des écoles de leur confession. Ils acceptent également que les protestants soient les visiteurs *ex officio* des écoles de leur confession dès le milieu des années 1840. Dans un discours qu'il prononce lors du banquet des instituteurs de 1857, Chauveau explique que l'éducation véritable n'est possible que s'il existe une « union de l'instituteur et du prêtre ». Selon le surintendant de l'Instruction publique, par ailleurs jaloux des prérogatives de l'État sur le plan scolaire, « ces deux puissances, chargées de veiller au perfectionnement moral et absolu de l'espèce humaine », doivent travailler ensemble[59], car l'école doit aussi se préoccuper de l'âme des jeunes qu'elle forme. Elle doit certes produire des agriculteurs et des commerçants performants, mais aussi des personnes capables de vivre en société en répondant à ses exigences morales. Un tel type d'éducation ne peut avoir qu'un fondement religieux, explique un autre rédacteur du *Journal de l'instruction publique*[60]. Pas d'éducation sans morale, pas de morale sans religion, font valoir plusieurs réformistes. Les réformistes catholiques, tout comme leurs vis-à-vis protestants ontariens, ne peuvent concevoir de morale en dehors du religieux. Leur perspective se situe donc à l'opposé de celle des républicains français, pour qui les règles du civisme — fruit d'une sorte de contrat social entre citoyens — doivent la plupart du temps être définies contre les religions.

Mais le rôle social du prêtre et de la religion doit surtout s'exercer en dehors de l'école : là où certains vices sévissent. Leur tâche la plus urgente est de combattre l'indigence morale de ceux, de plus en plus nombreux, notamment dans les villes, qui ralentissent le progrès de la société. En janvier 1848, Cauchon résume d'un trait de plume les deux vices à combattre : « Le luxe et l'ivrognerie, sources de tous les autres maux, tuent chez nous les mœurs, le bien-être et la prospérité[61]. »

D'abord le luxe, un vice propre aux sociétés qui s'enrichissent, soutient *La Minerve*. La prospérité met beaucoup d'argent en circulation, explique le journal, qui ne voit pas d'emblée ce phénomène d'enrichissement d'un mauvais œil. Le danger, croient les réformistes, se profile toutefois lorsque, chez certains, la richesse se pavane, lorsque l'argent provoque des excès d'orgueil. Pour des sociétés en développement comme le Canada, le luxe a quelque chose de très choquant, car cela risque d'absorber « toutes nos facultés pour le seul gain de l'argent, comme si c'était l'unique affaire de l'homme, comme s'il n'y avait pas de meilleurs sentiments et des occupations plus nobles, plus dignes de notre nature », explique un rédacteur de *La Minerve*. À trop s'occuper du paraître, à trop vouloir briller, on en oublie l'essentiel, écrit-il : « En effet, qu'est-ce qu'un homme qui n'a qu'une pensée, celle de faire des piastres pour nourrir son orgueil, flatter sa vanité, se donner une existence toute matérielle, comme si cet homme ne se composait pas de deux substances dont celle morale demande bien plus de soins que celle purement physique[62] ? » Les excès de luxe renvoient à la pire facette de l'homme, à sa dimension matérielle la plus vile. La richesse ne doit pas être accumulée pour elle-même, mais pour servir des œuvres, pour secourir ceux qui sont dans le besoin. De toute façon, poursuit le rédacteur, celui qui se préoccupe uniquement d'argent sera toujours déçu.

> Après avoir sacrifié les plus belles années de sa vie à ce faux Dieu, nos richesses n'en sont pas plus grandes, parce que les désirs de notre cœur, les convoitises de notre esprit, gâtés par le luxe, surpassant de beaucoup tous nos soins et notre industrie […], nous font faire les plus grandes dépenses qui nous ramènent à notre premier dénuement[63].

Cette fièvre du luxe, explique de son côté la *Revue canadienne*, atteint également certains agriculteurs imprudents qui, ayant acquis des

« profits considérables », ont souvent contracté des « habitudes d'aisance [et] même de luxe[64] ». Voilà un vice dangereux, comme l'affirme un certain « M » dans le même journal, quelques semaines plus tard. Il ne faut pas que les « appétits physiques tiennent le premier rang », car cela éloigne des tâches essentielles de la société. La « frugalité », explique-t-il, est l'« aliment le plus actif du génie ou de l'esprit[65] ». Et ce combat moral contre le vice du luxe ne saurait être remporté grâce à des réformes politiques ou à des lois. Cette tâche difficile incombe à un clergé toujours à l'affût des manifestations les plus sournoises de ce vice, selon la presse réformiste. Péché d'orgueil, le penchant pour le luxe est l'affaire des clercs qui, en chaire, durant les confessions du dimanche ou lors des tournées périodiques dans chacune des chaumières, sont mieux placés que les législateurs pour freiner cette plaie dangereuse et peut-être contagieuse.

Cette compétence morale, le clergé de l'époque doit également la mettre à profit pour combattre un autre vice, encore plus grave celui-là : l'intempérance. Entre le début des années 1840 et le milieu des années 1850, il se crée dans de très nombreuses paroisses des « sociétés de tempérance[66] ». Les catholiques canadiens-français prennent ainsi le relais dans un combat initié par les protestants du Bas-Canada et d'ailleurs en Amérique du Nord. Le Maine prohibe l'alcool en 1851, le Nouveau-Brunswick fait de même cinq ans plus tard. La première société de tempérance est créée en 1828 à Montréal par le pasteur presbytérien Joseph Stibbs[67]. Des hommes d'affaires anglophones de Montréal comme John Redpath, Jacob De Witt et John Dougall vont militer activement pour cette cause durant les années 1840 et 1850[68]. La lutte contre l'intempérance est une grande préoccupation qui transcende les courants politiques. Comme l'a démontré l'historienne Jan Noel, les réformistes ne sont pas les seuls à se soucier de cette question : les ultramontains autant que les rouges appuient le mouvement contre l'intempérance[69]. Chez les Canadiens français, la popularité de ces sociétés de tempérance tiendrait de l'action combinée de certains prédicateurs — Forbin-Janson (1840-1841) et Chiniquy (1847-1851) — qui parcourent les campagnes et des curés qui assurent le suivi concret. À de nombreuses reprises, la presse réformiste encourage la formation de ces nouvelles associations et salue l'action des prédicateurs. Toutes ces associations, peut-on lire dans *Le Journal de Québec*, sont « un des moyens des plus puissants de régénérer la société et de lui donner une base d'ordre et de bonheur de tout genre[70] ». En véritable croisé de la tempérance, Chiniquy contribue singulièrement à ce « grand travail de réhabilitation intellectuelle et matérielle ». Résultat : ces « liqueurs démoralisatrices » trouvent de moins en moins preneur, soutient le journal en janvier 1850[71]. À Montréal, *La Minerve* se réjouit de la tenue, au marché Bonsecours, d'une grande assemblée publique qui aurait réuni entre 4 000 et 5 000 tempérants. Cette lutte importante contre les boissons enivrantes, explique le journal, doit se répandre dans toutes les paroisses de la région de Montréal. La presse réformiste rapporte la tenue de plusieurs autres assemblées de tempérants et vante le rôle fondamental que joue le clergé pour le « peuple canadien[72] ».

Les effets funestes de l'intempérance sont constamment décriés par la presse réformiste. Mieux vaut mettre son argent ailleurs que dans la boisson, explique par exemple le rédacteur du *Canadien* : « La sobriété laissera aux pères de familles d'amples moyens de faire instruire leurs enfants, l'instruction enfantera l'industrie[73]. » Un jour ou l'autre, poursuit le journaliste, il faudra que les maisons d'éducation remplacent les tavernes, que ces « liquides empoisonnants » soient remplacés par de l'encre pour écrire. Cette infâme passion pour la bouteille en réduit certains à la mendicité, déplore de son côté *Le Journal de Québec*, qui rapporte qu'un cultivateur ivrogne aurait été obligé de vendre sa terre à des étrangers[74]. L'intempérant perd donc le sens des priorités, en vient à sacrifier l'essentiel — c'est-à-dire parfois son bien —, pourvu qu'il puisse se procurer les bouteilles nécessaires à la satisfaction de son vice. La boisson « appesantit l'esprit », explique le journaliste, et dépouille donc l'industrieux de sa vigueur et de son imagination[75]. Voilà une bonne raison de redouter certains camps de bûcherons qui provoquent chez plusieurs des « habitudes vicieuses ». « [Écoles] d'ivrognerie », ces camps donnent de mauvaises habitudes à certains qui, dès leur retour à la maison, tombent dans la « débauche et la dissolution[76] », fait valoir *La Minerve*. De telles habitudes, une telle dissolution n'ont évidemment rien pour encourager la production de la richesse, d'expliquer la *Revue canadienne*, pour laquelle les « habitudes de frugalité, d'économie et de tempérance [...] ont une grande influence sur la prospérité et le repos des familles[77] ».

En plus d'avoir un effet négatif sur le développement de la richesse, l'intempérance contribue à la dissolution des mœurs. En juin 1843, *Le Journal de Québec* explique que le meurtre de l'un des citoyens de la vieille capitale est le produit des « funestes effets de l'intempérance[78] ». Pour la seule année 1847, rapporte le même journal quelques années plus tard, plus de « 1 625 personnes tant hommes que femmes ont été conduites ivres devant l'inspecteur de police » de Québec : preuve que la source du crime est souvent la boisson. C'est donc l'ivrognerie qui est la cause de cette « vie dépravée[79] » et de ces crimes. Dans *La Minerve*, en novembre 1847, on apprend que ce serait l'« usage immodéré de liqueurs fortes » qui serait la cause du suicide d'un certain Edouard McGrath. Cette consommation excessive aurait entraîné un « dérangement d'esprit » qui expliquerait ce geste sacrilège[80]. La même cause est attribuée au suicide du révérend A. H. Rose, de Toronto. Ce dernier, explique le journal, « avait été démis pour cause d'intempérance, et c'est ce vice qui a causé son désespoir et sa destruction finale[81] ».

L'historien Louis Rousseau perçoit cette lutte contre l'intempérance comme une tentative de « régénération sociale » chez une élite inquiétée par la rapidité des transformations économiques, politiques et culturelles qui ont lieu au milieu du XIXe siècle[82]. Sous la plume de plusieurs réformistes, cette régénération est d'abord « nationale ». Dans *L'Aurore des Canadas*, en juillet 1840, Barthe public un texte révélateur intitulé « L'intempérance sous le rapport politique ». « Victime d'une passion qui l'abrutit », l'ivrogne n'est pas capable d'« entrevoir les chaînes dont on le charge ». Pour rendre un peuple libre, il ne faut pas seulement miser sur les lois et les institutions, mais aussi sur la vertu et la moralité : « Faisons le peuple vertueux et il sera libre, donnons-lui en énergie morale ce qui lui manque en pouvoir et en richesses et il sera l'égal de ses oppresseurs. » Barthe cite l'exemple des campagnes de Daniel O'Connell contre le whisky britannique, qui auraient permis aux Irlandais de se ressaisir et d'affronter plus efficacement les Anglais, car « la masse du peuple affranchie de la dégradation qui accompagne toujours l'intempérance, sentira plus que jamais que les hommes sont égaux et qu'un peuple ne peut être légalement l'esclave d'un autre peuple ». En somme, « le seul bon chemin pour parvenir à la liberté, [c'est] la vertu[83] ». Pour parvenir à cette liberté politique de la patrie, il faut être capable de maîtriser les passions débilitantes qui peuvent éloigner les citoyens des grandes tâches collectives. Chez Barthe, la finalité est donc essentiellement patriotique. En 1845, rapporte la *Revue canadienne*, la Société Saint-Jean-Baptiste affiche fièrement sa devise, « Rendre le peuple meilleur », lors du défilé qui parcourt les rues de Montréal. À la fin de la procession, une série de discours sont prononcés en face de l'église Saint-Jacques. Invité à prendre la parole, le président d'une société de tempérance déclare que le « moyen de rendre le peuple bon, c'est de le rendre sobre. Alors il sera heureux, il sera florissant, et récompensé au centuple de ses travaux et de son labeur[84] ». Cette ambition de « rendre le peuple meilleur », on la retrouve dans *Le Journal de Québec* en août 1847. « Fondement inébranlable dans le mode d'institution de la société », la vertu de la tempérance permet de combattre les pires vices, et non pas seulement l'ivrognerie. Car il faut aussi être tempérant dans le « luxe, dans l'orgueil, dans la médisance, dans la colère, dans la paresse, dans tout vice[85] ».

Ce thème de la régénération par la morale, ce combat à mener contre le vice, est omniprésent dans la presse réformiste. Et dans l'esprit des réformistes, cette tâche incombe en premier lieu à l'Église, avec ses prêtres et ses sœurs dévoués, et ses prédicateurs charismatiques ; seule l'Église, estiment les réformistes, peut s'occuper de cette œuvre sociale et patriotique. Cette mission nécessaire doit être l'œuvre du clergé, non celle des législateurs-politiciens. Pour venir à bout d'un vice comme l'intempérance, les réformistes ne croient pas à l'action de la loi.

Durant les premières années de la décennie 1840, alors que les sociétés de tempérance se multiplient, certains réformistes se montrent ouverts à des mesures plus restrictives en matière d'alcool. En janvier 1843, *La Minerve* fait valoir que la Suède vient d'adopter une loi qui prévoit l'abolition pure et simple des distilleries. « Noble et réformatrice », une telle mesure législative appliquée au Bas-Canada aurait probablement un effet positif et régénérateur, pense le rédacteur du journal. Toutefois, s'empresse-t-on d'ajouter, on aurait tort de croire que le problème de l'intempérance peut se régler seulement par la voie légale. La société doit guérir elle-même du mal qui la travaille, et cette tâche nécessite un « agent social », des chefs inspirants qui influenceront les « rangs subalternes [à] agir à leur instar[86] ». Le rédacteur convient cependant qu'il faudrait probablement diminuer le nombre d'auberges, une proposition à laquelle d'autres souscriront[87]. En Chambre, la question des mesures à prendre pour combattre l'intempérance est surtout soulevée par la minorité loyaliste du Bas-Canada. Député de Sherbrooke, Bartholomew Gugy croit qu'il faudrait mener une enquête sur cette question afin de recenser le nombre d'endroits où l'on vend de la boisson sans permis, surtout à Montréal. Selon lui, « la moitié des insensés, les deux tiers des crimes et des suicides ainsi que la pauvreté sont le résultat de la consommation d'eau-de-vie[88] ». Au cours des mois qui suivent, la Chambre d'assemblée met sur pied un « comité spécial chargé de s'enquérir quelles mesures pourraient être adoptées [sic] pour remédier aux maux qui résultent de l'intempérance[89] ». Malgré des témoignages plus que divergents sur la question, les membres du comité spécial recommandent la ligne dure. Dans leur rapport, on peut lire que « l'intempérance mène au crime, à la folie, et à la mendicité ». Pour remédier à ce fléau, on propose d'« abolir ou au moins diminuer » le nombre de cabarets, et surtout de prohiber la distillation et le commerce des « liqueurs spiritueuses ». En mai 1850, la Chambre met à nouveau sur pied un comité sur la tempérance. Gugy en fait évidemment partie, ainsi que Cauchon et Étienne-Paschal Taché[90]. À peu près au même moment, certains journaux réformistes soutiennent que l'État devrait restreindre davantage l'octroi des permis aux auberges. On cite l'exemple d'une loi adoptée par la législature de l'État du Wisconsin sur la question. Celle-ci prévoit notamment que les propriétaires d'auberge devront débourser les frais occasionnés par la vente d'alcool. Les dépenses de l'État pour s'occuper des pauvres, des mendiants, des veuves et des orphelins seraient dans cet État épongées par les aubergistes[91]. En avril 1851, une « loi sur les auberges » est déposée en Chambre. Désormais, explique La Minerve, les aubergistes qui souhaitent obtenir un permis devront présenter un certificat signé par des personnalités en vue de leur localité, comme le marguillier ou le milicien le plus expérimenté. Une assemblée publique devrait aussi être tenue afin que les citoyens puissent ratifier l'octroi du permis[92]. Cette loi est décrite sans commentaires par *La Minerve*[93], et ce sujet ne soulève guère de débats dans la presse réformiste. En avril 1853, George Brown dépose un autre projet de loi qui propose une restriction de la production, de la vente et de l'importation des boissons « toxiques[94] ». Le leader *clear grit* tient lui aussi à contribuer à cette lutte contre l'intempérance. Sa loi, plus coercitive que la première, est toutefois sévèrement critiquée par au moins trois leaders réformistes, soit Morin, Cauchon et Cartier. S'ils sont restés silencieux lorsqu'il s'agissait de proposer des mesures législatives pour encourager la tempérance, voilà que leur position devient plus tranchée, plus claire aussi.

Morin croit pour sa part qu'une telle mesure ne permettrait pas de résoudre le problème de l'intempérance. Prohiber l'importation d'alcool entraînerait selon lui un trafic illégal dangereux. « Laissons cet enjeu au clergé, fait valoir Morin, dont les efforts de persuasion ont déjà donné de beaux résultats, ainsi qu'aux municipalités dont c'est la responsabilité d'assurer l'ordre[95]. » Il dit admirer le travail des sociétés de tempérance, mais il désapprouve ceux qui en font un enjeu politique. Cauchon ajoute qu'il « y a toute la différence du monde entre le devoir qu'un homme s'impose à lui-même par conviction et un devoir que ses concitoyens lui imposent de force et qui provoque, le plus souvent, la résistance[96] ». Mieux vaut tabler sur les normes intériorisées que sur la loi pour vaincre un vice, même détestable, explique Cauchon. Cartier va dans le même sens que son homologue de Montmorency : « Vous ne pouvez pas rendre un homme moral ou religieux par une loi du Parlement[97]. » Les hommes sont habités par des passions censées leur rendre la vie plus agréable, plaide-t-il. Or, ce sont ces mêmes passions qui sont la cause de tous les vices. S'il fallait légiférer contre tous les vices, poursuit Cartier non sans ironie, il faudrait aussi s'attaquer immédiatement aux sept péchés capitaux. Ces vices sont du ressort de la morale ; c'est donc sur ce terrain qu'il faut s'attaquer à l'intempérance.

L'année suivante, le député de Sherbrooke-Wolfe, William Felton, dépose un nouveau projet de loi sur la question[98]. Celui-ci s'inspire de la loi adoptée dans l'État du Maine. La réaction de Morin est plus prudente que celle de l'année précédente. Plutôt que de se prononcer, il préfère attendre les conclusions du comité sur la tempérance mis sur pied quelques années plus tôt. Il admet cependant qu'un grand nombre de pétitions ont été acheminées à la Chambre sur cette question et insiste pour dire que le « gouvernement très certainement favorisera une mesure pour restreindre le vice de l'intempérance[99] ». De son côté, Cauchon reste sur ses positions : il ne croit toujours pas qu'une loi soit la solution au problème de l'intempérance[100]. Le leader rouge Jean-Baptiste-Éric Dorion appuie le principe de la loi présentée par Felton. Il se dit même favorable à « toute loi qui ressemblera à celle du Maine ». Selon lui, la prohibition des « boissons enivrantes » est le meilleur « remède » pour combattre l'ivrognerie qui serait à l'origine des « neuf dixièmes des crimes commis[101] ». Les hésitations de Morin sont en fait celles de la majorité gouvernementale. Le projet de loi va donc mourir au feuilleton. Felton revient cependant à la charge en avril 1855. Un nouveau gouvernement est alors en place avec à sa tête Cartier et Allan McNab. Le scepticisme de Cartier quant aux mesures législatives à prendre pour combattre ce vice a déjà été exprimé en Chambre. La proposition sur la table est d'abolir purement et simplement le commerce des spiritueux. À nouveau, Chauveau se prononce clairement sur la question. Selon l'auteur de *Charles Guérin*, ce projet de loi n'est rien de moins qu'« absurde, hypocrite et tyrannique ».

> Le principe de toute saine législation, explique Chauveau, c'est de rendre le mal moralement impossible en le punissant ou en le flétrissant. Le principe de votre loi, c'est de rendre le mal physiquement impossible en supprimant la cause matérielle qui existe et que Dieu a voulu qui existât dans la nature. Cela est faux en législation, faux en morale, faux en religion[102].

On s'illusionne, si on croit que la prohibition de l'alcool pourrait rendre l'homme plus vertueux et moral, car la vie est une épreuve continuelle et les tentations sont partout, d'expliquer Chauveau. Doté du « libre arbitre », l'homme doit constamment choisir entre le bien et le mal. La loi, qui ne doit surtout pas avoir la prétention d'être plus sage que Dieu Lui-même, ne peut repousser « l'épreuve et le sacrifice qui sont les bases du christianisme [ni mettre] la loi à la place de la prédication, l'amende au lieu de la pénitence, l'homme de police à la place du prêtre[103] ». Chauveau plaide contre cette mesure qui risque de n'entraîner rien de moins qu'une « nouvelle inquisition ». « Nos lois même les plus sévères [...] n'ont jamais eu la prétention de supprimer radicalement l'existence du vice[104]. » Chauveau n'est pas le seul à soutenir cette argumentation. Fidèle à ses positions antérieures, Cauchon, ironique, croit que la vraie cause de l'ivrognerie, ce n'est pas la boisson, mais « la vigne, l'orge, l'avoine et les autres grains qui sont convertis en liqueurs ». Selon le député de Montmorency, « pour arracher le mal dans sa racine, il faudrait arracher ces grains et s'attaquer à Dieu Lui-même[105] ». Cauchon ajoute que « faire des lois de cette nature, c'est forcer les gens à ne pas les respecter, et cela ne tend qu'à jeter du discrédit sur la législature[106] ». Antoine-Aimé Dorion rejette aussi cette loi qui prohibe le commerce de l'alcool. Son argumentation ne tourne cependant pas autour d'enjeux de même nature. Une telle loi, fait-il en effet valoir, causerait beaucoup de tort aux brasseurs ainsi qu'aux distillateurs. L'État aurait à compenser les pertes, ce qui représenterait, à terme, de lourdes dépenses pour le gouvernement[107]. Le même Dorion revient toutefois à la charge l'année suivante. Si la prohibition ne constitue toujours pas une option, il propose tout de même un resserrement dans l'octroi des permis d'alcool afin de « prévenir et de réprimer l'intempérance[108] ».

Réconcilier deux mondes

La religion des réformistes a donc une fonction sociale et, par le fait même, elle complète le travail du politicien. Pour combattre certaines plaies sociales, l'éducation morale semble plus appropriée que la loi. Si les réformistes n'adhèrent pas à la primauté du spirituel, s'ils souhaitent garder leur emprise sur la sphère temporelle du politique, ils estiment que les clercs doivent travailler avec eux au mieux-être de la société. Dans une série d'articles publiés par *La Minerve* durant l'automne 1857, on explique qu'une séparation étanche et doctrinale entre l'Église et l'État est une question complexe. Si, dans l'action, « l'Autel doit être séparé de la Tribune » — sans quoi on risque de sombrer dans la « confusion » —, il serait cependant illusoire de penser que ces deux sphères ne s'influencent pas mutuellement, car les « *vertus sont l'œuvre exclusive de la Religion*; jamais les lois ne réussissent à former un citoyen vertueux [...]. C'est en ce sens que la Religion doit être le premier fondement de la Politique[109] ». Ici comme ailleurs, la plupart des lois s'inspirent des principes contenus dans les dix commandements[110]. En somme, pas de morale sociale sans religion, pas de citoyens vertueux sans prêtres. Le monde temporel et profane et le monde spirituel et religieux ne doivent pas s'affronter dans une lutte à finir comme s'il s'agissait d'un combat entre le bien et le mal, mais travailler à une œuvre sociale commune.

Les traces de ces « deux mondes » complémentaires, on les retrouve très clairement chez au moins trois des réformistes étudiés, parfois de façon allusive, comme chez Gérin-Lajoie, parfois de façon plus explicite, comme chez Barthe et Parent. Très peu de réformistes semblent avoir laissé des traces aussi explicites sur leur représentation du religieux. Il faut dire que les écrits privés et publics des réformistes sont assez peu réflexifs. À titre d'exemple, malgré une attention soutenue, je n'ai pu déceler chez LaFontaine d'interrogations de nature spirituelle dans sa correspondance. Sauf dans le journal qu'il tient lors de son voyage en Europe, en pleine période de rébellion, le chef réformiste fait preuve d'une très grande pudeur, même dans les lettres à son ami et associé Joseph-Amable Berthelot. Le même constat vaut pour Cauchon, pourtant plus expansif que LaFontaine, et pour Chauveau, dont les deux journaux personnels publiés récemment laissent filtrer bien peu de questions sur le sens des choses[111]. En dépit de cette difficulté, je crois que les témoignages et les réflexions de Gérin-Lajoie, Barthe et Parent sont suffisamment évocateurs pour qu'on en tienne compte.

La renommée acquise à la suite de la publication du *Canadien errant* et d'une pièce de théâtre (*Le Jeune Latour*, 1844) ne parvient pas à combler Antoine Gérin-Lajoie. Malgré ces succès, le jeune homme originaire de Nicolet, désormais installé à Montréal, ressent un vide que d'austères études de droit dans le cabinet de LaFontaine et la présidence de l'Institut canadien ne parviennent pas à combler. Comme il le confie à son ami Raphaël Bellemare, ce monde de « vices » et de « tracas continuels » l'ennuie, le dégoûte même[112]. Dans une lettre datée du 11 mars 1845 et qui prend la forme d'une véritable confession, il annonce qu'il entre dans les ordres. « Me voilà enfin sorti du monde, écrit-il à son ami Bellemare, de ce monde que j'ai peu connu, mais assez pour le détester ; me voilà frère de la doctrine chrétienne, instituteur pour ma vie, j'espère. » Il explique ensuite les vœux qu'on attend de lui, son agenda de la journée. « C'est une vie pitoyable et la plus ennuyeuse, peut-être, et c'est pour cette raison que je l'ai embrassée. » Et il poursuit :

> Je crois véritablement que c'est là l'état qui me conduira au ciel ; ce qui me fait croire à cela, c'est que si je me présente mourant, si je me figure au lit de la mort, et que je me rende compte de l'emploi de ma vie, avant de la rendre à Dieu, je suis content d'avoir vécu ainsi : au contraire, si je me suppose dans un autre état, et que je me transporte tout de suite au bout de ma vie, j'ai des regrets, et il me semble avoir été inutile sur la terre […]. Je renonce donc à la gloire, aux richesses, à la liberté. Je vais vivre ignoré du monde, et connu de Dieu seul[113].

Quelques semaines plus tard, pour des raisons qu'ignore René Dionne, son biographe[114], Gérin-Lajoie met fin à ce sacerdoce trop exigeant. Plutôt que de se couper du monde, il décide de s'y engouffrer et d'y prendre une part active. En décembre 1847, il fait même campagne en faveur des réformistes, rédige l'année suivante un pamphlet contre Papineau sur les événements de 1837. Puis, les doutes existentiels font à nouveau surface. Modeste copiste au Bureau des travaux publics, Gérin-Lajoie confie ses états d'âme à son journal intime durant les derniers mois de l'année 1849. Au seuil de la trentaine, l'auteur du *Canadien errant* semble avoir perdu certaines de ses illusions, sur la politique notamment. Avant d'aller célébrer la veille du jour de l'An avec ses proches, il écrit : « Il me semble voir sous un jour plus frappant, le néant des choses humaines, la frivolité de tout ce qui attache les hommes à la terre, la folie de l'ambition, de la cupidité[115]. » Tourmenté, Gérin-Lajoie reconnaissait candidement, quelques semaines plus tôt : « Il y a toujours eu deux hommes en moi. » L'un est plus taciturne, cherche à ne pas déranger, à ne pas bousculer quoi que ce soit ; l'autre est « plein d'énergie, d'enthousiasme, d'ambition, désirant les honneurs, les dangers, la gloire du monde[116] ». Rien là de très spirituel, pourrions-nous dire. Mais l'intérêt se trouve dans la suite de l'introspection de Gérin-Lajoie. Ce combat incessant entre les deux versants de sa personnalité le ramène aux questions essentielles sur le sens de la vie. Certes, « être heureux », « chercher le bonheur », se dit Gérin-Lajoie, est une chose normale. Le vrai problème est de trouver les bons moyens pour y parvenir. Ce n'est pas en comblant tous les désirs du corps ou « en ne pensant qu'à se rendre la vie agréable[117] » qu'on accède au vrai bonheur. Le bonheur n'a de sens que si l'homme aspire à servir des fins plus élevées :

> Pour qui a été élevé dans des principes de religion, et même pour celui qui croit à une religion naturelle et qui n'est pas tout à fait épicurien, la satisfaction de tous ses désirs sensuels ne saurait le rendre heureux. Pour pouvoir goûter un bonheur durable, il faut qu'il puisse se dire, à chacune de ses actions, je crois remplir mon devoir et m'acquitter de ce que je suis appelé dans mon état à faire ici-bas[118].

C'est lorsqu'il cherche à « se rendre utile à ses semblables », lorsqu'il travaille à « soulager les maux de l'humanité et à répandre autant de bonheur que possible autour » de lui que l'homme accomplit sa « destinée[119] ». Ce qui est intéressant dans l'introspection de Gérin-Lajoie, c'est qu'il ne voit aucune contradiction entre la foi religieuse et l'engagement dans le monde. C'est que, contrairement à ce qu'il pressentait en 1845, au moment d'entrer dans les ordres, les « principes de la religion » ne prêchent pas le retrait du monde ni ne poussent à la pure contemplation. Bien au contraire, ces principes stimulent l'engagement de l'homme auprès des siens selon son « état » ou sa « destinée », c'est-à-dire selon ses talents et ses affinités. Cette action à mener dans le monde n'est pas évangélique ; il ne s'agit pas de convertir qui que soit, ni d'enseigner le message de Jésus, mais plus simplement d'offrir à ceux qui nous entourent le meilleur de soi-même. Chez Gérin-Lajoie, il n'y a donc pas séparation du spirituel et du temporel, mais complémentarité. C'est parce que Gérin-Lajoie est croyant, parce qu'il a foi dans une « religion naturelle », qu'il souhaite servir son pays.

Cette complémentarité des « deux mondes », on la retrouve aussi dans le livre de Joseph-Guillaume Barthe, publié à Paris en 1852 à compte d'auteur. Dans quelques pages du *Canada reconquis par la France*, l'ancien rédacteur de *L'Aurore des Canadas* insiste sur cette unité nécessaire entre le spirituel et le temporel, entre le religieux et le politique, entre l'âme et le corps. Ce passage prend place dans les quelques pages fiévreuses qu'il consacre au gouvernement LaFontaine, qu'il accuse d'avoir été trop complaisant à l'égard de l'Église catholique. Car selon Barthe, le religieux ne peut, à lui seul, garder un peuple en vie :

> Donnez-lui la colonne de la religion pour premier appui, à la bonne heure ; mais ne lui ravissez pas celui de la politique, qui est son corollaire dans les doctrines de la liberté et son pendant dans sa condition d'existence sociale. C'est à cette double source d'instruction qu'il peut puiser la force morale dont il a besoin pour vivre, et vous tarirez une pour seulement abreuver l'autre[120].

Barthe rappelle que la société comme la personne n'est pas « seulement *âme*, mais *corps*[121] ». Ces deux dimensions d'une seule et même nature ne doivent surtout pas être opposées, car « l'existence matérielle, politique, sociale et religieuse, comme les obligations et les devoirs qui en découlent, tout cela se touche, se lie, s'enchaîne et se tient[122] ». Selon lui, on aurait tort de croire qu'il existe « deux ordres de vérités morales ». Prêcher de telles distinctions, c'est diviser « les forces que le Créateur nous a départies ; concentrons plutôt toutes nos énergies dans un même foyer d'action[123] ». Et Barthe de poursuivre : « Que la religion, la politique et l'industrie se donnent la main pour nous sauver : nous n'avons pas trop de toutes les trois[124]. » Chez lui, cette complémentarité participe plus d'une nécessité patriotique qu'elle ne provient d'une réflexion longuement mûrie sur le lien social : « C'est donc un devoir suprême, une obligation impérieuse et sacrée de dévouer à son pays toute son énergie morale et matérielle, et de faire marcher de front l'accomplissement des devoirs que la religion nous impose avec ceux que la patrie réclame de notre civisme[125]. » Barthe dit s'inspirer d'un « fragment historique » écrit par Montalembert et publié dans la *Revue des deux mondes*. Ce dernier, dans un long extrait cité dans *Le Canada reconquis*, explique qu'on doit aussi la « société temporelle » à Dieu. La mission temporelle des hommes est cruciale, selon Montalembert ; ils auraient tort de la négliger. Ceux qui choisissent librement de se faire moines, ceux qui ont la vocation de se donner à Dieu toute une vie accomplissent une mission très noble ; « mais transformer le monde en un cloître peuplé de moines involontaires, ce serait contrefaire et devancer l'Enfer[126] », écrit cet intellectuel catholique autrefois proche de Félicité de Lamennais[127]. Refuser les tâches du temporel, ce serait tourner le dos au Créateur, contrevenir à son grand dessein. Pleine de bons sentiments, la fuite dans le spirituel peut selon lui engendrer des effets très pernicieux. Devenu le directeur de l'influent *Canadien* de Québec, Joseph-Guillaume Barthe poursuit sa réflexion sur les deux mondes. Sa position est cependant moins tranchée que dans l'ouvrage qu'il publie en France. Sa cible est désormais *Le Pays,* qui reproche au ministère conservateur d'utiliser la religion à des fins partisanes. Dans une série d'articles, il ne va toutefois ni dans le sens d'une séparation étanche entre l'Église et l'État ni dans celui d'une suprématie du spirituel sur le temporel. Le directeur du *Canadien* reconnaît la pertinence de la « doctrine générale de l'école libérale », qui stipule qu'on ne peut « souder le trône à l'autel », ni « réunir l'Église et l'État », car la religion est selon lui fondée sur les mystères et les miracles, alors que la politique appartient à la sphère de la raison et de l'expérience. Ces distinctions importantes, poursuit Barthe, ne doivent cependant pas faire oublier que la « raison en dehors de la foi n'est plus qu'une cause sans origine ». En effet :

> Tout ce que l'humanité cherchera à fonder sans le concours de la raison
> éclairée par la foi, et appuyée sur elle, aura la vanité des choses dont par-
> lent les prophètes ; et à mesure que l'on avance dans la vie, à travers les

amertumes, les mécomptes et les déceptions qui l'accompagnent, on sent
le besoin de se rapporter de plus en plus à cette source mystérieuse,
inconnue, mais sentie, qu'on appelle foi, les destinées de l'homme
comme les mobiles de ses actions y mènent[128].

Le législateur n'a donc pas le choix de s'appuyer sur le religieux pour
établir un « ordre, une organisation, une hiérarchie sociale, une fixité
pratique de la vie civile, sans lesquelles les lois seraient impuissantes à
maintenir les États et les nations ». Le politique, selon Barthe, est donc
« inséparable » du religieux, car « il n'y a pas deux ordres de vérités
morales ». Cette question est cependant délicate, admet Barthe, surtout
pour les Canadiens français d'Amérique, puisque la religion est la
« pierre angulaire de [leur] édifice social, le lien de [leur] compacité
comme peuple ». La religion ne doit surtout pas devenir une pomme
de discorde, ajoute Barthe en tempérant. Les rouges autant que les
réformistes-conservateurs ne doivent pas l'utiliser pour démoniser
l'autre. Il est aussi faux de prétendre que les rouges veulent faire disparaître la religion que d'affirmer que les bleus veulent remplacer les principes politiques par ceux de la religion[129].

Chez Gérin-Lajoie autant que chez Barthe, cette sensibilité aux deux
mondes intervient spontanément au fil de la plume, comme si elle allait
de soi ; elle tient lieu d'évidence vraisemblablement partagée par plusieurs contemporains. Lors d'une conférence donnée à l'Institut canadien de Montréal le 17 décembre 1848, Étienne Parent offre toutefois
une réflexion beaucoup plus structurée sur les deux mondes[130]. Ce qui
intéresse avant tout l'ancien directeur du *Canadien*, ce sont les rapports
du prêtre et du spiritualisme avec la « Société », des rapports importants, cela va sans dire, puisqu'ils contribuent à la cohésion et au développement de celle-ci. Il est intéressant de constater que Parent emploie
le concept de « spiritualisme », et non pas celui de religion, ni même
celui de religion catholique. Ce n'est pas la religion ni même l'Église qui
l'intéressent, mais la spiritualité, cette disposition intérieure qu'ont ses
contemporains à croire à un au-delà. Comme plusieurs sociologues de
son époque[131], Parent a l'intuition que cette spiritualité, ces dispositions
intérieures jouent un certain rôle social. Ce n'est pas en philosophe, en

théologien ni même en croyant que Parent aborde cette dualité fondamentale, mais en sociologue. Des penseurs aussi importants que Tocqueville ou Le Play, presque à la même époque, abordent ainsi la religion. L'analyse de Parent entretient d'ailleurs une certaine distance avec l'objet étudié. Cette conférence n'a pas le style ampoulé et grandiloquent d'un Bossuet ou de son contemporain Lamennais (le style de *Paroles d'un croyant*, par exemple).

Chez Parent, l'idée des « deux mondes » est extrêmement claire. Cette dualité fondamentale vit d'abord en l'homme — comme en témoigne l'expérience de Gérin-Lajoie. L'homme a une âme et des sensations, une raison et des passions. Il est capable de dévouement pour les autres en même temps qu'il est tenté par l'individualisme. Le spiritualisme et le matérialisme sont en quelque sorte deux pulsions fondamentales de l'être humain, auxquelles il ne peut échapper. Le pire serait de les opposer, de créer de faux antagonismes, de considérer l'un ou l'autre comme l'incarnation du bien ou du mal. C'est l'unité de ces deux mondes qu'il faut rechercher. Cette dualité, précise Parent, n'est pas le fruit du hasard, elle a été conçue comme telle par le Créateur. La reconnaître, c'est donc respecter les « décrets de Dieu [qui] a voulu que l'homme fût âme et corps, matière et esprit ; conservons son œuvre tout entière ; perfectionnons-la dans toutes ses parties constituantes ; régularisons, équilibrons, mais ne détruisons pas, mais ne jetons pas le désordre dans la création de Dieu[132] ». Ce qu'il cherche à penser, à articuler, c'est une « théorie sociale[133] » qui permettrait de tirer le meilleur parti de l'une et l'autre des dimensions constitutives de l'être humain. Ce qu'il faut éviter, explique Parent, ce sont les excès, tant du spiritualisme que du matérialisme. La « vie purement contemplative » est selon lui une « déplorable aberration du spiritualisme », car elle affaiblit l'homme en le dépouillant de ses « vertus mâles et actives que requiert la société[134] ». Privilégier le matérialisme n'est évidemment guère mieux. Ce serait revenir en arrière, à l'« état sauvage », et provoquer la « trop grande concentration ou l'isolement[135] ».

S'il faut éviter les excès, il importe tout de même de reconnaître l'immense rôle social du spiritualisme et du prêtre. L'homme matériel, c'est-à-dire, dans l'esprit de Parent, l'entrepreneur ou le politicien qui créent la richesse ou adoptent les lois, font des choses très utiles pour la société. Mais cette même société ne peut reposer sur leurs seules épaules, car, explique Parent, elle « demande l'union, l'activité, le dévouement, le sacrifice de soi pour l'avantage de tous[136] ». Sans l'aspect spirituel, la société n'existerait tout simplement pas, car chacun vivrait isolé dans une situation de tension permanente. Cette importance est décuplée par le fait que le régime de la majorité de l'ère démocratique commence à s'imposer. Dans ce contexte nouveau, on ne peut plus se contenter de soumettre les corps, il faut aussi satisfaire les esprits. L'ordre ne peut plus s'obtenir seulement par la force, il faut aussi la conviction de la morale[137], d'où l'importance du prêtre, fait valoir Parent. Mieux formé aux nouvelles réalités sociales, le prêtre doit « moraliser le peuple[138] », devenir le « suprême directeur des consciences[139] ». Par les vertus qu'il prêche, le prêtre peut empêcher la société de devenir le « vaste atelier d'exploitation de l'homme par l'homme[140] ». La mission du prêtre est donc essentiellement sociale. Son rôle n'est pas de prêcher la contemplation béate, et encore moins de pester contre le monde terrestre et matériel, mais d'enseigner la générosité et le souci du prochain. Ce rôle social fondamental, l'homme politique ne peut l'assumer. Ses lois seraient les mieux écrites, les plus avant-gardistes, qu'elles ne parviendraient toujours pas à assurer la fraternité et le dévouement. En revanche, le prêtre doit laisser les affaires politiques entre les mains des politiciens, croit Parent. Non parce que la religion est une affaire strictement privée — au sens où l'entendent les libéraux —, ni parce que les prêtres n'auraient aucune compétence en cette matière, mais bien parce qu'ils ont une autre mission que celle de se « mêler aux disputes éphémères des partis[141] ». En d'autres termes, leur mission sociale est déjà suffisamment importante pour qu'ils s'encombrent d'une autre. Les prêtres doivent se garder de sombrer dans les débats partisans que rejettent de nombreux réformistes.

Ce n'est donc pas l'autonomie de la société par rapport au religieux que recherche Parent, mais la cohésion du groupe, le renforcement du lien social. Il ne souhaite pas affranchir la société du religieux, mais se servir de ses rites, de ses communions, de ses valeurs et de ses représentants pour que la communauté canadienne-française puisse rester unie et pour que chacun travaille au redressement de sa situation. Tout comme l'explique Fernand Ouellet, l'un des rares à s'être penchés sur les idées religieuses de Parent, il y a chez l'ancien directeur du *Canadien* une « suprématie des valeurs sociales sur les valeurs individuelles dans l'ordre religieux et politique[142] ». Entre ces deux mondes, celui du spirituel et celui du temporel, il y a donc complémentarité. Pour exister, se développer et contourner les effets dissolvants de l'ère démocratique et industrielle, la société doit pouvoir compter sur une bonne dose de spiritualisme. Contrairement à ce que laisse voir Robert Major[143], cette perspective ne tient pas de l'utopie, mais témoigne au contraire d'une recherche pratique de cohésion et d'unité.

*   *   *

L'image d'une élite réformiste soumise qui fait alliance avec l'Église et obéit aux vues d'évêques ultramontains ne correspond pas à ce que j'ai pu observer. Mais si les réformistes ne semblent pas prêts à céder leur pouvoir à l'Église, et s'ils ne montrent aucun engouement particulier pour l'ultramontanisme, peut-on pour autant considérer qu'ils se comportent comme des « libéraux » en matière de religion ? Si, par « libéral », on entend une certaine tolérance à l'égard des autres confessions religieuses, la possibilité pour certains habitants du Bas-Canada de pratiquer un autre culte, la réponse serait oui. Mais cette tolérance est-elle pour autant synonyme de « liberté de conscience » ? Il est fort probable que non. En fait, tout porte à croire que la tolérance à l'égard des protestants vise alors les habitants originaires des îles britanniques ou ceux qui ne sont pas canadiens-français. Si cette tolérance révèle une certaine ouverture d'esprit, parions qu'elle est aussi dictée par des circonstances nouvelles : celles, par exemple, de l'arrivée de milliers de nouveaux immigrés en provenance des îles britanniques. En revanche, il serait certainement très mal vu pour un Canadien français d'adhérer à un culte autre que la religion catholique romaine, mais pas parce que les réformistes perçoivent la religion catholique comme l'essence de la nationalité, et encore moins parce qu'ils croient que les Canadiens français ont une vocation spirituelle particulière. La religion catholique des réformistes ne semble pas offrir — pas encore, du moins — la promesse d'une « exceptionnalité », ni alimenter les espoirs et fantasmes d'une mission providentielle en terre d'Amérique. Si, dans l'esprit des réformistes, il faut rester catholique, c'est tout simplement pour éviter, tout comme en politique d'ailleurs, les divisions inutiles et fratricides. Dans le monde d'aujourd'hui, où l'on oppose, le plus souvent de façon tranchée, les lumières de la raison moderne aux superstitions religieuses de l'Ancien Régime, l'optique réformiste étonne, rend inconfortable. C'est que cette élite canadienne-française ne semble pas avoir perçu d'antagonismes irréconciliables entre la sphère matérielle, humaine et séculaire et la sphère morale, divine et sacrée. Entre ces « deux mondes », il devait même exister une sorte de communauté de destin, les deux concourant, chacun à sa façon, au mieux-être de la société.

CHAPITRE 6

Conserver l'essentiel

Nous croyons à l'existence future de ce peuple dont l'on
regarde l'anéantissement, dans un avenir plus ou moins
éloigné, comme un sort fatal, inévitable. [...] *Homme d'es-*
pérance, l'on n'entendra jamais ma voix prédire le mal-
heur ; homme de mon pays, l'on ne me verra jamais, par
crainte ou par intérêt, calculer sur sa ruine supposée pour
abandonner sa cause.

FRANÇOIS-XAVIER GARNEAU, « Discours préliminaire »,
Histoire du Canada, 1845

S'il faut spiritualiser le peuple, moraliser les pauvres et les criminels,
cultiver un plus grand intérêt pour l'industrie et le monde des
affaires, et cesser de se quereller sur la question du meilleur régime,
c'est avant tout pour sauver la nationalité de la disparition. La victoire
de l'armée britannique, la pendaison, l'exil ou l'emprisonnement de
plusieurs leaders canadiens, la suspension du Parlement, et surtout
l'Acte d'Union décrété par Londres ont assombri considérablement
l'avenir. Les chapitres précédents démontrent cependant bien que, malgré les malheurs qui s'abattent sur la nationalité, les réformistes prennent le taureau par les cornes. Cette constance dans la réflexion, et dans
l'action, est évidemment celle d'hommes ambitieux qui souhaitent
influencer le cours des événements ; des hommes que les décorations,

les titres et les distinctions, fussent-ils accordés par la Grande-Bretagne, ne laissent pas indifférents. Mais cette énergie à défendre la nationalité envers et contre tous ceux qui voyaient sa disparition comme un bienfait pour l'essor de l'Empire britannique doit probablement beaucoup à l'émergence d'une véritable identité nationale, laquelle se nourrit d'une conscience historique forte. C'est que pour faire face au présent, plusieurs jugent nécessaire de situer les défis qui accablent la nationalité dans une histoire longue, et de jeter un nouvel éclairage sur le passé. C'est à cette tâche que s'emploie François-Xavier Garneau durant toute l'époque réformiste. Sa célèbre *Histoire du Canada* est certainement l'œuvre phare de cette époque, celle qui fait de lui l'« historien national » par excellence, encore aujourd'hui.

Pour mieux saisir la substance de la pensée des réformistes, il est nécessaire de se pencher sur leur conception de la nationalité aux lendemains de la défaite de 1837, et de revenir sur l'œuvre de Garneau en la mettant en lien avec les écrits et discours des autres acteurs clés de cette période, afin d'en dégager les axes principaux. On verra que la perspective réformiste est clairement « nationaliste », en ce sens qu'elle fait de la nation un principe transcendant propre à organiser la pensée. À l'instar de Marcel Gauchet, il me semble en effet pertinent de parler de « transcendance », de sacré, sinon de culte[1]. Car malgré le fait qu'elle apparaît comme pure immanence, et que ceux qui la défendent corps et âmes sont parfois des athées notoires ou des anticléricaux bon teint — n'est-ce pas le cas de Garneau ? —, la nation doit une grande partie de sa fortune à son hétéronomie. Dans un monde en pleine mutation, où la démocratie représentative devient la norme, où l'économie de marché impose ses lois, où l'individu (masculin) voit ses droits reconnus, où la société s'émancipe face au pouvoir, bref, dans un monde gagné par la dispersion des hommes et des partis, rongé par les intérêts des corporations émergentes et l'étiolement d'institutions traditionnelles comme le régime seigneurial, la nation des Modernes offre un nouveau lieu d'unité et de rassemblement. Elle permet de situer les importants changements du présent dans une continuité plus longue, et donc de concilier l'ancien et le nouveau tout en procurant une forme sécularisée d'espérance. Si, dans des pays comme la France ou les États-

Unis, assurés de survivre aux multiples changements de régime, la nation se confond avec le peuple ou la république, donc avec un projet politique et social particulier, tel n'est pas le cas au Canada français. C'est qu'il faut ici conserver l'essentiel, c'est-à-dire la langue, les lois civiles et une véritable liberté de culte au sein de l'Empire britannique. Ce principe de conservation nationale, on l'a vu, détermine souvent les prises de position des réformistes sur le meilleur régime politique, les politiques économiques, la vie sociale et le rôle dévolu au religieux et à l'Église.

Dans ce chapitre, j'aimerais aussi me pencher sur le rapport au temps dont les réformistes font l'expérience. Aux prises avec les bouleversements majeurs qui secouent le monde occidental, les hommes du XIXᵉ siècle cherchent dans l'histoire les signes d'une évolution, l'« explication suprême[2] » qui leur permettrait de mieux saisir leur présent, et donc de mieux entrevoir l'avenir. Parce qu'elle enseigne le sens du temps qui passe, l'histoire est « mère de la politique », selon Joseph-Édouard Cauchon, « car elle permet d'anticiper l'avenir et d'ainsi proposer aux contemporains de judicieuses options[3] ». Il faut donc connaître l'histoire pour comprendre l'évolution du monde au fil du temps, et non pas pour renouer de façon quasi mystique avec l'esprit des ancêtres. C'est d'ailleurs généralement en fonction du rapport au temps que l'on distingue les libéraux des conservateurs, les radicaux des traditionalistes. Les premiers envisagent plutôt l'avenir avec optimisme, les seconds avec frayeur. Témoins des grandes transformations économiques, sociales, politiques et idéologiques de leur époque, les hommes du XIXᵉ siècle ont le sentiment de vivre une accélération du temps[4]. Les uns, pleins d'espoir pour ce monde à venir, militent en faveur de la liberté de l'individu et de la nationalité, ou pour le paradis de la commune ou du phalanstère. Les autres, incapables de faire leur deuil du passé, vivent dans l'angoisse de lendemains incertains[5]. Tout au long du XIXᵉ siècle, cette nouvelle expérience historique provoque d'importants affrontements entre les forces du « progrès » et celles de la « réaction », entre ceux qui militent pour le « mouvement » et ceux qui prônent la « tradition ». C'est dans ce contexte occidental en mutation qu'il faut situer le rapport des réformistes au temps. Craignent-ils les grands bouleversements économiques, sociaux et politiques de leur époque ? Considèrent-ils le passé comme un réservoir inépuisable de leçons pour préparer l'avenir, comme un maître dictant la marche à suivre ? Perçoivent-ils l'époque de la Nouvelle-France comme une sorte d'âge d'or ? En un mot, quelle idée se font-ils du progrès ? Associent-ils spontanément le « progrès » à l'Amérique et la « réaction » à l'Europe ?

Être ou ne pas être une nationalité ?

Après les défaites de 1837 et de 1838, une fois les conclusions du rapport Durham connues et l'Acte d'Union adopté par le Parlement impérial, une question se pose qui, on le présume, tiraille de nombreux esprits : y a-t-il encore de l'espoir pour la nationalité canadienne ou faut-il désespérer de sa survie ?

J'ai déjà évoqué le désespoir qui gagne Étienne Parent à peine un mois après sa sortie de prison. Il prédit alors un très sombre avenir pour sa nationalité. S'il espère que les « parties favorables » du rapport Durham permettront une « égalité dans la représentation » et le maintien des institutions judiciaires et religieuses, Parent croit qu'il faut « abandonner [...] l'espoir de voir une nationalité purement française » prospérer sur le continent. « L'assimilation, sous le nouvel état des choses, prédit-il, se fera graduellement et sans secousse, et sera d'autant plus prompte qu'on la laissera à son cours naturel[6]. » Cette phrase, écrite en mai 1839, alors que l'avenir de la nationalité semble complètement bloqué, a beaucoup été commentée par les chercheurs. Parent annonce-t-il la collaboration de parvenus qui troquent leurs idéaux républicains pour des places au sein de l'Empire[7] ? Ne serait-il pas en train de troquer la nation-culture pour la nation-contrat des patriotes républicains[8] ? Le parcours d'Étienne Parent dans les décennies qui vont suivre prouve qu'il est loin de se résigner à l'assimilation de ses compatriotes. Dans les nombreuses conférences qu'il prononce par la suite, jamais il n'incite les Canadiens français à renoncer à leur culture. Mais ce fatalisme apparent, on le retrouve aussi chez Chauveau, dans son roman *Charles Guérin*. Selon le romancier, l'idée d'indépendance fait désormais partie de ces utopies que doivent repousser les esprits matures. Pour voir s'épanouir une nationalité purement française, il faudrait, d'expliquer Jean Guilbault à son ami Charles Guérin, une « révolution ». Or, celle-ci demanderait un « autre état des choses que le nôtre ». Homme de « principes sévères », « un de ces jeunes gens rares[9] », écrit Chauveau, et toujours disponible pour donner de sages conseils à son ami Charles, trop facilement distrait par les mondanités de la ville, Jean Guilbault veut le convaincre d'oublier ces lubies de jeunesse : « Je t'ai parlé d'indépendance quelque fois ; c'est bien naturel. L'indépendance, surtout quand on est garçon et qu'on n'a que vingt ans… ça flatte toujours d'y penser[10]. » La conjoncture de ces années difficiles commande la maturité, le sérieux et l'esprit d'abnégation. Les rêves orgueilleux de la jeunesse doivent faire place au sens des responsabilités. Ce réalisme n'est cependant pas synonyme de trahison. À son ami Henri Voisin, futur avocat sans scrupules, prêt à toutes les bassesses pour s'enrichir, Charles Guérin déclare : « Je ne suis pas pour les fusions. Les peuples sont comme les métaux, ils ne se fondent pas à froid[11]. »

S'il est envisageable de renoncer à l'indépendance politique, voire à une nationalité purement française, il ne faut jamais renier les siens ou abandonner un héritage, plaident chacun à sa façon Parent et Chauveau. Cette position se distingue d'un autre courant, minoritaire celui-là, que l'on perçoit dans la presse réformiste jusqu'à l'obtention du gouvernement responsable. Selon certains, les nationalités sont appelées à disparaître, à plus ou moins brève échéance. Leur défense constitue peut-être même une bataille d'arrière-garde. En effet, disent-ils, s'il faut abandonner le rêve d'une nationalité purement française, est-il toujours pertinent de prétendre au titre de nationalité ? Selon *La Minerve*, en avril 1843, les Canadiens ne revendiquent pas ce titre. Voilà une lubie inventée par les tories de la *Gazette* pour isoler encore davantage les Canadiens et ainsi les priver de leurs droits. Les Canadiens, explique le journal, « n'ont pas prétendu à une nationalité », car cela signifierait « nécessairement l'indépendance ». Or, voilà une prétention qu'ils n'ont pas ; ils préfèrent se dire d'une « spécialité[12] ». En somme : « Ce n'est pas à titre de nationalité que les [Canadiens] veulent leurs lois, leurs usages,

leurs institutions », mais bien « à titre de sujets britanniques[13]. »
D'autres réformistes se réfugient dans les utopies d'un monde uni et
fraternel. Ce monde devrait définitivement tourner le dos aux frontières
qui divisent le genre humain, aux petites différences qui freinent la
marche du temps. Cet optimisme désespéré qui, dirait-on, cherche plus
à se convaincre lui-même qu'à convaincre les autres, on le retrouve sous
la plume de Joseph-Édouard Cauchon pendant un bref moment, au
début des années 1840. Réagissant à une série d'articles de la presse tory
sur la suprématie anglo-saxonne, le directeur du *Journal de Québec* dit
souhaiter l'avènement d'un « âge d'or » où n'existerait plus qu'un seul
et unique « tout homogène ». Avant que ce temps de concorde n'ad-
vienne, il faudra cependant attendre que « tous les hommes de toutes
les origines et de toutes croyances politiques se [soient] unis dans un
même principe, et qu'ils se [soient] assez modifiés les uns les autres[14] ».
Défendant une position beaucoup plus doctrinaire, la *Revue canadienne*
plaide carrément pour la fin des « nationalités », qu'elle assimile à des
« religions » :

> Les nationalités sont encore des religions, autour desquelles les hommes
> se rallient au nom de tout ce qu'il y a de plus saint et de plus cher : les tra-
> ditions du passé, les mœurs et la langue. Sur cette terre où se sont ras-
> semblées tant de races diverses, et sous le rapport des mœurs et de la
> langue, n'est-il pas *expédient,* ne faut-il pas, bon gré mal gré, écarter de
> toutes les discussions, ces allusions aux nationalités, comme aux religions
> diverses[15] ?

Le Canada, constitué de « plusieurs peuples », devrait admettre toutes
les « nuances politiques », plaide le journal, accepter de transcender les
« deux tribus » qui le composent. L'argument découle d'une philosophie tout autant chrétienne que libérale de l'histoire. À terme, explique
le journal réformiste, l'unité du monde et la fraternité des hommes se
feront, « bon gré mal gré », sur les cendres d'« intérêts sectionnaires »
sans importance. La « confraternité entre tous les hommes de la terre »,
mouvement irrésistible du temps, ne deviendra réelle que si chacun
abandonne peu à peu ses petites récriminations particulières pour faire

place à l'universel besoin de liberté[16]. Bons joueurs, mais aussi plus clairvoyants que leurs vis-à-vis tories qui croient à la suprématie de leur propre nationalité, les Canadiens devraient donc se réjouir de pouvoir donner aux autres des leçons d'universalisme plutôt que de s'employer à défendre obstinément un héritage. En ayant recours à des formules qui annoncent celles de Thomas D'Arcy McGee, la *Revue canadienne* voudrait également que les habitants du Canada renoncent aux anciennes allégeances à l'égard de leurs mères patries respectives : « Il faut bien le dire, ce qui manque aujourd'hui à notre pays, c'est un esprit public national, c'est enfin une NATIONALITÉ CANADIENNE [...]. Il faut s'occuper des intérêts canadiens d'abord et en premier lieu[17]. » Cet « esprit public » auquel aspire le rédacteur du journal marquerait la fin d'une confrontation stérile au sein de la « ligue des deux races[18] ». La nationalité canadienne à laquelle est attaché le journal serait dès lors le pays où pourraient cohabiter toutes les nationalités, toutes les différences. Cette « nationalité canadienne » serait en quelque sorte un avant-poste de l'universel, un premier pas vers la fraternité des hommes de bonne volonté. Cette idée, qui disparaît du paysage idéal réformiste après 1848, suscitera l'adhésion enthousiaste de certains Canadiens français beaucoup plus tard, et non des moindres !

Pour la grande majorité des réformistes cependant, y compris Cauchon, l'heure de l'avènement d'une fraternité postnationale n'a pas encore sonné. Si l'indépendance d'une nationalité « purement française » n'est plus à l'ordre du jour, la nationalité conserve toute sa pertinence et son importance. Immergés dans l'action politique, pressés de réagir aux attaques de ceux qui partagent les visées de Lord Durham, les réformistes n'ont guère le temps de tenir des colloques sur les concepts de nation et d'identité. Ceux qui prennent la peine de définir la nationalité la considèrent, à l'instar de *L'Aurore des Canadas,* comme une « institution de la nature », un « lien si fort dans chaque portion de la grande famille humaine », en somme un donné qu'on ne saurait dépasser dans un proche avenir[19]. Si les hommes vivront peut-être un jour dans un « tout homogène », la nationalité, en elle-même, est « louable et sainte », explique par exemple Cauchon. C'est parce qu'elle est invoquée à de mauvaises fins qu'elle engendre parfois l'« exclusion et l'isolement ». Récupérée par des hommes trop souvent « aveugles et passionnés », la nationalité est parfois « synonyme de la désaffection et de la haine ». Toutefois, selon Cauchon,

> la nationalité n'est que l'attachement que l'on a pour ce qui vient de ses pères, tel que ses mœurs, ses lois, ses institutions […]. Les nations ont commencé par les individus ; les familles se sont groupées autour des individus ; et ces familles multipliées et circonscrites ont formé les nations […]. Dieu, pas plus qu'aux individus, n'a donné aux nations le droit de se haïr pour des intérêts d'une égoïste nationalité[20].

L'attachement à la nationalité témoigne d'une fidélité à un héritage, d'expliquer Cauchon qui, quelques années plus tard, aura bien du mal à se tenir loin des passions aveugles qu'il dénonce ici. On est attaché à sa nationalité comme à sa famille : la première n'étant que le prolongement de la seconde. Ce n'est pas l'exaltation de la différence qui amène les hommes à défendre leur nationalité, mais une sorte de sentiment filial tout à fait naturel et voulu par le Créateur. Dans le contexte de cette époque, Cauchon convient qu'il serait peut-être « à préférer » qu'une seule famille humaine puisse exister ; « mais, d'ajouter le directeur du *Journal de Québec,* il n'a pas plu au Créateur d'établir cet ordre des choses, et l'homme n'a qu'à prendre tel qu'il est l'état actuel de la nature, afin de l'améliorer ».

Fait de nature conçu par le Créateur, famille élargie que les héritiers ont le devoir de protéger, la nationalité est aussi une « terre ». Dans un hommage rendu à Ludger Duvernay le 21 octobre 1855, George-Étienne Cartier précise que la « population ne suffit pas à constituer une nationalité ; il lui faut encore l'élément territorial ». Certes, convient Cartier, « la race, la langue, l'éducation et les mœurs » — il ne cite pas la religion — permettent à une nationalité d'exister, mais cet « élément personnel national » n'est pas suffisant. « Pour le maintien et la permanence de toute nationalité, il faut […] laisser à nos enfants, non seulement le sang et la langue de nos ancêtres, mais encore la propriété du sol[21]. » Tout comme les individus, les nationalités ont à la fois une « nature morale » et une « nature physique », elles ont une âme et un corps[22]. Le devoir de chaque génération est de transmettre cette double nature de la nationalité sans avoir permis qu'aucun de ses éléments ne soit altéré en cours de route.

En somme, rares sont ceux qui partagent le point de vue de la *Revue canadienne*. Si le « sentiment de la patrie » ne doit pas inspirer l'égoïsme ou les passions aveugles, il est toutefois naturel de le partager. Cette perspective est aussi celle qu'adopte Étienne Parent à partir du milieu des années 1840. Il se remet peu à peu de sa morosité de l'année 1839 et en vient à adopter une attitude plus positive face à l'avenir. La lutte en faveur de la survie de la nationalité vaut encore la peine d'être menée, pense bientôt Parent, car il ne faut pas se laisser abattre, ni désespérer de la patrie. Ceux qui ne partagent pas son point de vue, les rédacteurs de la *Revue canadienne* par exemple, sont considérés sans ménagement : « Je sais, dans toute l'amertume de mon cœur, qu'il y en a qui ont perdu la *foi* dans la conservation de notre nationalité, et qui, comme ces romains d'autrefois […] attendent stoïquement […] que l'ennemi vienne fouler aux pieds leurs dieux Pénates et renverser les autels de la patrie[23]. » Pour préserver la nationalité, il faut toutefois se retrousser les manches, car le dévouement et les sacrifices sont nécessaires. Cet effort ne découle aucunement d'un sentiment de haine ou de jalousie à l'égard d'une nationalité étrangère, qu'elle soit de la partie ouest du Canada-Uni ou des États-Unis. Cette nécessité de sauvegarder la nationalité est un devoir autant qu'un droit naturel : « Notre nationalité c'est notre propriété : en cherchant à la conserver, nous ne faisons qu'user de notre droit, d'un droit que nous tenons de l'auteur de toutes choses[24] », explique Parent. À partir du milieu des années 1840, celui-ci propose donc de multiples moyens d'exercer ce droit, que ce soit par l'industrie, le travail ou l'éducation. Il invite ses contemporains à garder à l'esprit la formule suivante : « Que l'idée de notre nationalité soit toujours notre phare, notre boussole, notre étoile polaire[25]. » Cette formule, Joseph-Guillaume Barthe la reprend à son compte lorsqu'il devient le directeur du *Canadien*. Fidèle à l'impératif catégorique de Parent, Barthe souhaite qu'un jour la nationalité devienne le « point de ralliement » ultime, le « dogme politique[26] » des Canadiens français. Qu'il s'agisse de « foi » ou de « dogme », on voit la prégnance du lexique religieux.

Dans l'ordre politique, Louis-Hippolyte LaFontaine s'emploie à donner une certaine substance à ce ralliement national. S'il gagne la confiance des Canadiens français, ce n'est pas seulement parce qu'il propose une alliance avec les réformistes, alliance qui mène à la conquête du gouvernement responsable, mais bien davantage parce qu'il ose défendre le bien le plus précieux de la nationalité : sa langue. Si LaFontaine et les réformistes acceptent progressivement plusieurs dispositions de l'Acte d'Union, ils ne peuvent évidemment souscrire à la prohibition de la langue française. Lors de son premier discours dans le nouveau Parlement du Canada-Uni, prononcé à Kingston le 13 septembre 1842, LaFontaine explique les raisons pour lesquelles il n'a pas accepté le poste tant convoité de solliciteur général au sein du gouvernement tory de William Draper formé par le gouverneur Sydenham. L'une de ces raisons est la non-reconnaissance de la langue des ancêtres :

> Quand même la connaissance de la langue anglaise me serait aussi familière que celle de la langue française, lance-t-il aux députés, je n'en ferai pas moins mon premier discours dans la langue de mes compatriotes canadiens-français, ne fusse [*sic*] que pour protester solennellement contre cette cruelle injustice de cette partie de l'Acte d'Union qui tend à proscrire la langue maternelle d'une moitié de la population du Canada. Je le dois à mes compatriotes ; je me le dois à moi-même[27].

Les réformistes reviennent souvent à la charge sur la question de la place du français en Chambre. Ils s'opposent à l'élection d'Allan McNab, en novembre 1844, à cause de sa méconnaissance du français[28], votent la mise sur pied d'un comité afin que le français puisse bénéficier d'un statut égal, et commettent l'audace de présenter une motion rédigée en français[29]. Passée au vote, cette motion est battue de justesse[30]. En 1846, Chauveau fait une nouvelle tentative et fait valoir que « l'exclusion de la langue d'un peuple est une grave atteinte à son existence morale ; puisque la langue est l'expression des mœurs[31] ». Une fois au pouvoir, en 1848, les réformistes vont faire pression sur Londres pour que le français ait un statut officiel. Le 14 août 1848, c'est chose faite ; ce jour-là, le Parlement britannique révoque la disposition de l'Acte d'Union qui proscrivait le français[32]. Le 18 janvier 1849, le gouverneur Elgin prononce une partie de son discours du trône en français. Les documents officiels seront désormais traduits dans les deux langues même si, durant les années 1850, les rouges dans l'opposition reprocheront parfois aux réformistes de ne pas toujours publier les documents dans les délais prescrits[33].

L'histoire d'une nation

Fait de nature dont la langue est le reflet le plus tangible, la nationalité est aussi un récit sur soi, une histoire. Pour exister et se cristalliser dans les esprits, lit-on dans la *Revue canadienne* sous la plume d'un auteur anonyme qui, visiblement, n'adhère pas à la philosophie postnationale du journal, la nationalité a besoin de récits inspirants, elle doit pouvoir raconter ses hauts faits.

> La nationalité, selon nous, n'est pas seulement dans l'originalité des mœurs et des manières, dans la langue, dans la religion ; elle est encore beaucoup dans la chronique d'un peuple, dans ses légendes, dans ses traditions, dans ses souvenirs [...]. Elle est illustrée, elle est perpétuée, elle grandit par ses hommes d'élite ; la gloire qu'ils acquièrent, les mérites qu'ils possèdent rejaillissent sur la patrie[34].

Cette histoire, l'histoire du peuple canadien, elle sera écrite par François-Xavier Garneau. Né en 1809 à Québec, Garneau appartient à la génération réformiste. Homme de lectures et d'études (qui ne termine toutefois pas son cours classique), il s'initie très tôt aux grandes œuvres de la littérature mondiale et de la discipline historique grâce à la riche bibliothèque de son mentor Archibald Campbell, chez qui il fait sa « cléricature », et à la bibliothèque du Parlement qui, au cours des années 1820, fait l'acquisition d'environ 200 ouvrages d'histoire[35]. Après un séjour de deux ans en Europe (1831-1833), il fait peu à peu sa marque comme poète et commence, sans grand enthousiasme, à exercer sa profession de notaire. Favorable aux 92 résolutions, membre actif du comité constitutionnel de Québec en 1834, il ne joue aucun rôle politique de premier plan durant les années qui précèdent les événements de 1837 et 1838. En 1841, il fonde le *Journal des Étudiants* à Québec, dans lequel il fait la promotion du livre et de la culture. Trois ans plus tard, il devient greffier de la Ville de Québec, poste qu'il occupe jusqu'en 1864. Fonctionnaire le jour, historien le soir et les fins de semaine, il s'éreinte au travail et s'éteint en 1866, à l'âge de cinquante-cinq ans. Le premier volume de son *magnum opus* paraît en 1845 chez Napoléon Aubin, un éditeur de Québec. Avant d'offrir son livre au grand public, il fait lire son « Discours préliminaire » à Jacques Viger[36], ainsi qu'à Chauveau, Parent et Morin : « Vous vous placez dès l'abord à un point de vue élevé, écrit ce dernier à Garneau, qui promet une grande utilité et un immense intérêt ; je suis sûr que l'ouvrage tiendra ce que promet la préface[37]. » Du vivant de Garneau, cette œuvre sera éditée à trois reprises. La première édition, qui comprend trois volumes publiés en 1845, 1846 et 1848, raconte l'histoire du Canada des débuts jusqu'à l'Acte constitutionnel de 1791. Les deuxième et troisième éditions paraissent respectivement en 1852 et en 1859, et mènent le lecteur jusqu'à l'Acte d'Union de 1840. Toujours du vivant de Garneau, son *Histoire du Canada* a été traduite en anglais dans une version remaniée, sinon tronquée[38], et a été condensée dans un abrégé qui sera très largement diffusé dans les écoles. Les comparaisons minutieuses établies entre les différentes éditions montrent que Garneau n'a ménagé aucun effort pour enrichir son récit des différentes pièces d'archives découvertes au fil des années[39] et pour améliorer le style de ce qui allait devenir, selon plusieurs, un véritable « classique » de la littérature québécoise[40].

Cette œuvre, remarque avec justesse Gilles Marcotte, il la réalise sans aucun appui institutionnel, sans fonds de recherche, sans assistant, sans archivistes pour le guider ; son « milieu d'élaboration » est « d'une très grande pauvreté, à la limite de l'inexistence[41] ». À l'époque, la publication d'un tel ouvrage n'allait pas de soi. En 1846, l'Assemblée adopte une résolution qui prévoit l'achat de 100 exemplaires de cette toute nouvelle *Histoire du Canada*. Les parlementaires préfèrent agir ainsi plutôt que de verser 300 livres à Garneau pour qu'il poursuive son tra-

vail, tel que l'avait proposé Chauveau[42]. S'il n'a pas le choix d'être par-
rainé par la classe politique, s'il n'est aucunement protégé par la « liberté
académique » qui assure aux professeurs d'aujourd'hui la plus parfaite
autonomie, l'historien tient néanmoins à avoir les coudées franches.
François-Xavier Garneau, écrit le rédacteur du *Canadien,* « s'est chargé
d'une trop haute mission pour être l'instrument de qui que ce soit[43] ».
Son œuvre n'est pas celle d'un « partisan », mais d'un esprit indépendant. Lorsque Chauveau, alors surintendant de l'Instruction publique,
lui demande d'être un peu plus généreux à l'égard de l'Église catholique
dans son abrégé destiné aux élèves canadiens-français, Garneau refuse
de céder et assume les conséquences de ses prises de position :

> Quant à l'appréciation des événements historiques, je me suis conduit
> d'après un principe que vous approuverez sans doute. Le respect sacré
> que j'ai toujours eu pour mes convictions consciencieuses et pour l'in-
> dépendance de mes opinions en jugeant les hommes et les choses [...]
> devait peut-être ruiner mon avenir et m'empêcher de parvenir à ces
> charges richement rétribuées que l'amour propre de l'Angleterre ne
> bouge [*sic*] guère à accorder à ceux qui ont raconté ses défaites et célébré
> les exploits de nos ancêtres qui étaient leurs ennemis sur les champs de
> bataille de l'Amérique. Mais je connaissais d'avance la conséquence
> de ma conduite[44].

Pour peu qu'on lise son œuvre, on ne peut qu'être frappé par cette
indépendance d'esprit, par cette lucidité sans concession. L'homme a
beau avoir consacré le meilleur de lui-même aux « exploits de nos
ancêtres », il n'en demeure pas moins inquiet de ce que l'avenir peut
réserver à sa nationalité. Car à la suite de l'Acte d'Union, la nationalité
canadienne ne dispose ni de la reconnaissance ni de l'espace politique
pour se développer. Et cette dépendance coloniale le rend parfois pes-
simiste. « En Canada, écrit-il à Edmund O'Callaghan, vous trouveriez
des amis, mais vous ne trouveriez aucun esprit national, aucun génie
d'entreprise, [...] j'allais dire vous ne trouveriez rien de ce qui anime
les hommes, une nation indépendante. Tout est plat et mort sous le joug
colonial [...]. Nos institutions ont exclu le culte de l'indépendance, de

l'esprit et de la gloire[45]. » La France, explique-t-il à Rameau de Saint-Père, lequel vient alors de publier *La France aux colonies* en 1859, est une « nation assez grande, assez puissante pour faire respecter l'indépendance nationale ». Tel n'est pas le cas de la nation canadienne-française, dont « l'existence nationale n'est même plus reconnue en politique[46] ». Dans une autre lettre, il confie, comme s'il tentait de se convaincre lui-même : « Si j'ai mes moments de désespoir et de tristesse, je ne dois pas m'y abandonner, car la Providence redonne souvent aux hommes les choses les plus inattendues[47]. »

Cette *Histoire du Canada* suscite l'admiration de la plupart des réformistes. Les critiques de l'œuvre ne viennent presque jamais de leurs rangs. Elles sont plutôt le fait d'ultramontains isolés — qui signent d'ailleurs souvent sous des pseudonymes —, d'un obscur auteur français qui lui reproche son style « déclamatoire », et du fils de l'historien Michel Bibeau, qui accuse Garneau de « charlatanisme[48] ». Joseph-Édouard Cauchon manifeste quant à lui son admiration pour l'œuvre de Garneau dès la publication du premier tome. Le député de Montmorency remarque que, contrairement à l'étude historique laissée par Charlevoix, cet ouvrage ne constitue surtout pas une simple compilation de faits. Il note que le livre est traversé par une « idée politique et sociale » qui a pris acte de la Révolution française et des Lumières du XVIIIe siècle. « Aujourd'hui, explique Cauchon, on ne lirait pas un auteur qui se contenterait de raconter les événements sans en montrer le côté philosophique, et sans se lancer dans quelque spéculation politique ou sociale. » Cette nouvelle façon d'écrire l'histoire semble avoir remplacé irrémédiablement les chroniques anciennes, constate Cauchon : « La science de l'histoire a marché vers le progrès comme la science des gouvernements ; suivant la pente des idées comme toutes les autres sciences, elle est devenue plus positive, plus philosophique, plus enseignante, plus rationnelle, peut-être. » Devant ce constat, on sent cependant Cauchon quelque peu perplexe. En devenant « savante et raisonneuse », l'histoire aurait-elle perdu sa « noble simplicité » ? Serait-elle en train de s'égarer dans une « mer de spéculations[49] » ? Dans son compte rendu, Cauchon laisse voir certaines hésitations. Il semble approuver la nouvelle façon d'écrire l'histoire, mais son enthousiasme est mesuré.

C'est qu'à bien des égards, Cauchon a vu juste. L'histoire de François-Xavier Garneau n'est pas celle d'un simple chroniqueur qui raconte patiemment les événements les uns après les autres, dans un récit linéaire et purement événementiel. Ses récits de la découverte des Grands Lacs, de l'exploration de la vallée du Mississippi, des batailles contre les Iroquois ou contre les Anglo-Américains sont davantage des « tableaux » d'époque qu'une narration lisse où les événements se succéderaient naturellement jusqu'au présent. Cette manière qu'a Garneau de dépeindre le passé, fort probablement inspirée de son contemporain français Augustin Thierry[50] et qui lui sera d'ailleurs reprochée plus tard par Chauveau dans la longue préface à la quatrième édition[51], fait de lui un véritable écrivain qui a le souci du récit et dont l'ambition est par-dessus tout de laisser à la postérité une « œuvre » digne de ce nom[52] ; elle fait aussi de lui un historien, mais un historien d'un genre particulier qui n'est pas encore gagné par les principes de l'école méthodique. Si son récit est éclairé par des documents de première main, s'il souhaite avant tout « rétablir la vérité si souvent défigurée[53] » sur le passé canadien, cette histoire n'est pas celle d'un « chercheur » obsédé par le détail qui, à la manière d'un positiviste tel que son contemporain Jacques Viger — fondateur de la Société historique de Montréal —, accumule beaucoup de documents sans laisser d'œuvre forte[54], ou qui cherche à réduire au maximum la médiation de l'historien entre le passé et le présent. Cette *Histoire du Canada* est plutôt celle d'un homme engagé tout à fait disposé à retracer les origines et les conséquences des grands événements et à offrir des interprétations stimulantes aux lecteurs.

Malgré le fait qu'il est un autodidacte, qu'il n'a aucune formation universitaire, François-Xavier Garneau affiche des vues très amples sur l'évolution des sociétés : il se fait anthropologue lorsqu'il brosse un tableau certes orienté mais somme toute assez honnête des mœurs autochtones du XVIIe siècle, inspiré, comme les chercheurs d'aujourd'hui, par une lecture attentive des *Relations des Jésuites*[55] ; il se fait juriste et politologue lorsqu'il décrit avec recul et justesse le fonctionnement du Conseil souverain et des institutions américaines[56] ; il se fait parfois économiste lorsqu'il explique, instruit par sa lecture de Jean-

Baptiste Say, le « système » que l'Écossais John Law tenta de mettre en place en France pour attirer des capitaux en Louisiane, ou la crise du papier-monnaie qui sévit en Nouvelle-France[57]. On a beaucoup dit que chez Garneau le « peuple » est une figure un peu abstraite, que les classes populaires sont les grandes oubliées de son récit[58]. Si ces analyses ne sont pas dénuées de fondement, elles omettent généralement de signaler que Garneau, surtout lorsqu'il tente de comprendre les succès économiques des Américains ou lorsqu'il se penche sur les diverses réactions à l'Acte de Québec, sait distinguer les « classes moyennes[59] » bourgeoises de l'aristocratie d'ancien régime, et reconnaît, en bon sociologue, que certaines prises de position politiques peuvent avoir été dictées par des intérêts de classe[60]. Bien avant l'école de Montréal, il note à sa manière la déchéance de la bourgeoisie canadienne qui avait préféré retourner en France plutôt que de végéter dans un empire étranger[61].

En dépit des recherches très érudites sur son œuvre, on ne sait toujours pas exactement quand prend forme son projet d'écrire cette très ambitieuse *Histoire du Canada*. Est-ce, comme le croit son petit-fils Hector, au milieu des années 1820 en réaction à une insulte lancée par de jeunes anglophones qui croyaient les Canadiens « sans histoire » ? Est-ce à la suite de la publication du rapport Durham, comme le veut la vulgate ? Nul ne le sait vraiment. Ce qu'on sait, en revanche, c'est que cette œuvre porte l'empreinte du présent, qu'elle n'est d'aucune manière destinée à quelques antiquaires ou folkloristes qui aiment compiler les anecdotes du bon vieux temps. C'est que Garneau ne cherche pas, à la manière d'un Philippe Aubert de Gaspé, à distraire le public. Il n'est pas non plus gagné par un académisme désincarné, trop souvent détaché des contingences du présent. Ce qu'il souhaite avant tout, c'est être pertinent, répondre aux attentes d'un peuple qui, après l'Acte d'Union, ne sait trop ce que l'avenir lui réserve[62]. « J'écris avec une parfaite conviction, écrit-il à LaFontaine, alors premier ministre. Je veux, si mon livre me survit, qu'il soit l'expression patente des actes, des sentiments intimes d'un peuple dont la nationalité est livrée aux hasards d'une lutte qui ne permet aucun espoir. Je veux comprendre cette nationalité[63]. »

Ces dernières années, plusieurs analyses ont insisté sur l'« ambiguïté garnélienne[64] ». Car, avec beaucoup de finesse, ces exégèses récentes soulignent le fossé qui sépare un « Discours préliminaire » très inspiré par l'esprit des Lumières et une conclusion conservatrice invitant à la prudence et à l'unité. Selon Maurice Lemire, après avoir vanté les bienfaits des progrès et des libertés politiques, après avoir célébré la victoire des peuples contre les despotes, Garneau invite prudemment les Canadiens français à ne pas « se laisser distraire par les philosophes ou les rhéteurs sur les droits de l'homme et autres thèses qui amusent les peuples des grandes villes[65] ». Cette tension — d'aucuns diront cette ambivalence — entre une foi bien sentie dans le progrès et un éloge à peine voilé du conservatisme a donné lieu à plusieurs interprétations au fil des années. Selon Serge Gagnon, Garneau est avant tout le représentant de la petite bourgeoisie libérale canadienne-française qui, au cours des années 1840, fait alliance avec la grande bourgeoisie d'affaires canadienne. La tension du récit garnélien refléterait ce « réaménagement des rapports sociaux au cours des années 1840[66] ». L'évolution entre le « Discours préliminaire » libéral et progressiste et la conclusion conservatrice de Garneau serait celle de toute une classe sociale qui, au cours du moment réformiste, renoncerait à ses convictions d'antan en acceptant de se compromettre avec les ennemis d'hier. Cette lecture tranche avec celle de Gilles Marcotte, qui s'attarde surtout au destin d'écrivain de François-Xavier Garneau. Marcotte attribue la tension du récit de Garneau à une sorte de résignation douloureuse. À la manière de Michelet, Garneau rêve d'écrire une grande histoire à la conclusion heureuse, une histoire qui participerait de l'esprit des Lumières. Or, très tôt, dès son retour d'Europe, il doit faire face à la pauvreté de sa société d'origine et aux limites de son propre talent littéraire. De là sa « conversion forcée » au conservatisme, selon Marcotte. Le dernier parti pris de Garneau n'a cependant rien d'enthousiaste, il a plutôt « la rudesse, la sobriété d'un constat[67] ». Pour Gagnon, la conclusion conservatrice du récit est le produit d'un cadre social en redéfinition, alors que chez Marcotte, elle résulte d'un drame existentiel, d'une souffrance intérieure. Ce que je retiens de ces interprétations, c'est évidemment qu'il faut se garder de donner une trop grande cohérence « libérale » ou « conservatrice » à l'œuvre de Garneau. Bien qu'il soit un historien qui participe lui-même à l'histoire, Garneau a comme chacun évolué au fil des années. Entre la publication du discours préliminaire et celle de la conclusion, il y a sept ans (1845-1852) durant lesquels il se produit beaucoup de choses, notamment l'arrivée au pouvoir des réformistes et la seconde révolution française, celle de 1848. Garneau craint-il les débordements provoqués par cette révolution « sociale » ? Comme bien des réformistes, est-il gagné par la désillusion après l'obtention du gouvernement responsable ? Sa correspondance permet difficilement d'établir de ce qui a pu orienter son récit. S'il faut se méfier des grandes interprétations « idéologiques » qui donneraient à l'œuvre une cohérence qu'elle n'a probablement pas, je crois néanmoins qu'une certaine lecture est possible. À quelques exceptions près, dont celle de Fernand Dumont, les études garnéliennes des dernières décennies ont assez peu étudié la dimension « nationale » de l'œuvre. Ce primat que Garneau accorde à la nation m'apparaît pourtant essentiel pour saisir la tension décrite plus haut entre le « Discours préliminaire » et la conclusion. Cette grille de lecture « nationaliste », évidente pour les contemporains de Garneau et pour les exégètes qui suivront[68], me semble avoir été négligée par les lectures récentes, surtout celles des rares historiens que l'œuvre de Garneau intéresse.

Cette *Histoire du Canada,* faut-il le rappeler, est l'histoire d'une nation, entité que l'« école historique moderne », à laquelle Garneau s'identifie, tient « pour source et pour but de tout pouvoir[69] ». Elle est celle d'un peuple, d'une patrie, d'une « race » dotée, selon Garneau, de traits particuliers, d'un « génie » propre, d'un caractère façonné par l'hérédité, bien sûr — c'est ainsi qu'on voit les choses à l'époque —, mais surtout par une histoire commune. Ces concepts, tout comme les expressions « nationalité franco-canadienne[70] » ou « peuple canadienfrançais[71] » qui, pour lui, dès le XVIIe siècle, excluent clairement les « Acadiens[72] », il les utilise indifféremment sans prendre la peine de les définir, comme s'ils renvoyaient à un donné, à un fait de nature, et non pas à des constructions de l'esprit, à de purs concepts, frappés de lourds soupçons. Par rapport à la philosophie constructiviste qui règne en histoire et dans les sciences sociales d'aujourd'hui, la posture épistémologique qu'adopte Garneau sur le phénomène national peut être qualifiée de conservatrice ; elle est celle d'un héritier qui travaille *à partir* d'une mémoire léguée par les générations antérieures, et non pas *contre* elle. À plusieurs reprises, il emploie d'ailleurs un « nous » complice, ou fait référence à « nos ancêtres » ou à « nos envahisseurs ». Aux yeux de Garneau, ce qui distingue surtout ce peuple, c'est son opiniâtreté à lutter pour sa préservation, son « esprit de sociabilité » et sa « force de cohésion ». Contrairement aux Allemands, aux Hollandais ou aux Suédois venus eux aussi s'installer en Amérique, les Canadiens, avant et après la Conquête, ne se sont pas fondus dans la « masse sans résistance », ils ont survécu par le travail, les armes et la parole[73], ce qui leur a permis de contrer les « dangers de la *dénationalisation*[74] ». Ce génie particulier, qu'il attribue notamment aux origines normandes et françaises, renvoie davantage à quelques atavismes héréditaires transmis par la culture qu'à une substance raciale telle qu'on commence à l'entendre à cette époque. En effet, un lecteur honnête conviendra que Garneau définit la nationalité bien davantage autour de la langue, des lois et de la religion, et donc d'attributs fondamentalement culturels transmissibles par l'éducation, que par le sang. Dans les brefs passages où il fait explicitement référence à l'ethnicité, l'enflure romantique l'emporte généralement sur l'explication posée. Il décrit certes les Amérindiens comme des « sauvages », les Iroquois comme des « barbares », mais il s'empresse de préciser que « rien n'autorise à croire que les facultés intellectuelles des Indiens fussent inférieures à celles de barbares qui ont renversé l'empire Romain », et qu'on aurait tort d'attribuer leur infériorité à la « conformation physique de leur crâne et de leur figure, même de leur teint[75] », car de telles explications « seront toujours entachées de l'esprit de système[76] ». Par ailleurs, il n'établit aucune hiérarchie entre les « races » occidentales ; au contraire, il émaille son récit de considérations élogieuses sur l'Angleterre et les États-Unis, et ne se prive pas, on le sait, de critiquer la France. Cela dit, il voit dans les conflits politiques qui suivent l'adoption de l'Acte constitutionnel de 1791 une lutte à finir entre un parti « canadien » et un parti « anglais ». Il jette un regard ironique sur ces « Anglais tant soit peu respectables de Montréal et de Québec » qui coururent « partout solliciter les suffrages de cette race dont ils avaient demandé l'anéantissement politique avec tant d'ardeur et tant de persévérance ». Aux yeux de Garneau, les Canadiens qui votèrent tout de même pour ces Anglais firent preuve de « hardiesse » en « mettant [leur] cause entre les mains de [leurs] ennemis les plus acharnés[77] ». Aussitôt élus, rappelle Garneau, ces députés anglais firent tout pour proscrire l'usage du français en Chambre.

Même si Garneau rêve d'être publié en France[78], son récit, est-il nécessaire de le rappeler, ne s'adresse pas à un public européen, comme ce fut le cas de celui de Charlevoix au siècle précédent, mais bien d'abord aux Canadiens, ses compatriotes. Son « Discours préliminaire » a toutes les allures d'un poème patriotique ou d'une ode à la « conservation nationale ». Son but : donner du courage à ceux qui doutent, affirmer, par un détour dans le passé, que les Canadiens français ont un avenir :

> Quoiqu'on fasse, écrit Garneau dans la première version du « Discours préliminaire », la destruction d'un peuple n'est pas chose aussi facile qu'on pourrait l'imaginer ; et la perspective qui se présente aux Canadiens est, peut-être, plus menaçante que réellement dangereuse. Néanmoins, il est des hommes que l'avenir inquiète, et qui ont besoin d'être rassurés ; c'est pour eux que nous allons entrer dans les détails qui vont suivre. L'importance de la cause que nous défendons nous servira d'excuse auprès du lecteur. Heureux l'historien qui n'a pas la même tâche à remplir pour sa patrie ! L'émigration des îles britanniques, et l'acte d'union des Canadas […], passé en violation des statuts impériaux de 1774 et 1791, sont, sans doute, des événements qui méritent notre plus sérieuse attention. Mais a-t-on vraiment raison d'en appréhender les révolutions si redoutées par quelques-uns de nous, tant désirées par les ennemis de la nationalité franco-canadienne ? Nous avons plus de foi dans la stabilité d'une société civilisée, et nous croyons à l'existence future de ce peuple dont l'on regarde l'anéantissement, dans un avenir plus ou moins éloigné, comme un sort fatal, inévitable[79].

À ceux qui s'inquiètent, à ceux qui anticipent la disparition du peuple canadien, Garneau rappelle, dans un passage qui fait beaucoup penser aux réflexions de LaFontaine consignées dans son journal de voyage, que les malheurs du présent doivent être relativisés, qu'« il y a quelque chose de touchant et de noble à la fois à défendre la nationalité de ses pères, cet héritage sacré qu'aucun peuple, quelque dégradé qu'il fût, n'a jamais osé répudier publiquement. Jamais cause, non plus, et plus grande et plus sainte n'a inspiré un cœur haut placé, et mérité la sympathie des hommes généreux[80]. » En racontant l'histoire de ce peuple, Garneau veut rendre hommage à ces générations de Canadiens qui ont combattu, sur les champs de bataille ou au Parlement, les ennemis de la nationalité. Il souhaite rappeler que d'autres malheurs se sont déjà abattus sur elle, mais qu'elle a su trouver les ressources pour se relever.

Chez Garneau, la cause nationale transcende tout le reste : les hommes qui passent, les régimes qui se succèdent, les religions qui inspirent parfois un zèle dangereux. Aucune idée, aucun principe, aucun système de pensée ne doit primer la cause nationale.

C'est cette transcendance du phénomène national qui l'amène à critiquer ouvertement, et à de nombreuses reprises, la politique de la France à l'égard des huguenots, bien davantage que son prétendu rationalisme voltairien, son gallicanisme, son libéralisme ou son anticléricalisme. Si les rois de France avaient mis en œuvre le plan de l'amiral de Coligny de diriger, dès le milieu du XVIe siècle, les sujets français réformés vers une colonie du Nouveau Monde, cela aurait complètement changé la donne pour le Canada, sur les plans démographique, économique et politique, en lui fournissant d'immenses « sources de richesses et de puissance[81] ». Cela aurait également été bénéfique pour la France, qui aurait ainsi évité les guerres de religion de la seconde moitié du XVIe siècle. « Si Louis XIII et son successeur eussent ouvert l'Amérique à cette nombreuse classe d'hommes, le Nouveau Monde compterait aujourd'hui un empire de plus, un empire français ! Malheureusement l'on adopta une politique contraire ; et malgré tous les avantages qu'on pût offrir aux catholiques, ceux-ci se trouvant dans leur patrie, ne se levèrent point pour émigrer[82]. » Offrir ainsi un havre de paix aux sujets réformés, dans un contexte de zèle religieux, de persécution et d'insécurité, aurait fourni une véritable motivation pour coloniser l'Amérique, car on ne quitte pas à la légère le sol natal : « La pensée de quitter pour jamais la patrie est douloureuse pour tous les hommes[83]. » Garneau va même plus loin : pour le bien de la nation canadienne-française, il aurait fallu exclure les catholiques, qui émigraient trop peu, plutôt que les huguenots qui, durant les guerres de religion du XVIᵉ siècle, et à la suite de la révocation de l'édit de Nantes un siècle plus tard, cherchèrent refuge ailleurs, non pas seulement au Canada, mais aussi en Louisiane. « Le premier fruit de cette funeste décision, explique l'historien, fut la conquête du Canada, au profit de l'Angleterre, par ces mêmes huguenots qu'on persécutait dans la mère patrie[84]. » L'Angleterre, plus sage, ne leva pas le nez sur ces centaines de milliers de « malheureux protestants » qui fuyaient l'Europe pour le Nouveau Monde, emportant avec eux « leurs richesses, leur industrie, et, après une pareille séparation, des ressentiments et une soif de vengeance[85] ». La France, de son côté, misa sur l'union du trône et de l'autel, et imposa une « autorité qui ne laissait respirer ni la conscience ni l'intelligence[86] ». Le verdict de Garneau est sans appel : « Nous le répétons, sans cette politique, nous ne serions pas, nous Canadiens, réduits à défendre pied à pied contre une mer envahissante, notre langue, nos lois, et notre nationalité[87]. » Cette vindicte lui sera évidemment reprochée par certains représentants du clergé[88]. Les versions successives de son *Histoire du Canada* révèlent que, sans renier cette thèse forte, Garneau aurait adouci le ton et biffé certains extraits, notamment celui cité plus haut et dans lequel il s'en prend ouvertement à la politique de Louis XIII[89]. Malgré cette réécriture, sa correspondance indique qu'il n'en pense pas moins, qu'il demeure convaincu que la sauvegarde et le renforcement de la nationalité auraient dû passer avant l'unité religieuse. À l'homme de lettres et journaliste français Henri-Émile Chevalier, il écrit : « J'ai cherché à faire comprendre à notre clergé d'aujourd'hui que s'il veut conserver son existence, il faut qu'il marche avec nous. Que sa plus grande sauvegarde est notre nationalité et qu'en la perdant nous deviendrions protestants en même temps qu'anglais[90]. » Dans une lettre à un correspondant suisse, il persiste et signe : « Personne n'est plus sensible que moi aux avantages d'une seule religion, mais lorsque les passions des hommes en font naître plusieurs, le politique, l'homme d'État, ne doit point exposer les destinées de son pays pour le triomphe de l'unité. L'admission des protestants en Canada eût sauvé la nationalité française en Amérique[91]. »

Lorsque Garneau affirme que personne n'est plus sensible que lui aux avantages d'une seule religion, il faut le croire. À ses yeux, l'Église catholique, par les institutions qu'elle avait mises en place à l'échelle locale, a joué un rôle déterminant dans la formation de la nationalité. Le chapitre IV du troisième livre du premier tome montre que, s'il critique la politique française à l'égard des huguenots, Garneau voit dans la paroisse une institution clé grâce à laquelle, dès le XVIIe siècle, une alliance somme toute profitable se forge entre la religion catholique, les lois et la nationalité canadienne. C'est dans ce chapitre qu'il critique le « zèle religieux », ainsi que l'esprit « absolu et dominateur » de François de Laval, le premier évêque du Canada. Ce qu'il reproche avant tout à ce dernier, c'est moins sa volonté apparente de soumettre le pouvoir civil à ses vues, moins son obstination à se soustraire à la hiérarchie gallicane, que son désir de faire « de tout son clergé une milice passive, obéissant à son chef comme les Jésuites à leur général[92] ». Les deux stratégies qu'il a mises en avant pour arriver à ses fins, explique Garneau, étaient de rendre les curés amovibles, de manière à les révoquer selon son bon vouloir, et de diriger la recette des dîmes vers son séminaire. Grâce à l'édit royal de mai 1679, sur lequel s'attarde longuement Garneau, Louis XIV contrecarra les plans de François de Laval. Il fut alors décidé que les dîmes allaient appartenir aux paroisses et qu'elles seraient gérées par les notables des fabriques, sous l'œil bienveillant des curés. Quant à ces derniers, ils allaient être établis à perpétuité, et ainsi protégés des humeurs vacillantes ou de la possible mauvaise foi de leurs supérieurs. Cette décision du Roi-Soleil, Garneau la juge très favorablement, probablement parce qu'elle affirme la suprématie du pouvoir civil sur le pouvoir spirituel. Mais surtout, cette décision offre à la nationalité canadienne un recours juridique contre un haut clergé parfois enclin à pactiser avec les puissants du moment.

> Les opinions, écrit Garneau, sont partagées aujourd'hui non sur le droit, mais sur l'expédience [l'opportunité] d'assimiler l'organisation ecclésiastique du Canada à celle de l'Église en Europe. L'inamovibilité des curés et l'existence des chapitres ont été partout regardées comme une garantie de stabilité, et comme un frein contre les abus de pouvoir [...]. En

Canada, il y aurait, suivant les uns, du danger à laisser à un seul homme, quelles que soient d'ailleurs ses lumières et sa sagesse, la direction d'une Église placée au milieu d'un continent presque tout protestant, sous un gouvernement protestant, en butte en outre à la propagande et aux jalousies des nombreuses sectes qui regardent la forte discipline de l'Église de Rome avec un œil de jalousie et de crainte [...]. La masse du bas clergé est, en outre, comme le peuple, plus difficile à corrompre, à dénationaliser et à pervertir, que le haut clergé qui a de grands emplois ou de grandes richesses à conserver[93].

Ces considérations de Garneau, qui font de l'Église catholique une institution avant tout nationale, et des curés les dignes représentants du peuple, jettent un éclairage différent sur les *Notes sur l'inamovibilité des curés dans le Bas-Canada*, l'avis juridique publié en 1837 par LaFontaine à la suite de la destitution d'un curé. L'historiographie fait parfois de cet avis juridique, qui s'appuie sur l'édit de 1679 et fait de l'inamovibilité un « droit acquis » tant pour les curés que pour les catholiques canadiens-français, une sorte de pamphlet anticlérical[94], ou le plaidoyer d'un « farouche partisan du droit gallican[95] ». Or, les perspectives esquissées par Garneau invitent à la prudence : LaFontaine ne cherchait-il pas, lui aussi, à défendre une institution nationale contre la toute-puissance du haut clergé, enclin, comme le fut Lartigue, à soutenir le pouvoir impérial ? Une relecture de cet avis, éclairée par l'interprétation que propose Garneau de l'édit de 1679, rend cette hypothèse plausible.

Chez Garneau, la question nationale transcende aussi celle du meilleur régime économique à adopter. Sa comparaison des colons anglais et français des XVIIe et XVIIIe siècles n'a rien de chauvin. Les premiers, explique-t-il, étaient principalement dominés « par l'amour de la liberté, du commerce et des richesses », alors que les seconds menaient selon lui une « vie à la fois insouciante et agitée », « plus chevaleresque, plus poétique ». Le Canadien, insiste-t-il, recherchait davantage la « gloire militaire » que la liberté, ce qui d'ailleurs faisait bien l'affaire du clergé et du gouvernement français[96]. L'historien, on le sait, ne manque pas une occasion de saluer le courage des miliciens canadiens, comme si cette bravoure, soulignée à grands traits, mettait un baume sur la blessure toujours ouverte des rébellions. Il cite une note du marquis de Vaudreuil, qui imputa la perte du Canada davantage au manque de renforts venus de la France qu'à la valeur des miliciens canadiens[97], raconte en long et en large les faits d'armes de ces derniers lors des batailles décisives de 1759[98] et fait la liste des exploits militaires accomplis par certains Canadiens qui, après la capitulation de Montréal, allèrent servir l'empire français aux quatre coins du monde[99]. Son admiration pour les miliciens canadiens n'altère cependant pas son jugement sur la voie qu'auraient dû emprunter, à ses yeux, les colons canadiens pour que leur nationalité devienne aussi puissante et prospère que celle de leurs voisins du sud. C'est que, selon Garneau, l'ardeur au combat des Canadiens, sinon leur soif de gloire militaire, était la conséquence directe des insuccès commerciaux de la Nouvelle-France. À défaut de devenir de grands commerçants, les Canadiens les plus talentueux épousèrent « une carrière où l'honneur est toujours au-delà du danger » et contractèrent « ce goût pour les armes qui nuisit tant par la suite au développement et au progrès du pays[100] ». Si les exploits militaires des Canadiens méritent d'être encensés, ils résulteraient néanmoins en bonne partie du lamentable échec économique de la colonie, donc d'un manque, d'une carence. Garneau impute cet échec à l'instabilité politique de la colonie, souvent en guerre contre les Iroquois tout au long du XVIIe siècle, à la faiblesse de la marine marchande française et à la corruption de certains intendants et fonctionnaires. La principale cause des retards économiques de la Nouvelle-France est cependant le mercantilisme français, toujours réfractaire à la liberté de commerce et trop enclin, dès le début, à favoriser les « affreux monopoles[101] ». « Là où il n'y a pas de liberté, il ne peut y avoir de négoce[102] », fait valoir Garneau, et qui dit liberté de commerce dit forcément « concurrence[103] ». La Nouvelle-France, insiste l'historien, regorgeait de richesses qu'il aurait fallu mieux exploiter, par l'intelligence, le travail et le commerce, des facultés qu'il est loin d'attribuer aux seuls Anglo-Américains, contrairement à ce que certains avancent[104]. S'il admire tant l'intendant Jean Talon, c'est précisément parce que ce dernier s'employa à mettre les ressources de la colonie en valeur et qu'il réclama la fin du monopole de la Compagnie des Indes occidentales en Nouvelle-France. Selon Garneau, cette vocation militaire des Canadiens, qui prit abruptement fin après la conquête de 1760, ne correspondait pas au destin du Nouveau Monde.

> L'établissement de ce continent opéra une révolution surtout dans le commerce, qui embrasse tout aujourd'hui, et qui du rang le plus humble tend continuellement à occuper la première place de la société, et à y exercer la plus grande influence. Les armes, la mitre ont tour à tour exercé leur domination sur le monde, le commerce prend déjà leur place. Il règne, il doit régner en roi sur toute l'Amérique ; son génie précipitera de gré ou de force sous son joug les contrées dont l'industrie sera trop lente à se réveiller. C'est donc aux peuples et aux gouvernemens à se préparer pour fournir une carrière qui doit les mener à la puissance. L'industrie a établi son trône dans cette portion du globe, qui remplit déjà d'étonnement ou de crainte les vieilles nations guerrières et aristocratiques de l'Europe[105].

Plutôt que de rêver de gloire militaire, il aurait mieux valu que les Canadiens fassent du commerce et participent à cette « révolution » du continent. L'énergie, la vaillance et la bravoure des Canadiens auraient dû être dirigées vers d'autres carrières que celle de l'armée. Dans le cas des huguenots comme dans celui du commerce, la France adopta une mauvaise politique et les Canadiens, hélas ! se laissèrent prendre au jeu. Une politique plus « libérale » eût mieux préparé cette jeune nationalité aux défis du Nouveau Monde. Comme pour le cas des huguenots, la déception de Garneau semble moins celle d'un libéral qui rêve de voir triompher la tolérance religieuse ou les intérêts du capitalisme marchand que celle d'un « nationaliste » qui constate que la puissance et le rayonnement d'une nation dépend de plus en plus de la force de son économie.

Garneau n'est pas non plus un doctrinaire de la république, même si son penchant pour le « peuple » le rend d'emblée sympathique à sa cause. S'il peste contre le « despotisme » qui règne en Nouvelle-France jusqu'en 1763[106], puis sous le régime britannique jusqu'en 1792, s'il considère que « dans ce continent l'avenir est au peuple[107] », que les peuples doivent pouvoir choisir librement leurs représentants, que ce qui a fait la grandeur de la Grande-Bretagne, ce sont les libertés que le monarque a consenties à ses sujets, des libertés auxquelles aspirent les Canadiens comme le montrent les pétitions qu'ils acheminent à Londres dès 1784[108], et s'il dénonce les gouverneurs Haldimand et Craig, qui emprisonnent d'illustres Canadiens sans mandat, il considère quand même que les intérêts de la nationalité doivent en tout temps primer, que la prudence en ces matières est toujours de mise, que les révolutions avortées sont plus dangereuses que tout.

Le premier exemple qui illustre cette prudence politique renvoie au passage que Garneau consacre à l'institution qu'est la fabrique. Dans le chapitre du premier volume consacré au « gouvernement ecclésiastique », l'historien explique que la fabrique est dirigée, dès le milieu du XVIIe siècle, par un curé et des marguilliers élus pour trois ou quatre ans. Ceux-ci forment une sorte de conseil d'administration, car les fabriques sont de « véritables corporations sous le contrôle salutaire de l'évêque ». Le corps électoral varie cependant selon les paroisses. Dans la majorité des cas, explique Garneau, ce sont les anciens et nouveaux marguilliers qui élisent les mandataires, mais une minorité de paroisses accorde le droit de vote à tous les paysans. Ce *modus vivendi,* que d'aucuns remettent en question, signale au passage Garneau, n'a jamais été véritablement inquiété. Cette absence de démocratie paroissiale ne semble guère l'effrayer, cependant, car « dans toutes les paroisses les fabriciens sont tirés de la classe la plus respectable des habitants, et il est très rare que leurs gestions ne soient pas marquées au coin d'une bonne économie et de la plus parfaite honnêteté[109] ». À une masse de paroissiens pas toujours avisés, Garneau semble ici préférer les « notables » pour gérer un bien collectif.

L'autre exemple de cette prudence renvoie à la réaction canadienne aux invitations répétées des Américains de 1776. Garneau distingue nettement la position de l'élite seigneuriale et du haut clergé de celle du peuple. Pour ce dernier, soutient l'historien (quoique sans preuve — projette-t-il son propre sentiment ?), la tentation était grande de succomber à l'appel des insurgés, car les « grands noms de liberté et d'indépendance nationale ont toujours trouvé du retentissement dans les âmes nobles et généreuses ; un cœur haut placé ne les entend jamais prononcer sans une émotion profonde ; c'est un sentiment vrai et natu-rel[110] ». Dans l'ensemble, fait valoir Garneau, la population canadienne resta généralement neutre ou indifférente, et considéra que le conflit qui sévissait au sud constituait davantage une « querelle de frères » qu'une vraie lutte de principes. L'historien accorde vraisemblablement un cer-tain crédit aux idées républicaines des jeunes de l'Institut canadien qui, l'année même où il publie le troisième volume de son *Histoire,* milite pour la révocation de l'Union et signe le manifeste annexionniste de 1849.

> Il en est, explique-t-il, [...] qui regrettent les étroits préjugés qui ont pu faire perdre à leurs compatriotes l'occasion d'obtenir leur indépendance et leur liberté sans peut-être verser une goutte de sang [...], ils ne peu-vent concevoir comment on a pu fermer les yeux aux offres des colonies confédérées, qui s'engageaient à recevoir les Canadiens dans leur alliance, aux mêmes conditions qu'elles-mêmes, c'est-à-dire qu'ils pourraient se donner telle forme de gouvernement qu'ils jugeraient convenable, pourvu qu'elle fût républicaine et qu'elle admît la liberté de conscience [...], que le Canada formerait un des états de l'Union, dans laquelle il serait entré comme pays indépendant[111].

Mais il expose également le point de vue contraire :

> D'autres donnent pour réponse qu'il n'y avait pas de sûreté à prendre des engagements avec un peuple en insurrection et dont la cause était loin d'être gagnée ; que malgré ses promesses, il n'était pas prudent pour des catholiques d'origine française de se fier à un congrès anglais et protes-tant [...], qu'en outre la loyauté faisait un devoir aux Canadiens de res-ter fidèles à leur prince, et qu'à tout événement, leur nationalité aurait couru plus de dangers avec une république anglo-américaine qu'avec une monarchie européenne[112].

Entre ces deux positions, Garneau refuse de trancher. Prudent, il pré-fère laisser « cette tâche à l'avenir » plutôt que de juger de manière péremptoire la marche qu'auraient dû suivre les Canadiens des généra-tions précédentes.

La prudence politique de Garneau est particulièrement visible lorsqu'il décrit les événements de 1837[113]. Il n'y a aucun doute à avoir sur l'origine de ces soulèvements, selon lui. L'historien montre du doigt la mauvaise foi du Bureau colonial britannique qui, dès 1822, prévoyait unir le Haut et le Bas-Canada dans le but d'assimiler la nationalité canadienne, et les « préjugés nationaux » d'une oligarchie de marchands qui refusait de reconnaître la langue française et les institutions de la majorité[114]. Cela dit, les leaders canadiens, responsables de l'avenir d'une nationalité fragilisée par le temps, auraient dû rester calmes, éviter les emportements, conserver leur sang froid. « Malheureusement, écrit-il, dans une petite société les passions personnelles obscurcissent les vues élevées, et les injustices senties trop vites et trop directement font oublier la prudence nécessaire pour atteindre des remèdes efficaces et souvent fort tardifs[115]. » Cette prudence aurait fait défaut à la cohorte de jeunes députés élus en 1830, laquelle comprenait notamment LaFontaine et Morin. « Élus sous l'inspiration de l'esprit du temps », ces jeunes députés eurent selon Garneau une « influence malheureuse » sur la Chambre, ainsi que sur les chefs, qui « avaient besoin plutôt d'être retenus après la longue lutte qu'ils venaient de soutenir ». L'« exagération de leurs idées » eut pour effet d'accroître les passions et de nourrir les antagonismes plutôt que de pousser les chefs à rechercher la voie du compromis nécessaire[116]. Ces députés tapageurs excitèrent même Louis-Joseph Papineau, qui, dans son discours consacré aux 92 résolutions, « s'abandonna à un enthousiasme républicain qui devait mettre l'Angleterre sur ses gardes[117] ». Garneau regrette que le chef du Parti canadien n'ait pas tenu compte des mises en garde des modérés. Il déplore le départ de John Neilson du Parti canadien et le désaveu de René-Édouard Caron et d'Étienne Parent, deux piliers de la région de Québec, qui proposaient une autre stratégie que celle de l'affrontement[118].

M. Papineau, écrit Garneau dans un passage qui rappelle les positions de Parent, en se séparant de tant d'hommes sages pour se lancer dans une lutte contre l'Angleterre, prenait une grande responsabilité sur lui. Sans doute que ce qu'il demandait était juste, sans doute que si ses compatriotes eussent été d'origine anglaise au lieu d'être d'origine française, le bureau colonial eût accordé toutes leurs demandes sans objection. Mais l'équité ne triomphe pas toujours ; les préjugés nationaux font commettre bien des injustices. C'est au patriote, c'est à l'homme d'état de considérer tous les obstacles, de peser toutes les chances et de régler sa conduite de manière à obtenir le plus grand bien possible pour le moment en attendant le reste de l'avenir, sans livrer ce qu'on a déjà au risque d'une lutte désespérée. Il n'y avait pas de honte pour les Canadiens de prendre ce parti. Un petit peuple d'un demi-million d'habitans pouvait souffrir une injustice d'une puissance comme l'Angleterre sans flétrissure. Le déshonneur est pour le fort qui foule et tyrannise injustement le faible[119].

Ce que voulaient avant tout les Canadiens, rappelle Garneau, c'était mettre fin aux abus d'une minorité, accorder à la majorité une juste place dans l'administration, « introduire dans le pays les droits dont jouissaient les habitans de l'Angleterre[120] », en somme, « conserver leurs usages et leur nationalité[121] », non déclencher une insurrection armée qui devait mener à l'instauration d'une république ou à l'annexion aux États-Unis. En choisissant la stratégie de l'affrontement, en prenant les armes, en tournant le dos à la légalité, les « agitateurs » de Montréal ne reflétèrent nullement les aspirations les plus profondes du peuple qui, constate Garneau, refusa de se soulever en masse[122]. Résultats : les Canadiens se retrouvèrent seuls, complètement isolés, incapables d'affronter l'armée de la plus puissante nation du monde. La voie était désormais libre pour imposer l'Union. Le jugement de l'historien est sans merci :

Ce mouvement fut prématuré et inattendu. Le peuple dans aucune partie du pays n'y était préparé. Il n'y avait que les hommes les plus engagés dans la politique, les journalistes, les partisans souvent courant alternativement d'un camp à l'autre, qui ne voyaient qu'une révolution capable de porter remède aux abus qui existaient ou de satisfaire leurs vues personnelles. Ils s'excitèrent réciproquement les uns les autres ; ils se montèrent l'imagination ; ils ne virent plus les choses sous leur véritable jour.

Tout prit à leurs yeux une grandeur ou une petitesse exagérée. Leurs sentiments changèrent. Bientôt ceux que l'intérêt personnel seulement animait se crurent patriotes à force de se proclamer tels et de se mêler avec ceux qui l'étaient réellement. Mais le temps devait faire connaître les uns et les autres[123]…

Lorsqu'on lit entre les lignes, on comprend que Garneau tient LaFontaine et Morin en partie responsables de la radicalisation qui allait mener à la défaite des insurgés de 1837. Il les accuse aussi d'avoir agi par calcul, d'avoir retourné leur veste au moment où les choses se sont corsées. Alors que la deuxième édition de son *Histoire du Canada* est sous presse, son point de vue sur les soulèvements de 1837, et le jugement sévère qu'il porte sur la conduite de LaFontaine et de Morin, ressortent très clairement dans une lettre adressée à O'Callaghan :

Quant au mouvement de 37 je le blâme puisqu'il n'a pas réussi et qu'il a eu de si tristes conséquences pour nous. Je rends pleine justice à ceux qui comme vous, M. Papineau et quelques autres sont restés fermes dans leur conviction et dans leurs principes ; mais qui comme Morin et autres intrigans de cette espèce se sont faits conspirateurs et après que tout a été perdu, que le sang a eu coulé sur l'échafaud *par leur faute* et l'Union décrétée pour noyer les Canadiens, les faire disparaître, ont accepté les offices dans ce gouvernement de haine et de vengeance contre leur race, je me réserve d'en faire justice [. . .] je ne fais pas la guerre aux principes [de 1837] mais à ceux qui les trahissent[124].

Malgré le fait que LaFontaine et Morin ne fussent pas, loin s'en faut, des amis d'O'Callaghan, ce dernier considère cette interprétation comme trop sévère. Si « faute » il y a eu, elle ne doit pas être imputée aux chefs réformistes, mais bien aux autorités britanniques qui avaient rejeté du revers de la main les doléances contenues dans les 92 résolutions[125]. Dans une lettre à l'archiviste français Pierre Margry, LaFontaine écrit qu'il n'est pas dupe des reproches adressés par Garneau, et considère qu'il a « encore eu le malheur de vouloir écrire l'histoire contemporaine, sur laquelle il n'est pas suffisamment renseigné[126] ».

Malgré les réticences de l'un et de l'autre, l'interprétation de Garneau a été souvent reprise par la suite. Quoi qu'il en soit de ces jugements, ce qu'il faut surtout retenir de cette description des événements de 1837, c'est que Garneau souscrit complètement à l'analyse d'Étienne Parent. Pour assurer la survie de la nationalité, il eût mieux valu attendre que l'orage passe et miser sur les institutions britanniques, quelque imparfaites qu'elles fussent. En optant pour la rupture révolutionnaire, nullement souhaitée par le peuple, les leaders canadiens auraient fait reculer la cause de la nationalité. C'est précisément cette optique prudente — d'aucuns diraient conservatrice —, inspirée par les événements de 1837, que l'on retrouve dans la conclusion parue dans le même volume de la deuxième édition.

> Que les Canadiens soient fidèles à eux-mêmes ; qu'ils soient sages et persévérans, qu'ils ne se laissent point emporter par le brillant des nouveautés sociales ou politiques. Ils ne sont pas assez forts pour se donner carrière sur ce point. C'est aux grands peuples à essayer les grandes théories. Ils peuvent se donner des libertés dans leurs orbites assez spacieuses. Pour nous, une partie de notre force vient de nos traditions ; ne nous en éloignons ou ne les changeons que graduellement[127].

Progrès et continuité

Critiquer les mauvaises décisions de la France, prêcher la prudence et la retenue lorsque le destin de la nationalité est en jeu, cela ne signifie en aucune façon prôner l'immobilisme, pester contre les acquis de la modernité ou, pire encore, ne pas reconnaître les bienfaits du progrès. L'œuvre de Garneau, cela relève de l'évidence, n'est pas celle d'un nostalgique des temps anciens, ni celle d'un moderniste en mal de supériorité morale par rapport aux générations précédentes. Son « Discours préliminaire » s'ouvre en effet sur une apologie de la raison scientifique qui, en histoire comme dans tous les autres domaines du savoir, fait selon lui voler en éclats les fables, les superstitions et toutes les autres

« fantasmagories » qui auraient longtemps maintenu les peuples dans un épais « brouillard ». Aux yeux de Garneau, ces avancées sont le « fruit incontestable des progrès de l'esprit humain et de la liberté politique ». Le développement des sciences positives a notamment permis l'accès au savoir grâce à l'invention de l'imprimerie, ainsi que le recul des frontières du connu grâce à la découverte de l'Amérique. Ces progrès ont aussi été politiques et sociaux. Les peuples firent peu à peu leur entrée dans l'histoire et en devinrent des acteurs à part entière. Ceux-ci doivent selon lui ce bienfait aux multiples révolutions qui eurent lieu aux États-Unis, en Angleterre, et « surtout » en France[128]. D'aucune manière ne faut-il stopper cette marche du temps ou faire marche arrière.

Cette vision relativement positive du progrès, omniprésente dans l'œuvre de Garneau, est conforme à ce que l'on retrouve dans les écrits et les journaux réformistes du milieu du XIXe siècle. Pour les réformistes qui se penchent sur la question, le progrès constitue indéniablement l'une des grandes caractéristiques de l'époque. Tout au long de la période étudiée, les réformistes encouragent sa marche, lui donnant un sens matériel autant que philosophique. Comme l'écrit Cauchon dans *Le Journal de Québec*, sans le « progrès dans l'état social de l'homme [...], la civilisation marcherait à pas bien lents vers son perfectionnement[129] ». À Québec et à Montréal, les « choses ont marché vite, depuis dix ans », explique-t-il. Ce mouvement, « il faut le suivre. Il n'y a pas d'alternative. Le bon vieux temps n'est plus, et son état stationnaire est passé de mode[130]. » Pour la période étudiée, la vision de l'histoire que partagent les réformistes correspond d'assez près à l'esprit du « Discours préliminaire » de Garneau. Dans un manifeste publié en 1847, écrit par Chauveau et signé par plusieurs personnalités réformistes de Québec, on invite la population à faire confiance au mouvement du temps : « L'histoire, et l'histoire contemporaine surtout, nous apprend que, quelque longue et difficile que soit la lutte des peuples contre les obstacles qui s'opposent à leur développement, une sage et persévérante énergie leur assure à la fin le succès[131]. »

Les signes de ce mouvement du temps sont partout, constatent les réformistes. Sur les plans technique, scientifique et matériel, les progrès sont réels et incontournables. Selon Parent, l'époque voit surgir un

« nouveau chaînon dans l'histoire de l'humanité, un âge d'industrie, d'amélioration matérielle, l'âge du positivisme, l'âge de la glorification du travail[132] ». Les multiples manifestations du progrès réjouissent les réformistes, et ils souhaitent par-dessus tout que leur nationalité y prenne part. Un rédacteur de *La Minerve* se réjouit de vivre à une époque où les moyens de communication ne cessent de se développer sur l'ensemble du continent américain. « Notre siècle, de prédire l'enthousiaste rédacteur, pourra s'appeler le siècle des canaux et des chemins de fer. À la fin de ce siècle toute l'Amérique septentrionale sera liée par ces moyens rapides de communication[133]. » Se priver de ces moyens de communication, particulièrement du chemin de fer, ce serait « aller à rebours de la marche du progrès[134] », peut-on lire dans *La Minerve* à plusieurs reprises. Ces améliorations techniques peuvent parfois entraîner des réaménagements importants de l'espace et du territoire, mais ces transformations nécessaires ne sauraient ralentir l'enthousiasme des hommes de progrès, selon les réformistes. « Pour améliorer, il faut souvent détruire », explique le rédacteur de *La Minerve,* qui plaide pour la démolition « d'antiques bâtisses en pierres rondes et enduites de ciment qui datent du temps des Français[135] ». Commentant le prolongement de la rue Craig jusqu'au pied-du-courant en mai 1844, le même rédacteur se félicite de la construction de nouveaux édifices d'un « goût plus moderne[136] ». La valeur du patrimoine architectural hérité de la Nouvelle-France ne doit pas faire hésiter les apôtres du progrès matériel. Encouragés, ces changements révèlent la « plus large expansion des facultés humaines[137] », selon la *Revue canadienne*. Le progrès technique des communications et des transports, l'agrandissement de la métropole montréalaise, fût-ce au prix de la disparition de certains édifices ancestraux, sont des signes clairs d'un temps en mouvement. Ces manifestations tangibles réjouissent les réformistes et démontrent selon eux l'immense potentiel du génie humain.

Aux yeux des réformistes, le progrès n'est toutefois pas que technique et scientifique, il est aussi moral et philosophique. L'homme du XIXe siècle fait preuve d'une plus grande humanité que celui des siècles passés. Il est plus tolérant et plus empathique à l'égard de ses semblables, moins cruel également. Le journal de Louis LeTourneux, la *Revue cana-*

dienne, insiste plus que les autres journaux de la presse réformiste sur la dimension morale et philosophique de ces progrès. Dans un texte consacré à la création de l'Institut canadien, le rédacteur déplore que les Canadiens français ne soient pas suffisamment « agités par un besoin d'avenir ». L'évolution du temps, selon le journal, atteste d'un réel progrès moral. « La civilisation dans sa marche à travers le monde, n'a-t-elle pas balayé les préjugés et répandu partout la tolérance ? N'a-t-elle pas changé les mœurs des nations en les instruisant[138] ? » Le but du progrès, explique la revue, est « grand et avantageux », puisqu'il s'agit de rendre la « vie douce et agréable », de permettre l'« amélioration de l'espèce humaine » en ne visant rien de moins que le bonheur matériel et moral : « La voie dans laquelle l'on s'est jeté est celle que parcourent avec ferveur tous ceux qui n'ont pas crainte du lendemain, mais qui bien au contraire ont foi dans l'avenir et se confient chaleureusement aux principes qui doivent tôt ou tard régénérer l'humanité[139]. » Cette cause, poursuit le journal, est « celle de la perfectibilité de l'homme », rendue possible grâce à l'étude de la science[140]. Devant l'avancée de ces progrès, les anciens pouvoirs, fondés sur l'exclusion, les privilèges et les superstitions, ne peuvent plus faire grand-chose. Mieux éclairée, « l'opinion publique, cette *reine du monde* », tel un « torrent », renverse les rois, les aristocraties et les riches propriétaires terriens. « C'est ce pouvoir populaire qui va grandissant avec les années de ce grand siècle, et qui de sa main puissante, détruit jour après jour, pièce à pièce, cet échafaudage de prérogatives, de privilèges et de monopoles élevés sur les ruines de la liberté des nations dans les siècles de barbarie[141]. » Les aristocrates, selon le journal, ne veulent pas entendre ce « bourdonnement des idées libérales et de réforme qui résonnent dans ce dix neuvième siècle ». L'époque nouvelle est celle des « classes commerciales et industrielles, les classes moyennes, tout ce peuple qui produit[142] ». Cette vision optimiste de l'évolution du temps est partagée par d'autres réformistes, sous divers angles. Selon Chauveau, le peuple a pris conscience que les temps ne sont plus immobiles.

C'est à tort que l'on dit que nos cultivateurs veulent que leurs enfants restent tels qu'étaient leurs pères. Ils sentent bien que le temps de nos pères est encore plus éloigné de nous par la comparaison des choses, que par l'intervalle qui s'est écoulé. Le monde d'aujourd'hui n'est plus le monde d'autrefois. Le soleil qui nous éclaire n'est pas le même que celui qui éclairait nos pères ; c'est le soleil de la science et de la civilisation. La terre sur laquelle nous marchons n'est plus la même que celle qui portait nos pères. Elle sera bientôt sillonnée en tous sens par les chemins de fer, et les milles prodiges de l'industrie moderne. Une nouvelle vie est ouverte, il faut y entrer bon gré mal gré [143].

Plaidant pour la création d'un « grand parti de la réforme, un grand parti du progrès à la tête duquel nous nous retrouverions », Chauveau invoque l'« esprit du siècle [144] ». Lors d'un discours qu'il prononce durant les fêtes de la Saint-Jean-Baptiste, Chauveau constate que le « progrès des idées libérales », synonyme selon lui d'« équité », de « fraternité » et de « tolérance religieuse et politique », est le grand fait de l'époque. L'abolition de l'esclavage, de la torture et de la peine de mort prouve bien que la « liberté est indispensable au véritable progrès ». Grâce à la liberté, l'histoire enseigne que, peu à peu, « l'homme physique, l'homme moral et l'homme intellectuel [145] » se sont affranchis des anciennes entraves. Cauchon ajoute pour sa part que l'un des signes du progrès moral de la civilisation est l'accès à la propriété, la liberté de posséder. C'est ainsi qu'il justifie la fin prochaine du régime seigneurial, « écrite, selon lui, dans le livre de l'avenir ». Aux yeux du directeur du *Journal de Québec,* la « marche naturelle de l'esprit humain » est d'« affranchir la propriété [146] ». Dans un long discours à l'Assemblée législative dans lequel il dénonce la vision réductrice qu'adopte George Brown à l'égard des Canadiens français, Cauchon explique que l'accès à la propriété a même eu un effet bénéfique sur les mœurs : « Il y a généralement plus de moralité là où il y a plus de propriétaires, et la révolution française, dont je repousse les abominations de toutes les forces de mon âme, en divinisant la propriété, en l'éparpillant, en la donnant à la population tout entière, en égalisant ainsi les conditions, a opéré dans cette population une transformation morale, complète et prodigieuse [147]. » Plus fraternel à l'égard de son prochain, plus tolérant à l'égard de ceux qui ne partagent pas ses convictions religieuses, et de mœurs plus saines, puisqu'il a accès à la propriété, l'homme du XIXe siècle est aussi moins cruel. Dans son rapport sur l'état des prisons, que j'ai déjà cité, le docteur Nelson explique que le châtiment corporel n'est plus celui qui est privilégié. Autrefois, précise-t-il, le châtiment était « excessif, universel, cruel et dans ses détails révoltant[148] ». L'évolution salutaire du temps a mis fin à cette révoltante cruauté, fait valoir Nelson ; le système carcéral doit désormais « essayer de réformer, pendant l'emprisonnement, cette classe véritablement misérable de la famille humaine[149] ». Moins cruel, plus respectueux de la dignité du « misérable », l'homme historique a évolué dans son rapport à ses semblables, fussent-ils des délinquants ou de dangereux criminels. Voilà un autre signe de progrès moral, un changement heureux qui démontre que la marche du temps a pris une direction bienfaisante.

Cette foi dans le progrès et cet enthousiasme clairement exprimés s'accompagnent néanmoins d'un certain nombre d'inquiétudes que l'on voit poindre ici et là chez les réformistes, comme si leur espoir bien senti dans l'avenir n'était pas illimité. Le progrès est certes irréversible et les Canadiens français doivent y prendre part, mais il faut aussi éviter les exaltations juvéniles et se montrer prudents. Le progrès ne doit pas se faire à n'importe quel prix. À vrai dire, le seul journal qui fait du progrès un axe central de sa pensée, un principe philosophique de premier plan, est la *Revue canadienne*. À la fin des années 1850, par exemple, Hector Langevin plaide en faveur d'un « progrès modéré et bien entendu[150] » pour l'ensemble de la colonie. Un progrès trop rapide entraînerait la dispersion et le gaspillage, explique celui qui sera bientôt un des pères de la Confédération. Dans un discours qu'il prononce lors de l'inauguration d'un cabinet de lecture à Montréal, en 1857, Chauveau — devenu surintendant de l'Instruction publique — met ses auditeurs en garde contre « cette fièvre du mouvement qui dévore [notre] époque[151] ». Nouveau directeur du *Canadien* en 1857, Barthe avertit le lecteur qu'il n'aura « jamais honte de reconnaître le culte de ses pères », et ce, même s'il souhaite que son journal préserve son « cachet libéral ». Cet héritage partagé, qu'il importe par-dessus tout d'assumer et de préserver, constitue selon Barthe « le seul lien qui unisse peut-être aujourd'hui le million d'hommes jetés par la Providence dans cette vallée du

Saint-Laurent [152] ». En somme, si la marche du temps doit signifier l'amnésie et le renoncement, dès lors, le cachet libéral n'a plus de sens.

Il faut ici s'arrêter et souligner à grands traits cette idée de « Providence » que l'on retrouve chez Barthe, mais aussi chez Garneau. N'allons surtout pas croire, insistent plusieurs réformistes, que tous ces progrès sont le seul fait de l'homme et de la raison. Ces progrès techniques et moraux qui profitent aux hommes du XIXe siècle résultent aussi, et dans une large mesure, des bienfaits du christianisme. Dans les *Mélanges religieux,* on reconnaît que le temps peut avancer selon les principes d'une certaine philosophie de l'histoire, mais, de préciser le jeune rédacteur Langevin, attention aux influences malheureuses. Les seuls inspirateurs acceptables doivent être Bossuet, Fénelon et Lacordaire, qui sont d'ailleurs souvent cités par la presse réformiste. Toute influence qui viendrait de Voltaire, de Michelet ou de Quinet est plus ou moins admise. Venant des *Mélanges,* de telles mises en garde, qui tranchent avec l'esprit du « Discours préliminaire » de Garneau, ne surprennent guère. Cela dit, dès l'édition de 1845, c'est-à-dire avant qu'il reçoive les critiques acerbes de certains clercs à cause du côté trop philosophique de son œuvre, Garneau écrit :

> Il est consolant pour le christianisme, malgré les énormes abus qu'on en a fait, de pouvoir dire que les progrès de la civilisation, depuis trois ou quatre siècles, sont dus en partie à l'esprit de ce livre fameux et sublime, la Bible [...]. Le Régénérateur-Dieu est né au sein du peuple, n'a prêché que le peuple, et a choisi, par une préférence trop marquée pour ne pas être significative, les disciplines de ses doctrines dans les derniers rangs de ces Hébreux infortunés [...]. *Ce fait plus que tout autre explique les tendances humanitaires du christianisme et l'empreinte indélébile qu'il a laissée sur la civilisation moderne* [153].

Ceux qui se penchent sur cet aspect des choses refusent, tout comme Garneau, de lier leur adhésion au progrès au seul héritage des Lumières. Parent, par exemple, se montre très dur à l'égard des « moralistes » du XVIIIe siècle qui, selon lui, ont cherché à détourner les hommes de l'Évangile : « L'homme est bien loin d'avoir usé ou dépassé l'évangile ; bien au contraire, c'est vers la réalisation sociale de l'évangile que l'on veut marcher. » Les hommes et les peuples veulent du « pain et de la liberté[154] » ; c'est ce que l'Évangile leur a toujours proposé et c'est ce qu'ils seraient en train de conquérir à force de travail, selon Parent. Dans le discours qu'il prononce lors d'une fête de la Saint-Jean-Baptiste, cité plus haut, Chauveau précise que les idées libérales sont « nées du christianisme, nées d'une parole d'amour et de justice[155] ». Dans une conférence qu'il a donnée quelques années plus tôt sur l'évolution de la littérature, Chauveau expliquait déjà que les révolutions française et américaine « sont considérées comme un des développements progressifs des sociétés chrétiennes ; par elles le gouvernement démocratique a envahi le nouveau-monde et le gouvernement constitutionnel a jeté de profondes racines dans l'ancien[156] ». Ces révolutions ne sont donc pas considérées comme des ruptures, elles participent d'une longue histoire inspirée par les préceptes du christianisme. Même les progrès techniques qui permettent à l'homme de mieux vivre contribuent positivement à l'essor du christianisme, selon Chauveau. Ce dernier reproche d'ailleurs à Louis Veuillot, célèbre directeur de *L'Univers,* organe français de l'ultramontanisme, de s'opposer aux progrès techniques.

> M. Louis Veuillot n'aime point les chemins de fer, ni les bateaux à vapeur ; nous ne sommes point, pour notre part, de son avis, et nous ne voyons point du tout ce que le christianisme peut avoir à reprocher à ces bienheureuses inventions. La bonne nouvelle peut se porter aux extrémités du monde par la vapeur plus promptement et plus sûrement que jamais, et les chemins de fer, comme tous les autres chemins… mènent à Rome ; et M. Veuillot a grand tort de se plaindre qu'ils y mènent trop vite[157].

Tout comme Garneau, Cauchon considère la Révolution française comme un « véritable progrès vers les libertés civiles et politiques[158] ». Il la condamne toutefois pour ses excès, qui auraient été le fait des francs-maçons jacobins, antichrétiens par essence[159]. Dès que la révolution a été récupérée par des esprits non chrétiens, dès qu'elle a dévié du chemin religieux, elle se serait perdue en « excès de tout genre », en « horreurs sanglantes », en « orgies intellectuelles et matérielles », en

« débauches littéraires » et en « négations sociales, morales et religieuses[160] ». Le progrès n'a donc de sens que s'il s'inspire de l'Évangile ; la liberté ne doit être réclamée qu'au nom du message chrétien. « Lorsque nous parlons de Liberté, écrit Langevin dans les *Mélanges*, nous n'entendons point cette Liberté dont la France a malheureusement joui à la fin du siècle dernier », mais plutôt celle qui est « soutenue, accompagnée et précédée » par l'idée religieuse[161]. Le progrès n'a de sens, lit-on dans *La Minerve* en mai 1859, que s'il reste dans les « limites de la prudence humaine et sous la lumière infaillible de la vérité et de la religion[162] ». L'adhésion au progrès ne va donc pas sans conditions. Sauf pour la *Revue canadienne*, il ne s'agit pas d'une adhésion dogmatique, non critique et moderniste. L'homme éclairé doit savoir distinguer le bon grain de l'ivraie et être en mesure de juger de la nature du progrès qui lui est proposé.

*   *   *

Il en va du rapport au temps national comme du rapport au temps occidental, mondial — un temps dynamique, en mouvement, continu, sans ruptures brusques. On a beaucoup écrit que l'œuvre de Garneau, et toute l'époque réformiste d'ailleurs, est caractérisée par une survalorisation de la Nouvelle-France, par la nostalgie des exploits des ancêtres. Un tel jugement n'est évidemment pas dénué de fondements, mais il mérite assurément qu'on y apporte quelques nuances.

En général, les réformistes ne perçoivent pas l'époque de la Nouvelle-France comme un âge d'or, même si le récit des grands exploits du passé est pour eux réconfortant. On déplore notamment les mœurs d'ancien régime, le manque d'intérêt pour le commerce et l'économie. Lors d'une conférence prononcée en 1844, dont les grandes lignes sont rapportées par *Le Journal de Québec*, Garneau se penche sur l'évolution du caractère des Canadiens au XVIIIe siècle. Le portrait qu'il trace de la Nouvelle-France n'est guère reluisant. Les deux grandes figures marquantes du régime français — le soldat et le coureur des bois — ne suscitent chez lui aucune admiration particulière. À ses yeux, la « vaine gloire du soldat » et l'« indépendance chimérique du coureur des bois » ont moins de valeur que l'« aisance douce et assurée » et le « bonheur paisible de la chaumière » de ceux qui, sans faire de bruit, travaillent quotidiennement au progrès de la nationalité sur les plans de la population, de l'industrie et de la richesse [163]. À la même époque, la *Revue de législation et de jurisprudence*, fondée par LaFontaine et d'autres juristes, rappelle qu'avant la cession de la Nouvelle-France à la Grande-Bretagne, « le pays que nous habitions avait ses lois, sa jurisprudence, comme toute autre société organisée ». Toutefois, cette « société organisée » n'était guère stable du fait d'une cour « affreusement corrompue » et d'« agens aussi éhontés qu'ils étaient certains de leur impunité ». La fin de cette « tyrannie du gouvernement français » ne fut donc pas un événement malheureux, loin s'en faut [164]. À l'époque de la Nouvelle-France, poursuit la revue dans un numéro subséquent, l'intérêt (de l'État) pour le commerce était quasi nul, comme en témoigne l'inexistence d'une tradition jurisprudentielle reliée au commerce qui remonterait à cette époque. « Un gouvernement, explique-t-on, uniquement occupé à faire la guerre à des sauvages, et à disputer l'autorité avec des missionnaires, ne devait guère songer aux intérêts d'une profession déclarée routinière et indigne d'un gentilhomme [165]. »

L'autre critique concernant la Nouvelle-France a trait à l'esclavage. En effet, l'État social de la Nouvelle-France n'était pas aussi évolué que celui du milieu du XIXᵉ siècle, comme le constate LaFontaine, devenu historien amateur après son retrait de la vie politique. Dans une lettre à l'archiviste Pierre Margry, l'ex-leader réformiste explique qu'il faut se méfier des descriptions trop idylliques de la Nouvelle-France. On ne peut « que constater [...] ce qui a existé, et de fait et de droit, dans l'état social et la législation de la Colonie. On ne raisonne pas contre les faits [166]. » Membre fondateur de la Société historique de Montréal, LaFontaine publie d'ailleurs, avec Jacques Viger, un mémoire qui démontre, preuves et documents à l'appui, l'existence de l'esclavage à l'époque de la Nouvelle-France [167]. La pratique de l'esclavage, estiment les deux historiens autodidactes, aurait été introduite dans la colonie en 1689, avec le concours pleinement conscient des autorités de la colonie. En révélant l'existence de cette institution infâme, le leader réformiste à la retraite prend en défaut François-Xavier Garneau, qui, dans son *Histoire du Canada,* faisait valoir que l'esclavage aurait été une « plaie inconnue sous notre ciel du Nord[168] », qu'un tel commerce « n'aurait jamais été admis sous la domination française[169] ». En mettant en lumière l'existence de l'esclavage, LaFontaine cherche à rappeler la vraie Nouvelle-France, à rendre compte d'un État social révolu.

S'ils refusent de magnifier béatement l'époque de la Nouvelle-France, s'ils critiquent certains aspects du régime français, les réformistes ne se montrent cependant guère critiques à l'endroit du régime seigneurial. Au contraire, la plupart des réformistes croient même que ce régime de propriété importé de la France d'Ancien Régime a constitué une contribution positive à la colonisation de la vallée du Saint-Laurent et au développement de la nationalité. Une telle lecture des choses a de quoi surprendre, puisque ce sont ces mêmes réformistes qui vont abolir le régime seigneurial en 1854. On aurait pu s'attendre à ce que les réformistes, en parfaits représentants des classes moyenne et bourgeoise, dans une logique de rupture typique de cette époque, entretiennent de très lourds préjugés contre ces seigneurs-aristocrates. Or, ce qui ressort clairement de leurs interventions, c'est qu'ils ne considèrent pas les seigneurs comme les ennemis du peuple. La fin du régime seigneurial ne représente pas, à leurs yeux, la victoire d'une classe sur une autre, le triomphe des bourgeois de la modernité sur l'aristocratie de l'ancien régime. Les seigneurs n'incarnent pas un corps étranger à la nationalité qu'il importe de discréditer à tout prix afin que le peuple, guidé par une bourgeoisie éclairée, puisse retrouver sa liberté. Contrairement à ce que laisse voir Louis-Joseph Papineau dans sa correspondance avec O'Callaghan[170], on chercherait donc en vain dans le discours réformiste une hargne de « classe ». Dans son *Histoire du Canada,* Garneau n'élabore pas beaucoup sur la nature et le fonctionnement du régime seigneurial. Tout au plus présente-t-il le seigneur comme « un fermier du gouvernement, chargé de distribuer des terres aux colons à des taux fixes[171] », ou comme un honnête officier de l'armée qui a montré de l'attachement pour d'anciens soldats qui s'établissaient dans sa seigneurie[172], jamais comme un aristocrate loin du peuple. Dans un ouvrage qui présente le Canada en vue de l'Exposition universelle de Paris de 1855, Hector Langevin explique que nos anciens seigneurs « n'étaient plus, il est vrai, de ces barons orgueilleux et despotes qui tyrannisaient leurs vassaux », ils « avaient perdu leur voracité de loups pour revêtir quelque peu la peau de l'agneau[173] ». En somme, même s'ils proposent d'abolir l'un des héritages les plus tangibles de la Nouvelle-France, les réformistes refusent de considérer leur proposition comme un geste de rupture, ce qui est un indice intéressant du rapport qu'ils entretiennent avec le passé de leur nationalité.

La position des réformistes sur l'enjeu de la tenure seigneuriale ne découle pas d'une idéologie dogmatique, elle semble davantage être le produit d'une situation historique particulière. En d'autres temps, considèrent les réformistes, le régime seigneurial a été utile, voire précieux à la nationalité canadienne, comme le révèle l'extrait suivant de la « progressiste » *Revue canadienne* :

> [Le] régime féodal transporté dans la nouvelle colonie, peut-on lire en mai 1845, perdait en traversant les mers tous les mauvais caractères qui [le] distinguaient en France. Il perdait son esprit de domination et d'oppression. Il n'était plus lourd et cruel mais doux et facile […], les seigneurs pouvaient plutôt être considérés [comme] des administrateurs des biens de la couronne que [comme] des maîtres de leurs domaines, fiefs et seigneuries […] il fallait bien être unis pour conserver la nouvelle patrie, son esprit et son cœur, alors que le génie tutélaire de la vieille France ne planait plus sur les enfants de la Nouvelle[174].

Le Canadien convient de son côté que la tenure seigneuriale, « comme institution sociale », est « une institution surannée qui jure à côté des tendances démocratiques de notre pays ». Toutefois, poursuit le journal réformiste, on aurait tort d'être trop sévère à l'égard de cette institution héritée de la Nouvelle-France. Le journal insiste pour que l'on tienne compte du rôle joué par ce régime de propriété dans la naissance de la colonie et de la nationalité. « La tenure actuelle, fait-il valoir, a favorisé l'établissement du pays plus que tout autre mode de concession des terres. » Des « hommes laborieux » ont pu s'installer dans la vallée du Saint-Laurent sans qu'il leur en coûte un sou. Sans ce système, « les capitalistes anglais auraient fait l'acquisition de presque toutes nos terres qui seraient devenues la propriété d'une poignée de spécula-teurs[175] ». Cette institution héritée de la France d'Ancien Régime aurait permis aux anciens Canadiens de conserver une certaine maîtrise de la terre après la Conquête. C'est ce que soutient également LaFontaine dans son discours en faveur de l'abolition du régime seigneurial, pro-noncé en juin 1850. Le chef réformiste affirme que cette forme de pro-priété aurait favorisé le développement de la Nouvelle-France en offrant aux colons des terres gratuites[176]. La « corvée[177] », explique pour sa part Antoine Gérin-Lajoie dans *Jean Rivard,* ne constituait pas non plus une charge aussi humiliante qu'on pourrait le penser. Au fil du temps, elle en est venue à faire partie des habitudes de vie des habitants.

> Le mot « corvée », d'après tous les dictionnaires de la langue française, s'emploie pour désigner un travail gratuit et forcé qui n'est fait qu'à regret, comme, par exemple, la corvée seigneuriale, les corvées de voirie, etc., regardées de partout comme des servitudes. Mais il a dans le langage cana-dien un sens de plus qui date sans doute des premiers temps de l'établis-sement du pays. Dans les paroisses canadiennes, lorsqu'un habitant veut lever une maison, une grange, un bâtiment quelconque exigeant l'emploi d'un grand nombre de bras, il invite ses voisins à lui donner un coup de main. C'est un travail gratuit, mais qui s'accomplit toujours avec plaisir. Ce service d'ailleurs sera rendu tôt ou tard par celui qui le reçoit ; c'est une dette d'honneur, une dette sacrée que personne ne se dispense de payer[178].

D'une certaine façon, le régime seigneurial n'aurait fait que conso-lider une pratique de la solidarité qui a eu par la suite des effets positifs sur la colonisation du pays. N'eût été de la nécessaire prospérité, explique de son côté Chauveau, la « population du pays aurait long-temps conservé avec bonheur cette tenure bien adaptée à ses mœurs et à ses habitudes[179] ».

Cette position des réformistes sur les services rendus par le régime seigneurial dans l'établissement de la colonie, on la retrouve très claire-ment dans l'argumentation juridique du juge LaFontaine, qui préside la Cour seigneuriale formée en 1854 avec pour mandat de statuer sur un certain nombre de questions litigieuses — dont certaines sont de nature historique. Le gouvernement adresse à la Cour plusieurs questions intéressantes qui obligent des réformistes comme LaFontaine et Morin[180] à se prononcer sur les origines du régime seigneurial. Ces questions du gouvernement, formulées par son procureur général, les réponses qu'offre la Cour ainsi que les avis des juges ont été consignés dans un recueil en deux volumes qui permet de mieux comprendre la position des réformistes sur le rôle historique du régime seigneurial.

Il ressort très clairement de ce document que LaFontaine, fidèle aux interventions faites en Chambre quelques années plus tôt, refuse de condamner cette institution. On le voit autant aux réponses qu'il fournit au procureur général qu'aux observations qu'il rédige sur le régime seigneurial. Parmi les questions formulées par le gouvernement, il y a celle de la véritable « intention des Rois de France, lorsqu'ils accordaient [...] des terres en fief et seigneurie en Canada ». Cette intention, demande le gouvernement, « était-elle de rendre obligatoire, pour tous les seigneurs, la concession de ces terres à des habitants pour les mettre en culture ? » La réponse des juges ne suscite l'adhésion ni de LaFontaine ni de Morin. La majorité des juges estime que cette obligation de concéder des terres est effective seulement à partir de 1711[181]. Selon les juges majoritaires, cette responsabilité, qui constitue une entorse au système féodal traditionnel, n'aurait donc pas existé depuis le début de la colonisation française en Amérique. Dans ses observations, LaFontaine conteste cette position en s'appuyant sur certains documents officiels qui datent de 1598 et de 1623, et tente de démontrer que le « Roi et ses représentants » avaient l'intention « d'intervenir, par voie législative, ou purement administrative, dans les concessions déjà faites, afin de mieux assurer l'accomplissement de l'objet de ces mêmes concessions : la colonisation, le défrichement et la culture des terres[182] ». Le but du système seigneurial aurait donc été de faciliter la fondation d'une colonie, non de transplanter intégralement une institution européenne héritée du Moyen Âge. Les règles édictées par le Conseil souverain à partir de 1663, qui obligeaient notamment le seigneur à défricher ses terres et à les concéder, témoignent, selon LaFontaine et Morin, d'une volonté claire

du gouvernement royal de soutenir la colonisation. Depuis le début de
la colonisation, explique LaFontaine, l'État surveille d'ailleurs les seigneurs de près : « Le Roi persiste à chaque moment dans son droit de
surveillance et d'intervention ; il l'exerce plus ou moins rigoureusement
selon que, dans sa discrétion, les circonstances peuvent l'exiger […].
Cette intervention active du Souverain forme un trait tout à fait caractéristique de l'institution féodale canadienne[183]. » Ce « caractère propre
et particulier » du régime seigneurial canadien et « cette intervention
active du Souverain » ne doivent pas nous surprendre, précise LaFontaine dans l'introduction de ses observations : « Dans les circonstances
où la colonie de la Nouvelle-France a été fondée, on ne pouvait s'attendre que la masse des premiers colons qui, tôt ou tard, devaient devenir propriétaires du sol, pût apporter avec elle d'autres moyens que son
énergie et son amour du travail, pour concourir à jeter les fondements
d'une nouvelle patrie dans la Nouvelle-France[184]. » Les premiers colons
n'ayant pas les capitaux nécessaires à leur établissement, un autre système aurait retardé la colonisation et ainsi défavorisé cette nouvelle
patrie en train de naître, selon LaFontaine. Si l'établissement du régime
seigneurial canadien ne visait pas en premier lieu la reproduction du
régime féodal, mais bien la colonisation, cela ne signifie pas pour autant
que LaFontaine souhaite préserver cette institution sociale jusqu'à la fin
des temps. Il ne considère nullement le régime seigneurial hérité du
régime français comme une caractéristique essentielle de la nationalité canadienne. C'est qu'avec le temps, les circonstances ont changé.
D'une part, depuis la conquête britannique, la tenure seigneuriale est en
concurrence avec la tenure libre qui se prête mieux au développement
économique de la colonie et, d'autre part, LaFontaine reconnaît que certains seigneurs ont probablement abusé de leurs droits « onéreux », sou-
tirant ainsi à leurs censitaires des rentes de plus en plus lourdes[185].

Cette perspective « continuiste » sur le régime seigneurial et la Nouvelle-France, à la fois empathique et critique, est aussi celle qui prévaut
lorsque vient le temps de considérer la conquête de 1760 et ses suites.
Aux yeux des réformistes, la Conquête, ou la cession, c'est selon, n'est
ni un acte providentiel ni une catastrophe. Avec la visite de la *Capricieuse*, en 1855, une corvette de l'armée française, la redécouverte de la

France au milieu des années 1850 entraîne son lot de commémorations et de discours lyriques[186]. La poésie d'Octave Crémazie, qui s'épanche sur la défaite de 1760, célèbre les valeureux miliciens canadiens et s'attriste de la disparition définitive de l'empire français sur les rives du Saint-Laurent, vient tout de suite à l'esprit. Mais cette redécouverte de la France ne signifie pas pour autant qu'on tienne rigueur à l'Angleterre d'avoir conquis cette colonie. On chercherait en vain des discours exploitant un ressentiment ou une amertume quelconques. Le discours emphatique de Chauveau prononcé en juillet 1855 lors de l'inauguration d'un monument à la « mémoire des braves tombés sur la plaine d'Abraham » en est un bon exemple. Comme le remarque Patrice Groulx[187], ce discours de Chauveau n'en est pas un de revanche. Chauveau tient à ce qu'on se souvienne de tous les « braves » tombés sous les drapeaux, qu'ils soient Français, Anglais ou Canadiens. Cette bataille importante, laisse entendre Chauveau, annonçait une nouvelle ère ; une ère de concorde et d'entente entre les deux plus grandes civilisations de l'Occident. En pleine guerre de Crimée, alors que les deux grandes métropoles européennes combattent côte à côte, Chauveau rappelle à la mémoire de ses contemporains ce temps de grand trouble où des hommes, aujourd'hui unis, s'affrontaient violemment : « Aujourd'hui, les drapeaux de la France et de l'Angleterre, unis par des banderoles qui portent les noms de victoires gagnées en commun, flottent amis sur le champ [...] de bataille du 13 septembre et du 20 avril, comme ils flottent sur les mers de l'Europe et sur les rochers de l'antique Chersonèse[188]. » Lors du centième anniversaire de la bataille des plaines d'Abraham, en septembre 1859, il s'en trouve certains pour exalter la mémoire de Montcalm, ses « vertus militaires et chrétiennes[189] », mais on ne retrouve pas chez les réformistes de discours qui dramatise outre mesure cet événement. Si on éprouve quelque sentiment, c'est pour « maudire tout bas ce Louis XV et madame de Pompadour de nous avoir fait la position que nous occupons aujourd'hui sur la terre *classique de la liberté* yankee qui veut que la science n'ait qu'une langue[190] ». Dans son rapport pour l'Exposition universelle de Paris de 1855, Langevin évoque de son côté cet « acte d'imprévoyance et de faiblesse » de la France, qui n'a pas su conserver cette colonie devenue grande et

prospère[191]. La Conquête n'est pas un drame, elle est le fait d'un roi
« trop léger » et imprévoyant. Ce froid constat, cette réalité navrante n'a
cependant pas fait sombrer les élites canadiennes de 1760 dans le désespoir ; elles devront tout simplement composer avec ce nouvel état de
fait. C'est à peu de chose près cette lecture que l'on retrouve chez Garneau. Le « voluptueux » Louis XV, influencé par madame de Pompadour, aurait été incapable de déployer une vision forte et ambitieuse de
l'empire français en Amérique[192]. Cette imprévoyance, laisse entendre
Garneau, allait de pair avec la décadence du royaume. Par ailleurs, après
la cession, les élites françaises de la colonie, explique-t-on dans la *Revue
canadienne,* sont loin de perdre leur superbe. « Nos ancêtres conservaient l'influence que leur donnait la possession des richesses territo-
riales, et encore celle de leur supériorité intellectuelle. » Face à ces commerçants et à ces négociants, « les Canadiens » conservaient de « belles
manières, des mœurs policées et le prestige qui s'attachait encore aux
armes et à la gloire française ». En somme, explique le journal, « notre
société [...] avait le ton et la supériorité » des grandes civilisations. Cette
élite n'était pas éplorée, elle aurait imposé des manières et un style qui
impressionnèrent les nouveaux arrivants britanniques[193]. Certains vont
même plus loin. Plutôt que d'être un traumatisme, la « cession » aurait
constitué un certain progrès pour la nationalité canadienne. Le nouveau pouvoir anglais, explique pour sa part la *Revue de législation et de
jurisprudence,* eut la sagesse de maintenir certains aspects des us et coutumes du droit français. Certes, précise la revue, l'Angleterre « nous
imposa des lois, mais aussi, elle nous *conserva* d'autres bien précieuses,
bien nécessaires à notre bonheur[194] ».

Oui à l'Amérique, non à l'annexion

Cette philosophie « continuiste » du temps allait-elle de pair avec une
adhésion enthousiaste à l'esprit du Nouveau Monde ? Cette foi dans le
progrès était-elle conditionnée par l'« américanité » des réformistes ?
     Pour les jeunes partisans de Louis-Joseph Papineau qui investissent

l'Institut canadien au milieu des années 1840, qui fondent le journal *L'Avenir* en juillet 1847 et un nouveau courant politique quelques mois plus tard, la réponse va de soi. Le « A » majuscule du titre du nouvel organe donne la mesure de l'investissement placé dans le futur, et non plus dans un passé mortifère. Ce passé, ces jeunes l'associent volontiers à une certaine Europe jugée décadente, aux despotes corrompus qui résistaient à la montée des peuples ; quant à l'avenir, il est évidemment du côté du Nouveau Monde, c'est-à-dire du côté de ces contrées neuves libérées des lourdeurs du passé. On comprend dès lors mieux pourquoi, inspirés par l'héritage des insurgés de 1837 et de 1838[195], ces jeunes militent pour que le Bas-Canada assume jusqu'au bout son destin américain. Incapables de se satisfaire de l'approche modérée et gradualiste des réformistes, ils voient dans la rupture du lien colonial avec la Grande-Bretagne et dans le projet d'annexion aux États-Unis les seules voies de salut pour la nationalité. Cet espoir d'un Bas-Canada américain et libre est esquissé par Amédée Papineau, dans une page de son journal personnel datée du 28 février 1842 :

> Ce qui est si désirable, ce qui peut seul faire le bonheur et la paix permanents des Canadas comme de l'Amérique, ce que j'appelle de tous mes vœux, [c'est] l'agglomération de toutes les sections de l'Amérique en une seule et vaste république ; une confédération continentale, une par son esprit et ses lois, une par ses institutions sociales et politiques, sera. Toute l'histoire du Nouveau-Monde l'enseigne d'une manière irréfragable [...]. Le doigt de Dieu nous y conduit[196].

Frère du député Charles-Olivier Perrault, mort au combat en 1837, et adversaire résolu de LaFontaine, l'imprimeur Louis Perrault, dans une lettre à O'Callaghan expédiée quatre ans plus tard, rêve lui aussi à la grande république. Dans son cas, cette aspiration témoigne du dégoût que lui inspirent la politique réformiste et les hommes qui l'incarnent : « Quant à la politique, écrit-il, je vous avouerai franchement que je m'en tiens entièrement en dehors [car] je n'aime pas certains ex ministres et ceux actuels ont donné dans des excès si affreux, que je dis à tout le monde que je fais parti à part, et que je vais pour *séparation* et *Annexion*.

C'est là notre seule ressource[197]. » C'est à partir d'avril 1848 que *L'Ave-nir* prend clairement parti pour le rappel de l'Union et propose comme solution de rechange l'annexion aux États-Unis[198]. Le manifeste annexionniste, publié le 8 octobre 1849, est signé par toutes les figures montantes de *L'Avenir* et reçoit l'imprimatur de Louis-Joseph Papineau en personne. Les arguments en faveur de l'annexion sont de nature économique (la création d'un vaste marché) et politique (des institutions démocratiques et républicaines). Ses défenseurs insistent lourdement sur son caractère irrémédiable. Se joindre à la république américaine est pour eux une sorte d'acte de foi dans l'avenir. Être d'Amérique, selon Louis-Joseph Papineau, c'est vouloir fonder des institutions libres sur la raison, c'est refuser de considérer l'héritage des ancêtres comme un dépôt sacré qu'on ne peut remodeler ou dépasser. Dans l'un de ses derniers discours avant son retrait de la scène politique, Papineau est on ne peut plus clair sur cette question :

> Le grand défaut de notre système de gouvernement, explique-t-il en Chambre, hérité de l'Angleterre et de certains autres pays, est de croire que parce qu'il a été fondé sur la sagesse de nos ancêtres, ses principes doivent être tenus pour sacrés. Pendant ce temps, nos voisins du sud, tout en respectant la nature divine de l'homme, ont découvert et établi cette vérité selon laquelle l'homme doit légiférer à partir des exigences et des urgences de son temps : aucune génération n'a le droit d'imposer ses vues et ses dogmes à celles qui lui succèdent[199].

Sans contredit, ce rapport moderniste au temps et cette façon de miser surtout sur l'avenir jouent un rôle non négligeable dans tout le débat sur le rappel de l'Union et l'annexion aux États-Unis qui fait rage de 1848 à 1850.

Ce mouvement annexionniste oblige les réformistes à préciser leur rapport aux héritages français et britannique, ainsi que leur vision de la république américaine. D'autres avant moi ont étudié le rapport des réformistes à l'Amérique et à la république états-unienne, mais leurs conclusions sont très divergentes. À une extrémité du spectre, on retrouve Robert Major et son étude sur *Jean Rivard,* un roman d'une

« profonde américanité[200] », selon lui. Jean Rivard serait en quelque sorte un *self-made man* à l'américaine qui part à l'aventure pour faire fortune. Les Canadiens français, selon les vœux d'Étienne Parent — un « propagandiste enthousiaste de la mentalité américaine[201] », selon Major —, devaient se consacrer à l'industrie et travailler à leur mieux-être. Le rêve de Jean Rivard, « homme de changement et de conquête[202] », était de « fonder une ville, de vaincre la frontière, de faire reculer la forêt[203] ». L'élite canadienne-française postrébellion, plutôt que de lui tourner le dos, aurait donné à l'Amérique et à ses promesses d'avenir un nouveau sens. L'Amérique n'était plus cette république indépendante de l'Angleterre, mais cette frontière à repousser, cette prospérité à conquérir. À l'autre extrémité du spectre, on retrouve l'historien Gérard Bouchard, selon qui, je l'ai mentionné plus haut, le programme idéologique de l'élite socioculturelle canadienne-française qui s'impose à partir de 1840 — et dont les réformistes font partie — aurait été essentiellement antiaméricain. Selon Bouchard, ce refus du Nouveau Monde serait le fait d'une élite coupée du peuple qui veut faire du Canada français une sorte de France transplantée en Amérique. Insécure, traditionaliste, vivant dans un « univers piégé », cette élite socioculturelle aurait inauguré le « paradigme de la survivance » qui dominera le Québec jusqu'à la Seconde Guerre mondiale. Cette élite aurait mis fin abruptement aux rêves de liberté alimentés par l'imaginaire du Nouveau Monde en singeant les écrivains de l'Hexagone et en imposant une norme linguistique franco-française à un peuple pourtant immergé dans les réalités d'un autre continent[204]. Plus prudent dans son jugement, l'historien Yvan Lamonde estime quant à lui que le cas de Garneau traduit bien « l'ambivalence historique du Québec à l'égard de sa continentalité[205] ». Garneau, selon l'analyse proposée par Lamonde, aurait déploré l'anachronisme des aristocraties européennes et admiré les institutions démocratiques américaines. Cette admiration n'allait cependant pas jusqu'à la rupture avec l'Angleterre. En dépit de l'Union, il « opte plutôt pour des institutions, une langue et des lois[206] » qui s'appuient sur le constitutionnalisme britannique. L'Amérique de Garneau, dit Lamonde, est celle de la nature et des grands espaces, non celle des révolutions, de la république et de la démocratie.

Je crois pour ma part qu'il faut donner raison à Yvan Lamonde. Le rapport des réformistes au Nouveau Monde, à l'Amérique, une Amérique que les acteurs de l'époque confondent presque toujours avec les États-Unis — et n'est-ce pas encore le cas aujourd'hui ? —, est loin d'être aussi tranché que ce que laissent voir Robert Major ou Gérard Bouchard. Certes, les réformistes prennent parti contre l'annexion aux États-Unis, mais, contrairement à ce qu'on pourrait croire, ils sont loin d'avancer en phalanges serrées sur ce terrain, et leur rapport à l'Amérique est complexe, ambigu.

L'annexion aux États-Unis ne compte pas beaucoup d'adeptes dans les rangs réformistes. En août 1846, *Le Canadien* dit préférer la « domination britannique » à l'annexion aux États-Unis, car cette sujétion serait « basée sur des droits et des devoirs réciproques » et aurait permis à la nationalité d'être « préservée […] des horreurs de la première révolution française, de passer, sans violence et sans secousse, de l'ancien régime français à la jouissance des libertés britanniques[207] ». L'annexion aux États-Unis, prédit le journal, serait le « tombeau de la nationalité franco-canadienne » ; les Canadiens français « seraient, dans un instant, *dévorés,* engloutis, par leurs voisins de race anglo-saxonne. Dans un instant, notre pays serait la proie des spéculateurs *yankee* et [ils] nous traiteraient comme ils ont traité la population française de la Louisiane, dont ils ont proscrit la langue, renversé les institutions et défait les lois. » Les militants en faveur de ce dangereux projet, clame le journal, n'auraient d'autres buts que de répudier le « noble héritage qu'ils ont reçu de leurs pères[208] ». Au plus fort de la tourmente, le journal restera fidèle à cette position[209]. Les *Mélanges religieux,* alors rédigés par Hector Langevin, adoptent une position semblable, mais insistent évidemment sur la question religieuse. « Il est notoire, peut-on lire en octobre 1847, que les mauvais principes de notre ancienne Mère-Patrie ont été transplantés [aux États-Unis][210] », que le principe de séparation de l'Église et de l'État serait une menace pour la religion et la langue de la nationalité. La Louisiane, juge le journal, est loin d'être un modèle, la langue française y ayant été bannie dans les tribunaux « de la manière la plus outrageante possible[211] ». Cette position sans compromis est également celle de Morin, qui, dans une lettre à LaFontaine, est on ne peut plus clair :

Pour moi l'état de nos compatriotes à présent, leur position probable sous le système américain, le manque de contrôle ou au moins d'épouvantail sous ce système contre les fauteurs de meurtres, de violences et de l'oppression, la question de la division dans l'union américaine, l'absurdité de croire pouvoir obtenir l'annexion par les moyens prétendus, l'union entre les perturbateurs de toute nuance, sont des motifs d'une telle force que j'ai une répugnance invincible pour les annexionnistes qui ne peuvent suivant moi agir seulement par aveuglement[212].

De tous les réformistes, Morin est certainement celui que le modèle social américain révulse le plus. Dans une note manuscrite sur les États-Unis laissée dans ses archives personnelles et postérieure à l'affaire Gavazzi de 1853, Morin reproche au pays voisin de faire fi du temps, d'être rongé par un matérialisme sans âme :

Les Américains à qui l'espace était donné, ont voulu s'emparer du tems, en déniant à l'autorité l'action qu'on venait de lui remettre. Par la suite, les violences locales ou individuelles sont préconisées, et le pouvoir qui manque de tems manque aussi de conscience pour agir [...]. L'Américain qui s'est matérialisé au sein de l'abondance et des moyens d'extension que lui offrait un territoire immense et fertile, n'a eu à lutter que pour le *mighty dollar*. La voilà qui se fait jour cette idée ; non l'idée civilisatrice et chrétienne qui unit, mais l'idée destructrice et athée qui désagrège[213].

Ces positions antiannexionnistes du *Canadien,* des *Mélanges religieux* et de Morin ne sauraient cependant refléter les positions de tous les réformistes. *La Minerve,* par exemple, alors rédigée par Gérin-Lajoie et dirigée par Duvernay, est beaucoup moins braquée contre l'annexion. C'est que le journal montréalais est sensible aux arguments des marchands qui réclament, après l'abolition des *Corn Laws,* des mesures libres-échangistes et une véritable liberté de navigation sur le Saint-Laurent. Les nouvelles lois commerciales britanniques, plaide le journal en décembre 1848, auraient jeté la colonie « dans un embarras qui nécessite un remède prompt et efficace[214] ». Quelques mois plus tard, le journal précise : « L'annexion ne nous a jamais effrayés. » Mais il ajoute : « Nous resterons toujours dans les bornes de la loi et de la constitution. » Cette position prudente, voire pragmatique, le journal réformiste l'explique ainsi : « Nous avons toujours regardé notre existence coloniale comme transitoire, et nous avons toujours travaillé à nous préparer aux éventualités, aux changements de condition que le temps et les circonstances amèneront[215]. » Ce type de position sera aussi adopté par la *Revue canadienne,* qui reproduit intégralement, le 21 juillet 1846, un texte favorable à l'annexion tiré du *Courrier des États-Unis,* auquel Chauveau collabore régulièrement. Dans une lettre à LaFontaine, Cauchon, clairement hostile à l'annexion, signale que Chauveau aurait refusé de signer le contre-manifeste, appuyé entre autres par Cartier et Morin, et écorche au passage *La Minerve,* qui adopterait sur cet enjeu une position « excessivement faible et souvent compromettante[216] ». Même son de cloche chez Hector Langevin dans une lettre à son frère Edmond. *La Minerve* a beau avoir publié le contre-manifeste et continuer d'appuyer officiellement le gouvernement réformiste, le jeune Langevin croit que ses dirigeants sont « annexionnistes de cœur[217] ».

Cette tiédeur de l'équipe de *La Minerve* et les réserves apparentes de Chauveau révèlent un rapport des réformistes aux États-Unis et à l'Amérique plus ambigu qu'on ne le croit. Pour comprendre un peu mieux la sensibilité réformiste sur cette question, il faut tout de même distinguer l'Amérique des États-Unis. Car si c'est une chose que d'appartenir à l'Amérique, de partager l'État social des peuples du Nouveau Monde, c'en est une autre de politiser cette identité américaine au point de militer pour l'annexion aux États-Unis. Les réformistes, plusieurs passages de ce livre le confirment, ne sont généralement pas réfractaires à l'Amérique. Dans plusieurs de leurs écrits publics ou privés, LaFontaine, Parent, Garneau et plusieurs autres présentent l'Amérique comme une terre de liberté et de libre entreprise. Dans son journal de voyage, ses lettres personnelles, son manifeste aux électeurs de Terrebonne, le chef réformiste revient constamment sur ce thème, et en cela il reste fidèle aux doléances contenues dans les 92 résolutions. Aux yeux de LaFontaine et des réformistes, vouloir imposer une caste à un peuple du Nouveau Monde était non seulement injuste et rétrograde, mais non conforme à l'État social du continent. À cette idée chère à tous les réformistes s'en ajoute une autre, moins apparente chez LaFontaine, mais sur laquelle insistent particulièrement Parent et Garneau. C'est qu'aux yeux de ces derniers, l'effort, le travail et la vaillance étaient mieux reconnus, plus valorisés en Amérique qu'en Europe. Dans sa conférence sur le travail, prononcée en 1847, Parent associe l'éthique du travail à l'Amérique et l'oisiveté aristocratique à l'Europe. Parent, à la manière de Garneau, laisse entendre que l'un des legs malheureux de la France fut justement la survalorisation des loisirs, de l'apparat, des dépenses inutiles, au détriment du travail et de l'épargne. Adhérer à cette éthique du travail, selon Parent, c'est précisément adhérer à l'esprit du continent, être Américain[218]. Cette possibilité offerte à tous de tirer leur épingle du jeu, à la condition d'être prêts à fournir les efforts nécessaires, rend parfois les réformistes insensibles aux inégalités sociales qui commencent à sévir, surtout dans les villes.

> En Amérique, plus qu'ailleurs, explique par exemple Cauchon dans *Le Journal de Québec,* celui qui est riche aujourd'hui est pauvre demain [...]. La fortune monte et baisse, et prouve au pauvre, comme au riche, que les rôles sont transposables ; que la prodigialité [sic] ou le malheur mène à la ruine, et l'industrie au bien-être. Personne n'a donc raison d'être jaloux de son frère, surtout quand, en regardant autour de lui, il s'aperçoit que les plus haut placés dans l'échelle sociale sortent tous, sans exception, des rangs du peuple, et que tous les hommes d'énergie, d'intégrité et de talent peuvent arriver aux mêmes positions sans besoin d'un titre préalable ou d'un écusson pour les recommander[219].

Cette même idée, on la retrouve deux ans plus tard chez Garneau, dans le dernier volume de son *Histoire du Canada*. Lorsqu'il passe en revue les premières législations adoptées par l'Assemblée législative du Bas-Canada, au tournant du XIXᵉ siècle, il signale au passage que des députés anglophones auraient souhaité que le Parlement adopte une loi « pour le soulagement des personnes en détresse dans les paroisses ». Garneau juge une telle initiative inappropriée : « Une loi des pauvres peut être bonne dans un pays surchargé de population comme l'Angleterre, mais elle est impolitique dans une contrée dont les trois quarts du territoire sont encore à défricher[220]. »

Si les réformistes se sentent appartenir à l'Amérique, s'ils adhèrent à un État social fondé sur des valeurs de liberté et d'égalité, et s'ils célèbrent une éthique du travail qui serait propre au continent, ils sont cependant loin de tous penser que les États-Unis sont un modèle à suivre. Plutôt que de faire la liste des clichés colportés par la presse réformiste sur l'individualisme et la cupidité des Yankees ou sur le désordre d'une société où se côtoient plusieurs religions, il me semble plus éclairant de présenter l'évolution de deux hommes au parcours inusité. Les cas d'Antoine Gérin-Lajoie et de Joseph-Guillaume Barthe semblent en effet révélateurs des rapports parfois tortueux des réformistes à l'Europe, à l'Amérique et aux États-Unis. Les deux hommes ont quitté le Canada français pour une assez longue période. Gérin-Lajoie effectue deux voyages aux États-Unis ; le premier, en 1844, ne dure que deux semaines, mais le second se déroule entre septembre 1851 et mars 1852. S'il consigne sa première expérience américaine dans un journal personnel tenu en 1849, on ne sait ce qu'il a retenu de son deuxième périple. De son côté, Barthe quitte le Canada pour la France en 1853 pour n'en revenir que deux ans plus tard. En brouille avec LaFontaine, il reste un proche de Parent, à qui il rend un vibrant hommage dans ses mémoires[221]. Ces voyages ont provoqué chez les deux hommes des réflexions stimulantes.

En 1844, Antoine Gérin-Lajoie a vingt ans et se voit déjà poète, écrivain ; à sa sortie du collège, il souhaite aller faire des études littéraires en Europe. Un projet ambitieux qui nécessite, on le devine bien, une somme importante que ne possède pas ce modeste fils d'agriculteur de Yamachiche. Pour arriver à ses fins, explique son biographe René Dionne, Gérin-Lajoie a l'idée d'aller travailler deux ans aux États-Unis[222]. En eux-mêmes, ce projet d'études littéraires et les objectifs que Gérin-Lajoie se fixe pour y parvenir sont intéressants. Le jeune homme est déchiré entre son ambition pour les arts et l'esprit — l'Europe — et la nécessité de recueillir les sommes nécessaires — les États-Unis ; l'Europe où l'on rêve de devenir un fin lettré, l'Amérique bonne pour s'enrichir ; l'esprit à Paris, le ventre à New York. Car c'est bien pour New York que Gérin-Lajoie quitte sa région natale en 1844, pensant y accumuler un pécule suffisant. Toutefois, plutôt que de durer deux ans, le voyage se termine après deux semaines seulement. Sans lettres de recommandation ni mentor, le jeune Gérin-Lajoie se heurte à des portes closes et à des fins de non-recevoir. Les pages d'un journal intime tenu en 1849 et publié plusieurs décennies plus tard par l'abbé Casgrain font ressortir ses impressions au cours de ces dix-sept premiers jours passés aux États-Unis. En foulant le sol des États-Unis, il a le sentiment de toucher la « terre classique de la liberté[223] ». Cette impression enivrante fait cependant vite place à la dure réalité. Dans ce pays qu'il visite pour s'enrichir, on ne peut faire confiance à personne, explique l'auteur de *Jean Rivard*, notamment lorsque des « billets de banque » sont en jeu : « La multiplicité des banques américaines, le grand nombre d'entre elles qui, chaque année, font banqueroute ou suspendent leurs paiements, pendant qu'une partie de leurs billets sont en circulation, tout cela joint au manque d'honnêteté qui existe dans presque toutes les classes marchandes et les gens d'affaires, met à chaque instant le voyageur dans l'embarras[224]. » Lorsqu'il arrive à New York, sa déception ne fait que s'accroître. « Ce fut un éveil affreux », se souvient Gérin-Lajoie. Les gens qu'il rencontre ne l'impressionnent guère : « L'égoïsme qui régnait dans toutes les classes de cette population, nous glaçait. C'était du nouveau pour nous, et du nouveau d'un genre terrible[225]. » Terrible au point que le camarade qui l'accompagne décide de dissiper sa déprime dans les vapeurs soporifiques de l'alcool ; une option que le discipliné Gérin-Lajoie refuse de considérer : « Je préférais envisager ma situation de sang-froid[226]. » Or, ce sang-froid ne vient pas à bout de toutes ses peines. Très tôt, on lui conseille de retourner dans son pays ; ce qu'il fait. Dans les pages de son journal tenu en 1849, on remarque que les déceptions ressenties semblent avoir altéré son admiration pour cette « terre classique de la liberté », qu'il associait spontanément aux institutions politiques et non à la *frontière* et à la prospérité matérielle. Au contraire, cette liberté de s'enrichir et de prospérer semble avoir donné le vertige à Gérin-Lajoie. Sous sa plume, les États-Unis apparaissent comme le pays de l'indifférence aux malheurs des autres, le royaume des égoïstes et des malhonnêtes. L'usage que font la « classe marchande » et les « gens d'affaires » de la liberté ne semble pas lui donner le goût de l'aventure. On chercherait en vain dans ce journal l'utopie d'une Amérique à conquérir. Le projet de *Jean Rivard* ne naît-il pas d'ailleurs dans la désillusion et le désenchantement qui suit ce premier voyage aux États-Unis ? À Montréal, Gérin-Lajoie se consacre à l'étude du droit et devient correcteur d'épreuves puis rédacteur de *La Minerve* jusqu'en 1847, puis traducteur à l'Assemblée législative en 1852. Il restera fonctionnaire jusqu'à la fin de ses jours. Ce cheminement vers le fonctionnariat n'est pas celui auquel il avait rêvé alors qu'il était étudiant au collège de Nicolet. La ville et ses citadins provoquent chez lui la nostalgie de sa campagne natale. Dans certaines pages de son journal, on retrouve le ton souvent désespéré des lettres qu'envoie Gustave Charmesnil à Jean Rivard : « Je me rappelle encore combien le bruit des voitures, le mouvement des rues, et cette activité fiévreuse qui régnait dans la ville, me déplaisaient, déjà je soupirais après la vie paisible et poétique de la campagne[227]. » Les jeunes gens qu'il rencontre le déçoivent : « La plupart n'avait pas mon estime[228]. » L'avenir qui se dessine pour lui est incertain. Il voulait devenir poète. Or, en Canada, personne ne peut vivre de sa plume. Témoin désabusé des discordes entre Papineau et LaFontaine qu'il appuie malgré tout, Gérin-Lajoie prend ses distances par rapport au monde politique. La profession d'avocat l'ennuie, le métier de journaliste est selon lui « ingrat et stérile ». Dès lors, il se prend à rêver d'un retour à la terre : « Je caresse depuis quelque temps le projet de m'acheter une terre à la campagne, aussitôt que j'en aurai les moyens. L'état du cultivateur me sourit toujours[229]. » Il ne rêve pas de conquête et d'aventure, mais de la vie rangée d'un monde en ordre où l'homme, de préférence instruit, a du temps pour lire, réfléchir et discuter avec ses voisins. Dans son journal, on voit apparaître le personnage de Jean Rivard. « Le sort le plus désirable me paraît donc être celui de cultivateur instruit, qui n'est pas forcé de travailler lui-même du matin au soir ; mais qui, après avoir passé une partie du jour dans sa bibliothèque, va dans son champ diriger les travaux de sa ferme et prendre un exercice salutaire ; qui à son retour s'entretient avec des voisins instruits sur les affaires publiques[230]. » Plus l'idée chemine, plus la vie du cultivateur est idéalisée. Le 12 octobre 1849, Gérin-Lajoie écrit dans son journal :

> Il me semble me voir sur les bords de la rivière de Nicolet, ayant une coquette demeure, une jolie femme, musicienne, des amis, dignes de ce nom, une belle et bonne terre que je cultiverai avec succès, etc. etc. Ah ! Si j'étais cultivateur !… L'on ne s'enrichit pas en appauvrissant les autres, comme font quelquefois les avocats, les médecins et les marchands. On tire ses richesses de la terre ; c'est l'état qui semble le plus naturel à l'homme […]. Les cultivateurs forment la classe la moins égoïste, la plus vertueuse de la population. Mais elle a besoin d'hommes instruits qui puissent servir ses intérêts[231].

Antoine Gérin-Lajoie est un homme déçu de l'Amérique états-unienne. Il rêvait d'y accumuler de l'argent pour couvrir les dépenses d'un séjour d'études en Europe. Non seulement il ne partira jamais pour le vieux continent, mais ce Nouveau Monde états-unien lui inspire des souvenirs pénibles. Cette déception est la première d'une longue série qui alimentera peu à peu la nostalgie de la vie à la campagne de Gérin-Lajoie.

Le cas de Joseph-Guillaume Barthe est également intéressant pour comprendre le rapport des réformistes à l'Amérique. Né en 1816 à la baie des Chaleurs, Barthe étudie le droit à Trois-Rivières, puis s'établit à Montréal en 1840. Élu député de Yamaska en 1841, mais défait en 1844 par les partisans de LaFontaine, Barthe dirige *L'Aurore des Canadas*, soutient les deux Denis-Benjamin (Viger et Papineau), occupe un poste de fonctionnaire quelques années et part pour la France en 1853. Ce voyage dure deux ans et fait de lui l'un des rares « retours d'Europe » de cette époque. Barthe considère ce voyage comme un « volontaire apostolat », un retour aux sources, une quête vers le passé. C'est parce qu'il a eu « l'idée de retrouver une mère qu'on [n']avait plus revue[232] » que Barthe quitte le Canada pour la France. Son objectif, explique-t-il dans *Le Canada reconquis par la France*, n'était pas, en dépit du titre de son livre, de se faire le propagandiste d'une reconquête éventuelle par l'ancienne mère patrie, mais plutôt de travailler à la « perpétuité » de la culture française en Amérique, de nourrir le « germe que la France a déposé dans le sein du Nouveau Monde[233] ». Le rêve d'une reconquête de la France serait d'ailleurs anachronique, précise Barthe : « Le temps est passé où un peuple doit être la propriété d'un autre peuple[234]. » Sans reconquérir le Canada, la France devrait apporter son soutien à ce peuple qui vient de vivre les dures épreuves d'une insurrection et d'une union imposée. Une jeunesse désemparée — celle de l'Institut canadien — ne sait trop comment réagir à ces événements : « C'est pour cette génération-là que je suis venu demander à l'intelligence et au cœur de la France d'accorder une pensée et une pulsation[235]. » Le Canada, plaide également Barthe, pourrait de son côté s'avérer une terre d'asile accueillante tant pour le « paysan » que pour le « prolétaire des villes encombrées », une « terre de refuge et de régénération pour la superfétation européenne[236] ». En somme, Canadiens français et Français pourraient tous trouver leur compte dans cette nouvelle alliance. De ce long voyage, Barthe revient toutefois bredouille. Il tente, en vain, d'établir des liens entre l'Institut canadien et l'Institut de France. Plusieurs prestigieux membres de l'Académie française, comme François Guizot et Adolphe Thiers, répondent laconiquement à ses propositions d'alliance. S'il « approuve pleinement le projet », le futur père de la IIIe République explique qu'il ne peut prêter son concours, puisqu'il n'assiste presque jamais aux séances de l'Académie. Selon Barthe, la grande responsable de cette indifférence française serait la guerre de Crimée, qui aurait accaparé l'attention des Français durant son séjour, une façon commode de rationaliser un échec aussi cuisant qu'humiliant[237]. En 1857, quelques mois après son retour au Canada français, Barthe devient directeur du *Canadien*. Assez tôt, il propose une série d'articles sur les liens que devrait entretenir le Canada français avec l'Amérique. En dépit de sa francophilie, Barthe n'a pas une vision négative de l'Amérique. « Le sol de l'Amérique, avait-il déjà écrit en 1842, est la patrie de la Liberté : liberté dans les cultes, liberté dans les institutions[238]. » C'est d'ailleurs au nom de cette idée de liberté qu'il réclame pour les Canadiens français des droits égaux au sein de l'Empire britannique. Dans une autre série d'articles publiés au cours de l'année 1857, il distingue toutefois assez clairement l'Amérique des États-Unis. À terme, pense Barthe, les Canadiens français devront tisser des alliances avec les pays d'Amérique latine afin de contrer la puissance des États-Unis, qui n'hésitent pas à « broyer » les « petits peuples » : « Nous, se demande Barthe, solidaires dans l'avenir des races américaines non saxonnes, nous races latines au sud, celtiques au nord, qui vivons d'une autre vie morale, qui avons des destinées à part sur ce continent et qui cherchons notre place au soleil d'Amérique, que devenons-nous[239] ? » Selon Barthe, cette alliance doit s'appuyer sur le « pain de l'intelligence », sur l'exigence morale, et non sur des bases strictement matérielles qui, par essence, peuvent contribuer à la dissolution de la communauté nationale. Cette solidarité à construire ne vise pas la rupture avec le monde ancien, mais bien au contraire la préservation de l'« idiome de nos pères[240] ». Cette alliance des « races » américaines, latines et celtiques, permettrait éventuellement de freiner l'effet déstructurant du matérialisme états-unien. « Il existe au sein de cette vaste usine américaine, écrit Barthe, des principes dissolvants qui menacent chaque jour de la faire éclater. » C'est pour se prémunir contre cet éclatement possible que les autres « races » d'Amérique doivent s'unir. Ces liens à créer avec l'*autre* Amérique n'attestent pas nécessairement, du moins chez Barthe, une quelconque attirance pour les institutions républicaines. À ses yeux, l'expérience républicaine des pays d'Amérique latine n'est pas concluante : « Ce qui se passe au Mexique et dans toutes [les] républiques de l'Amérique du Sud est bien propre à nous désillusionner, fait valoir Barthe. Bolivar est mort de chagrin par suite de cette désillusion[241]. » De toute façon, s'il fallait un jour choisir entre la nouveauté politique que propose l'Amérique et la préservation du legs des générations antérieures, Barthe n'aurait aucune hésitation : « Nous aimerions mieux succomber en défendant l'héritage traditionnel que nous ont légué nos pères, que de courir à la démocratie américaine au sacrifice de notre droit d'aînesse[242]. » Le « retour d'Europe » qu'est Barthe, probablement déçu de l'indifférence rencontrée en France, sent que le Canada français devra compter sur ses propres moyens pour survivre culturellement sur ce continent. Cette solidarité qu'il souhaite instaurer avec les pays d'Amérique latine est intéressante, puisqu'elle vise explicitement à contrecarrer l'influence anglo-saxonne des États-Unis. Alternative à une « reconquête » par la France, cette alliance à tisser témoigne d'un rapport nuancé à l'Amérique. Les Canadiens français n'auraient selon lui une destinée continentale que dans la mesure où l'influence du géant états-unien serait contrecarrée.

Ce rapport trouble à l'Europe et à l'Amérique et ces tiraillements identitaires font écho à d'autres interventions des leaders réformistes. Dans son *Voyage en Angleterre et en France,* publié en 1855, Garneau se souvient des sentiments mitigés qu'il ressent juste avant de visiter la France : « J'avais hâte de fouler cette vieille terre de France dont j'avais tant entendu parler par nos pères, et dont le souvenir se prolongeant de génération en génération, laisse après lui cet intérêt plein de tristesse qui a quelque chose de l'exil[243]. » Rapportant probablement une anecdote qui lui a été racontée, Chauveau, de son côté, fait dire au frère de Charles Guérin en voyage en France :

> À mes manières on me croyait Anglais, à mon visage on me prenait pour un Italien, à mon langage on était assez porté à me reconnaître comme un compatriote. Mais de quelle province ? C'était une autre affaire. Je n'étais point du Sud, c'était clair. Mais étais-je Normand, Picard ou Breton ? C'était bien difficile à dire. Je n'avais l'accent d'aucune de ces provinces en particulier, mais un peu de tout cela mêlé ensemble. Je mettais tout le monde d'accord en disant que j'étais Américain. Cela répondait à toutes les suppositions. Je voulus dire que j'étais Canadiens-Français [*sic*]. Autant aurait-il valu leur annoncer que je venais de la lune. Il est complètement sorti de l'esprit du peuple en France qu'il y ait un Canada[244].

Le Canadien français, en quête de ses racines, rêve d'aller visiter la France. Lorsqu'il s'y rend, il découvre avec dépit qu'on ignore tout de sa culture et du passé de sa communauté nationale. Au contact de ceux qui habitent le pays de ses ancêtres, il se découvre même Américain. Les Canadiens français doivent donc se résoudre à l'idée qu'ils ne sont plus des Français. L'histoire leur a fait emprunter une autre route qui les distingue pour toujours des habitants de leur ancienne mère patrie. En quittant les rivages de la France en 1855, Barthe doit se rendre à cette conclusion. Ceux qui rêvent encore à la « grande et sainte » image de la

France, explique Cauchon, doivent revenir à la réalité. « La religion du passé » ne permettra jamais de régler les problèmes politiques et culturels du présent[245]. Il faut oublier le passé français, en faire le deuil, sans cependant le renier. Si « l'Amérique ne saurait être la terre de l'exclusion », poursuit Cauchon, le Nouveau Monde ne saurait non plus se construire sur la négation du passé : « Nous tâcherons de garder religieusement le dépôt sacré que nous laissa la France[246]. »

＊　＊　＊

Pour faire face aux défis du présent, les réformistes jugent pertinent de prendre acte du chemin parcouru par leur nationalité. L'œuvre de François-Xavier Garneau fournit à toute une génération une clé de lecture et inscrit le parcours de leur peuple dans une continuité.

Dans sa *Genèse des nations et cultures du Nouveau Monde*, Gérard Bouchard assimile cette redécouverte du passé à une nostalgie de la France, à l'incapacité des élites à rompre avec l'ancienne métropole. Selon Bouchard, cette historiographie naissante ne serait rien d'autre qu'une « mémoire épique des ancêtres et de la tradition française, axée sur la protection des acquis symboliques, sur la fidélité aux origines[247] » ; elle entraînerait une « vision passéiste, défensive et repliée de la nation[248] ». Cette régression, Bouchard l'attribue aux errements d'une élite socioculturelle qui se serait complu dans la mémoire des traumatismes anciens. Sans contredit, la perspective de Bouchard colle à la mémoire collective de la « grande noirceur » qui, comme le veut la vulgate, se serait abattue sur le Québec dès 1840 et aurait pris fin en 1960, grâce à l'action salvatrice des « révolutionnaires tranquilles ».

Cette perspective pour le moins tranchée et sans empathie pour une époque incertaine ne correspond pas à ce que j'ai pu observer. L'élite réformiste a en effet un rapport relativement équilibré à la Nouvelle-France ; d'aucune manière elle ne se réfugie dans le passé pour contourner les obstacles placés sur sa route. De plus, son rapport à l'Amérique est beaucoup plus enthousiaste que ce que laisse voir Bouchard. Pour appréhender le drame existentiel de cette génération, mieux vaut donc relire Fernand Dumont. Nul n'a mieux analysé que lui ce « recours à la mémoire » qui prend forme aux lendemains des soulèvements de 1837[249]. Selon Dumont, la naissance de l'historiographie nationale a permis la construction d'une « référence » qui allait fournir des repères essentiels à l'identité québécoise. Ce détour par le passé était nécessaire, sinon salutaire, croit-il, car « l'histoire ne se fait pas seulement en avant ; se souvenir, c'est aussi récapituler et recommencer[250] ».

Conclusion

Sans doute les hommes qui font l'histoire sont-ils loin de tout savoir de l'histoire qu'ils font ; sûrement même, sont-ils voués à se méprendre à son sujet. Il n'empêche que l'intelligence qu'ils ont de leur situation comme, du reste, la méconnaissance qui leur dérobe la signification de leurs actes sont des dimensions essentielles de l'histoire qu'ils font.

MARCEL GAUCHET, *La Révolution moderne*, 2007

L e milieu du XIXᵉ siècle est une époque de grands bouleversements. Partout en Occident, les deux grandes révolutions de l'ère moderne bousculent les habitudes anciennes. En France, en Italie et dans les Balkans, les peuples réclament plus de liberté, les citoyens plus de droits. En Grande-Bretagne et dans plusieurs autres pays, on élargit graduellement le corps électoral, permettant aux plus humbles de prendre part aux grandes décisions collectives. Partout les effets de la révolution industrielle commencent à se faire sentir. Les villes, de plus en plus imposantes, accueillent les paysans déchus qui, avec la mécanisation progressive des fermes, ne cessent de se prolétariser. Cette dynamique occidentale, à la fois politique et socioéconomique, le Canada-Uni et les Canadiens français n'y échappent pas. En 1848, l'année du « printemps des peuples », le pouvoir britannique concède finalement le gouvernement responsable à sa province du Canada-Uni. À partir de ce moment, l'élite locale exerce une influence déterminante sur le destin de la colonie. Deux ans plus tôt, Londres avait aboli les *Corn Laws,* ce qui avait obligé l'économie canadienne à trouver de nouveaux débouchés. À cette même époque, Montréal se développe à un rythme fulgurant, accueillant des milliers de nouveaux arrivants venus des campagnes canadiennes-françaises environnantes, mais aussi des îles britanniques et du continent européen. Bref, le monde change comme jamais auparavant ; la marche du monde s'accélère, l'Occident et le Canada-Uni vivent à . l'heure des grandes révolutions démocratique et industrielle.

C'est dans ce contexte de bouleversements que les réformistes canadiens-français vont jouer un rôle important. Ils convainquent leurs compatriotes d'accepter l'union des deux Canadas et obtiennent, avec le concours des réformistes du Haut-Canada, le gouvernement responsable, dans lequel ils joueront un rôle clé. LaFontaine et Morin seront les deux premiers premiers ministres du Canada-Uni ; Cartier et Langevin — deux futurs pères de la Confédération —, de même que Cauchon, seront des ministres influents dans plusieurs gouvernements ; et enfin, Parent, Chauveau et Gérin-Lajoie comptent parmi les premiers hauts fonctionnaires du nouvel État canadien. Les réformes qu'ils feront adopter seront nombreuses et déterminantes sur les plans économique et social, qu'on pense à l'abolition du régime seigneurial, à la création des premières écoles normales, à la réforme de la justice et du droit civil. Après le passage de ces réformistes aux affaires, plusieurs institutions fondamentales seront complètement transformées.

Ces réformistes, faut-il le rappeler, n'ont pas eu à s'imposer par la force. Réélus sans grande difficulté pendant la majeure partie de leurs carrières politiques respectives, ils ont bénéficié d'un appui indéniable et presque sans faille durant toute l'époque du Canada-Uni. Une presse ministérielle crédible, qui comprend des journaux aussi influents que *La Minerve, Le Canadien,* la *Revue Canadienne* et *Le Journal de Québec,* les a constamment appuyés dans leurs réformes. On a donc tout lieu de croire que leur vision de l'avenir est partagée par un grand nombre de Canadiens français de cette époque.

Compte tenu du contexte dans lequel évoluent les réformistes et du rôle crucial joué par ces personnages influents, on s'étonne encore que leur pensée n'ait jamais été scrutée à la loupe par un historien attentif aux idées. Les historiens intéressés par les idées qui se sont penchés sur la période réformiste ont généralement consacré leurs recherches aux franges les plus radicales du spectre politique canadien-français de l'époque, soit les rouges et les ultramontains. Quant aux autres historiens, plus intéressés par les questions économiques et sociales, ils ont avant tout voulu éclairer le rôle joué par les réformistes dans l'avènement du capitalisme industriel. Considérant que leurs actions avaient largement contribué à renforcer les institutions de base de la société capitaliste (par exemple, la propriété privée, l'économie de marché, l'État pourvoyeur de capitaux, etc.), ils en ont tout naturellement déduit que les réformistes adhéraient aux grands principes du libéralisme. Une étude plus détaillée de leur pensée leur semblait plus ou moins superflue. Mais à ce propos, mon parti pris épistémologique est qu'il ne faut présumer des idées de quiconque. Être d'une classe sociale ou d'une nationalité, appartenir à une génération ou à un sexe ne détermine pas la pensée et les idées d'un individu ou d'un groupe, même s'il ne faut évidemment pas balayer de telles dimensions du revers de la main. J'ai toujours cru à une certaine autonomie des acteurs et à la puissance des idées. Pour saisir les intentions primordiales d'un groupe d'hommes comme les réformistes, il faut faire plus que tracer un profil sociologique, plus qu'établir la liste des actions concrètes, il faut aussi lire et analyser les écrits qu'ils ont laissés, tenter de saisir les nuances et les contradictions de leur pensée. Cette posture épistémologique vaut pour les réformistes comme pour ceux qui pensent, écrivent et agissent aujourd'hui. En effet, si nous nous reconnaissons une part de liberté dans les décisions que nous prenons tous les jours, pourquoi refuser cette liberté de penser aux hommes du XIXe siècle ? Pourquoi présumer qu'ils pensaient ceci ou cela parce qu'ils étaient des « bourgeois » ?

Cette ouverture aux idées et cette sensibilité au discours réformiste permettent de découvrir une pensée qui, si on se réfère aux travaux sur l'histoire des idées qui portent sur le milieu du XIXe siècle, se distingue du modernisme des rouges et du traditionalisme des ultramontains, même si des passerelles existaient entre elle et ces deux courants. En 1967, Philippe Sylvain publiait un article important sur le fameux antagonisme libéral/ultramontain qui aurait déchiré les Canadiens français du milieu du XIXe siècle[1]. Cette thèse d'une lutte à finir entre deux grandes idéologies qui auraient occupé toute la place et mobilisé les grands esprits a longtemps prédominé dans notre historiographie. Or, la présente étude permet aujourd'hui d'entrevoir, au centre du spectre politique canadien-français, une sensibilité distincte, une perspective sur le monde qui n'est ni celle des libéraux de l'Institut canadien ni celle des ultramontains groupés autour de Mgr Bourget et de Mgr Laflèche.

Cette génération réformiste a été considérablement marquée par la défaite militaire de 1837, par la suspension des libertés civiles et par des abus de justice sans précédent dans les annales canadiennes et britanniques. Étienne Parent, Louis-Hippolyte LaFontaine et Augustin-Norbert Morin ont été solidaires des principes contenus dans les 92 résolutions. D'aucune façon on ne peut les assimiler aux « chouayens », ces Canadiens français loyaux qui combattirent le parti de Louis-Joseph Papineau dès 1832. Ils ont d'ailleurs été solidaires des principes des militants les plus en vue de la cause canadienne autant que des peines qui leur ont été infligées. L'emprisonnement de certains réformistes montre bien qu'ils furent perçus par les autorités coloniales comme des ennemis, et non comme de serviles collaborateurs. Si LaFontaine semble avoir flirté avec un certain radicalisme politique, s'il a même envisagé la possibilité d'une révolution à l'américaine, Étienne Parent n'a de son côté jamais souscrit à l'option révolutionnaire. Cela dit, quels qu'aient été les discours et les actions des uns ou des autres, les 92 résolutions n'avaient rien d'une charge subversive. Il est sans doute permis de lire ce manifeste comme un texte « réformiste ». Lorsque Parent a écrit « nous sommes des Réformistes ; nous cessons d'être des Révolutionnaires », il n'a pas vraiment traduit l'esprit des 92 résolutions, ni d'ailleurs sa propre posture, car il n'a jamais prôné la rupture violente et sans lendemain. Ce n'est qu'à la veille des affrontements armés de 1837 que ces réformistes ont rompu les rangs. Leurs divergences tenaient cependant moins d'une remise en cause des principes contenus dans les 92 résolutions que d'une stratégie déployée par le Parti « patriote ». S'ils continuaient de penser que c'était l'oligarchie loyale qui était à l'origine des problèmes politiques du Bas-Canada, et s'ils réclamaient toujours des améliorations politiques importantes à l'Acte constitutionnel de 1791, Étienne Parent et Louis-Hippolyte LaFontaine estimaient qu'une guerre révolutionnaire contre l'armée britannique fournirait le prétexte rêvé à la caste ennemie pour suspendre toutes les libertés qui protégeaient un tant soit peu les institutions fondamentales de la nationalité. Ce qui a dicté leur prise de position en faveur d'une déclaration de fidélité à l'Empire ou d'une convocation d'urgence du Parlement, c'est donc, paradoxalement, leur « nationalisme ». Ils avaient la conviction que cette « société adolescente » n'était pas prête pour un tel affrontement, et qu'une défaite sur les champs de bataille ferait inéluctablement du Canada français une nouvelle Acadie. Cette prise de position les a donc placés au centre de l'échiquier politique. Ils ne pouvaient pas, d'un côté, souscrire aux vues des « chouayens » et de certains membres du haut clergé, qui prônaient la collaboration avec le pouvoir à n'importe quelles conditions ; et ils ne pouvaient pas non plus, de l'autre, appuyer une stratégie d'affrontement violent qui pouvait causer un tort irréparable à leur nationalité.

À partir de 1840, ce sont les réformistes qui ont dominé la vie politique canadienne-française. Leur rapport à la politique les a aussi distingués des libéraux et des ultramontains. Aux yeux des réformistes, la finalité ultime de la politique n'était pas la liberté de l'individu ou la suprématie de l'Église catholique, mais la survie de la nationalité. Le seul changement institutionnel qui préoccupait les réformistes, et donc le seul changement de nature politique pour lequel ils militaient, c'était l'obtention du gouvernement responsable. Lorsqu'ils l'ont obtenu, ils n'ont pas célébré la victoire de l'individu-propriétaire contre la tyrannie de l'Ancien Régime, ils ont applaudi une réforme qui reconnaissait aux Canadiens français des droits équivalents à ceux des autres nationalités de l'Empire britannique. Une fois cette reconnaissance accordée, les réformistes ont jugé que les débats sur les enjeux de nature politique (rappel de l'Union, représentation proportionnelle, régime républicain, élargissement du corps électoral) étaient aussi inutiles que dangereux. Inutiles parce que ces débats étaient considérés comme trop théoriques, trop abstraits, parce que les réformistes estimaient que ce genre de réflexions étaient une sorte de luxe que ne pouvaient se payer les Canadiens français. Le bon fonctionnement de la société politique n'était pas une affaire de théories, ni même d'institutions, mais de morale et de conscience. Ces débats politiques leur semblaient aussi dangereux parce que les réformistes partageaient une véritable hantise de la délibération entre Canadiens français. Contrairement aux libéraux, ils ne pouvaient admettre, même dans un cadre aussi formel que celui du Parlement, que des Canadiens français puissent afficher leurs divergences, exprimer des points de vue différents de ceux de la majorité. Sous peine de disparaître, les Canadiens français devaient absolument parler d'une seule voix. Ne pas obéir à cette consigne, c'était forcément, aux yeux des réformistes, refuser de se mettre au service du groupe, placer sa personne au-dessus des intérêts supérieurs de la nationalité. Fait nouveau dans l'histoire politique canadienne-française, l'avènement des rouges a déstabilisé plusieurs réformistes qui, après avoir accusé Papineau de tous les péchés, ont réclamé la fusion des partis ou se sont montrés désabusés par rapport à toutes ces querelles partisanes qui risquaient d'emporter la nationalité. Cette primauté du national et cette hantise de la délibération n'avaient rien de très libéral ; aussi est-on en droit de se demander si elles rapprochaient les réformistes des ultramontains. Il est clair que réformistes et ultramontains partageaient le même fantasme d'unité et de concorde au sein de la nationalité. Aux yeux des réformistes cependant, les hommes les plus aptes à gouverner n'étaient pas les prêtres, mais les laïcs les plus méritants. Pour les uns, ces capacités découlaient de la propriété, pour les autres, de l'éducation, des lettres. Ce n'était donc plus à l'histoire ou à la Providence de désigner les gouvernants, mais au peuple qui, en son sein, trouverait les éléments les plus talentueux et les plus travaillants. Ces hommes avaient beau être issus du peuple, il fallait les suivre presque aveuglément, ne jamais contester ouvertement leurs vues. Comme les libéraux du XIXe siècle, ils étaient des adeptes de la méritocratie ; comme les ultramontains de leur temps, ils auraient voulu que leur nationalité soit un bloc compact. Leur sensibilité politique était à la fois libérale et autoritaire, ouverte aux plus humbles et élitiste.

Le discours des réformistes sur l'économie en dit également long sur leur pensée. Là encore, on se situe dans la zone grise d'une pensée qui ne prêche ni l'« agriculturisme » d'un certain courant cléricotraditionaliste ni l'éthique individualiste des libéraux. Aux yeux des réformistes, l'agriculture de subsistance n'était certainement pas une voie de salut pour la nationalité canadienne-française. Ils n'ont cessé de répéter aux agriculteurs qu'il fallait abandonner la « routine », trouver de nouveaux moyens de produire davantage, organiser des « exhibitions » un peu partout pour mieux s'informer de l'état des nouvelles techniques agricoles. Reconnue sur le plan politique grâce à l'obtention du gouvernement responsable, la nationalité devait désormais passer à l'économique, relever le défi de la prospérité. Le développement, sinon la survie de la nationalité ne passait plus par la politique querelleuse, mais par l'enrichissement économique. Et ce défi nouveau ne dépendait plus des bonnes grâces de la Couronne anglaise ni de la largesse des bureaucrates de la colonie, mais des seuls Canadiens français. Comment y arriver ? D'abord, en étudiant à fond les lois et principes de l'économie politique, dans les grands classiques sur la question qui commençaient à circuler dans les librairies canadiennes-françaises de cette époque. Des thèses de Jean-Baptiste Say, on retenait essentiellement que l'agriculture était un secteur important de la production nationale, peut-être même le plus important au stade où en étaient les Canadiens français dans leur histoire. Dans le discours réformiste, on ne retrouve ni l'idée d'une vocation agricole ni les images d'Épinal d'une famille vivant paisiblement sur sa terre au rythme des saisons et des récoltes. Pour produire davantage, il fallait au plus tôt répandre l'instruction. Dans l'esprit des réformistes, la mission de l'école n'était pas en premier lieu de former des individus libres ou des citoyens autonomes, mais de faire en sorte que les fils d'agriculteurs puissent un jour tourner le dos aux vieilles méthodes de leurs pères. Des thèses de Say, les réformistes retenaient également qu'il fallait non seulement produire davantage, mais aussi trouver des débouchés et mobiliser des capitaux en quantité suffisante pour transporter ces marchandises ou, idéalement, pour les transformer sur place. Sur ces enjeux particuliers, l'optique des réformistes n'avait rien de particulièrement libre-échangiste. C'est résignés qu'ils ont réclamé l'abrogation des lois de navigation sur le Saint-Laurent et qu'ils ont adhéré, lentement mais sûrement, à l'idée d'une réciprocité commerciale avec les États-Unis. Lorsque la Grande-Bretagne a

mis en place ses premières mesures libres-échangistes et a progressivement abandonné sa politique mercantiliste, la plupart des réformistes y
ont vu, comme plusieurs marchands britanniques d'ailleurs, une forme
d'abandon. Le premier choix de la plupart d'entre eux aurait plutôt été
le maintien des tarifs protecteurs, la poursuite des échanges privilégiés
avec la métropole. Quant aux capitaux, les réformistes ont rapidement
constaté que l'épargne individuelle ne suffisait pas lorsque est venu le
temps de financer de grands projets comme les chemins de fer. Ils ont
donc consenti à ce que l'État et les corporations municipales intervien-
nent activement dans l'économie en garantissant les prêts aux grandes
corporations privées, qui se sont d'ailleurs faites de plus en plus nombreuses à cette époque. Les réformistes ont cependant hésité à appuyer
les motions successives qui prévoyaient la levée des lois d'usure, et qui
imposaient un plafond de 6 % aux prêts à intérêts. Certains estimaient
que le capital n'était pas une marchandise comme les autres et crai-
gnaient qu'une telle mesure ne désavantage la nationalité canadienne-
française, qui ne contrôlait alors aucune grande institution financière.

Ce passage à l'économique, essentiel à la survie de la nationalité, ne
devait cependant pas s'effectuer au détriment de la cohésion sociale. Les
préoccupations des réformistes pour la société étaient constantes. Ceux-
ci constataient que les bouleversements de la société moderne entraî-
naient une certaine marginalisation qui pouvait générer un paupérisme
et une criminalité accrus. Ces inquiétudes bien senties par rapport au
lien social ne se traduisaient ni par une posture catastrophiste qui aurait
condamné en bloc les progrès en cours — une posture ultramontaine
— ni par une volonté ferme de soustraire ces marginaux à la vue des
bonnes gens — une posture libérale[2] —, mais bien davantage par une
série de réflexions sur l'organisation de nouvelles institutions sociales
qui pourraient, le cas échéant, encadrer ces pauvres et ces criminels,
et surtout les remettre sur le droit chemin. Aux yeux des réformistes, la
véritable indigence du pauvre n'était pas matérielle mais morale. Les
pauvres, qui écoutaient trop leurs désirs, avaient selon eux l'habitude
de dépenser tout l'argent qu'ils gagnaient, de s'acheter des biens inutiles
ou d'aller s'enivrer dans les auberges. Ils avaient du mal à épargner et
l'ardeur au travail n'était généralement pas la première de leurs qualités.

Pour remédier à ces vices, il fallait obliger les pauvres à épargner dans des caisses paroissiales, que l'on mettait d'ailleurs déjà sur pied dans certains quartiers ouvriers de Québec à cette époque, ou les réformer par le travail dans les maisons de refuge ou d'industrie de Montréal. S'il ne serait venu à l'idée d'aucun réformiste de remettre en question les lois du libre marché, plusieurs constataient que des périodes de ralentissement économique pouvaient frapper durement la classe ouvrière. Dans un tel contexte, certains réformistes plaidaient pour une meilleure coopération entre ouvriers et patrons. Les uns et les autres devaient mettre de l'eau dans leur vin, car s'il y avait une chose à éviter à tout prix, c'était bien sûr la discorde, le désordre et l'affrontement. La préoccupation pour le sort du criminel était aussi liée à celle de la pauvreté. Les réformistes n'ignoraient pas que l'indigence mène très souvent au crime. Lorsqu'ils se sont penchés sur le criminel, l'objectif des réformistes n'était pas seulement de punir, d'enfermer ou d'écarter du domaine public ces malfaiteurs, même s'il fallait protéger la société de ses éléments les plus dangereux. Leur préoccupation première semble surtout avoir été de les réhabiliter. Le rapport Nelson sur le système carcéral au Bas-Canada, commandé par les réformistes, fait très bien ressortir cette volonté de réhabilitation. Emprisonné lors des événements de 1837, Nelson proposait dans son rapport une série de réformes qui permettraient notamment de distinguer les criminels endurcis des jeunes délinquants. Il recommandait également un code de conduite très précis pour les détenus et insistait beaucoup sur l'ordre, la discipline et le travail. L'objectif qu'il a poursuivi tout au long de son rapport n'était pas seulement de punir les criminels, mais de les amener à s'amender en favorisant la réflexion et une vie rangée. Comme la plupart des libéraux, les réformistes n'établissaient pas de liens de cause à effet entre ce paupérisme croissant, la criminalité qu'il pouvait engendrer et les vices structurels de l'économie de marché capitaliste. Ils estimaient que la racine de ces fléaux sociaux se trouvait le plus souvent dans la famille, où la mère jouait un rôle tout à fait crucial. De l'avis des réformistes, les femmes devaient être tenues à l'écart du monde tourmenté de la politique pour mieux se consacrer à leurs enfants, et ainsi assurer une stabilité dans les foyers. Les vertus féminines étaient essentielles à la paix sociale ; celles

qui les avaient perdues devaient être traitées avec une très grande sévérité, comme l'indique bien le rapport Nelson. En somme, les grands problèmes de la société étaient des problèmes moraux, et non pas politiques, économiques ou sociaux. Si l'État devait intervenir, c'était en
premier lieu pour faciliter cette rédemption par le travail ou pour conso-
lider la cellule familiale. Là s'arrêtait sa mission.

Car s'il est une chose dont les réformistes étaient convaincus, c'était
que pour remettre les pauvres et les criminels sur le droit chemin, ou
pour préserver les vertus féminines, la loi pouvait bien peu. Pour réformer les marginaux, produire davantage ou rester unis, il fallait que
les hommes et les femmes aient intériorisé une morale sociale que seules
les religions pouvaient transmettre. Le point de vue défendu dans ce livre
est que la perspective des réformistes sur le religieux ne saurait être
réduite à un discours de légitimation au service d'intérêts de classe, et
qu'elle participe d'une représentation de l'ordre social plus nuancée que
ce qu'a laissé voir l'historiographie jusqu'à maintenant. Encore là, le rôle
qu'accordaient les réformistes au religieux se distinguait assez nettement
des perspectives ultramontaine et libérale. Les réformistes n'étaient pas
du tout favorables à ce que l'État se soumette aux vues du clergé et de
l'Église. À moult reprises, ils se sont assurés que le système d'éducation,
qu'ils ont contribué à mettre en place, était sous le contrôle des élus du
peuple, non sous celui des membres du clergé. Ils n'ont dénoncé que très
timidement le système d'écoles communes imposé par Durham, ont
confié la gestion des trois premières écoles normales à des laïcs, ont fait
le nécessaire pour qu'un réseau public de bibliothèques échappe à la cen-
sure cléricale, et se sont opposés à ce que le surintendant de l'Instruction
publique soit un membre du haut clergé. S'ils ont milité pour que les
biens des Jésuites ne servent qu'aux seuls catholiques du Bas-Canada,
c'était moins pour plaire à Mgr Bourget et aux ultramontains que pour
éviter que cette dotation importante ne tombe sous la coupe d'un ministère tory. Cela dit, le refus de se soumettre aux vues du clergé faisait-il
forcément des réformistes des athées militants ? Des indifférents en
matière de religion ? Certainement pas, puisqu'ils considéraient le religieux comme un élément essentiel à la cohésion sociale. Bien plus que
les lois, ou que les prescriptions « civiques » d'un certain jacobinisme

républicain, c'étaient les religions qui dictaient les normes de la morale sociale ; c'étaient les principes moraux de la religion qui éloignaient les honnêtes gens de vices comme l'intempérance ou le luxe, qui enseignaient aux femmes à préserver leurs vertus et à prendre soin de leur famille, et qui prêchaient le souci du prochain. Aussi bonnes et bien rédigées fussent-elles, les législations humaines ne pouvaient à elles seules changer la nature de l'homme ; la bonté, la générosité et l'empathie ne pouvant être décrétées. Les réformistes n'étaient donc ni des partisans de la suprématie du spirituel sur le temporel ni les adeptes d'une religion confinée à la sphère privée. Ils récusaient d'ailleurs l'idée même d'un antagonisme entre les sphères matérielle et spirituelle. Plutôt que de s'affronter dans une lutte à finir comme si l'un — peu importe lequel — incarnait le Bien et l'autre le Mal, ces deux mondes devaient se compléter et s'harmoniser au plus grand bénéfice de la société. À la manière des républicains ou des socialistes, les réformistes cherchaient à contrecarrer les tendances anomiques de la société moderne. Plutôt que d'inventer de toutes pièces une nouvelle morale sociale, de pratiquer un quelconque culte de l'« être suprême », ils se sont tout naturellement tournés vers une institution bien établie, très enracinée, et qui, à plusieurs reprises, s'était portée à la défense d'un peuple soumis aux vicissitudes de l'histoire.

Qu'il ait été question de politique, d'économie, de société ou de religion, un principe phare a en toutes circonstances guidé les réformistes : la « conservation » de la nationalité. Ce primat du national a été le noyau dur de leur pensée et de leur action. Hommes de leur époque, ils associaient spontanément, comme l'a fait Garneau dans son *Histoire du Canada,* la nationalité au peuple, mais jamais à un régime politique particulier. C'est qu'à leurs yeux, la nationalité transcendait les régimes politiques, les lois de l'économie, voire même les confessions religieuses. C'est du moins ce qu'illustre l'œuvre de Garneau, qui critiquait l'interdiction faite aux huguenots de venir en Nouvelle-France et qui condamnait la politique mercantiliste de la France. Si les réformistes invoquaient le passé, s'ils avaient « recours à la mémoire », ce n'était donc pas seulement pour saluer le courage des « anciens Canadiens » et ainsi fortifier le sentiment national après la défaite patriote de 1837-1838 et l'Acte d'Union de 1840, mais bien davantage pour comprendre ce qui n'avait pas fonctionné. Le passé n'était pas seulement un refuge, il offrait une explication du présent et fournissait des leçons pour l'avenir. Car le temps des réformistes était un temps en mouvement continuel. Sans contredit, les réformistes partageaient une foi bien sentie dans le progrès. À leurs yeux, les bienfaits de ce progrès étaient techniques, puisqu'ils permettaient aux hommes de se déplacer plus rapidement et de vivre plus confortablement, mais aussi moraux, puisque les hommes étaient devenus égaux en dignité. Ces progrès bienfaisants, estimaient toutefois les réformistes, n'étaient ni le seul produit des Lumières ni le fruit d'une rupture radicale dans la ligne du temps, mais plutôt le fait d'une meilleure compréhension de l'Évangile. Pour la plupart d'entre eux, le message chrétien contenait tous les ferments des changements à l'œuvre. Il avait suffi que les hommes lisent mieux l'Évangile, s'imprègnent davantage du message chrétien, pour que ces progrès puissent prendre forme. On ne retrouve pas chez eux cette idée d'une brisure irréversible entre un ancien régime, maudit, et un nouveau, glorifié. Cette vision « continuiste » du temps partagée par les réformistes, nous la retrouvons dans leur grande interprétation historique de leur propre nationalité. Ils n'entretenaient ni culte de la Nouvelle-France ni ressentiment envers elle. Ils n'étaient ni les héritiers dupes d'une quelconque « épopée mystique » ni les critiques implacables d'un Moyen Âge jugé avilissant. S'ils réprouvaient l'esclavage et la dévalorisation du commerce, ils regardaient favorablement l'implantation du régime seigneurial qui, selon eux, avait permis à des colons français sans le sou de venir s'établir dans la colonie. Contrairement aux ultramontains, les réformistes ne pestaient pas, à la manière du pape Pie IX et de ses admirateurs canadiens-français, contre les « erreurs » de la modernité. Cela dit, leur adhésion apparente à un certain providentialisme chrétien et leur respect pour les ancêtres inspireront plus tard un traditionaliste comme Lionel Groulx[3]. C'est en partie ce rapport « continuiste » au temps qui les rendait hostiles à l'annexion aux États-Unis, même s'ils se sentaient appartenir au continent.

*   *   *

Les réformistes ont adhéré, mais de manière non doctrinaire, à plusieurs facettes de la sensibilité libérale (par exemple, la méritocratie et l'économie de marché). Cependant, leur « nationalisme », comme l'avait bien pressenti Fernande Roy, a toujours primé leur libéralisme[4]. Sceptiques par rapport à la gnose moderniste émergente qui présentait le progrès libéral comme un arrachement salutaire à l'obscurantisme de la tradition, les réformistes cherchaient une sorte de *modus vivendi* qui permettrait d'être bien de son temps tout en préservant l'héritage d'une nationalité fragilisée par l'histoire. Pour parvenir à cet équilibre, il fallait prendre soin d'éviter les extrêmes incarnés par les rouges et leurs partisans de l'Institut canadien qui, fidèles à leur doctrine libérale ou républicaine[5], s'étaient ralliés à l'idée d'annexion aux États-Unis, ou par les ultramontains qui souhaitaient voir la nationalité emprunter la voie antimoderniste d'un spiritualisme à outrance. J'ai voulu faire la démonstration qu'entre ces deux programmes, entre ces deux façons de penser l'avenir de la nationalité canadienne-française, il existait quelque chose comme une optique proprement réformiste qui ne saurait être réduite à un pur pragmatisme centriste ou au calcul cynique d'une classe dominante. Cette sensibilité réformiste, obsédée par l'unité politique, soucieuse de prospérité économique, préoccupée par la réhabilitation morale des marginaux, et allergique aux ruptures radicales, je la qualifie, faute de mieux, de « conservatrice ».

Ce conservatisme moderne reste un phénomène à penser sur le plan théorique et paradigmatique[6]. Les historiographies québécoise, canadienne et occidentale des dernières décennies se sont surtout penchées sur les effets des deux grandes révolutions modernes qui se déploient tout au long du XIXe siècle. Certains historiens, plus « idéalistes », se sont d'abord intéressés au progrès des libertés politiques, aux luttes contre tous les obscurantismes hérités de l'Ancien Régime. D'autres historiens, plus « matérialistes », ont étudié les avancées du capitalisme et l'avènement d'une bourgeoisie qui en vient à imposer son pouvoir et ses normes. Dans ces deux métarécits, l'un libéral, l'autre marxiste, le conservatisme reste généralement dans l'angle mort ou sert de repoussoir. Le premier décrit les conservateurs comme des réactionnaires renfrognés voulant faire marche arrière, alors que le second utilise généralement le concept pour décrire une attitude de bourgeois satisfaits qui, par tous les moyens, cherchent à discipliner les classes laborieuses. J'ai voulu illustrer le fait que le conservatisme des réformistes n'était ni réactionnaire ni seulement bourgeois, même s'ils partageaient le sens de la continuité des traditionalistes et qu'ils préféraient toujours l'ordre aux révolutions. Chez les réformistes, on ne retrouvait pas de plaidoyer en faveur d'un quelconque âge d'or passé ni une posture de possédants qui auraient cherché à contrer les effets anomiques du libéralisme. Le conservatisme des réformistes a beaucoup plus à voir avec une inquiétude liée au sort de la nationalité qu'avec un statut social ou une « pensée équivoque[7] ». Il ne faut pas non plus le considérer comme une « idéologie » au sens où l'on entendait généralement ce terme durant les années 1970, alors que l'approche marxiste dominait les sciences sociales. Plus difficile à circonscrire sur le plan conceptuel, le conservatisme est une sensibilité particulière qui accepte les progrès de l'humanité tout en craignant que ceux-ci ne balaient certains héritages du passé, qui privilégie la communauté nationale par rapport aux individus, ce qui ne saurait signifier que les réformistes s'opposaient à la dynamique libérale qui transformait alors le monde.

Le réformisme témoigne d'une préoccupation réelle et bien sentie de ces hommes pour l'avenir de leur nationalité. Mais ce souci constant, qui s'apparente dans plusieurs de leurs écrits à une inquiétude sourde mais omniprésente, ne les rendait réfractaires ni aux changements ni au progrès. C'est que les réformistes prenaient acte de ce monde qui se transformait sous leurs yeux, de ce temps en mouvement qui bousculait les habitudes anciennes. S'ils acceptaient volontiers, mais non sans quelques réticences, les règles du jeu du nouvel ordre libéral, ils laissèrent à d'autres le soin d'en célébrer les bienfaits et les vertus. Leur tâche à eux était plus modeste. Il s'agissait de tirer le meilleur parti des circonstances politiques, économiques et sociales d'une époque incertaine et changeante, laquelle voyait s'éclipser les solides repères d'autrefois.

N'était-ce pas là le grand défi de la survivance ?

Note sur les sources

Ce livre repose sur trois types de sources. La plus importante est ce qu'on appelait à l'époque des réformistes la « presse ministérielle ». Dans son rapport sur le Canada publié en 1855 en vue de la grande Exposition universelle de Paris, Hector Langevin considère que *Le Journal de Québec*, *Le Canadien* et *La Minerve* sont les principaux organes de la « presse ministérielle » (*Le Canada, ses institutions, ressources, produits, manufactures, etc., etc., etc.,* Québec, Lovell et Lamoureux, 1855, p. 139). J'ai dépouillé ces journaux de façon systématique pour les années allant de 1840 à 1860, car je souhaitais éviter tous les débats sur la Confédération, qui ont été étudiés par d'autres. Je ne me suis pas attardé aux colonnes qui résumaient les débats parlementaires, ni à celles qui étaient empruntées à des journaux étrangers ou de même allégeance. Seules les colonnes qui exprimaient un avis, un commentaire, une opinion révélant une représentation, des idées générales, une pensée ont été lues avec attention. J'ai aussi dépouillé systématiquement la *Revue canadienne*, dirigée par un certain Louis LeTourneux — sur lequel nous savons bien peu de chose, sinon qu'il était un avocat de Montréal amoureux des lettres et favorable aux réformistes. Ce journal paraît entre 1844 et 1848. J'ai aussi dépouillé les *Mélanges religieux* et *Le Courrier du Canada* durant les périodes où Hector Langevin y a écrit, c'est-à-dire de juillet 1847 à juillet 1849 pour les *Mélanges*, et du 2 février 1857 au 6 juillet de la même année pour *Le Courrier du Canada*. D'autres journaux, moins importants, ont également été dépouillés, les réformistes y ayant joué un rôle de premier plan. Je pense ici à la *Revue de législation et de jurisprudence,* fondée et dirigée par LeTourneux avec le concours de LaFontaine, qui paraît entre octobre 1845 et septembre 1848, au *Journal de l'Instruction publique,* fondé et dirigé par Chauveau, pour la période qui s'étend de janvier 1857 à l'année 1865. D'autres journaux ont également été consultés : *L'Aurore des Canadas,* dans lequel écrit Barthe jusqu'en 1844, *Le Courrier des États-Unis,* auquel collabore périodiquement Chauveau au cours des années 1840, ainsi que *L'Ordre social, Le Castor* et *L'Écho des campagnes.*

La deuxième source est la reconstitution des débats parlementaires du Canada-Uni. Ce travail colossal de reconstitution a débuté en 1970 sous la supervision d'Elizabeth Nish, et s'est poursuivi jusqu'en 1994. Cette reconstitution comporte treize volumes, dont les derniers sont divisés en plusieurs parties, et représente des dizaines de milliers de pages d'interventions en Chambre. Reconstitués à partir des journaux d'époque, ces nombreux volumes épargnent au chercheur un travail clérical souvent pénible et extrêmement long. À ma connaissance, aucun historien n'a jusqu'à maintenant entrepris une lecture exhaustive de cette source unique ni ne l'a analysée de façon systématique dans le but d'en dégager les idées générales. Or, ce document est d'une très grande richesse, et est certainement plus riche, pour l'historien des idées qui souhaite comprendre la pensée de l'élite au pouvoir dans le Canada français du milieu du XIXe siècle, que les débats sur la Confédération qui se limitent à un seul texte de loi. Cette reconstitution offre au chercheur tout un éventail de prises de position sur une gamme variée de sujets politiques, économiques et sociaux. Elle permet aussi de situer un certain nombre d'événements dans leur contexte et de comparer divers enjeux qui soulèvent l'attention des députés des parties est et ouest du Canada-Uni. Je me suis évidemment surtout attardé aux interventions des leaders canadiens-français, mais je ne me suis pas privé de lire celles des principaux dirigeants du Haut-Canada : celles des William Draper, Allan McNab ou George Brown, par exemple. Cette reconstitution n'est cependant pas un document parfait ; il faut la lire avec une certaine prudence. D'abord, elle s'arrête en mai 1856, non en 1860, comme je l'aurais bien souhaité. Ensuite, la longueur et la répétition des interventions de certains ne sauraient être assimilées à leur importance réelle. Les interventions-fleuves de Chauveau et de Cauchon sont nombreuses, par rapport à celles de LaFontaine, Morin ou Cartier, moins prompts à la grandiloquence, par tempérament. Il m'a donc fallu pondérer ces interventions de façon à ne pas accorder à un acteur une importance qu'il n'avait pas nécessairement. Enfin, les journaux sont la source principale de cette reconstitution. À l'époque, même si les chroniqueurs parlementaires semblent rapporter assez fidèlement les interventions des députés, la presse ne prétend pas à la neutralité. Il se peut donc que certaines interventions aient été enjolivées ou quelque peu dénaturées pour plaire à un lectorat d'une certaine tendance. De plus, les sujets traités par les journaux ne sont pas nécessairement les plus importants. Il faut parfois se méfier de l'importance qu'on accorde à certaines questions par rapport à d'autres. Une mesure peut être adoptée à toute vapeur, sans débats, et pourtant s'avérer d'une très grande importance pour l'avenir.

Enfin, la dernière source qui a servi de matière première à ce livre est faite des écrits publics et privés des principaux acteurs étudiés. Si la date de publication de certains de ces écrits publics déborde parfois les bornes chronologiques du moment réformiste, j'ai tout de même cru bon de les analyser, question de creuser certains thèmes. Ces écrits publics prennent toutes sortes de formes. Elles vont de l'*Histoire du Canada* de Garneau à des essais comme *Le Canada reconquis par la France* de Barthe, en passant par des conférences reproduites dans les journaux, des rapports commandés par le gouvernement sur l'état de l'instruction publique, de l'émigration ou des prisons, ou encore des brochures de circonstance. J'ai également intégré deux romans à mon corpus : *Charles Guérin,* de Pierre-Joseph-Olivier Chauveau, publié en 1853, et *Jean Rivard,* d'Antoine Gérin-Lajoie, publié en 1862-1864. Tout comme Jean-Charles Falardeau, Robert Major et Gérard Bouchard, j'ai considéré ces romans à thèse comme des morceaux d'un vaste discours social. Comme je ne proposais pas de faire une histoire événementielle des réformistes, j'ai traqué les lettres plus réflexives qui laissaient filtrer des intentions plus personnelles : celles, par exemple, de

LaFontaine à Berthelot ou à Margry, celles de Gérin-Lajoie à Bellemare, celles d'Hector Langevin à ses frères Jean et Edmond, celles de Garneau à son collègue historien O'Callaghan, et enfin celles de Chauveau au grand vicaire Cazeau.

Remerciements

Ce livre, qui fut au départ une thèse de doctorat, doit beaucoup à la réflexion et aux recherches de plusieurs historiens d'expérience. Je remercie tout particulièrement le professeur Brian Young pour sa rigueur et ses conseils judicieux. Sa générosité, pas seulement intellectuelle, a toujours été proverbiale. En dépit de nos divergences de vues sur les réformistes, il s'est avéré un véritable mentor. Je remercie également Jocelyn Létourneau, Arthur I. Silver et Jean-Paul Bernard, qui ont lu et commenté la thèse à l'origine de ce livre. Merci également à Pierre Trépanier, Yvan Lamonde, Fernande Roy, Louis Rousseau, Jacques Beauchemin et Joseph Yvon Thériault, qui ont accepté de discuter de certaines hypothèses de cette étude ou d'en lire un chapitre. Ma dette à l'égard de mes prédécesseurs est immense.

Je dois également beaucoup aux recherches et aux réflexions d'une autre génération de chercheurs et d'intellectuels. Je pense ici à É.-Martin Meunier, Stéphane Kelly, Jean-Philippe Warren et Marc Chevrier, dont les travaux m'ont beaucoup inspiré et qui ont accepté de lire et de commenter un chapitre de ce livre. Merci à Daniel Tanguay pour mon intégration à la revue *Argument* et au CIRCEM pour le soutien dont j'avais bien besoin. Merci à mes amis Frédéric Bastien et Éric Montpetit, qui m'accompagnent depuis longtemps dans cette odyssée historienne. Merci à Mathieu Bock-Côté et à l'équipe de l'Institut de recherche sur le Québec, pour leurs idées stimulantes.

Je remercie la TÉLUQ-UQAM, où je suis présentement professeur, qui m'a offert tout le soutien nécessaire pour terminer ce livre. Merci à Jacques Godbout et à l'équipe des Éditions du Boréal pour leur accueil et leurs conseils avisés.

Je tiens à exprimer toute ma gratitude à l'égard de Nadja qui, bien qu'Européenne, connaît probablement mieux les réformistes canadiens-français que la plupart des Québécois ! Elle a souvent été la première à être exposée à mes intuitions de recherche saugrenues. Sans son soutien indéfectible, et sans l'énergie débordante de Nora et d'Arthur, nés en 2001 et 2005, cette aventure intellectuelle n'aurait pas eu pour moi la même intensité. Je leur dois énormément… ainsi qu'à mes parents et à ma famille.

Cet ouvrage est dédié à Arthur Bédard, un grand-père formidable, un homme curieux de tout, décédé quelques mois avant que je n'amorce les recherches qui allaient mener à la publication de ce livre. Le souvenir de cet homme modeste et fier, qui fut à la fois bûcheron, agriculteur, père de famille, commissaire d'école et surtout porteur de la mémoire de mes ancêtres et de mon pays, m'a beaucoup inspiré tout au long de ces recherches. Il a été mon premier guide vers le passé. C'est par lui que tout a commencé…

Abréviations

AAM	Archives de l'Archevêché de Montréal
AAQ	Archives de l'Archidiocèse de Québec
ACHSH	Archives du Centre d'histoire de Saint-Hyacinthe
ACRCCF	Archives du Centre de recherche en civilisation canadienne-française (Ottawa)
AMAF	Archives du Musée de l'Amérique française (Québec)
AUL	Archives de l'Université Laval
AUM	Archives de l'Université de Montréal
BAC	Bibliothèque et Archives Canada
BANQ	Bibliothèque et Archives nationales du Québec
DBC	*Dictionnaire biographique du Canada*
DLA	*Debates of the Legislative Assembly of United Canada, 1841-1856* (Elizabeth Nish [dir.])
JALPC	*Journaux de l'Assemblée législative de la province du Canada*
RSEBC	*Rapport du surintendant de l'éducation pour le Bas-Canada* (P.-J.-O. Chauveau)
SHM	Société historique de Montréal

Notes

PRÉSENTATION

1. Pierre-Joseph-Olivier Chauveau, *François-Xavier Garneau. Sa vie et ses œuvres*, 1883, p. v et 7.
2. Fernand Dumont, « Le projet d'une histoire de la pensée québécoise », 1987, p. 316.
3. Pierre Rosanvallon, *Pour une histoire conceptuelle du politique*, 2003, p. 12.
4. Jacques Beauchemin, *La Société des identités. Éthique et politique dans le monde contemporain*, 2004, p. 43-47.
5. Louis-Philippe Turcotte, *Le Canada sous l'Union, 1841-1867*, 1871 ; L.-O. David, *L'Union des deux Canadas, 1841-1867*, 1898 ; Joseph Royal, *Histoire du Canada. 1841 à 1867*, 1909 ; Thomas Chapais, *Cours d'histoire du Canada*, 1972, vol. 5, 6 et 7 ; Jacques Monet, *La Première Révolution tranquille. Le nationalisme canadien-français (1837-1850)*, 1981.
6. Louis-Hippolyte LaFontaine, *Journal de voyage en Europe 1837-1838*, 1999.
7. Éric Bédard, « Postface. LaFontaine homme de loi », dans Louis-Hippolyte LaFontaine, *Correspondance générale*, t. 3, 2005, p. 431-461.
8. Andrée Désilets, *Hector-Louis Langevin. Un père de la Confédération canadienne*, 1969 ; Gérard Parizeau, *La Société canadienne-française au XIXᵉ siècle. Essais sur le milieu*, 1975 ; Jean-Marc Paradis, « Augustin-Norbert Morin (1803-1865) », 1989 ; Hélène Sabourin, « P.-J.-O. Chauveau et l'éducation 1855-1873 : une relecture », 2001.
9. Parmi les études les plus marquantes, voir Nadia F. Eid, *Le Clergé et le Pouvoir politique au Québec. Une analyse de l'idéologie ultramontaine au milieu du XIXᵉ siècle*, 1978 ; Jean-Paul Bernard, *Les Rouges. Libéralisme, nationalisme et anticléricalisme au milieu du XIXᵉ siècle*, 1971.

10. En 1850, Parent a quarante-huit ans, Morin quarante-sept ans, LaFontaine quarante-trois ans, Cartier trente-six ans, Cauchon trente-quatre ans, Chauveau trente ans, Gérin-Lajoie vingt-six ans et Langevin vingt-quatre ans.

11. Jean-Charles Falardeau, *Étienne Parent 1802-1874*, 1975 ; Claude Couture et Yvan Lamonde (éd.), *Étienne Parent. Discours*, 2000.

12. Sur son activité durant cette période, voir Jean-Charles Bonenfant, « George-Étienne Cartier », *DBC*, vol. X, p. 156 ; Brian Young, *George-Étienne Cartier, bourgeois montréalais*, 1982, p. 24-31.

13. Joseph-Édouard Cauchon, *Notions élémentaires de physique*, 1841.

14. *Le Journal de Québec*, 1er décembre 1842.

15. Jean-François Sirinelli, « Génération et histoire politique », 1989 ; Hans Jaeger, « Generations in History : Reflections on a controversial concept », 1985, p. 273-292.

16. Collection P.-J.-O. Chauveau, BAC, MG24 B54 ; voir les lettres de 1847 d'Étienne Parent à René-Édouard Caron, AMAF, P32, Fonds Viger-Verrault.

17. Voir P. G. Cornell, « The Alignment of Political Groups in the United Province of Canada, 1854-1964 », 1967, p. 65-88.

18. Toutes les données du paragraphe sont tirées de Serge Courville *et al.*, *Le Pays laurentien au XIXe siècle*, 1995.

19. Pour une synthèse éclairante, voir Yvan Lamonde, *Histoire sociale des idées au Québec, 1760-1896*, t. 1, 2000, p. 67-82, 135-181.

20. Michel Verrette, *L'Alphabétisation au Québec, 1660-1900. En marche vers la modernité culturelle*, 2002, p. 150.

21. *Ibid.*, p. 92.

22. *Ibid.*, p. 117.

23. Gilles Gallichan, *Livre et politique au Bas-Canada, 1791-1849*, 1991, p. 221.

24. *Ibid.*, p. 225, 334, 337, 379-386, 421-432.

25. Louis-Hippolyte LaFontaine, *Catalogue de la bibliothèque de feu Sir L. H. LaFontaine, baronnet, juge en chef, etc.*, 1864.

26. Brian Young, *George-Étienne Cartier, bourgeois montréalais*, p. 67-72.

27. Jean-Marie Fecteau, *La Liberté du pauvre. Crime et pauvreté au XIXe siècle québécois*, 2004, p. 11.

28. Louis-François Laflèche, *Quelques considérations sur les rapports de la société civile avec la religion et la famille*, 1866, p. 8. Cette position était aussi celle d'Ignace Bourget. Voir Roberto Perin, *Ignace de Montréal. Artisan d'une identité nationale*, 2008, p. 187-194.

29. Gilles Bourque *et al.*, *La Société libérale duplessiste, 1944-1960*, 1994 ; « Mais qu'est-ce donc qu'une société libérale ? », 1997, p. 349-375.

30. Fernande Roy, *Histoire des idéologies au Québec aux XIXe et XXe siècles*, 1993, p. 32 ; Yvan Lamonde, « La vie culturelle et intellectuelle dans le Québec

des XVIIIᵉ et XIXᵉ siècles : quelques pistes de recherche », 2000, p. 271 ; « Pour la suite des travaux », *Combats libéraux au tournant du XXᵉ siècle*, 1995, p. 279-280.

31. Pierre Trépanier, *Qu'est-ce que le traditionalisme ?*, 2002, p. 6 et 16.
32. Voir Xavier Gélinas, « Une droite en contexte », 2007, p. 17-55.
33. Cette tradition humaniste en histoire est toujours bien vivante à l'étranger. Voir Gordon S. Wood, *The Purpose of the Past: Reflections on the Uses of History*, 2008.
34. Fernand Dumont, *Les Idéologies*, 1974, p. 65.

CHAPITRE PREMIER • PRUDENCE ET MODÉRATION

1. Aegidius Fauteux, « Préface », dans Clarence Hogue (dir.), *Hommages à LaFontaine. Recueil des discours prononcés au dévoilement du monument de Sir Louis-Hippolyte LaFontaine*, 1931, p. vii.
2. *Ibid.*, p. x.
3. « Discours de Camilien Houde », dans *Ibid.*, p. 22-25.
4. « Discours de Lionel Groulx », dans *Ibid.*, p. 101.
5. *Ibid.*, p. 102. Sur la vision qu'eut Groulx de LaFontaine, voir notamment « Un geste d'action française en 1842 », 1977 ; « Un chef de trente-trois ans », 1977 ; « Faillite d'une politique », 1948-1949.
6. Stephen Leacock, *The Makers of Canada*, vol. 14, 1907, p. 359-360.
7. Alfred D. De Celles, *LaFontaine et son temps*, 1925.
8. Maurice Séguin, *L'Idée d'indépendance au Québec. Genèse et historique*, 1977, p. 35.
9. Michel Brunet, *Canadians et Canadiens*, 1954, p. 21-23.
10. Georges Aubin, « Présentation », dans L.-H. LaFontaine, *Journal de voyage en Europe 1837-1838*, p. 23.
11. Voir Michel Brault, *Quand je serai parti... vous vivrez encore*, 1998 ; Pierre Falardeau, *15 février 1839*, 2001.
12. Voir là-dessus Mathieu Bock-Côté, *La Dénationalisation tranquille*, 2007 ; Éric Bédard, « La trudeauisation des esprits. Souveraineté et hypermodernité », 2007-2008.
13. Gérard Bouchard, « Un vieux pays neuf ? », 2000, p. 77-182.
14. Voir le discours du premier ministre Bernard Landry, alors premier ministre du Québec : http ://www.vigile.net/ds-patriotes/docs/01-11-27-ass-nat-patriotes.html (Consulté le 13 novembre 2006)
15. Je me réfère aux ouvrages suivants de Brian Young : *Promoters and Politicians: The North-Shore Railways in the History of Quebec, 1854-85*, 1978 ; *George-*

Étienne Cartier, bourgeois montréalais; *In Its Corporate Capacity: The Seminary of Montreal as a Business Institution, 1816-1876*, 1986 ; *The Politics of Codification: The Lower Canadian Civil Code of 1866*, 1994. Dans ses travaux les plus récents, Young accorde une plus grande place à la culture et aux représentations. Voir Brian Young, « Revisiting Feudal Vestige in Urban Quebec », 2008.

16. Stéphane Kelly, *La Petite Loterie. Comment la Couronne a obtenu la collaboration du Canada français après 1837*, 1997. Pour un point de vue similaire, voir Louis-Georges Harvey, « Le mouvement patriote comme projet de rupture (1805-1837) », 1995, p. 87-112.

17. John Saul, *Réflexions d'un frère siamois*, 1998, p. 35.

18. *Ibid.*, p. 25.

19. Le site de l'organisme est le suivant : http ://www.lafontaine-baldwin.com (consulté le 2 juillet 2008).

20. André Pratte, *Aux pays des merveilles. Essai sur les mythes politiques québécois*, 2006, p. 102.

21. Jocelyn Létourneau, *Que veulent vraiment les Québécois ?*, 2006, p. 47-48.

22. Les 92 résolutions sont reproduites dans *La Minerve* du 15 au 22 février 1834. Toutes mes références aux 92 résolutions sont tirées de cette source.

23. Gilles Laporte, *Patriotes et Loyaux. Leadership régional et mobilisation politique en 1837 et 1838*, 2004, p. 27 ; Denyse Beaugrand-Champagne, « Les mouvements patriote et loyal dans les comtés de Missisquoi, Shefford et Stanstead, 1834-1837 », 1990, p. 176 ; Johanne Muzzo, « Les mouvements réformiste et constitutionnel à Montréal, 1834-1837 », 1990, p. 1-2.

24. François-Xavier Garneau, *Histoire du Canada*, t. 4, 1852, p. 225, 259 et 262.

25. Gilles Gallichan, « Débats de la Chambre d'assemblée du Bas-Canada. Session de 1837. 4e session, XVe législature » 1995.

26. Résolutions 11 à 40. Voir, sur cet aspect, F. Murray Greenwood, « Les patriotes et le gouvernement responsable dans les années 1830 », 1979, p. 25-38.

27. Résolutions 41 à 44.

28. François-Xavier Garneau, *Histoire du Canada*, t. 4, 1852, p. 530-531.

29. Chester New, « Lord Durham and the British Background of His Report », 1939, p. 123.

30. Résolution 1.

31. Résolution 2.

32. Résolution 3.

33. Résolution 52.

34. Elinor Kyte Senior, *Les Habits rouges et les Patriotes*, 1997, p. 22-23.

35. Gilles Laporte, *Patriotes et Loyaux*, p. 70.

36. Gilles Gallichan, « Québec, été 1837 », 1994, p. 117.

37. Cité dans André Lefebvre, *Le* Montreal Gazette *et le nationalisme canadien (1835-1842)*, 1970, p. 49. Tout le livre de Lefebvre contient les traces de ce sentiment de supériorité.

38. Cité dans Denyse Beaugrand-Champagne, « Les mouvements patriote et loyal », p. 143. [Ma traduction.]

39. Amédée Papineau, *Souvenirs de jeunesse, 1822-1837*, 1998, p. 125.

40. Voir Jean-Paul Bernard (dir.), *Assemblées publiques, résolutions et déclarations de 1837-1838*, 1988, p. 231-258.

41. Brian Young, « The Volunteer Militia in Lower-Canada, 1837-1850 », 1998, p. 37-53.

42. Leclère à LaFontaine, microfiche, non datée. BAC.

43. Louis-Hippolyte LaFontaine, *Les Deux Girouettes ou l'Hypocrisie démasquée*, 1834, p. 3.

44. *Ibid.*, p. 28.

45. *Ibid.*, p. 23.

46. *Ibid.*, p. 38.

47. *Ibid.*, p. 51.

48. Gilles Laporte, *Patriotes et Loyaux*, p. 139.

49. Stéphane Kelly, *La Petite Loterie*, p. 186-190.

50. François-Xavier Garneau, *Histoire du Canada*, t. 4, 1852, p. 223.

51. Benoît Bernier, « Les idées politiques d'Étienne Parent 1822-1825 », 1971, p. 52.

52. *Le Canadien*, 27 janvier 1834.

53. *Ibid.*

54. *Le Canadien*, 12 février 1834.

55. *Le Canadien*, 14 février 1834.

56. *Le Canadien*, 12 mars 1834.

57. *Le Canadien*, 26 février 1834.

58. Cité dans Gérard Parizeau, *La Société canadienne-française au XIXe siècle*, p. 491.

59. *La Minerve*, 23 avril 1827. Cité dans Jean-Marc Paradis, « Augustin-Norbert Morin », p. 29.

60. Seul le prospectus de ce périodique semble avoir été publié. Voir André Beaulieu et Jean Hamelin (dir.), *La Presse québécoise des origines à nos jours*, t. 1, 1975, p. 66-67.

61. « Essais sur les Gouvernements constitutionnels » pour *Le Coin du feu*. ACHSH, CH006, Fonds Augustin-Norbert Morin.

62. François-Xavier Garneau, *Histoire du Canada*, t. 4, 1852, p. 263.

63. Son biographe le plus récent le présente même comme le « cerveau d'écriture de Papineau ». Jean-Marc Paradis, « Augustin-Norbert Morin », p. 49.

64. Arsène Morin et Jacques-Yvan Morin, *L'Odyssée des Morin,* 2005, p. 226.

65. Lettre du chef politique réformiste reproduite dans *ibid.,* p. 235.

66. La correspondance entre le député Charles-Ovide Perrault, ardent défenseur de la cause canadienne mort à Saint-Denis en 1837, et le libraire Édouard-Raymond Fabre est à cet égard révélatrice. Voir Jean-Louis Roy, *Édouard-Raymond Fabre, libraire et patriote canadien (1799-1854),* 1974, p. 136-137.

67. *Le Canadien,* 17 mars 1837.

68. Gilles Laporte, *Patriotes et Loyaux,* p. 24.

69. Voir Thomas Chapais, *Cours d'histoire du Canada,* t. 4, p. 80-81.

70. « Lord John Russell's ten resolutions, March 6, 1837 », dans W. P. M. Kennedy (dir.), *Documents of the Canadian Constitution 1759-1915,* 1918, p. 434-436.

71. *Ibid.,* résolutions 4 et 5.

72. Yvan Lamonde, *Histoire sociale des idées,* vol. 1, p. 230-235.

73. Cité dans Jean-Paul Bernard (dir.), *Assemblées publiques, résolutions et déclarations de 1837-1838,* p. 58.

74. *Ibid.,* p. 51.

75. Louis-Georges Harvey, *Le Printemps de l'Amérique française. Américanité, anticolonialisme et républicanisme dans le discours politique québécois, 1805-1837,* 2005, p. 202-219.

76. Allan Greer, *Habitants et Patriotes. La Rébellion de 1837 dans les campagnes du Bas-Canada,* 1997, p. 199-261.

77. Gilles Laporte, *Patriotes et Loyaux,* p. 39.

78. Le meilleur compte rendu des événements, à tout le moins sur le plan militaire, me semble celui d'Elinor Kyte Senior, *Les Habits rouges et les Patriotes.*

79. Papineau se fit rabrouer publiquement par Wolfred Nelson qui, lui, estimait que le temps était venu de passer aux armes. Voir Gérard Filteau, *Histoire des patriotes,* 1975, p. 274-277.

80. Voir *Résumé impartial de la discussion Papineau-Nelson sur les événements de St-Denis en 1837,* Montréal, s.n. novembre 1848, Musée McCord, P197, Fonds George-Étienne Cartier. Si le document vise à incriminer Papineau alors qu'il conteste la politique réformiste de LaFontaine, il rend néanmoins compte du climat de confusion qui règne durant la célèbre bataille et de l'attitude ambivalente de Papineau. Sur la controverse historique et historiographique, voir surtout François Bernier, « Étude analytique et critique de la controverse sur la question de la "fuite" de Papineau de Saint-Denis le 23 novembre 1837 », 1986.

81. Louis-Joseph Papineau, *Histoire de l'insurrection du Canada,* 1839, p. 46.

82. Amury Girod, « Journal », 1998, p. 129.

83. Hippolyte Lanctôt, *Souvenirs d'un patriote exilé en Australie,* 1999, p. 88.

84. *Ibid.*, p. 89.
85. *Le Canadien*, 19 avril 1837.
86. L'italique est de moi, la formule renvoyant à la devise du *Canadien*.
87. *Le Canadien*, 24 avril 1837.
88. *Le Canadien*, 23 octobre 1837.
89. *Le Canadien*, 30 août 1837.
90. *Le Canadien*, 23 octobre 1837.
91. *Le Canadien*, 1ᵉʳ septembre 1837.
92. Il reprend à quelques reprises cette expression.
93. *Le Canadien*, 8 novembre 1837.
94. *Le Canadien*, 30 octobre 1837.
95. *Le Canadien*, 6 novembre 1837.
96. Cet éditorial est le seul de cette période à être reproduit dans l'ouvrage de Jean-Charles Falardeau, *Étienne Parent*, p. 81-85.
97. *Le Canadien*, 13 novembre 1837.
98. *Le Canadien*, 1ᵉʳ décembre 1837.
99. *Le Canadien*, 15 décembre 1837.
100. Cité dans *Le Canadien*, 20 décembre 1837.
101. Au cours de l'été, on les voit notamment aux assemblées de Saint-Laurent, Sainte-Rose, Québec, Kamouraska et La Malbaie. Voir notamment François-Xavier Garneau, *Histoire du Canada*, t. 4, 1852, p. 267-273 ; Gérard Filteau, *Histoire des patriotes*, p. 225-240.
102. Jean-Marc Paradis, « Augustin-Norbert Morin », p. 72 ; Gilles Laporte, *Patriotes et Loyaux*, p. 94.
103. *Le Libéral*, 26 juillet 1837. Cité aussi dans Gilles Gallichan, « Québec, été 1837 », p. 118.
104. LaFontaine à Chapman, 17 février 1837. Louis-Hippolyte LaFontaine, *Correspondance générale*, t. 2, p. 25. Allan Greer cite une lettre similaire adressée au notaire Girouard, *Habitants et Patriotes*, p. 254.
105. Louis-Hippolyte LaFontaine, *Notes sur l'inamovibilité des curés dans le Bas-Canada*, 1837, p. 10.
106. Jean-Jacques Lartigue, *Mémoire sur l'amovibilité des curés en Canada, suivi de remarques sur les Notes de Mr LaFontaine, avocat, relativement à l'inamovibilité des curés dans le Bas-Canada*, 1837.
107. Gilles Gallichan, « Québec, été 1837 », p. 121.
108. Débat du 22 août 1837, dans Gilles Gallichan, « Débats de la Chambre d'assemblée du Bas-Canada. Session de 1837. 4ᵉ session, XVᵉ législature ».
109. Débat du 25 août 1837, dans *ibid.*
110. LaFontaine à Gosford, 19 novembre 1837. Louis-Hippolyte LaFontaine, *Correspondance générale*, t. 2, p. 26-29.

111. Amury Girod, « Journal », p. 126.

112. Louis-Hippolyte LaFontaine, *Correspondance générale*, t. 2, p. 31.

113. LaFontaine à Berthelot, 17 décembre 1837. Cité dans *ibid.*, p. 33.

114. Jean-Marc Paradis, « Augustin-Norbert Morin », p. 77.

115. Louis-Hippolyte LaFontaine, *Journal de voyage*, p. 31-32.

116. Il faudra attendre Henri Bourassa pour voir émerger le projet d'un Canada binational. Voir là-dessus Arthur I. Silver, *The French Canadian Idea of Confederation, 1864-1900*, 1997.

117. Louis-Hippolyte LaFontaine, *Journal de voyage*, p. 46-47.

118. *Ibid.*, p. 51.

119. Elinor Kyte Senior, *Les Habits rouges et les Patriotes*, p. 44.

120. Steven Watt, « State Trial by Legislature: The Special Council of Lower Canada, 1838-41 », 2002, p. 248-277.

121. Steven Watt, « Authoritarianism, Constitutionalism and the Special Council of Lower Canada, 1838-1841 », 1997, p. 33.

122. Jean-Marie Fecteau, « Mesures d'exception et règle de droit : les conditions d'application de la loi martiale au Québec lors des rébellions de 1837-1838 », 1986-1987, p. 477.

123. *Ibid.*, p. 487.

124. F. Murray Greenwood, « The Chartrand Murder Trial: Rebellion and Repression in Lower Canada, 1837-1839 », 1984.

125. F. Murray Greenwood, « The Montreal Court Martial, 1838-9: Legal and Constitutional Reflections », 2002.

126. *Ibid.*, p. 492-493 ; F. Murray Greenwood, « The General Court Martial of 1838-39 in Lower-Canada: An Abuse of Justice », 1988, p. 267-269.

127. F. Murray Greenwood, « The General Court Martial of 1838-39 in Lower Canada », p. 252.

128. F. Murray Greenwood, « The General Court Martial at Montreal, 1838-9: Operation and the Irish Comparison », 2002.

129. Louis-Hippolyte LaFontaine, *Journal de voyage*, p. 53.

130. *Ibid.*

131. Voir, là-dessus, Gilles Laporte, « Le radical britannique Chapman et le Bas-Canada, 1832-1839 », 1987, p. 168-172.

132. Elinor Kyte Senior, *Les Habits rouges et les Patriotes*, p. 201 ; Georges Aubin, « Présentation », dans Louis-Hippolyte LaFontaine, *Journal de voyage*, p. 21.

133. LaFontaine à Ellice, 15 mars 1838. Louis-Hippolyte LaFontaine, *Correspondance générale*, t. 2, p. 39.

134. LaFontaine à Ellice, 17 avril 1838. *Ibid.*, p. 44.

135. Perrault à O'Callaghan, 23 juin 1838. Louis Perrault, *Lettres d'un patriote réfugié au Vermont, 1837-1839*, 1999, p. 115.

136. Voir les lettres de LaFontaine à Charles Buller, le secrétaire du gouverneur, écrites du 9 juillet au 19 septembre 1838. Louis-Hippolyte LaFontaine, *Correspondance générale*, t. 2, p. 53-57.

137. Elinor Kyte Senior, *Les Habits rouges et les Patriotes*, p. 245.

138. LaFontaine à Brougham, 3 décembre 1838. Louis-Hippolyte LaFontaine, *Correspondance générale*, t. 2, p. 64.

139. *Ibid.*

140. LaFontaine à Colborne, 3 décembre 1838. *Ibid.*, p. 65. L'italique est dans le texte original.

141. LaFontaine à Colborne, 18 décembre 1838. *Ibid.*, p. 72.

142. *Le Canadien*, 5 mars 1838.

143. *Le Canadien*, 23 mars 1838.

144. *Le Canadien*, 18 mai 1838.

145. *Le Canadien*, 17 et 19 septembre 1838.

146. *Le Canadien*, 10 décembre 1838.

147. Gilles Laporte, *Patriotes et Loyaux*, p. 85.

148. Jean-Charles Falardeau, « Étienne Parent », *DBC*, vol. X, p. 637.

149. Arsène Morin et Jacques-Yvan Morin, *L'Odyssée des Morin*, p. 236.

150. Elinor Kyte Senior, *Les Habits rouges et les Patriotes*, p. 220 et 235.

151. Jean-Marc Paradis, « Augustin-Norbert Morin », p. 78-80.

152. Garneau à O'Callaghan, 21 juillet 1852, BAC, MG24 B50, Fonds E. B. O'Callaghan.

153. *Réflexions sur le bonheur privé*, note manuscrite datée du 10 mai 1838, ACHSH, CH006/036, Fonds Augustin-Norbert Morin.

154. Arsène Morin et Jacques-Yvan Morin, *L'Odyssée des Morin*, p. 235-236.

155. Chester New, « Lord Durham and the British Background of His Report », p. 124-125.

156. Chester New, *Lord Durham's Mission to Canada*, 1963, p. 99-101.

157. Voir « Sketch of Lord Durham's Mission to Canada in 1838 written by Mr. Charles Buller, in 1840 », dans C. P. Lucas (éd.), *Lord Durham's Report on the Affairs of British North America*, vol. 3, 1912, p. 340. [Ma traduction.]

158. Cité dans William Ormsby (éd.), *Crisis in the Canadas: 1838-1839. The Grey Journals and Letters*, 1964, p. 32. [Ma traduction.]

159. Denis Bertrand et Albert Desbiens, *Le Rapport Durham*, 1969, p. 7.

160. Marcel Bellavance, *Le Québec au siècle des nationalités. Essai d'histoire comparée*, 2004, p. 13-36.

161. Janet Ajzenstat, « Durham's Liberalism », dans *The Political Thought of Lord Durham*, 1988, p. 3-12 ; Guy Laforest, « Le conquêtisme, Lord Durham et les identités nationales », dans *Trudeau et la fin d'un rêve canadien*, 1992, p. 233-251.

162. Joseph Yvon Thériault, « Nation et démocratie au Québec : l'affaire Durham », 1994.
163. Denis Bertrand et Albert Desbiens, *Le Rapport Durham*, p. 21.
164. *Ibid.*, p. 12.
165. *Ibid.*, p. 123.
166. *Ibid.*, p. 113.
167. *Ibid.*, p. 121. Voir sur cette question de l'assimilation William Ormsby, « Lord Durham and the Assimilation of French Canada », 1971.
168. Ged Martin, *The Durham Report and British Policy: A Critical Essay*, 1972 ; « Attacking the Durham Myth: Seventeen Years On », 1990.
169. « The Union Act, 1840 », dans W. P. M. Kennedy, *Documents of the Canadian Constitution*, p. 536-550.
170. Louis-Hippolyte LaFontaine, *Journal de voyage*, p. 80 et 138.
171. *L'Aurore des Canadas*, 22 janvier 1839.
172. « Pétition contre l'union », BAC, MG24 A68, Documents Gosford. Merci à Georges Aubin d'avoir attiré mon attention sur ce document.
173. Hincks à LaFontaine, 12 avril et 30 avril 1839, SHM, P3 1A, Fonds L.-H. LaFontaine.
174. *L'Aurore des Canadas*, 25 août 1840. Ce texte est aussi reproduit dans Yvan Lamonde et Claude Corbo (dir.), *Le Rouge et le Bleu. Une anthologie de la pensée politique au Québec, de la Conquête à la Révolution tranquille*, 1999, p. 143-148 ; Louis-Hippolyte LaFontaine, *Correspondance générale*, t. 2, p. 84-88.
175. Michel Brunet, Canadians *et* Canadiens, p. 21-23.
176. Voir séance du 16 juin 1841, *DLA*, vol. 1, p. 35-38. Le témoignage de LaFontaine sur le déroulement des élections est reproduit dans *L'Aurore des Canadas*, 30 mars 1841 ; *Le Canadien*, 2 avril 1841 ; Louis-Hippolyte LaFontaine, *Correspondance générale*, t. 2, p. 91-104.
177. *Le Canadien*, 11 avril 1838.
178. *Le Canadien*, 26 juillet 1839. L'italique est dans le texte original.
179. *Le Canadien*, 9 mars 1840.
180. Morin à Hincks, 8 mai 1841, BAC, MG24 B68, Fonds Francis Hincks. [Ma traduction.]
181. Sur son activité durant cette période, voir Jean-Charles Bonenfant, « George-Étienne Cartier », *DBC*, vol. 10, p. 156 ; Brian Young, *George-Étienne Cartier, bourgeois montréalais*, p. 24-31.
182. *Le Journal de Québec*, 20 avril 1848.
183. René Dionne, *Antoine Gérin-Lajoie, homme de lettres*, 1978, p. 86.
184. Andrée Désilets, *Hector-Louis Langevin*, p. 28.
185. Laurent-Olivier David, *Les Patriotes de 1837-1838*, 1884 ; Gérard Filteau, *Histoire des patriotes* ; Jean-Paul Bernard, *Les Rébellions de 1837-1838. Les*

patriotes du Bas-Canada dans la mémoire collective et chez les historiens, 1983, p. 29-42.

186. Fernand Ouellet, *Histoire économique et sociale du Québec, 1760-1850*, 1966 ; « Les insurrections de 1837-38 : un phénomène social », dans *Éléments d'histoire sociale du Bas-Canada*, 1972 ; Gérald Bernier et Daniel Salée, *Entre l'ordre et la liberté. Colonialisme, pouvoir et transition vers le capitalisme dans le Québec du XIXe siècle*, 1995.

187. Les concepts de « modernité » et d'« américanité » ont été étroitement associés dans l'historiographie récente. Voir là-dessus Joseph Yvon Thériault, « On l'a tant aimée la modernité », dans *Critique de l'américanité. Mémoire et démocratie au Québec*, 2002, p. 165-261.

188. Allan Greer, *Habitants et Patriotes* ; Marcel Bellavance, *Le Québec au siècle des nationalités*.

189. Yvan Lamonde, *Histoire sociale des idées*, p. 85-279 ; Louis-Georges Harvey, *Le Printemps de l'Amérique française*.

190. Jean-Paul Bernard, *Les Rébellions de 1837 et de 1838 dans le Bas-Canada*, 1996.

CHAPITRE 2 • PARLER D'UNE SEULE VOIX

1. Robert Boily, « Les partis politiques québécois — perspectives historiques », 1982.

2. LaFontaine à Baldwin, 15 juin 1845, SHM, Fonds LaFontaine-Baldwin, Correspondance Baldwin-LaFontaine.

3. LaFontaine à Baldwin, 23 septembre 1845, SHM, Fonds LaFontaine-Baldwin, Correspondance Baldwin-LaFontaine.

4. LaFontaine à Baldwin, 22 décembre 1851, SHM, Fonds LaFontaine-Baldwin, Correspondance Baldwin-LaFontaine.

5. *La Minerve*, 4 octobre 1851.

6. Pierre-Joseph Olivier Chauveau, *Charles Guérin*, 1973, p. 63.

7. *Ibid.*, p. 339.

8. *Ibid.*

9. *Ibid.*, p. 357.

10. AUL, P328, Fonds Famille Pierre-Joseph-Olivier Chauveau, cahier 4 (non daté).

11. Antoine Gérin-Lajoie, *Jean Rivard, le défricheur*, suivi de *Jean Rivard, économiste*, 1993, p. 372-373.

12. Les lecteurs intéressés par cette étape de la carrière de Jean Rivard sont invités à aller lire *Le Foyer canadien* de 1864.

13. Voir là-dessus Robert Major, *Jean Rivard ou l'art de réussir. Idéologies et utopie dans l'œuvre d'Antoine Gérin-Lajoie*, 1991, p. 14.
14. Antoine Gérin-Lajoie, « Jean Rivard, économiste », 1864, p. 224.
15. *Ibid.*, p. 231.
16. *Ibid.*, p. 232.
17. *Ibid.*, p. 233.
18. *Ibid.*, p. 246.
19. *Ibid.*
20. *Ibid.*, p. 257.
21. *Ibid.*, p. 259.
22. *La Minerve*, 22 décembre 1858.
23. Pierre-Joseph-Olivier Chauveau, *Charles Guérin*, p. 64.
24. *Le Canadien*, 4 juillet 1857.
25. *Le Journal de Québec*, 1er décembre 1842.
26. *Le Journal de Québec*, « Lettre aux électeurs de Montmorency de J. Cauchon », 8 octobre 1844.
27. *Le Journal de Québec*, 23 mars 1848.
28. *DLA*, 12 mai 1853, vol. 11, quatrième partie, p. 3040.
29. *La Minerve*, 9 mars 1859.
30. Étienne Parent, « Considérations sur notre système d'éducation populaire, sur l'éducation en général et sur les moyens législatifs d'y pourvoir », cité dans Jean-Charles Falardeau, *Étienne Parent*, p. 199.
31. *Le Journal de Québec*, 15 juillet 1848.
32. *Le Journal de Québec*, 20 novembre 1851.
33. *Mélanges religieux*, 26 mai 1848.
34. *Mélanges religieux*, 23 mai 1848.
35. *Mélanges religieux*, 19 septembre 1848.
36. *Le Journal de Québec*, 22 août 1848.
37. *La Minerve*, 25 septembre 1848.
38. *Revue canadienne*, 14 avril 1848.
39. *DLA*, 27 mai 1853, vol. 11, quatrième partie, p. 3149.
40. *Le Journal de Québec*, 16 septembre 1843.
41. *Le Journal de Québec*, 11 juin 1850.
42. *Le Canadien*, 7 novembre 1857.
43. *Le Journal de Québec*, 4 janvier 1848.
44. *DLA*, 23 mai 1850, vol. 9, première partie, p. 188.
45. *Le Journal de Québec*, 18 novembre 1848.
46. *Le Journal de Québec*, 30 mars 1852.
47. *Le Journal de Québec*, 3 avril 1852. L'italique est de Cauchon.
48. *DLA*, 22 octobre 1852, vol. 11, deuxième partie, p. 1188.

49. *Le Journal de Québec*, 14 novembre 1844. L'italique est de Cauchon.

50. *Le Journal de Québec*, 18 avril 1843.

51. *La Minerve*, 7 août 1843.

52. *Revue canadienne*, 8 janvier 1848.

53. *La Minerve*, 27 juillet 1848. [L'italique est de moi.]

54. Peter Way, « The Canadian Tory Rebellion of 1849 and the Demise of Street Politics in Toronto », 1995, p. 10-30.

55. David Mills, *The Idea of Loyalty in Upper Canada 1784-1850*, 1988, p. 134.

56. Greg S. Kealey, « Orangeman and the Corporation: The Politics of Class in Toronto during the Union of the Canadas », 1995.

57. *DLA*, 8 mars 1853, vol. 11, troisième partie, p. 1931.

58. J. M. S. Careless, *Brown and the* Globe, vol. 1, 1959, p. 137.

59. *La Minerve*, 13 novembre 1851.

60. *Le Courrier du Canada*, 6 juillet 1857.

61. Georges Burdeau, *Le Libéralisme*, 1979, p. 27.

62. André Vachet, *L'Idéologie libérale. L'individu et sa propriété*, 1970, p. 4.

63. *Le Journal de Québec*, 4 janvier 1845.

64. *DLA*, 24 janvier 1849, vol. 8, première partie, p. 183.

65. *La Minerve*, 7 novembre 1857.

66. *L'Ordre social*, 18 avril 1850.

67. *Le Canadien*, 15 novembre 1848.

68. *Revue canadienne*, 18 avril 1848.

69. *Revue canadienne*, 28 avril 1848.

70. Louis-Hippolyte LaFontaine, *Journal de voyage*, p. 55.

71. *La Minerve*, 25 mai 1848.

72. *Revue canadienne*, 28 mars 1848.

73. Michel Ducharme, « Du triptyque idéologique. Libéralisme, nationalisme et impérialisme au Haut-Canada, au Bas-Canada et en Grande-Bretagne entre 1838 et 1840 », 1999, p. 103.

74. « Manifeste adressé au peuple du Canada, par le comité constitutionnel de la réforme et du progrès », cité dans Antoine Gérin-Lajoie, *Dix ans au Canada, de 1840 à 1850. Histoire de l'établissement d'un gouvernement responsable*, 1888, p. 442.

75. *DLA*, 20 mars 1848, vol. 7, p. 531.

76. *Le Courrier des États-Unis*, 28 décembre 1848.

77. *DLA*, 20 mars 1849, vol. 8, deuxième partie, p. 1421.

78. *Ibid.*, p. 1449.

79. *Le Journal de Québec*, 23 septembre 1848.

80. *Le Journal de Québec*, 1er août 1848 ; 8 août 1848.

81. *Le Journal de Québec*, 26 août 1848.

82. *La Minerve*, 23 juin 1848.

83. *Revue canadienne*, 28 janvier 1848.

84. *Revue canadienne*, 20 juin 1848.

85. *Revue canadienne*, 11 août 1848.

86. *DLA*, 23 janvier 1849, vol. 8, première partie, p. 125.

87. P. G. Cornell, « The Alignment of Political Groupes in the United Province of Canada », p. 68.

88. *DLA*, 25 août 1852, vol. 11, première partie, p. 79.

89. Raoul Girardet, *Mythes et mythologies politiques*, 1986, p. 139-173.

90. Antoine Gérin-Lajoie, *Jean Rivard*, p. 244.

91. Baldwin à LaFontaine, 25 janvier 1848, SHM, Fonds LaFontaine-Baldwin, Correspondance Baldwin-LaFontaine.

92. Cauchon à LaFontaine, 8 mars 1850, SHM, P3 1A, Fonds LaFontaine.

93. *Le Journal de Québec*, 24 juillet 1849.

94. *Revue canadienne*, 23 avril 1847.

95. *La Minerve*, 3 octobre 1842.

96. *Revue canadienne*, décembre 1844.

97. *Revue canadienne*, 8 mars 1845.

98. *DLA*, 23 janvier 1849, vol. 8, première partie, p. 130.

99. *La Minerve*, 27 juillet 1848.

100. *La Minerve*, 7 septembre 1848.

101. LaFontaine à Margry, 26 avril 1861. Cité dans Louis-Philippe Cormier (dir.), *Lettres à Pierre Margry de 1844-1886 (Papineau, LaFontaine, Faillon, Leprohon et autres)*, 1968, p. 48. Les italiques sont de lui.

102. *La Minerve*, 25 septembre 1855.

103. *Le Canadien*, 18 septembre 1857.

104. *Le Canadien*, 10 décembre 1857.

105. *Le Canadien*, 2 mars 1859.

106. Étienne Parent, « Du prêtre et du spiritualisme dans leurs rapports avec la Société », cité dans Jean-Charles Falardeau, *Étienne Parent*, p. 216.

107. *Le Journal de Québec*, 4 janvier 1844.

108. Ce même Turcotte est contre la taxe scolaire obligatoire ; il se range du côté des « éteignoirs ». Autre sujet de discorde entre lui et les réformistes, il accepte un poste de solliciteur général dans le gouvernement tory d'Henry Sherwood. Voir Louisette Pothier, « Joseph-Édouard Turcotte », *DBC*, vol. 9, p. 879.

109. *Le Journal de Québec*, 14 décembre 1847.

110. *La Minerve*, 22 mars 1849.

111. *Mélanges religieux*, 13 mars 1849.

112. *Le Canadien*, 27 septembre 1853.

113. *La Minerve*, 29 mai 1848.

114. *Mélanges religieux,* 26 mai 1848.
115. *Le Journal de Québec,* 22 mai 1849.
116. *DLA,* 23 janvier 1849, vol. 8, première partie, p. 142-144.
117. *Ibid.,* p. 183.
118. *Ibid.,* p. 191-194.
119. *Le Courrier des États-Unis,* 28 décembre 1848.
120. *Le Canadien,* 15 novembre 1848.
121. *La Minerve,* 22 août 1857.
122. LaFontaine à Caron, 10 septembre 1845, SHM, P3 1A, Fonds LaFontaine.
123. *Le Canadien,* 5 mai 1848.
124. *DLA,* 20 mars 1848, vol. 7, p. 539.
125. *Le Journal de Québec,* 4 janvier 1848.
126. *Le Journal de Québec,* 4 janvier 1848.
127. *La Minerve,* 30 août 1849.
128. Étienne Parent, « Du travail chez l'homme », cité dans Jean-Charles Falardeau, *Étienne Parent,* p. 160.
129. *Ibid.,* p. 154.
130. *Le Canadien,* 12 octobre 1849.
131. *Le Courrier du Canada,* 2 février 1857.
132. *La Minerve,* 14 mai 1859.
133. *Le Journal de Québec,* 1er décembre 1842.
134. Pierre-Joseph-Olivier Chauveau, *RSEBC, 1862,* p. 18.
135. Pierre-Joseph-Olivier Chauveau, *RSEBC, 1863,* p. 13.
136. *DLA,* 23 janvier 1849, vol. 8, première partie, p. 221.
137. Cauchon à LaFontaine, 13 novembre 1847, SHM, P3 1A, Fonds LaFontaine.
138. *Le Journal de Québec,* 4 janvier 1848.
139. *Le Canadien,* 12 octobre 1857.
140. *La Minerve,* 30 mars 1854.
141. *Le Canadien,* 23 avril 1856.
142. *Revue canadienne,* 30 août 1849.
143. Cauchon à LaFontaine, 27 mai 1851, SHM, P3 1A, Fonds LaFontaine.
144. Gaspard LeMage, *La Pléiade rouge,* 1855, p. 13 (BAC).
145. Hector Langevin à Edmond Langevin, 13 avril 1850, BANQ, P134, Fonds Langevin.
146. *DLA,* 12 mai 1853, vol. 11, quatrième partie, p. 3039-3042.
147. *Le Canadien,* 24 novembre 1854.
148. *La Minerve,* 5 juillet 1853.
149. *La Minerve,* 16 décembre 1854.
150. *La Minerve,* 25 septembre 1855.
151. *La Minerve,* 20 octobre 1857.

152. *La Minerve,* 7 novembre 1857.

153. Parent à Rameau, 29 septembre 1865, AUM, Fonds Bruchési, P57/19.

154. Parent à Rameau, 2 février 1867, AUM, Fonds Bruchési, P57/19.

155. Pierre Rosanvallon, « Guizot et la question du suffrage universel au XIXe siècle », dans Marina Valensa (dir.), *François Guizot et la culture politique de son temps,* 1991, p. 130-137.

156. *DLA,* 12 mai 1853, vol. 11, quatrième partie, p. 3039.

157. *DLA,* 27 mars 1855, vol. 12, sixième partie, p. 2471.

158. *Revue canadienne,* 14 avril 1848.

159. Étienne Parent, « Considérations sur notre système d'éducation populaire, sur l'éducation en général et sur les moyens législatifs d'y pourvoir », cité dans Jean-Charles Falardeau, *Étienne Parent,* p. 172-175.

160. Denis Bertrand et Albert Desbiens, *Le Rapport Durham,* p. 50.

161. *L'Aurore des Canadas,* 24 octobre 1841.

162. *Le Canadien,* 5 novembre 1841.

163. *DLA,* 21 février 1845, vol. 4, deuxième partie, p. 1679.

164. Voir notamment Donald Fyson, « The Canadiens and British Institutions of Local Governance in Quebec from the Conquest to the Rebellions », 2008 ; Allan Greer, *Habitants et Patriotes,* chap. 5.

165. *Revue de législation et de jurisprudence,* juillet 1847.

166. Morin à LaFontaine, 7 février 1849, SHM, P3 1A, Fonds LaFontaine.

167. *DLA,* 20 juillet 1847, vol. 6, p. 1009.

168. Étienne Parent, « Considérations sur notre système d'éducation populaire, sur l'éducation en général et sur les moyens législatifs d'y pourvoir », cité dans Jean-Charles Falardeau, *Étienne Parent,* p. 176.

169. *Ibid.,* p. 177.

170. *Ibid.,* p. 178.

171. *Ibid.,* p. 179.

172. *Ibid.,* p. 196.

173. *La Minerve,* 24 février 1848.

174. *La Minerve,* 2 juin 1848.

175. Pierre-Joseph-Olivier Chauveau, *RSEBC, 1860,* p. 13.

176. Sauf sur la question de l'abolition du régime seigneurial. Voir *Le Canadien,* 30 mai 1853.

177. *DLA,* 22 mai 1850, vol. 9, première partie, p. 136.

178. *DLA,* 23 mai 1850, vol. 9, première partie, p. 183.

179. *DLA,* 19 octobre 1852, vol. 11, première partie, p. 1035.

180. *DLA,* 12 mai 1853, vol. 11, quatrième partie, p. 3040.

181. *La Minerve,* 10 mars 1859.

182. *DLA,* 22 septembre 1852, vol. 11, première partie, p. 647. Sur les hésitations

de Cartier à accepter un poste à l'exécutif, voir l'hypothèse intéressante d'Alastair Sweeny, *George-Etienne Cartier: A Biography*, 1976, p. 84-85.

183. *DLA*, 27 mai 1853, vol. 11, quatrième partie, p. 3149.

184. *La Minerve*, 2 novembre 1852.

185. *DLA*, 27 août 1852, vol. 11, première partie, p. 163.

186. André-J. Bélanger, *L'Apolitisme des idéologies québécoises. Le grand tournant de 1934-1936*, 1974, p. 4.

187. Ralph Heintzman, « The Political Culture of Quebec, 1840-1960 », 1983.

188. *Ibid.*, p. 41.

189. *Ibid.*, p. 48. Les italiques sont de moi.

CHAPITRE 3 • S'OCCUPER DE SES AFFAIRES

1. Fernande Roy, *Progrès, harmonie, liberté. Le libéralisme des milieux d'affaires francophones de Montréal au tournant du siècle*, 1988, p. 270.

2. Michel Brunet, « Trois dominantes de la pensée canadienne-française : l'agriculturisme, l'anti-étatisme et le messianisme », 1958, p. 119.

3. Fernand Ouellet, « Le régime seigneurial dans le Québec », dans *Éléments d'histoire sociale*, p. 91-110.

4. Tous les ouvrages de Brian Young mettent l'accent sur cette franche collaboration entre les réformistes et les intérêts capitalistes. Voir la bibliographie.

5. Voir François-Albert Angers, « Naissance de la pensée économique au Canada français », 1961, p. 218.

6. Étienne Parent, « Importance de l'économie politique », dans Jean-Charles Falardeau, *Étienne Parent*, p. 127.

7. *Ibid.*, p. 135.

8. *Ibid.*, p. 133.

9. *L'Aurore des Canadas*, 23 octobre 1841.

10. *La Minerve*, 30 septembre 1850.

11. *La Minerve*, 2 janvier 1851.

12. *Le Journal de Québec*, 25 décembre 1846.

13. *La Minerve*, 6 novembre 1848.

14. Cité dans *La Minerve*, 2 août 1849.

15. Sur l'« encombrement des professions libérales », voir Pierre-Joseph-Olivier Chauveau, *Rapport du comité spécial de l'Assemblée législative nommé pour s'enquérir des causes et de l'importance de l'émigration qui a eu lieu tous les ans du Bas-Canada vers les États-Unis*, 1849, p. 16. Voir aussi Robert Gagnon, « Capital culturel et identité sociale : les fonctions du discours sur l'encombrement des professions libérales au XIXe siècle », 1989.

16. Pierre-Joseph-Olivier Chauveau, *Charles Guérin*, p. 48.
17. Étienne Parent, « Du travail chez l'homme », dans Jean-Charles Falardeau, *Étienne Parent*, p. 166.
18. *L'Aurore des Canadas*, 23 octobre 1841.
19. *Revue canadienne*, 2 octobre 1846.
20. *Revue canadienne*, 4 janvier 1845.
21. Voir Antoine Gérin-Lajoie, *Jean Rivard*, p. 294.
22. *Le Journal de Québec*, 8 octobre 1844.
23. Étienne Parent, « Importance de l'économie politique », dans Jean-Charles Falardeau, *Étienne Parent*, p. 142.
24. Daniel Villey et Colette Nême, *Petite Histoire des grandes doctrines économiques*, 1996, p. 99-100 ; François Etner, *Histoire de la pensée économique*, 2000 ; Jacob Oser et William C. Blanchfield, *The Evolution of Economic Thought*, 1975 ; Charles E. Staley, *A History of Economic Thought: From Aristotle to Arrow*, 1989.
25. Philippe Steiner, « Say et le libéralisme économique », 2006, p. 381.
26. Gilles Gallichan, *Livre et politique au Bas-Canada*, p. 381.
27. Publié en 1821, arrivé à Québec en 1825. Voir *ibid*.
28. Voir Amédée Papineau, *Journal d'un fils de la liberté 1838-1855*, 1998, p. 468 et 737. C'est à lui que l'on doit la publication d'extraits du *Traité d'économie politique* de Say dans les pages de la *Revue canadienne* entre 1845 et 1846.
29. Daniel Villey et Colette Nême, *Petite Histoire des grandes doctrines économiques*, p. 138-140.
30. Voir Fernand Ouellet, « L'abolition du régime seigneurial et l'idée de propriété », dans *Éléments d'histoire sociale*, p. 297-315.
31. Voir Allan Greer et Ian Radforth (dir.), *Colonial Leviathan: State Formation in Mid-Nineteeth Century Canada*, 1992.
32. Voir Brian Young, *George-Étienne Cartier*, p. 70. Un constat similaire est fait par John Irwin Cooper, « The Political Ideas of George Etienne Cartier », 1942, p. 293-294.
33. Voir Louis-Hippolyte LaFontaine, *Catalogue de la bibliothèque*.
34. Voir Jean-Baptiste Say, *Traité d'économie politique ou simple exposition de la manière dont se forment, se distribuent et se consomment les richesses*, 1982, p. 133.
35. Jeremy Bentham, *Défense de l'usure, ou Lettres sur les inconvénients des lois qui fixent le taux d'intérêt de l'argent*, 1828.
36. Voir, par exemple, Jeremy Bentham, *Le Panoptique*, 1977.
37. Jean-Baptiste Say, *Traité d'économie politique*, p. 26.
38. *Ibid.*, p. 10.
39. *Ibid.*, p. 46.

40. Jean-Baptiste Say, *Catéchisme d'économie politique*, 1972, p. 38.
41. *Ibid.*, p. 32.
42. Michel Leter, « Éléments pour une étude de l'École de Paris (1803-1852) », 2006, p. 499-506.
43. Pour un aperçu de ses premières recommandations, voir Fabrice Boyer, *Martignac (1778-1832). L'itinéraire politique d'un avocat bordelais*, 2002, p. 270-273.
44. *Le Canadien*, 22 janvier 1847.
45. *Le Canadien*, 29 mars 1847.
46. *Le Canadien*, 8 février 1847.
47. *Le Canadien*, 10 février 1847.
48. *DLA*, 9 mars 1853, vol. 9, troisième partie, p. 1956-1957.
49. Karl Marx, *Critique de l'économie politique*, 1972. L'ouvrage contient également le texte de Engels.
50. *Le Journal de Québec*, 30 mai 1843.
51. *Le Canadien*, 30 octobre 1846.
52. *La Minerve*, 9 septembre 1842.
53. *Le Journal de Québec*, 8 juillet 1843.
54. *Le Journal de Québec*, 27 janvier 1844.
55. Reproduit dans la *Revue canadienne*, 26 avril 1845. Cette « lecture » a été prononcée le 17 avril 1845.
56. *Ibid.*
57. Voir Jean-Marc Paradis, « Augustin-Norbert Morin », p. 138-154.
58. *La Minerve*, 14 septembre 1842.
59. *La Minerve*, 3 février 1848.
60. *Revue canadienne*, 12 avril 1845.
61. *Revue canadienne*, 28 mai 1847.
62. *Revue canadienne*, 8 octobre 1847.
63. Napoléon Aubin, « Agriculture », *Le Canadien*, 30 octobre 1846.
64. *Le Journal de Québec*, 1er juillet 1843.
65. *La Minerve*, 14 septembre 1842.
66. *Le Canadien*, 30 octobre 1846.
67. *Revue canadienne*, 9 mars 1847.
68. Les deux rapports se retrouvent en annexe du « Rapport du comité spécial sur l'état de l'agriculture du Bas-Canada », *JALPC*, vol. 9, session 1850, appendice T. T.
69. *La Minerve*, 29 février 1844.
70. *JALPC*, vol. 9, session 1850, appendice T. T.
71. Pierre-Joseph-Olivier Chauveau, *RSEBC*, 1862, p. 5-6.
72. *Le Journal de Québec*, 23 janvier 1845.

73. Jean-Pierre Charland, « Le réseau d'enseignement public bas-canadien, 1841-1867 : une institution de l'État libéral », 1987, p. 507.

74. *Ibid.*, p. 509.

75. Dans son plus récent ouvrage, Charland reprend la même thèse. Voir Jean-Pierre Charland, *L'Entreprise éducative au Québec 1840-1900*, 2000, p. 13-37 et 83.

76. *La Minerve*, 30 juillet 1846.

77. *La Minerve*, 4 janvier 1847.

78. *La Minerve*, « Éteignoirs », 28 septembre 1846. Durant cette période, le journal fait paraître de nombreux articles sous cette rubrique. Les arguments et le ton sont toujours les mêmes.

79. *DLA*, 7 mai 1846, vol. 5, première partie, p. 1267.

80. *Ibid.*

81. *Le Journal de Québec*, 10 novembre 1846.

82. Pierre-Joseph-Olivier Chauveau, *Rapport du comité spécial de l'Assemblée législative nommé pour s'enquérir des causes et de l'importance de l'émigration*, p. 16.

83. Pierre-Joseph-Olivier Chauveau, *RSEBC*, 1857, p. 13.

84. Voir Pierre-Joseph-Olivier Chauveau, *RSEBC*, 1865, p. vi.

85. Voir Serge Courville *et al.*, *Le Pays laurentien au XIXe siècle*, p. 49-53.

86. Même si celle-ci suscite certaines inquiétudes, comme nous le verrons dans le prochain chapitre.

87. Antoine Gérin-Lajoie, *Dix ans au Canada*, p. 393.

88. *Ibid.*, p. 395.

89. *Le Journal de Québec*, 24 février 1846. Les italiques sont de lui.

90. *Revue canadienne*, 24 février 1846.

91. *La Minerve*, 31 décembre 1846.

92. *DLA*, 23 mars 1846, vol. 5, première partie, p. 55.

93. *DLA*, 21 avril 1846, vol. 5, première partie, p. 803.

94. *Ibid.*, p. 805.

95. *Revue canadienne*, 14 juillet 1846.

96. *Le Journal de Québec*, 15 septembre 1846.

97. *Le Journal de Québec*, 21 juillet 1846.

98. Voir *DLA*, 15 juillet 1847, vol. 6, p. 919-922.

99. *Ibid.*, p. 930.

100. *Ibid.*, p. 935.

101. *DLA*, 19 juillet 1847, vol. 6, p. 983.

102. *Revue canadienne*, « Colonies », 1er août 1848.

103. *DLA*, 19 juillet 1847, vol. 6, p. 983.

104. *La Minerve*, « Lois de navigation », 17 avril 1848.

105. *La Minerve*, 15 juin 1848.

106. *La Minerve*, « Lois de navigation », 17 août 1848.

107. Louis-Hippolyte LaFontaine, *Journal de voyage*, p. 45.

108. *Ibid.*, p. 48.

109. *Revue canadienne*, décembre 1844.

110. *Revue canadienne*, « L'Europe et l'Amérique », 9 octobre 1846.

111. *Le Journal de Québec*, « Le rappel de l'Union », 4 mai 1848.

112. *La Minerve*, 25 février 1850.

113. *La Minerve*, 12 juin 1848.

114. *La Minerve*, 9 juillet 1849.

115. D. C. Masters, *La Réciprocité 1846-1911*, 1973.

116. *Le Journal de Québec*, « Le Manifeste des annexionnistes de Montréal. Quatrième article », 27 octobre 1849.

117. Étienne Parent, « Du travail chez l'homme », dans Jean-Charles Falardeau, *Étienne Parent*, p. 156.

118. *La Minerve*, 6 mars 1843.

119. Robert F. Leggett, *Railroads of Canada*, 1973, p. 32.

120. *DLA*, 11 avril 1849, vol. 8, troisième partie, p. 1831.

121. *La Minerve*, 28 avril 1845.

122. *La Minerve*, « Chemin de fer », 16 novembre 1848.

123. *Le Journal de Québec*, 25 octobre 1845 ; *La Minerve*, « Entreprises », 26 juillet 1849.

124. *DLA*, 5 juillet 1850, vol. 9, deuxième partie, p. 1022 ; *DLA*, 12 août 1851, vol. 10, première partie, p. 1339.

125. George R. Stevens, *Canadian National Railway*, vol 1, 1960, p. 255-256.

126. Voir Brian Young, *Promoters and Politicians*, p. 5.

127. John McCallum, *Unequal Beginnings: Agriculture and Economic Development in Quebec and Ontario until 1870*, 1980, p. 79.

128. Pour les indications biographiques, voir Brian Young, *The Politics of Codification*, p. 72 ; *George-Étienne Cartier, bourgeois montréalais*, p. 94 ; Andrée Désilets, *DBC*, vol. 11, p. 180-181.

129. *Volontés d'Augustin Norbert Morin*, manuscrit daté du 21 janvier 1857, ACHSH, CH0006/3949, Fonds Augustin-Norbert Morin.

130. Serge Courville *et al.*, *Le Pays laurentien au XIXe siècle*, p. 49.

131. Par manque de sources, Ronald Rudin n'a pas traité autant qu'il l'aurait souhaité la période qui va de 1835 à 1860. Voir Ronald Rudin, *Banking en français. Les banques canadiennes-françaises de 1835 à 1925*, 1988, p. 14.

132. *Le Journal de Québec*, 15 mai 1845.

133. *Ibid.*

134. *Le Canadien*, 26 mai 1847.

135. Ronald Rudin ne fait pas mention de cette institution. Est-ce à dire qu'elle n'a pas survécu longtemps ?

136. *Le Canadien,* 2 juin 1847.

137. Martin Petitclerc, « *Nous protégeons l'infortune* ». *Les origines populaires de l'économie sociale au Québec,* 2007, p. 29-30.

138. *Revue canadienne,* 17 août 1847.

139. *La Minerve,* 6 août 1859.

140. Voir Christine Hudon, « Prêtres et prêteurs au XIXe siècle », 1993, p. 231.

141. *Ibid.,* p. 393.

142. *Ibid.,* p. 384.

143. *DLA,* 14 mars 1849, vol. 8, deuxième partie, p. 1313.

144. *DLA,* 3 juillet 1851, vol. 10, première partie, p. 678.

145. Christine Hudon, « Prêtres et prêteurs au XIXe siècle », p. 240.

146. *Le Journal de Québec,* 23 novembre 1843.

147. *La Minerve,* 14 décembre 1848.

148. *DLA,* 14 mars 1849, vol. 8, deuxième partie, p. 1331.

149. *DLA,* 26 juin 1850, vol. 9, première partie, p. 839.

150. *DLA,* 3 juillet 1851, vol. 10, première partie, p. 678-679.

151. *DLA,* 17 juillet 1851, vol. 10, première partie, p. 889.

152 . *DLA,* 3 juillet 1851, vol. 10, première partie, p. 692.

153. *DLA,* 17 juillet 1851, vol. 10, première partie, p. 891.

154. *La Minerve,* 14 juin 1851.

155. *La Minerve,* 18 mars 1858.

156. *La Minerve,* 8 avril 1858.

157. *Le Canadien,* 29 janvier 1858.

158. *Ibid.*

159. Ignace Bourget, *Lettre pastorale de Monseigneur l'évêque de Montréal sur l'usure,* 1861, p. 5-6 ; 23-27.

CHAPITRE 4 • ASSAINIR LE CORPS SOCIAL

1. Robert A. Nisbet, *La Tradition sociologique,* 1996.

2. Jacques Donzelot, *L'Invention du social. Essai sur le déclin des passions politiques,* 1984.

3. Auguste Comte, *Leçons de sociologie,* 1995.

4. Jean-Philippe Warren, *L'Engagement sociologique. La tradition sociologique du Québec francophone (1886-1955),* 2003, p. 27. Voir aussi Gérard Parizeau, « Le sociologue », dans *La Société canadienne-française au XIXe siècle,* p. 415-462.

5. Voir Jean-Philippe Warren, *L'Engagement sociologique,* p. 117-180 ; Pierre Tré-

panier, « Le Québec à l'école de Le Play », 1989 ; « Les influences leplaysiennes au Canada français, 1855-1888 », 1987.

6. *Le Journal de Québec,* 30 décembre 1852.

7. Voir son livre sur la naissance de la prison au XIXe siècle. Michel Foucault, *Surveiller et Punir. Naissance de la prison,* 1993.

8. Michel Foucault, « Postface », dans Michelle Perrot (dir.), *L'Impossible Prison. Recherches sur le système pénitentiaire au XIXe siècle,* 1980, p. 317 ; Michel Foucault, « La "gouvernementalité" », dans *Dits et Écrits 1954-1988,* t. 3, 1994, p. 635-657.

9. Parmi les critiques, nombreuses, voir David J. Rothman, « Introduction to the 1990 Edition », dans *The Discovery of the Asylum: Social Order and Disorder in the New Republic,* 1990, p. xiii-xliv ; Marcel Gauchet et Gladys Swain, *La Pratique de l'esprit humain. L'institution asilaire et la révolution démocratique,* 1980 ; Maurice Agulhon, « Postface », dans Michelle Perrot (dir.), *L'Impossible Prison,* p. 313-316.

10. Je me réfère ici aux chercheurs et aux travaux emblématiques suivants : Jean-Marie Fecteau, *Un nouvel ordre des choses. La pauvreté, le crime et l'État au Québec, de la fin du XVIIIe siècle à 1840,* 1989 ; André Cellard, *Histoire de la folie au Québec de 1600 à 1850,* 1991 ; Jacques Laplante, *Prison et ordre social au Québec,* 1989.

11. Voir Jean-Marie Fecteau, *La Liberté du pauvre,* p. 35.

12. Damien Chureau, « La Maison d'industrie de Montréal (1836-1870) : l'intervention des pouvoirs publics dans l'assistance et les clivages culturels », 1998 ; Sylvie Ménard, « Une politique de l'enfance délinquante : la mise en place de l'école de réforme des garçons de Montréal, 1850-1873 », 1998 ; Véronique Strimelle, « Les origines des premières institutions d'enfermement pour filles au Québec (1857-1869). Émergence de nouveaux enjeux politiques ? », 1998 ; Huguette Lapointe-Roy, *Charité bien ordonnée. Le premier réseau de lutte contre la pauvreté à Montréal au XIXe siècle,* 1987.

13. Outre les travaux de Jean-Marie Fecteau, voir Sylvie Ménard et Véronique Strimelle, « Enfant sujet, enfant objet ? L'enfant comme enjeu des nouvelles politiques pénales au Québec, de la seconde moitié du XIXe siècle au début du XXe siècle », 2000 ; Christelle Burban, « L'engagement décisif et inégal de l'État québécois en faveur de la protection de l'enfance : l'École d'industrie de Notre-Dame de Montfort (1883-1913) », 1998.

14. Outre les travaux d'André Cellard et de Jacques Laplante, voir aussi Raymond Boyer, *Les Crimes et les châtiments au Canada français du XVIIe au XXe siècle,* 1966.

15. Andrée Lévesque, « Le Code civil au Québec. Femmes mineures et féministes », dans *Résistance et Transgression. Études en histoire des femmes au Qué-*

bec, 1995, p. 19-46 ; Nathalie Picard, « Les femmes et le vote au Bas-Canada de 1792 à 1849 », 1992.

16. Mariana Valverde, « La charité et l'État : un mariage mixte centenaire », 1995.

17. Jean-Marie Fecteau, « Une économie historique du minimum : propos sur les origines de l'État-providence », 1999. Selon Fecteau, il faut remonter jusqu'au XVIIe siècle français et jusqu'au XVIIe anglais pour retracer les véritables origines de l'État providence.

18. Huguette Lapointe-Roy, *Charité bien ordonnée*, p. 129-130.

19. *La Minerve*, « Situation présente en Angleterre », 10 octobre 1842.

20. Étienne Parent, « De l'intelligence dans ses rapports avec la Société », dans Jean-Charles Falardeau, *Étienne Parent*, p. 261.

21. *Ibid.*, p. 248.

22. Étienne Parent, « Considérations sur le sort des classes ouvrières », dans Jean-Charles Falardeau, *Étienne Parent*, p. 307.

23. *Le Journal de Québec*, 14 février 1842 ; 28 mars 1843.

24. *Le Journal de Québec*, 27 janvier 1844.

25. *Le Canadien*, « Des machines et des corporations d'ouvriers », 24 mars 1843. Les italiques sont du rédacteur du journal.

26. *Ibid.*

27. *Ibid.* Voilà une proposition typique, théorisée et mise en avant par des réformateurs sociaux comme Frédéric Le Play, dont l'influence sur le Canada français sera importante au cours des décennies qui suivront. Voir Pierre Trépanier, « Les influences leplaysiennes au Canada français ».

28. *Le Canadien*, « La loi des pauvres », 21 avril 1843.

29. *Le Canadien*, 14 juin 1847.

30. *DLA*, 24 février 1853, vol. 11, troisième partie, p. 1723. Cité aussi dans Jean-Marie Fecteau, *La Liberté du pauvre*, p. 284.

31. *DLA*, 24 février 1853, vol. 11, troisième partie, p. 1725. L'italique est de moi. Cité en partie dans Jean-Marie Fecteau, *La Liberté du pauvre*, p. 285.

32. *Ibid.*

33. *DLA*, 9 mars 1853, vol. 11, troisième partie, p. 1959-1960.

34. John Hare *et al.*, *Histoire de la ville de Québec, 1608-1874*, 1987, p. 200-204.

35. *Le Journal de Québec*, 27 décembre 1842.

36. *Le Journal de Québec*, 31 décembre 1842.

37. *Le Journal de Québec*, 27 janvier 1844.

38. *Ibid.*

39. Voir Huguette Lapointe-Roy, *Charité bien ordonnée*, p. 52 ; Martin Petitclerc, « *Nous protégeons l'infortune* », p. 30.

40. *Le Journal de Québec*, 10 mai 1845.

41. Jean-Claude Robert, *Atlas historique de Montréal*, 1994, p. 92-95 ; 110-113.

42. Sœur Beaubien à LaFontaine, 28 novembre 1842, SHM, P3 2A, Fonds LaFon-
    taine.
43. Damien Chureau, « La Maison d'industrie de Montréal », p. 11.
44. On sait bien peu de chose sur cette institution. Les données disponibles indi-
    quent qu'une « maison d'industrie » aurait accueilli beaucoup d'itinérants
    durant les hivers 1836-1837 (519), 1842-1843 (1382) et 1845-1846 (plus
    de 600 personnes). Voir Huguette Lapointe-Roy, *Charité bien ordonnée*,
    p. 201.
45. *La Minerve*, « Maison d'industrie », 16 février 1843.
46. *La Minerve*, « Maison de refuge », 18 septembre 1845.
47. *La Minerve*, « Société de bienfaisance », 12 février 1846.
48. *Ibid.*
49. *Revue canadienne*, 23 octobre 1846.
50. *Revue canadienne*, 19 mars 1847.
51. *Revue canadienne*, 15 octobre 1847.
52. Jean-Philippe Warren, *L'Engagement sociologique*, p. 163.
53. *La Minerve*, 20 novembre 1858.
54. Damien Chureau, « La Maison d'industrie de Montréal », p. 15.
55. Véronique Strimelle, « Les origines des premières institutions d'enfermement
    pour filles au Québec », p. 35-36 ; Christelle Burban, « L'engagement décisif
    et inégal de l'État québécois », p. 40-41.
56. *Revue canadienne*, 27 décembre 1845.
57. *Ibid.* L'italique est de moi.
58. *Ibid.*
59. *Plan de la Société d'encouragement. Partie qui regarde l'éducation*, note manus-
    crite non datée, ACHSH, CH006/036, Fonds Augustin-Norbert Morin.
60. *Revue canadienne*, 23 octobre 1846 ; Wendie Nelson, « "Rage against the
    Dying of the Light": Interpreting the Guerre des Eteignoirs », 2000.
61. *Revue canadienne*, 8 février 1848.
62. Étienne Parent, « Considérations sur notre système d'éducation populaire,
    sur l'éducation en général et les moyens législatifs d'y pourvoir », dans Jean-
    Charles Falardeau, *Étienne Parent*, p. 195.
63. Étienne Parent, « Considérations sur le sort des classes ouvrières », dans *Ibid.*,
    p. 313.
64. *Ibid.*, p. 312. L'italique est de moi.
65. *Ibid.*, p. 316.
66. *Ibid.*, p. 317.
67. *Ibid.*
68. *Ibid.*, p. 321.
69. *Ibid.*

70. *Ibid.*, p. 320. L'italique est de moi.

71. *Ibid.*, p. 322.

72. Mariana Valverde, « La charité et l'État ».

73. *La Minerve*, « Chroniques canadiennes », 20 novembre 1845.

74. *Le Journal de Québec*, 30 décembre 1852.

75. *La Minerve*, « Chroniques canadiennes », 20 novembre 1845.

76. *Le Journal de Québec*, 13 mai 1845.

77. *Le Canadien*, 26 mai 1847.

78. Antoine Gérin-Lajoie, *Jean Rivard*, p. 317.

79. Jacques Laplante, *Prison et ordre social*, p. 70, 126 ; Raymond Boyer, *Les Crimes et les châtiments*, p. 442-448.

80. Raymond Boyer, *Les Crimes et les châtiments*, p. 471 ; Sylvie Ménard, « Une politique de l'enfance délinquante », p. 19-21 ; Véronique Strimelle, « Les origines des premières institutions d'enfermement pour filles au Québec », p. 30-34.

81. Raymond Boyer, *Les Crimes et les châtiments*, p. 467-469 ; Véronique Strimelle, « Les origines des premières institutions d'enfermement pour filles au Québec ».

82. Voir J. M. S. Careless, *Brown and the Globe*, vol. 1, p. 92-101.

83. Raymond Boyer, *Les Crimes et les châtiments*, p. 478.

84. Sylvie Ménard, *Des enfants sous surveillance. La rééducation des jeunes délinquants au Québec (1840-1850)*, 2003, p. 28.

85. David J. Rothman, *The Discovery of the Asylum*, p. 79.

86. Michelle Perrot, « Tocqueville méconnu », dans *Les Ombres de l'histoire. Crime et châtiment au XIXe siècle*, 2001, p. 109-158. La Grande-Bretagne et la Prusse enverront aussi des observateurs. Voir David J. Rothman, *The Discovery of the Asylum*, p. 81.

87. *Le Journal de Québec*, 22 juin 1844.

88. *Le Journal de Québec*, 18 septembre 1849.

89. Je n'ai pas été en mesure de trouver la date de ce voyage.

90. *Le Journal de Québec*, 22 septembre 1849.

91. *Le Journal de Québec*, 27 juillet 1852.

92. Fernand Lefebvre, « La vie à la prison de Montréal au XIXe siècle », 1954, p. 528-532.

93. Wolfred Nelson, *La Condition, la Discipline, l'Administration et l'Entretien des prisons de district et autres prisons du Bas-Canada*, 1853.

94. Nelson à LaFontaine, 7 juillet 1838, SHM, P3 1A, Fonds LaFontaine.

95. Nelson à Christie, 24 mars 1853. [Ma traduction.] Cité dans François Bernier, « Étude analytique et critique de la controverse sur la question de la "fuite" de Papineau », p. 122.

96. Jean-Marie Fecteau *et al.*, « Une politique de l'enfance délinquante et en danger : la mise en place des écoles de réforme et d'industrie au Québec (1840-1873) », 1998.

97. *Ibid.*, p. 82.

98. Wolfred Nelson, *La Condition, la Discipline, l'Administration et l'Entretien des prisons*, p. 71.

99. Sylvie Ménard, *Des enfants sous surveillance*, p. 39.

100. Wolfred Nelson, *La Condition, la Discipline, l'Administration et l'Entretien des prisons*, p. 82.

101. Jean-Marie Fecteau *et al.*, « Une politique de l'enfance délinquante et en danger », p. 83. L'italique est de moi.

102. Wolfred Nelson, *La Condition, la Discipline, l'Administration et l'Entretien des prisons*, p. 71.

103. *Ibid.*, p. 80.

104. *Ibid.*, p. 83.

105. Jean-Marie Fecteau et ses collègues ne font pas mention de cette proposition pour le moins « traditionaliste » du rapport Nelson.

106. Il faudra en effet attendre cinq ans entre le dépôt du rapport Nelson en 1853 et l'ouverture du premier centre, à l'île aux Noix, en 1858. Sylvie Ménard, *Des enfants sous surveillance*, p. 34-41.

107. *Le Canadien*, 4 août 1856.

108. *La Minerve*, 23 avril 1857.

109. Voir Sylvie Ménard, « Une politique de l'enfance délinquante », p. 20 ; Véronique Strimelle, « Les origines des premières institutions d'enfermement pour filles au Québec », p. 33-34.

110. Voir Jean-Marie Fecteau, « Deuxième partie. Le crime et sa répression à l'ère libérale », dans *La Liberté du pauvre*, p. 147-210.

111. Wolfred Nelson, *La Condition, la Discipline, l'Administration et l'Entretien des prisons*, p. 110.

112. *Ibid.*, p. 112.

113. *Ibid.*, p. 111.

114. *Ibid.*, p. 113.

115. *Ibid.*

116. *Ibid.*

117. *Ibid.*

118. *Ibid.*, p. 116.

119. *Ibid.*, p. 46.

120. *Ibid.*, p. 54.

121. *Ibid.*

122. *Ibid.*

123. Voir David J. Rothman, *The Discovery of the Asylum*, p. 237-295.
124. Cité dans Michelle Perrot, « Tocqueville méconnu », dans *Les Ombres de l'histoire*, p. 145.
125. *Le Journal de Québec*, 24 mai 1845.
126. *La Minerve*, « Divorce », 12 mai 1859.
127. Voir Mariana Valverde, « "When the Mother of the Race Is Free": Race, Reproduction, and Sexuality in First-Wave Feminism », 1992.
128. Nathalie Picard, « Les femmes et le vote au Bas-Canada », p. 81-103.
129. Si l'on en croit Allan Greer. Voir *Habitants et Patriotes*, p. 187-188.
130. Une liste des mesures les plus restrictives peut être consultée dans Paul-André Linteau *et al.*, *Histoire du Québec contemporain. De la Confédération à la Crise (1867-1929)*, 1989, p. 247.
131. Collectif Clio, *L'Histoire des femmes au Québec depuis quatre siècles*, 1992, p. 166.
132. *Ibid.*, p. 167.
133. Brian Young, *The Politics of Codification*, p. 149.
134. *Ibid.*, p. 149-150.
135. Étienne Parent, « De l'intelligence dans ses rapports avec la société », dans Jean-Charles Falardeau, *Étienne Parent*, p. 303.
136. *La Minerve*, « Chronique canadienne », 1er janvier 1846.
137. *Mélanges religieux*, 18 août 1848.
138. Étienne Parent, « De l'intelligence dans ses rapports avec la société », dans Jean-Charles Falardeau, *Étienne Parent*, p. 303.
139. *La Minerve*, 30 mai 1854.
140. *La Minerve*, 1er juin 1854.
141. *Ibid.*
142. Un reproche qu'adressaient aussi les patriotes de 1837 aux femmes. Allan Greer, *Habitants et Patriotes*, p. 195-196.
143. Pierre-Joseph-Olivier Chauveau, *Charles Guérin*, p. 69.
144. Antoine Gérin-Lajoie, *Jean Rivard*, p. 335.
145. *Ibid.*, p. 218.
146. Wolfred Nelson, *La Condition, la Discipline, l'Administration et l'Entretien des prisons*, p. 131.
147. *Ibid.*
148. *Ibid.*
149. *Ibid.*
150. *Ibid.*
151. *Ibid.*
152. *Ibid.*, p. 132.
153. Une recherche a démontré que certaines prisonnières montréalaises aupara-

vant vagabondes préféraient les conditions de vie de la prison à la prise en charge par des institutions philanthropiques comme l'Asylum for Penitent Women. Voir Mary Anne Poutanen, « Images du danger dans les archives judiciaires. Comprendre la violence et le vagabondage dans un centre urbain du début du XIXe siècle, Montréal (1810-1842) », 2002, p. 402.

154. Wolfred Nelson, *La Condition, la Discipline, l'Administration et l'Entretien des prisons*, p. 132.

155. *La Minerve*, 31 mai 1859.

CHAPITRE 5 • RENDRE LE PEUPLE MEILLEUR

1. Philippe Sylvain, « Quelques aspects de l'ultramontanisme canadien-français », 1971 ; « Libéralisme et ultramontanisme au Canada français : affrontement idéologique et doctrinal (1840-1865) », 1968 ; « Quelques aspects de l'antagonisme libéral-ultramontain », 1967.

2. René Hardy, *Contrôle social et mutation de la culture religieuse au Québec 1830-1930*, 1999 ; *Les Zouaves. Une stratégie du clergé québécois au XIXe siècle*, 1980 ; Nadia F. Eid, *Le Clergé et le Pouvoir politique au Québec*.

3. Régis Debray et Marcel Gauchet, « Du religieux, de sa permanence et de la possibilité d'en sortir », 2003, p. 4.

4. Parmi les travaux de Serge Gagnon qui m'ont le plus inspiré sur ces questions, on consultera notamment *Quand le Québec manquait de prêtres. La charge pastorale au Bas-Canada*, 2006 ; « Le paradigme de la mort de Dieu dans les sciences humaines de la religion », 2005 ; *Religion, moralité, modernité*, 1999 ; *Mourir hier et aujourd'hui*, 1987.

5. Yvan Lamonde, *Histoire sociale des idées*, p. 291-292.

6. René Rémond, *Religion et société en Europe. La sécularisation aux XIXe et XXe siècles 1780-2000*, 2001, p. 97.

7. William Westfall, *Two Worlds: The Protestant Culture in Nineteenth-Century Ontario*, 1989, p. 4 et 8 ; « The End of the World: An Aspect of Time and Culture in Nineteenth-Century Protestant Culture », 1985.

8. Claude Couture, *La Loyauté d'un laïc. Pierre Elliott Trudeau et le libéralisme canadien*, 1996, p. 98.

9. Fernande Roy, *Progrès, harmonie, liberté*, p. 273.

10. *La Minerve*, 12 décembre 1842.

11. *La Minerve*, 5 janvier 1843.

12. *Revue canadienne*, 3 septembre 1847.

13. *La Minerve*, « *Mélanges* et résignation », 21 mars 1844.

14. Léon Pouliot, « Les évêques du Bas-Canada et le projet d'Union (1840) »,

1954, p. 157-170 ; Nive Voisine et Philippe Sylvain (dir.), *Histoire du catholicisme québécois. Réveil et consolidation*, t. 2, 1984, p. 13-28.

15. Gilles Chaussé, *Jean-Jacques Lartigue. Premier évêque de Montréal*, 1980, p. 186 ; Fernand Ouellet, « L'enseignement primaire : responsabilité des Églises ou de l'État (1801-1836) », 1961.

16. Morin à LaFontaine, 18 septembre 1840, SHM, P3 1A, Fonds LaFontaine.

17. Louis-Philippe Audet, *Histoire de l'enseignement au Québec 1840-1971*, t. 2, 1971, p. 48.

18. J. R. Miller, « Honoré Mercier, la minorité protestante du Québec et la loi relative au règlement de la question des biens des Jésuites », 1974.

19. Roy C. Dalton, *The Jesuits' Estates Question: A Study of the Background for the Agitation of 1889*, 1968, p. 109-146.

20. Voir la *Revue de législation et de jurisprudence*, « Factum », janvier 1847. L'italique est de LaFontaine.

21. Bruce Curtis, « Monitorial Schooling, "Common Christianity", and Politics », 2008.

22. *Revue canadienne*, « De l'Éducation Élémentaire dans le Bas-Canada ; ce qu'elle est et ce qu'elle devrait être », 27 décembre 1847.

23. *Ibid.*

24. Voir Léon Pouliot, *La Réaction catholique de Montréal 1840-1841*, 1942, p. 7-18 ; René Hardy, *Contrôle social et mutation de la culture religieuse*, p. 18-63.

25. *La Minerve*, « Tract à la porte », 16 juin 1843.

26. *La Minerve*, « Procession fête-Dieu », 19 juin 1843.

27. LaFontaine à Baldwin, 12 novembre 1844, SHM, Fonds Louis-Hippolyte LaFontaine, Correspondance Baldwin-LaFontaine.

28. Hector Langevin à Edmond Langevin, 6 janvier 1850, BANQ, P1 34/2, Fonds Langevin.

29. Robert Sylvain, « Séjour mouvementé d'un révolutionnaire italien à Toronto et à Québec », 1959 ; « Le 9 juin 1853 à Montréal. Encore l'Affaire Gavazzi », 1960.

30. Vincent Breton, « L'émeute Gavazzi. Pouvoir et conflit religieux au Québec au milieu du 19e siècle », 2004, p. 89.

31. *La Minerve*, 9 juin 1853.

32. *La Minerve*, 11 juin 1853.

33. *La Minerve*, « Éducation et *Mélanges* », 27 mai 1847.

34. *Le Journal de Québec*, « Éducation », 7 janvier 1851. [L'italique est dans le texte.]

35. *Le Journal de Québec*, « Surintendant », 11 mars 1851.

36. Hélène Sabourin, *À l'école de P.-J.-O. Chauveau. Éducation et culture au XIXe siècle*, 2003, p. 75-82.

37. *Ibid.*, p. 181, 185 et 196.
38. *Ibid.*, p. 210.
39. LaFontaine à Kimber, 27 janvier 1843, SHM, P3 1A, Fonds LaFontaine.
40. Hudon à Bourget, 26 octobre 1843, AAM, dossiers 990.027, Correspondance d'Hyacinthe Hudon.
41. Louis-Philippe Audet, « Les biens des Jésuites et les projets d'université de 1843 », 1975, p. 139-160.
42. *DLA*, 27 mai 1846, vol. 5, deuxième partie, p. 1645.
43. *Ibid.*, p. 1647.
44. *JALPC*, vol. 5, 1846, p. 286.
45. *Ibid.* L'italique est de moi.
46. Voir *DLA*, 25 février 1845, vol. 4, deuxième partie, p. 1750-1754. Monique Champagne, « La question des indemnités après les rébellions de 1837 et de 1838 dans le Bas et le Haut-Canada », 1998.
47. *DLA*, 6 juin 1846, vol. 5, deuxième partie, p. 1919.
48. Cité dans Antoine Gérin-Lajoie, *Dix ans au Canada*, p. 458.
49. Cette lettre du 16 février 1844 est adressée au père Ravagnan. Citée dans Paul Desjardins, *Le Collège Sainte-Marie de Montréal*, t. 2 : *Les Recteurs européens. Les projets et les œuvres*, 1944, p. 49-50. L'italique est dans le texte de la lettre reproduite.
50. Morin à Cazeau, 11 décembre 1844, AAQ, G. VIII.
51. Hudon à Cazeau, 5 décembre 1844, AAQ, D.M. b70, Registre des lettres.
52. « Long mémoire » (non daté), Dossier sur les biens des Jésuites. ACHSH, CH006/038, Fonds Augustin-Norbert Morin. Toutes les citations qui suivent sont tirées de ce document. Ce sont les auteurs qui soulignent.
53. Morin à Cazeau, 11 décembre 1844, AAQ, G. VIII. C'est Morin qui souligne.
54. Jean-Marie Fecteau, « État et associationnisme au 19ᵉ siècle québécois. Éléments pour une problématique des rapports État/société dans la transition au capitalisme », dans Allan Greer et Ian Radforth (dir.), *Colonial Leviathan*, p. 134-162.
55. C'est du moins le point de vue que défend Jean-Marie Fecteau, *La Liberté du pauvre*, p. 265-329.
56. *Le Journal de Québec*, 8 août 1843.
57. *La Minerve*, « Éducation », 21 juillet 1845.
58. *La Minerve*, « Éducation », 16 décembre 1854. L'italique est de moi.
59. *Journal de l'instruction publique*, mai 1857.
60. *Journal de l'instruction publique*, août 1859.
61. *Le Journal de Québec*, 29 janvier 1848.
62. *La Minerve*, « Le luxe », 6 mars 1843.
63. *Ibid.*

64. *Revue canadienne,* « De l'influence du manque de récoltes pendant plusieurs années, sur l'agriculture de ce pays », 12 avril 1845.

65. *Revue canadienne,* « Éloge de la frugalité », 10 mai 1845.

66. Voir là-dessus les données rassemblées par Louis Rousseau et Frank W. Remiggi (dir.), *Atlas historique des pratiques religieuses. Le sud-ouest du Québec au XIXe siècle,* 1998.

67. Jan Noel, *Canada Dry: Temperance Crusades before Confederation,* 1995, p. 58.

68. *Ibid.,* p. 65.

69. Jan Noel, « Dry Patriotism: The Chiniquy Crusade », 1990.

70. *Le Journal de Québec,* 15 juin 1848.

71. *Le Journal de Québec,* 26 janvier 1850.

72. *La Minerve,* 4 février 1850.

73. *Le Canadien,* 12 août 1840.

74. *Le Journal de Québec,* 17 décembre 1842.

75. *Le Journal de Québec,* 28 janvier 1845.

76. *La Minerve,* « Commerce de bois », 22 septembre 1842.

77. *Revue canadienne,* « De l'influence du manque de récoltes pendant plusieurs années, sur l'agriculture de ce pays », 12 avril 1845.

78. *Le Journal de Québec,* 3 juin 1843.

79. *Le Journal de Québec,* 29 janvier 1848.

80. *La Minerve,* « Suicide », 15 novembre 1847.

81. *La Minerve,* « Suicide », 19 août 1850.

82. Louis Rousseau, « Boire ou ne pas boire, se sauver ou se perdre ensemble. Le mouvement de tempérance dans le Québec du XIXe siècle », 1993.

83. *L'Aurore des Canadas,* 7 juillet 1840.

84. Cité dans la *Revue canadienne,* 28 juin 1845. Le nom de l'orateur est « M. Hudon » et il n'est pas précisé dans l'article s'il s'agit de la Société de tempérance de l'ensemble du Bas-Canada ou d'une société qui représente les tempérants de Montréal seulement.

85. *Le Journal de Québec,* 26 août 1847.

86. *La Minerve,* « Sur la tempérance », 23 janvier 1843.

87. *Revue canadienne,* « Lettre sur la tempérance », 26 octobre 1847.

88. *DLA,* 16 mars 1848, vol. 7, p. 432.

89. *JALPC,* vol. 8, session 1849, appendice, n° 2, zzz.

90. *DLA,* 31 mai 1850, vol. 9, première partie, p. 284.

91. *Le Journal de Québec,* 20 avril 1850 ; *La Minerve,* 29 avril 1850.

92. À la fin des années 1850, on comprend qu'au moins cinquante électeurs doivent signer le certificat en question. Voir *La Minerve,* 26 janvier 1859. Cette loi prévoit également l'interdiction des « jeux intéressés » dans ces auberges.

Après l'adoption de cette mesure, toute personne en état d'ivresse dans un lieu public peut aussi être arrêtée.

93. *La Minerve*, 7 avril 1851.
94. *DLA*, 13 avril 1853, vol. 11, quatrième partie, p. 2660.
95. *Ibid.*, p. 2668.
96. *Ibid.*, p. 2669.
97. *Ibid.*, p. 2678.
98. Le projet de loi proposé par Brown étant mort au feuilleton.
99. *DLA*, 26 octobre 1854, vol. 12, deuxième partie, p. 801.
100. *Ibid.*, p. 804.
101. *Ibid.*, p. 809.
102. *DLA*, 23 avril 1855, vol. 12, cinquième partie, p. 2965.
103. *Ibid.*
104. *Ibid.*, p. 2966.
105. *DLA*, 26 avril 1855, vol. 12, septième partie, p. 3028.
106. *Ibid.* ; *La Minerve*, 8 mai et 12 juin 1855.
107. *DLA*, 26 avril 1855, vol. 12, septième partie, p. 3054.
108. *DLA*, 6 mars 1856, vol. 13, deuxième partie, p. 545.
109. *La Minerve*, « La Religion et la Politique (suite) », 7 novembre 1857. L'italique est de moi.
110. *La Minerve*, « La Religion et la Politique », 13 octobre 1857.
111. Pierre-Joseph-Olivier Chauveau, *De Québec à Montréal. Journal de la seconde session, 1846. Sept jours aux États-Unis*, 2003.
112. Gérin-Lajoie à Bellemare, 3 février 1845, BAC, MG29-C35, Fonds Raphaël-Bellemare.
113. Gérin-Lajoie à Bellemare, 11 mars 1845, BAC, MG29-C35, Fonds Raphaël-Bellemare.
114. René Dionne, *Antoine Gérin-Lajoie, homme de lettres*, p. 132.
115. Henri-Raymond Casgrain, *A. Gérin-Lajoie d'après ses mémoires*, 1926, p. 86.
116. *Ibid.*, p. 82.
117. *Ibid.*, p. 84.
118. *Ibid.*, p. 83.
119. *Ibid.*, p. 84.
120. Joseph-Guillaume Barthe, *Le Canada reconquis par la France*, 1992, p. 217.
121. *Ibid.* L'italique est de Barthe.
122. *Ibid.*
123. *Ibid.*
124. *Ibid.*, p. 218.
125. *Ibid.*

126. Cité dans *Ibid.*, p. 220.
127. Philippe Boutry, « Le mouvement vers Rome et le renouveau missionnaire », 1991, p. 433.
128. *Le Canadien*, « Religion et Politique », 3 novembre 1857.
129. *Ibid.*
130. Étienne Parent, « Du prêtre et du spiritualisme dans leurs rapports avec la Société », dans Jean-Charles Falardeau, *Étienne Parent*, p. 201-226.
131. Robert A. Nisbet, *La Tradition sociologique*, p. 275-325.
132. Étienne Parent, « Du prêtre et du spiritualisme dans leurs rapports avec la Société », dans Jean-Charles Falardeau, *Étienne Parent*, p. 209.
133. *Ibid.*, p. 214.
134. *Ibid.*, p. 207.
135. *Ibid.*, p. 209.
136. *Ibid.*, p. 214.
137. *Ibid.*, p. 216.
138. *Ibid.*, p. 211.
139. *Ibid.*, p. 212.
140. *Ibid.*, p. 218.
141. *Ibid.*, p. 212.
142. Fernand Ouellet, « Étienne Parent et le mouvement du catholicisme social », 1955, p. 100.
143. Robert Major, « Étienne Parent, utopiste », 1992.

CHAPITRE 6 • CONSERVER L'ESSENTIEL

1. Marcel Gauchet, *L'Avènement de la démocratie*, t. 1 : *La Révolution moderne*, 2007.
2. Pierre Savard, « Les débuts de l'enseignement de l'histoire et de la géographie au petit séminaire de Québec », 1962, p. 188.
3. *Le Journal de Québec*, « Bulletin scientifique et littéraire », février 1843.
4. Reinhart Koselleck, « Le concept d'histoire », dans *L'Expérience de l'histoire*, 1997.
5. Voir Peter Fritzsche, « Specters of History: On Nostalgia, Exile, and Modernity », 2001.
6. *Le Canadien*, 13 mai 1839.
7. Stéphane Kelly, *La Petite Loterie*, p. 182-186.
8. Joseph Yvon Thériault, « Étienne Parent : les deux nations et la fin de l'histoire », 2001, p. 44-47.
9. Pierre-Joseph-Olivier Chauveau, *Charles Guérin*, p. 63.

10. *Ibid.*, p. 67.
11. *Ibid.*, p. 66.
12. *La Minerve*, 24 avril 1843.
13. *La Minerve*, 27 avril 1843.
14. *Le Journal de Québec*, 18 avril 1843.
15. *Revue canadienne*, 4 janvier 1843. L'italique est dans le texte.
16. *Revue canadienne*, 27 février 1846.
17. *Revue canadienne*, 18 janvier 1847.
18. *Revue canadienne*, 15 janvier 1847.
19. *L'Aurore des Canadas*, 11 janvier 1842.
20. *Le Journal de Québec*, 13 décembre 1842.
21. Cité dans Joseph Tassé, *Discours de Sir Georges Cartier*, 1893, p. 65 ; *Le Canadien*, 28 juillet 1857.
22. *Le Journal de Québec*, 23 avril 1844.
23. Étienne Parent, « L'industrie considérée comme moyen de conserver notre nationalité », cité dans Jean-Charles Falardeau, *Étienne Parent*, p. 114. L'italique est de moi.
24. *Ibid.*, p. 115.
25. *Ibid.*, p. 116.
26. *Le Canadien*, 25 septembre 1857.
27. *DLA*, 13 septembre 1842, vol. 2, p. 39.
28. *DLA*, 28 novembre 1844, vol. 4, p. 8.
29. *DLA*, 24 janvier 1845, vol. 4, p. 1123.
30. *DLA*, 17 février 1845, vol. 4, deuxième partie, p. 1558.
31. *DLA*, 23 mars 1846, vol. 5, première partie, p. 54. On note au passage que chez Chauveau la langue n'est pas présentée comme la « gardienne de la foi », mais comme une « expression des mœurs » qui témoignerait d'un mode de vie, d'une façon de voir le monde, et non d'une pratique religieuse particulière et exclusive.
32. Gaston Deschênes, « Présentation », dans *Une capitale éphémère. Montréal et les événements tragiques de 1849*, 1999, p. 9.
33. *DLA*, 23 février 1853, vol. 11, troisième partie, p. 1701-1702.
34. *Revue canadienne*, 31 mai 1845.
35. Gilles Gallichan, *Livre et politique au Bas-Canada*, p. 437.
36. Garneau à Viger, 20 janvier 1845, AMAF, P32, Fonds Viger-Verrault.
37. Morin à Garneau, 22 janvier 1845. Cité dans Henri-Raymond Casgrain, *De Gaspé et Garneau*, 1924, p. 83.
38. Joël Lagrandeur, « L'*Histoire du Canada* de F.-X. Garneau et sa traduction anglaise : analyse comparative de deux livres », 2006.
39. Paul Wyczynski, « Sur les traces de l'historien François-Xavier Garneau »,

1998 ; Charles Bolduc, « Métamorphoses de l'*Histoire du Canada* de François-Xavier Garneau », 1966.

40. Robert Melançon, *Qu'est-ce qu'un classique québécois ?*, 2004, p. 57 ; Michel Biron *et al., Histoire de la littérature québécoise,* 2007, p. 73-82.

41. Gilles Marcotte, « La voie honorable », 1995 ; « Garneau dans le texte », dans François-Xavier Garneau, *Histoire du Canada,* 1996, p. 7-42.

42. Gilles Gallichan, *Livre et politique au Bas-Canada,* p. 94.

43. *Le Canadien,* 11 janvier 1850 ; *La Minerve,* 17 janvier 1850.

44. Garneau à Chauveau, 7 novembre 1856, ACRCCF, P144/2/10, Fonds François-Xavier Garneau.

45. Garneau à O'Callaghan, 23 juin 1846, BAC, MG24 B50, Fonds E. B. O'Callanghan.

46. Garneau à Rameau, (non datée) 1858, AUM, P57/51, Fonds Jean Bruchési.

47. Garneau à Rameau, (non datée) 1858, AUM, P57/51, Fonds Jean Bruchési.

48. Voir Louis-Philippe Saint-Martin, « L'*Histoire du Canada* de F.-X. Garneau et la critique », 1954 ; Suzanne Martin, « Hommages et condamnations. Le premier volume de *L'Histoire* devant la critique de son temps », 1995. Un exemple de critique dans les journaux : *La Minerve,* 11 février 1854.

49. *Le Journal de Québec,* 28 août 1845.

50. François Hartog, *Évidence de l'histoire,* 2005, p. 171-176.

51. Pierre-Joseph-Olivier Chauveau, *François-Xavier Garneau. Sa vie et ses œuvres,* p. 59 ; Micheline Cambron, « P.-J.-O. Chauveau, lecteur de Garneau », 1998.

52. Micheline Cambron, « Histoire, littérature, nation. Le poids du présent dans l'*Histoire du Canada* de François-Xavier Garneau », 1998, p. 29-32.

53. Garneau à Lord Elgin, 19 mai 1849, ACRCCF, P144/2/10, Fonds François-Xavier Garneau. Lettre reproduite dans Éric Bédard et Julien Goyette, *Parole d'historiens. Anthologie des réflexions sur l'histoire au Québec,* 2006, p. 31.

54. Guy Frégault, « La recherche historique au temps de Garneau », 1945.

55. François-Xavier Garneau, *Histoire du Canada,* t. 1, 1846, p. 199-247.

56. *Ibid.,* p. 321-336 ; t. 2, 1846, p. 2-43.

57. *Ibid.,* t. 2, 1846, p. 293-308.

58. Yvan Lamonde, « "L'ombre du passé" : François-Xavier Garneau et l'éveil des nationalités », 1998, p. 75 ; Marie-Hélène Berréhar, *François-Xavier Garneau et Jules Michelet : figures du peuple,* 1997, p. 120 ; Serge Gagnon, *Le Québec et ses historiens, de 1840 à 1920. La Nouvelle-France de Garneau à Groulx,* 1978, p. 288-324.

59. François-Xavier Garneau, *Histoire du Canada,* t. 1, 1845, p. 101-102.

60. *Ibid.,* t. 3, 1848, p. 463-471.

61. *Ibid.,* p. 300. Des notes laissées dans ses archives proposent une fine analyse

des classes sociales en Europe. Voir *Documents de travail,* n° 37, ACRCCF, P144/3/11, Fonds François-Xavier Garneau.

62. Micheline Cambron, « Histoire, littérature, nation », p. 32.

63. Garneau à LaFontaine, 7 septembre 1850, ACRCCF, P144/2/10, Fonds François-Xavier Garneau.

64. Pour reprendre le titre d'un texte de Maurice Lemire, dans Gilles Gallichan *et al.* (dir.), *François-Xavier Garneau, une figure nationale,* 1998, p. 263-277.

65. *Ibid., p.* 316.

66. Serge Gagnon, *Le Québec et ses historiens,* p. 320.

67. Gilles Marcotte, « La voie honorable », p. 66.

68. Outre Chauveau, déjà cité, voir notamment Gustave Lanctôt, *Garneau, historien national,* 1946 ; Georges Robitaille, *Études sur Garneau,* 1929 ; Henri-Raymond Casgrain, *De Gaspé et Garneau* ; Henri d'Arles, *Nos historiens. Cours critique professé à Montréal sous les auspices de l'Action française,* 1921, p. 83-124.

69. François-Xavier Garneau, *Histoire du Canada,* t. 1, 1845, p. 13.

70. *Ibid.,* t. 3, 1848, p. 363.

71. *Ibid.,* p. 536.

72. *Ibid.,* t. 1, 1845, p. 294-306.

73. *Ibid.,* p. 25.

74. *Ibid.,* p. 26. L'italique est de Garneau.

75. *Ibid.,* p. 243.

76. *Ibid.,* p. 242.

77. *Ibid,* t. 4, 1852, p. 10.

78. Pierre Savard, « François-Xavier Garneau et l'historien français Henri Martin », 1984.

79. François-Xavier Garneau, *Histoire du Canada,* t. 1, 1845, p 22.

80. *Ibid.,* p. 20.

81. *Ibid.,* p. 82.

82. *Ibid., p.* 155.

83. *Ibid.,* p. 154.

84. *Ibid.,* p. 157-158.

85. *Ibid.,* p. 494.

86. *Ibid.,* p. 495.

87. *Ibid.*

88. Voir Louis-Philippe Saint-Martin, « L'*Histoire du Canada* de F.-X. Garneau et la critique » ; Suzanne Martin, « Hommages et condamnations ».

89. Charles Bolduc, « Métamorphoses de l'*Histoire du Canada* », p. 140.

90. Garneau à Chevalier, 20 mai 1853, ACRCCF, P144/2/10, Fonds François-Xavier Garneau.

91. Garneau à Mandebert, 20 février 1854, ACRCCF, P144/2/10, Fonds François-Xavier Garneau.

92. François-Xavier Garneau, *Histoire du Canada*, t. 1, 1845, p. 339, 346.

93. *Ibid.*, p. 353.

94. Gilles Laporte, *Patriotes et Loyaux*, p. 139.

95. Roberto Perin, *Ignace de Montréal*, p. 79.

96. François-Xavier Garneau, *Histoire du Canada*, t. 2, 1846, p. 15-16.

97. *Ibid.*, t. 3, 1848, p. 273-274.

98. *Ibid.*, p. 167-169, 253, 265, 279.

99. *Ibid.*, p. 301-303.

100. *Ibid.*, t. 2, 1846, p. 442.

101. Cette expression revient à quelques reprises : *Ibid.*, t. 1, 1845, p. 384 ; t. 2, 1846, p. 295.

102. *Ibid.*, t. 1, 1845, p. 386.

103. *Ibid.*, t. 2, 1846, p. 444.

104. Philippe Reid, *Le Regard de l'autre. La naissance du nationalisme au Québec*, 2008, p. 213.

105. François-Xavier Garneau, *Histoire du Canada*, t. 2, 1846, p. 395-396.

106. *Ibid.*, t. 1, 1845, p. 127.

107. *Ibid.*, t. 3, 1848, p. 538.

108. *Ibid.*, p. 498-499.

109. *Ibid.*, t. 1, 1845, p. 360.

110. *Ibid.*, t. 3, 1848, p. 383.

111. *Ibid.*, 433-434.

112. *Ibid.*, p. 435.

113. Fernande Roy, « 1837 dans l'œuvre historique des trois contemporains des événements : Bibaud, Christie et Garneau », dans Jean-Paul Bernard, *Les Rébellions de 1837-1838*, p. 63-89.

114. François-Xavier Garneau, *Histoire du Canada*, t. 4, 1852, p. 231, 239.

115. *Ibid.*, p. 218.

116. *Ibid.*, p. 223.

117. *Ibid.*, p. 232.

118. *Ibid.*, p. 231, 237, 248, 262.

119. *Ibid.*, p. 232.

120. *Ibid.*, p. 238.

121. *Ibid.*, p. 269.

122. *Ibid.*, p. 270-271.

123. *Ibid.*, p. 283-284.

124. Garneau à O'Callaghan, 6 juillet 1852, BAC, MG24 B50, Fonds O'Callaghan. L'italique est de moi.

125. O'Callaghan à Garneau, 14 juillet 1852, BAC, MG24 B50, Fonds O'Callaghan.

126. LaFontaine à Margry, 4 novembre 1859, dans Louis-Philippe Cormier (dir.), *Lettres à Pierre Margry,* p. 47.

127. François-Xavier Garneau, *Histoire du Canada,* t. 4, 1852, p. 317.

128. *Ibid.,* t. 1, 1845, p. 12.

129. *Le Journal de Québec,* 13 décembre 1842.

130. *Le Journal de Québec,* 23 janvier 1845.

131. « Manifeste adressé au peuple du Canada, par le comité constitutionnel de la réforme », cité dans Antoine Gérin-Lajoie, *Dix ans au Canada,* p. 467.

132. Étienne Parent, « Importance de l'économie politique », dans Jean-Charles Falardeau, *Étienne Parent,* p. 134.

133. *La Minerve,* 18 août 1845.

134. *La Minerve,* 2 août 1849. Ces encouragements au progrès reviennent périodiquement dans *La Minerve.* Voir *La Minerve,* 31 décembre 1851 ; *La Minerve,* 3 janvier 1855.

135. *La Minerve,* 30 mai 1844.

136. *Ibid.*

137. *Revue canadienne,* 9 octobre 1846.

138. *Revue canadienne,* 4 janvier 1845.

139. *Revue canadienne,* 7 juin 1845.

140. *Ibid.*

141. *Revue canadienne,* 27 février 1846.

142. *Ibid.*

143. *DLA,* 7 mai 1846, vol. 5, deuxième partie, p. 1264.

144. *DLA,* 23 juin 1847, vol. 6, p. 424.

145. *Le Canadien,* 30 juin 1848.

146. *Le Journal de Québec,* 2 novembre 1848.

147. *DLA,* 9 mars 1853, vol. 11, troisième partie, p. 1964.

148. Wolfred Nelson, *La Condition, la Discipline, l'Administration et l'Entretien des prisons,* p. 115.

149. *Ibid.*

150. *La Minerve,* 13 mars 1858.

151. *La Minerve,* 25 février 1857.

152. *Le Canadien,* 8 juin 1857.

153. François-Xavier Garneau, *Histoire du Canada,* t. 1, 1845, p. 15-16. L'italique est de moi.

154. Étienne Parent, « Du prêtre et du spiritualisme dans leurs rapports avec la Société », dans Jean-Charles Falardeau, *Étienne Parent,* p. 204.

155. *Le Canadien,* 30 juin 1848.

156. Cette conférence est reproduite dans Maurice Lebel, « P.-J.-O. Chauveau,

humaniste du dix-neuvième siècle », 1962, p. 7. Chauveau prononce cette conférence en février 1846 ; voir le compte rendu qu'en fait Cauchon : *Le Journal de Québec*, 28 février 1846.

157. *Journal d'instruction publique*, juin 1862. Cité aussi dans Hélène Sabourin, « P.-J.-O. Chauveau et l'éducation », p. 175.

158. *Le Journal de Québec*, 28 août 1845.

159. *Le Journal de Québec*, 7 avril 1843.

160. *Le Journal de Québec*, 28 août 1845.

161. *Mélanges religieux*, 28 septembre 1847.

162. *La Minerve*, 14 mai 1859.

163. *Le Journal de Québec*, 25 mai 1844. Voir là-dessus Marc Lebel, « François-Xavier Garneau et le caractère national des Canadiens », dans Gilles Gallichan *et al.*, *François-Xavier Garneau, une figure nationale*, p. 223-241.

164. *Revue de législation et de jurisprudence*, décembre 1845.

165. *Revue de législation et de jurisprudence*, mai 1846.

166. LaFontaine à Margry, 26 avril 1861. Dans Louis-Philippe Cormier (dir.), *Lettres à Pierre Margry*, p. 49.

167. Louis-Hippolyte LaFontaine et Jacques Viger, *De l'esclavage en Canada. Mémoires et documents relatifs à l'histoire du Canada*, 1859.

168. François-Xavier Garneau, *Histoire du Canada*, t. 2, 1846, p. 448.

169. *Ibid.*, t. 4, 1852, p. 19.

170. Voir notamment Papineau à O'Callaghan, 21 janvier 1856, BAC, MG24 B50, Fonds E. B. O'Callaghan.

171. François-Xavier Garneau, *Histoire du Canada*, t. 1, 1845, p. 314.

172. *Ibid.*, p. 398.

173. Hector Langevin, *Le Canada, ses institutions, ressources, produits, manufactures, etc., etc., etc.*, 1855, p. 41.

174. *Revue canadienne*, 31 mai 1845.

175. *Le Canadien*, 6 novembre 1848.

176. *DLA*, 14 juin 1850, vol. 9, première partie, p. 556.

177. En plus de payer la rente — sorte de taxe foncière —, le censitaire devait travailler gratuitement pour le seigneur quelques journées par année en retour de quoi le seigneur lui donnait accès à son moulin à farine.

178. Antoine Gérin-Lajoie, *Jean Rivard*, p. 200.

179. *DLA*, 29 mars 1853, vol. 11, troisième partie, p. 2354.

180. Devenu professeur de droit à l'Université Laval, Morin participe aux travaux de la Cour seigneuriale.

181. Le 6 juillet 1711, les Arrêts Marly obligent explicitement un seigneur à concéder une terre. Voir [Simon] Lelièvre et [François Réal] Angers, *Questions seigneuriales. Compilation contenant l'Acte seigneurial de 1854*, [Décisions

NOTES DES PAGES 297 À 303

des tribunaux du Bas-Canada], 1856, p. 54a. Sur l'évolution du régime seigneurial, on consultera avec profit Victor Morin, *Seigneurs et censitaires, castes disparues*, 1941 ; Marcel Trudel, *Le Régime seigneurial*, 1983 ; Guy Frégault, « Sous le régime seigneurial », dans *La Civilisation de la Nouvelle-France 1713-1744*, 1990, p. 175-231 ; W. J. Eccles, *The Canadian Frontier 1534-1760*, 1969, p. 60-102 ; Louise Dechêne, « L'évolution du régime seigneurial au Canada. Le cas de Montréal aux XVIIᵉ et XVIIIᵉ siècles », 1971 ; Fernand Ouellet, « Le régime seigneurial dans le Québec (1760-1854) », dans *Éléments d'histoire sociale*, p. 89-110 ; Jean-Pierre Wallot, « Le régime seigneurial et son abolition au Canada », dans *Un Québec qui bougeait. Trame sociopolitique au tournant du XIXe siècle*, 1973, p. 225-251 ; Allan Greer, *Habitants, marchands et seigneurs. La société rurale du bas Richelieu, 1740-1840*, 2000 ; Sylvie Dépatie *et al.*, *Contributions à l'étude du régime seigneurial canadien*, 1987 ; Allan Greer, « La question agraire », *Habitants et patriotes*, p. 233-261.

182. Lelièvre et Angers, « Observations de Sir L. H. LaFontaine, bt, juge en chef », dans *Questions seigneuriales*, p. 16b.
183. *Ibid.*, p. 49b.
184. *Ibid.*, p. 2b.
185. Lelièvre et Angers, *Questions seigneuriales*, p. 162b.
186. Yvan Lamonde, *Histoire sociale des idées*, p. 384-395.
187. Patrice Groulx, « La commémoration de la bataille de Sainte-Foy. Du discours de la loyauté à la "fusion des races" », 2001.
188. Cité dans L.-O. David, *Biographies et Portraits*, 1876, p. 204.
189. *Le Canadien*, 16 septembre 1859.
190. *Le Canadien*, 15 août 1857.
191. Hector Langevin, *Le Canada, ses institutions, ressources, produits, manufactures*, p. 5.
192. François-Xavier Garneau, *Histoire du Canada*, t. 2, 1846, p. 346, 485.
193. *Revue canadienne*, 31 mai 1845.
194. *Revue de législation et de jurisprudence*, décembre 1845. Les italiques sont dans le texte.
195. Louis-Georges Harvey, « Le mouvement patriote comme projet de rupture », p. 91.
196. Amédée Papineau, *Journal d'un fils de la liberté*, p. 487.
197. Perrault à O'Callaghan, 11 juin 1846, BAC, MG24 B50, Fonds E. B. O'Callaghan. C'est Perrault qui souligne.
198. Jean-Paul Bernard, *Les Rouges*, p. 61.
199. *DLA*, 23 mai 1850, vol. 9, première partie, p. 177.
200. Robert Major, *Jean Rivard ou l'art de réussir*, p. 16.

201. *Ibid.*, p. 66.
202. *Ibid.*, p. 142.
203. *Ibid.*, p. 129.
204. Gérard Bouchard, « Un vieux pays neuf ? », p. 117-129.
205. Yvan Lamonde, « L'ambivalence historique du Québec à l'égard de sa conti-nentalité : circonstances, raisons et signification », 1995.
206. Yvan Lamonde, « "L'ombre du passé" », p. 77.
207. *Le Canadien*, 5 août 1846.
208. *Le Canadien*, 17 août 1846. Les italiques sont dans le texte.
209. *Le Canadien*, 2 novembre 1849.
210. *Mélanges religieux*, « Union confédérale », 7 octobre 1847.
211. *Mélanges religieux*, 28 décembre 1847 ; voir aussi, sur le même sujet, les *Mélanges religieux* du 7 mars 1848.
212. Morin à LaFontaine, 9 mars 1850, SHM, P3 1A, Fonds LaFontaine.
213. *Note sur les États-Unis* (non daté), ACHSH, CH0006/036, Fonds Augustin-Norbert Morin. C'est Morin qui souligne.
214. *La Minerve*, 7 décembre 1848.
215. *La Minerve*, 12 juillet 1849.
216. Cauchon à LaFontaine, 24 octobre 1849, SHM, P3 1A, Fonds LaFontaine.
217. Hector à Edmond Langevin, 11 février 1850, BANQ, P134, Fonds Langevin.
218. Étienne Parent, « Du travail chez l'homme », dans Jean-Charles Falardeau, *Étienne Parent*, p. 145-169.
219. *Le Journal de Québec*, 16 février 1850.
220. François-Xavier Garneau, *Histoire du Canada*, t. 4, 1852, p. 19.
221. Joseph-Guillaume Barthe, *Souvenirs d'un demi-siècle ou Mémoires pour ser-vir à l'histoire contemporaine*, 1992, p. 259-265.
222. René Dionne, *Antoine Gérin-Lajoie, homme de lettres*, p. 117.
223. Cité dans Henri-Raymond Casgrain, *A. Gérin-Lajoie d'après ses mémoires*, p. 35.
224. *Ibid.*
225. *Ibid.*, p. 45.
226. *Ibid.*, p. 46.
227. *Ibid.*, p. 52.
228. *Ibid.*, p. 67.
229. *Ibid.*, p. 79.
230. *Ibid.*, p. 80.
231. *Ibid.*, p. 85.
232. Joseph-Guillaume Barthe, *Le Canada reconquis par la France*, p. 7.
233. *Ibid.*, p. 38.
234. *Ibid.*, p. 16.

235. *Ibid.*, p. 55.

236. *Ibid.*, p. 55-56.

237. Sur le périple de Barthe en France, voir Françoise Le Jeune, « Les relations France–Bas-Canada entre 1837 et 1855 : *Le Canada reconquis par la France ou la France reconquise par le Canada ?* », 2006.

238. *L'Aurore des Canadas,* 11 janvier 1842.

239. *Le Canadien,* 4 juillet 1857.

240. *Ibid.*

241. *Le Canadien,* 2 septembre 1857.

242. *Le Canadien,* 18 septembre 1857.

243. François-Xavier Garneau, *Voyage en Angleterre et en France dans les années 1831, 1832 et 1833,* 1855, p. 91.

244. Pierre-Joseph-Olivier Chauveau, *Charles Guérin,* p. 321.

245. *Le Journal de Québec,* 21 juillet 1846.

246. *Le Journal de Québec,* 10 novembre 1846.

247. Gérard Bouchard, « Un vieux pays neuf ? », p. 104.

248. *Ibid.*, p. 105.

249. Fernand Dumont, *Genèse de la société québécoise,* 1993, p. 279-320.

250. *Ibid.*, p. 279.

CONCLUSION

1. Philippe Sylvain, « Quelques aspects de l'antagonisme libéral-ultramontain », 1967.

2. Selon Jean-Marie Fecteau, *La Liberté du pauvre,* p. 147-210.

3. Voir Pierre Trépanier, « Introduction », dans Lionel Groulx, *Correspondance, 1894-1967,* t. 3 : *L'Intellectuel et l'Historien novices,* 2003, p. 45, 91, 112-113, 134.

4. Fernande Roy, *Progrès, harmonie, liberté,* p. 60.

5. Pierre Trépanier et Yvan Lamonde qualifient les rouges de libéraux ; Stéphane Kelly et Louis-Georges Harvey de républicains. Voir les références en biblio- graphie.

6. Éric Bédard, « De la difficulté à penser le conservatisme canadien-français », 2005.

7. Gérard Bouchard, « Un vieux pays neuf ? », p. 99-140.

Ouvrages cités

Ajzenstat, Janet, *The Political Thought of Lord Durham,* Montréal et Kingston, McGill-Queen's University Press, 1988.

Angers, François-Albert, « Naissance de la pensée économique au Canada français », *Revue d'histoire de l'Amérique française,* vol. 15, n° 2, 1961, p. 204-229.

Arles, Henri d', *Nos historiens. Cours critique professé à Montréal sous les auspices de l'Action française,* Montréal, Bibliothèque de l'Action française, 1921.

Audet, Louis-Philippe, *Histoire de l'enseignement au Québec 1840-1971,* Montréal, Holt, Rinehart and Winston, 1971, 2 vol.

—, « Les biens des Jésuites et les projets d'université de 1843 », *Les Cahiers des Dix,* n° 40, 1975.

Barthe, Joseph Guillaume, *Souvenirs d'un demi-siècle ou Mémoires pour servir à l'histoire contemporaine,* Saint-Jacques, Éditions du Pot de fer, 1992.

—, *Le Canada reconquis par la France,* Saint-Jacques, Éditions du Pot de fer, 1992.

Beauchemin, Jacques, « Conservatisme et traditionalisme dans le Québec duplessiste : aux origines d'une confusion conceptuelle », dans Alain-G. Gagnon et Michel Sarra-Bournet (dir.), *Duplessis. Entre la Grande Noirceur et la société libérale,* Montréal, Québec/Amérique, 1997, p. 33-54.

—, *La Société des identités. Éthique et politique dans le monde contemporain,* Montréal, Athéna, 2004.

Beaugrand-Champagne, Denyse, « Les mouvements patriote et loyal dans les comtés de Missisquoi, Shefford et Stanstead, 1834-1837 », mémoire de maîtrise, Université du Québec à Montréal, 1990.

Beaulieu, André, et Jean Hamelin (dir.), *La Presse québécoise des origines à nos jours,* t. 1, Québec, Presses de l'Université Laval, 1975.

Bédard, Éric, « De la difficulté à penser le conservatisme canadien-français », *Recherches sociographiques,* vol. 46, n° 3, 2005, p. 453-471.

—, « La trudeauisation des esprits. Souveraineté et hypermodernité », *Argument,* vol. 10, n° 1, 2007-2008, p. 101-126.

Bédard, Éric, et Julien Goyette, *Parole d'historiens. Anthologie des réflexions sur l'histoire au Québec,* Montréal, Presses de l'Université de Montréal, coll. « PUM-Corpus », 2006.

Bélanger, André-J., *L'Apolitisme des idéologies québécoises. Le grand tournant de 1934-1936,* Québec, Presses de l'Université Laval, 1974.

Bellavance, Marcel, *Le Québec au siècle des nationalités. Essai d'histoire comparée,* Montréal, VLB, 2004.

Bentham Jeremy, *Défense de l'usure, ou Lettres sur les inconvénients des lois qui fixent le taux d'intérêt de l'argent,* traduction de Saint-Amand Bazard, Paris, Malher, 1828.

—, *Le Panoptique,* Paris, Belfond, 1977.

Bernard, Jean-Paul, *Les Rouges. Libéralisme, nationalisme et anticléricalisme au milieu du XIXe siècle,* Montréal, Presses de l'Université du Québec, 1971.

—, « Définition du libéralisme et de l'ultramontanisme comme idéologies », *Revue d'histoire de l'Amérique française,* vol. 25, n° 2, 1971, p. 244-246.

—, *Les Rébellions de 1837-1838. Les patriotes du Bas-Canada dans la mémoire collective et chez les historiens,* Montréal, Boréal Express, 1983.

—, *Les Rébellions de 1837 et de 1838 dans le Bas-Canada,* Ottawa, Société historique du Canada, 1996.

Bernard, Jean-Paul (dir.), *Assemblées publiques, résolutions et déclarations de 1837-1838,* Montréal, VLB, 1988.

Bernier, Benoît, « Les idées politiques d'Étienne Parent 1822-1825 », thèse de DES, Université Laval, 1971.

Bernier, François, « Étude analytique et critique de la controverse sur la question de la "fuite" de Papineau de Saint-Denis le 23 novembre 1837 », mémoire de maîtrise, Université de Montréal, 1986.

Bernier, Gérald, et Daniel Salée, *Entre l'ordre et la liberté. Colonialisme, pouvoir et transition vers le capitalisme dans le Québec du XIXe siècle,* Montréal, Boréal, 1995.

Berréhar, Marie-Hélène, *François-Xavier Garneau et Jules Michelet : figures du peuple,* Montréal, Centre d'études québécoises, Université de Montréal (Cahiers de recherche 11), 1997.

Bertrand, Denis, et Albert Desbiens, *Le Rapport Durham,* Montréal, Éditions Sainte-Marie, 1969.

Biron, Michel, François Dumont et Élisabeth Nardout-Lafarge, *Histoire de la littérature québécoise,* Montréal, Boréal, 2007.

Bock-Côté, Mathieu, *La Dénationalisation tranquille,* Montréal, Boréal, 2007.

Boily, Robert, « Les partis politiques québécois — perspectives historiques », dans Vincent Lemieux (dir.), *Personnel et partis politiques au Québec : aspects historiques,* Montréal, Boréal Express, 1982, p. 27-68.

Bolduc, Charles, « Métamorphoses de l'*Histoire du Canada* de François-Xavier Garneau », dans Paul Wyczynski (dir.), *François-Xavier Garneau. Aspects littéraires de son œuvre,* Ottawa, Presses de l'Université d'Ottawa, 1966, p. 131-167.

Bonenfant, Jean-Charles, « Les idées politiques de George-Étienne Cartier », dans Marcel Hamelin (dir.), *Les Idées politiques des premiers ministres du Canada,* Ottawa, Éditions de l'Université d'Ottawa, 1969.

Bouchard, Gérard, « Un vieux pays neuf ? », dans *Genèse des nations et cultures du Nouveau Monde,* Montréal, Boréal, 2000, p. 77-182.

Bourget, Ignace, *Lettre pastorale de Monseigneur l'évêque de Montréal sur l'usure*, Montréal, Presses de Plinguet, 1861.

Bourque, Gilles, Jules Duchastel et Jacques Beauchemin, *La Société libérale duplessiste, 1944-1960*, Montréal, Presses de l'Université de Montréal, 1994.

—, « Mais qu'est-ce donc qu'une société libérale ? », dans Alain-G. Gagnon et Michel Sarra-Bournet (dir.), *Duplessis. Entre la Grande Noirceur et la société libérale*, Montréal, Québec/Amérique, 1997, p. 349-375.

Boutry, Philippe, « Le mouvement vers Rome et le renouveau missionnaire » dans Jacques Le Goff et René Rémond (dir.), *Une histoire religieuse de la France*, t. 3 : *Du Roi très chrétien à la laïcité républicaine (XVIIIe-XIXe siècle)*, Paris, Seuil, 1991, p. 423-452.

Boyer, Fabrice, *Martignac (1778-1832). L'itinéraire politique d'un avocat bordelais*, Paris, Éditions du CTHS, 2002.

Boyer, Raymond, *Les Crimes et les châtiments au Canada français du XVIIe au XXe siècle*, Montréal, Cercle du livre de France, 1966.

Breton, Vincent, « L'émeute Gavazzi. Pouvoir et conflit religieux au Québec au milieu du 19e siècle », mémoire de maîtrise, Université du Québec à Montréal, 2004.

Brunet, Michel, *Canadians et Canadiens*, Montréal, Fides, 1954.

—, « Trois dominantes de la pensée canadienne-française : l'agriculturisme, l'anti-étatisme et le messianisme », dans *La Présence anglaise et les Canadiens*, Montréal, Beauchemin, 1958, p. 113-166.

Burban, Christelle, « L'engagement décisif et inégal de l'État québécois en faveur de la protection de l'enfance : l'École d'industrie de Notre-Dame de Montfort (1883-1913) », *Bulletin d'histoire politique*, vol. 6, n° 2, 1998, p. 40-47.

Burdeau, Georges, *Le Libéralisme*, Paris, Seuil, 1979.

Cambron, Micheline, « Histoire, littérature, nation. Le poids du présent dans l'*Histoire du Canada* de François-Xavier Garneau », *Cahiers d'histoire du Québec au XXe siècle*, n° 9, 1998, p. 27-32.

—, « P.-J.-O. Chauveau, lecteur de Garneau », dans Gilles Gallichan, Kenneth Landry et Denis Saint-Jacques (dir.), *François-Xavier Garneau, une figure nationale*, Québec, Nota bene, 1998, p. 333-346.

Careless, J. M. S., *Brown and the Globe*, vol. 1, *The Voice of Upper Canada, 1818-1859*, Toronto, MacMillan, 1959.

Casgrain, Henri-Raymond, *De Gaspé et Garneau*, Montréal, Beauchemin, 1924.

—, *A. Gérin-Lajoie d'après ses mémoires*, Montréal, Beauchemin, 1926.

Cauchon, Joseph-Édouard, *Notions élémentaires de physique*, Québec, Fréchette & Cie, 1841.

Cellard, André, *Histoire de la folie au Québec de 1600 à 1850*, Montréal, Boréal, 1991.

Champagne, Monique, « La question des indemnités après les rébellions de 1837 et de 1838 dans le Bas et le Haut-Canada », mémoire de maîtrise, Université du Québec à Montréal, 1998.

Chapais, Thomas, *Cours d'histoire du Canada*, Trois-Rivières, Boréal Express, 1972, 8 vol.

Charland, Jean-Pierre, « Le réseau d'enseignement public bas-canadien, 1841-1867 : une institution de l'État libéral », *Revue d'histoire de l'Amérique française*, vol. 40, n° 4, 1987, p. 505-536.

—, *L'Entreprise éducative au Québec 1840-1900*, Québec, Presses de l'Université Laval, 2000.

Chaussé, Gilles, *Jean-Jacques Lartigue. Premier évêque de Montréal*, Montréal, Fides, 1980.

Chauveau, Pierre-Joseph-Olivier, *Rapport du comité spécial de l'Assemblée législative nommé pour s'enquérir des causes et de l'importance de l'émigration qui a lieu tous les ans du Bas-Canada vers les États-Unis*, Montréal, Louis Perrault, 1849.

—, *Charles Guérin*, Montréal, Guérin, 1973.

—, *François-Xavier Garneau. Sa vie et ses œuvres*, Montréal, Beauchemin et Valois, 1883.

—, *De Québec à Montréal. Journal de la seconde session, 1846. Sept jours aux États-Unis*, Québec, Nota bene, 2003.

Chureau, Damien, « La Maison d'industrie de Montréal (1836-1870) : l'intervention des pouvoirs publics dans l'assistance et les clivages culturels », *Bulletin d'histoire politique*, vol. 6, n° 2, 1998, p. 11-18.

Collectif Clio, *L'Histoire des femmes au Québec depuis quatre siècles*, Montréal, Quinze, 1992.

Comte, Auguste, *Leçons de sociologie*, Paris, GF-Flammarion, 1995.

Cooper, John Irwin, « The Political Ideas of George Etienne Cartier », *Canadian Historical Review*, vol. 23, n° 3, 1942, p. 286-294.

Cormier, Louis-Philippe (dir.), *Lettres à Pierre Margry de 1844 à 1886 (Papineau, LaFontaine, Faillon, Leprohon et autres)*, Québec, Presses de l'Université Laval, 1968.

Cornel, P. G., « The Alignment of Political Groups in the United Province of Canada, 1854-1864 », dans Craig Brown (dir.), *Upper Canadian Politics in the 1850s*, Toronto, University of Toronto Press, 1967, p. 65-88.

Courville, Serge, Jean-Claude Robert et Normand Séguin, *Le Pays laurentien au XIXᵉ siècle*, Québec, Presses de l'Université Laval, 1995.

Couture, Claude, *La Loyauté d'un laïc. Pierre Elliott Trudeau et le libéralisme canadien*, Montréal/Paris, L'Harmattan, 1996.

Couture, Claude, et Yvan Lamonde (éd.), *Étienne Parent. Discours*, Montréal, Presses de l'Université de Montréal, coll. « Bibliothèque du Nouveau Monde », 2000.

Curtis, Bruce, « Monitorial Schooling, "Common Christianity", and Politics », dans Nancy Christie (dir.), *Transatlantic Subjects: Ideas, Institutions, and Social Experience in Post-revolutionary British North America*, Montréal et Kingston, McGill-Queen's University Press, 2008, p. 251-279.

Dalton, Roy C., *The Jesuits' Estates Question: A Study of the Background for the Agitation of 1889*, Toronto, University of Toronto Press, 1968.

David, L.-O., *Biographies et Portraits*, Montréal, Beauchemin et Valois, 1876.

—, *Les Patriotes de 1837-1838*, Montréal, Beauchemin, 1884.

—, *L'Union des deux Canadas, 1841-1867*, Montréal, Eusèbe Sénécal, 1898.

Debray, Régis, et Marcel Gauchet, « Du religieux, de sa permanence et de la possibilité d'en sortir », *Le Débat*, n° 127, 2003, p. 3-20.

De Celles, Alfred D., *LaFontaine et son temps*, Montréal, Beauchemin, 1925.

Dechêne, Louise, « L'évolution du régime seigneurial au Canada. Le cas de Montréal aux XVIIᵉ et XVIIIᵉ siècles », *Recherches sociograhiques*, vol. 12, n° 2, 1971, p. 143-183.

Dépatie, Sylvie, Mario Lalancette et Christian Dessurault, *Contributions à l'étude du régime seigneurial canadien*, Montréal, Hurtubise HMH, 1987.

Deschênes, Gaston (dir.), *Une capitale éphémère. Montréal et les événements tragiques de 1849*, Québec, Septentrion, 1999.

Désilets, Andrée, *Hector-Louis Langevin. Un père de la Confédération canadienne*, Québec, Presses de l'Université Laval, 1969.

Desjardins, Paul, *Le Collège Sainte-Marie de Montréal*, t. 2 : *Les Recteurs européens. Les projets et les œuvres*, Montréal, Collège Sainte-Marie, 1944.

Dionne, René, *Antoine Gérin-Lajoie, homme de lettres*, Sherbrooke, Naaman, 1978.

Donzelot, Jacques, *L'Invention du social. Essai sur le déclin des passions politiques*, Paris, Fayard, 1984.

Ducharme, Michel, « Du triptyque idéologique. Libéralisme, nationalisme et impérialisme au Haut-Canada, au Bas-Canada et en Grande-Bretagne entre 1838 et 1840 », mémoire de maîtrise, Université de Montréal, 1999.

Dumont, Fernand, *Les Idéologies*, Paris, Presses universitaire de France, 1974.

——, « Le projet d'une histoire de la pensée québécoise », dans *Le Sort de la culture*, Montréal, Hexagone, 1987.

——, *Genèse de la société québécoise*, Montréal, Boréal, 1993.

Eccles, W. J., *The Canadian Frontier 1534-1760*, New York, Holt, Rinehart and Winston, 1969.

Eid, Nadia F., *Le Clergé et le Pouvoir politique au Québec. Une analyse de l'idéologie ultramontaine au milieu du XIXᵉ siècle*, Montréal, Hurtubise HMH, 1978.

Etner, François, *Histoire de la pensée économique*, Paris, Economica, 2000.

Falardeau, Jean-Charles, *Étienne Parent 1802-1874*, Montréal, La Presse, 1975.

Fecteau, Jean-Marie, « Mesures d'exception et règle de droit : les conditions d'application de la loi martiale au Québec lors des rébellions de 1837-1838 », *McGill Law Journal*, vol. 32, 1986-1987, p. 465-495.

——, *Un nouvel ordre des choses. La pauvreté, le crime, l'État au Québec, de la fin du XVIIIᵉ siècle à 1840*, Montréal, VLB, 1989.

——, « Une économie historique du minimum : propos sur les origines de l'État-providence », *Lien social et Politiques — RIAC*, nº 42, 1999, p. 61-70.

——, *La Liberté du pauvre. Crime et pauvreté au XIXᵉ siècle québécois*, Montréal, VLB, 2004.

Fecteau, Jean-Marie, *et al.*, « Une politique de l'enfance délinquante et en danger : la mise en place des écoles de réforme et d'industrie au Québec (1840-1873) », *Crime, Histoire & Sociétés*, vol. 2, nº 1, 1998, p. 75-110.

Filteau, Gérard, *Histoire des patriotes*, Montréal, L'Aurore, 1975.

Foucault, Michel, *Surveiller et Punir. Naissance de la prison*, Paris, Gallimard, 1993.

——, *Dits et Écrits 1954-1988*, Paris, Gallimard, 1994, 4 vol.

Frégault, Guy, « La recherche historique au temps de Garneau », dans *Centenaire de l'Histoire du Canada de François-Xavier Garneau*, Montréal, Société historique de Montréal, 1945, p. 371-390.

——, *La Civilisation de la Nouvelle-France 1713-1744*, Montréal, Bibliothèque québécoise, 1990.

Fritzsche, Peter, « Specters of History: On Nostalgia, Exile, and Modernity », *American Historical Review*, vol. 106, nº 5, 2001, p. 1587-1618.

Fyson, Donald, « The Canadiens and British Institutions of Local Governance in Quebec from the Conquest to the Rebellions » dans Nancy Christie (dir.), *Transatlantic Subjects: Ideas, Institutions, and Social Experience in Post-revolutionary British North America*, Montréal et Kingston, McGill-Queen's University Press, 2008, p. 45-82.

Gagnon, Robert, « Capital culturel et identité sociale : les fonctions du discours sur l'encombrement des professions libérales au XIXᵉ siècle », *Sociologie et Sociétés,* vol. 21, nᵒ 2, 1989, p. 129-146.

Gagnon, Serge, « Le paradigme de la mort de Dieu dans les sciences humaines de la religion », *Études d'histoire religieuse,* nᵒ 71, 2005, p. 65-88.

—, *Quand le Québec manquait de prêtres. La charge pastorale au Bas-Canada,* Québec, Presses de l'Université Laval, 2006.

—, *Religion, moralité, modernité,* Québec, Presses de l'Université Laval, 1999.

—, *Mourir hier et aujourd'hui,* Québec, Presses de l'Université Laval, 1987.

—, *Le Québec et ses historiens, 1840 à 1920. La Nouvelle-France de Garneau à Groulx,* Québec, Presses de l'Université Laval, 1978.

Gallichan, Gilles, *Livre et politique au Bas-Canada, 1791-1849,* Québec, Septentrion, 1991.

—, « Québec, été 1837 », *Les Cahiers des Dix,* nᵒ 49, 1994, p. 111-138.

—, « Débats de la Chambre d'assemblée du Bas-Canada. Session de 1837. 4ᵉ session, XVᵉ législature », *Les Cahiers des Dix,* nᵒ 50, 1995, p. 139-208.

Gallichan, Gilles, Kenneth Landry et Denis Saint-Jacques (dir.), *François-Xavier Garneau, une figure nationale,* Québec, Nota bene, 1998.

Garneau, François-Xavier, *Histoire du Canada,* tomes 1 et 2, Québec, Napoléon Aubin Fréchette, 1845-1846 ; t. 3, Québec, Fréchette, 1848.

—, *Histoire du Canada,* deuxième édition, Québec, Lovell, 1852, 4 vol.

—, *Voyage en Angleterre et en France dans les années 1831, 1832 et 1833,* Québec, Augustin Côté, 1855.

—, *Histoire du Canada,* Montréal, Bibliothèque québécoise, 1996.

Gauchet, Marcel, *L'Avènement de la démocratie,* t. 1 : *La Révolution moderne,* Paris, Gallimard, 2007.

Gauchet, Marcel, et Gladys Swain, *La Pratique de l'esprit humain. L'institution asilaire et la révolution démocratique,* Paris, Gallimard, 1980.

Gélinas, Xavier, « Une droite en contexte », dans *La Droite intellectuelle québécoise et la Révolution tranquille,* Québec, Presses de l'Université Laval, 2007, p. 17-55.

Gérin-Lajoie, Antoine, « Jean Rivard économiste », dans *Le Foyer canadien. Recueil littéraire et historique,* t. 2, Québec, Bureau du « foyer canadien », 1864, p. 209-262.

—, *Dix ans au Canada, de 1840-1850. Histoire de l'établissement du gouvernement responsable,* Québec, L. J. Demers, 1888.

—, *Jean Rivard, le défricheur,* suivi de *Jean Rivard, économiste,* Montréal, Bibliothèque québécoise, 1993.

Girardet, Raoul, *Mythes et mythologies politiques,* Paris, Seuil, 1986.

Girod, Amury, « Journal », dans *1837 et les patriotes de Deux-Montagnes. La voix de la mémoire,* Montréal, Méridien, 1998, p. 115-148.

Greenwood, F. Murray, « The Montreal Court Martial, 1838-9: Legal and Constitutional Reflections », dans F. Murray Greenwood et Barry Wright (dir.), *Canadian State Trials,* vol. 2, *Rebellion and Invasion in the Canadas, 1837-1839,* Toronto, University of Toronto Press, 2002, p. 325-352.

—, « The General Court Martial at Montreal, 1838-9: Operation and the Irish Comparison », dans F. Murray Greenwood et Barry Wright (dir.), *Canadian State Trials*, vol. 2, *Rebellion and Invasion in the Canadas, 1837-1839*, Toronto, University of Toronto Press, 2002, p. 279-323.

—, « The General Court Martial of 1838-39 in Lower Canada: An Abuse of Justice », dans Wesley Pue et Barry Wright (dir.), *Canadian Perspective on Law & Society*, Ottawa, Carleton University Press, 1988, p. 249-290.

—, « The Chartrand Murder Trial: Rebellion and Repression in Lower Canada, 1837-1839 », *Criminal Justice History*, vol. 5, 1984, p. 129-159.

—, « Les patriotes et le gouvernement responsable dans les années 1830 », *Revue d'histoire de l'Amérique française*, vol. 33, n° 1, 1979, p. 25-38.

Greer, Allan, *Habitants et Patriotes. La Rébellion de 1837 dans les campagnes du Bas-Canada*, traduction de Christiane Teasdale, Montréal, Boréal, 1997.

—, *Habitants, marchands et seigneurs. La société rurale du bas Richelieu, 1740-1840*, traduction de Jude Des Chênes, Sillery, Septentrion, 2000.

Greer, Allan, et Ian Radforth (dir.), *Colonial Leviathan: State Formation in Mid-Nineteeth Century Canada*, Toronto, University of Toronto Press, 1992.

Groulx, Lionel, « Faillite d'une politique », *Revue d'histoire de l'Amérique française*, vol. 2, 1948-49, p. 81-96.

—, « Un chef de trente-trois ans », dans *Notre maître le passé*, t. 2, Montréal, 10/10, 1977, p. 143.

—, « Un geste d'action française en 1842 », dans *Notre maître le passé*, t. 1, Montréal, 10/10, 1977, p. 173-188.

—, *Correspondance, 1894-1967*, t. 3 : *L'Intellectuel et l'Historien novices, 1909-1915*, Montréal, Fides, 2003.

Groulx, Patrice, « La commémoration de la bataille de Sainte-Foy. Du discours de la loyauté à la "fusion des races" », *Revue d'histoire de l'Amérique française*, vol. 55, n° 1, 2001, p. 45-83.

Hardy, René, *Les Zouaves. Une stratégie du clergé québécois au XIXe siècle*, Montréal, Boréal Express, 1980.

—, *Contrôle social et mutation de la culture religieuse au Québec, 1830-1930*, Montréal, Boréal, 1999.

Hare, John, Marc Lafrance et David Ruddel, *Histoire de la ville de Québec, 1608-1874*, Montréal/Québec, Boréal/Musée des civilisations, 1987.

Hartog, François, *Évidence de l'histoire*, Paris, Folio, 2005.

Harvey, Louis-Georges, « Le mouvement patriote comme projet de rupture (1805-1837) », dans Yvan Lamonde et Gérard Bouchard (dir.), *Québécois et Américains. La culture québécoise aux XIXe et XXe siècles*, Montréal, Fides, 1995, p. 87-112.

—, *Le Printemps de l'Amérique française. Américanité, anticolonialisme et républicanisme dans le discours politique québécois, 1805-1837*, Montréal, Boréal, 2005.

Heintzman, Ralph, « The Political Culture of Quebec, 1840-1960 », *Canadian Journal of Political Science / Revue canadienne de science politique*, vol. 16, n° 1, 1983, p. 3-59.

Hogue, Clarence (dir.), *Hommages à LaFontaine. Recueil des discours prononcés au dévoilement du monument de Sir Louis-Hippolyte LaFontaine*, Montréal, Comité du Monument LaFontaine, 1931.

Hudon, Christine, « Prêtres et prêteurs au XIXe siècle », *Histoire sociale / Social History,* vol. 26, n° 52, 1993, p. 229-246.

Jaeger, Hans, « Generations in History: Reflections on a controversial concept », *History and Theory,* vol. 24, octobre 1985, p. 273-292.

Kealey, Greg S., « Orangeman and the Corporation: The Politics of Class in Toronto during the Union of the Canadas », dans *Workers and Canadian History,* Montréal et Kingston, McGill-Queen's University Press, 1995, p. 163-208.

Kelly, Stéphane, *La Petite Loterie. Comment la Couronne a obtenu la collaboration du Canada français après 1837,* Montréal, Boréal, 1997.

Kennedy, W. P. M., *Documents of the Canadian Constitution 1759-1915,* Toronto, Oxford University Press, 1918.

Koselleck, Reinhart, *L'Expérience de l'histoire,* Paris, Hautes-Études-Gallimard-Le Seuil, 1997.

Kyte Senior, Elinor, *Les Habits rouges et les Patriotes,* Montréal, VLB, 1997.

Laflèche, Louis-François, *Quelques considérations sur les rapports de la société civile avec la religion et la famille,* Montréal, Eusèbe Sénécal, 1866.

LaFontaine, Louis-Hippolyte, *Les Deux Girouettes ou l'Hypocrisie démasquée,* Montréal, Imprimerie de La Minerve, 1834.

—, *Notes sur l'inamovibilité des curés dans le Bas-Canada,* Montréal, Imprimerie de La Minerve, 1837.

—, *Catalogue de la bibliothèque de feu Sir L. H. LaFontaine, baronnet, juge en chef, etc.,* Montréal, Eusèbe Sénécal, 1864.

—, *Correspondance générale,* Montréal, Varia, 2002-2005, 3 vol.

—, *Journal de voyage en Europe 1837-1838,* Québec, Septentrion, 1999.

LaFontaine, Louis-Hippolyte, et Jacques Viger, *De l'esclavage en Canada. Mémoires et documents relatifs à l'histoire du Canada,* Montréal, Société historique de Montréal, 1859.

Laforest, Guy, *Trudeau et la fin d'un rêve canadien,* Québec, Septentrion, 1992.

Lagrandeur, Joël, « L'*Histoire du Canada* de F.-X. Garneau et sa traduction anglaise : analyse comparative de deux livres », mémoire de maîtrise, Université de Montréal, 2006.

Lamonde, Yvan, « L'ambivalence historique du Québec à l'égard de la continentalité : circonstances, raisons et signification », dans Yvan Lamonde et Gérard Bouchard (dir.), *Québécois et Américains. La culture québécoise aux XIXe et XXe siècles,* Montréal, Fides, 1995, p. 61-84.

—, « "L'ombre du passé" : François-Xavier Garneau et l'éveil des nationalités », dans Gilles Gallichan, Kenneth Landry et Denis Saint-Jacques (dir.), *François-Xavier Garneau, une figure nationale,* Québec, Nota bene, 1998, p. 51-83.

—, *Histoire sociale des idées au Québec, 1760-1896,* Montréal, Fides, 2000.

—, « La vie culturelle et intellectuelle dans le Québec des XVIIIe et XIXe siècles : quelques pistes de recherche », *Revue d'histoire de l'Amérique française,* vol. 54, n° 2, 2000, p. 269-279.

Lamonde, Yvan (dir.), *Combats libéraux au tournant du XXe siècle,* Montréal, Fides, 1995.

Lamonde, Yvan, et Claude Corbo (dir.), *Le Rouge et le Bleu. Une anthologie de la pensée politique au Québec de la Conquête à la Révolution tranquille,* Montréal, Presses de l'Université de Montréal, 1999.

Lanctôt, Gustave, *Garneau, historien national*, Montréal, Fides, 1946.

Lanctôt, Hyppolite, *Souvenir d'un patriote exilé en Australie*, Québec, Septentrion, 1999.

Langevin, Hector, *Le Canada, ses institutions, ressources, produits, manufactures, etc., etc., etc.*, Québec, Lovell et Lamoureux, 1855.

Laplante, Jacques, *Prison et ordre social au Québec*, Ottawa, Presses de l'Université d'Ottawa, 1989.

Lapointe-Roy, Huguette, *Charité bien ordonnée. Le premier réseau de lutte contre la pauvreté à Montréal au XIXe siècle*, Montréal, Boréal, 1987.

Laporte, Gilles, « Le radical britannique Chapman et le Bas-Canada, 1832-1839 », mémoire de maîtrise, Université du Québec à Montréal, 1987.

—, *Patriotes et Loyaux. Leadership régional et mobilisation politique en 1837 et 1838*, Québec, Septentrion, 2004.

Lartigue, Jean-Jacques, *Mémoire sur l'amovibilité des curés en Canada, suivi de remarques sur les Notes de Mr LaFontaine, avocat, relativement à l'inamovibilité des curés dans le Bas-Canada*, Montréal, Louis Perrault, 1837.

Leacock, Stephen, *The Makers of Canada*, vol. 14 : *Baldwin, LaFontaine, Hincks. Responsible Government*, Toronto, Morang & Co, 1907.

Lebel, Maurice, « P.-J.-O. Chauveau, humaniste du dix-neuvième siècle », *Mémoires de la Société royale du Canada*, 1962, p. 1-10.

Lefebvre, André, *Le Montreal Gazette et le nationalisme canadien (1835-1842)*, Montréal, Guérin, 1970.

Lefebvre, Fernand, « La vie à la prison de Montréal au XIXe siècle », *Revue d'histoire de l'Amérique française*, vol. 7, n° 4, 1954, p. 524-537.

Legget, Robert F., *Railroads of Canada*, Vancouver, Douglas, David and Charles, 1973.

Le Jeune, Françoise, « Les relations France–Bas-Canada entre 1837 et 1855 : *Le Canada reconquis par la France* ou la France reconquise par le Canada ? », dans Yvan Lamonde et Didier Poton (dir.), *La Capricieuse (1855). poupe et proue. Les relations France-Québec (1760-1914)*, Québec, Presses de l'Université Laval, 2006, p. 99-132.

Lelièvre [Simon], et [François Réal] Angers, *Questions seigneuriales. Compilation contenant l'Acte seigneurial de 1854*, [Décisions des tribunaux du Bas-Canada], Québec, A. Côté, Duvernay, 1856.

LeMage, Gaspard [attribué à P.-J.-O. Chauveau], *La Pléiade rouge*, Montréal, La Minerve, 1855.

Leter, Michel, « Éléments pour une étude de l'École de Paris (1803-1852) », dans Philippe Nemo et Jean Petitot, *Histoire du libéralisme en Europe*, Paris, Presses universitaires de France, 2006, p. 429-509.

Létourneau, Jocelyn, *Que veulent vraiment les Québécois ?*, Montréal, Boréal, 2006.

Lévesque, Andrée, *Résistance et Transgression. Études en histoire des femmes au Québec*, Montréal, Remue-ménage, 1995.

Linteau, Paul-André, René Durocher et Jean-Claude Robert, *Histoire du Québec contemporain. De la Confédération à la Crise (1867-1929)*, Montréal, Boréal, coll. « Boréal compact », 1989.

Lucas, C. P. (éd.), *Lord Durham's Report on the Affairs of British North America*, vol. 3, Oxford, Clarendon Press, 1912.

Major, Robert, *Jean Rivard ou l'art de réussir. Idéologies et utopie dans l'œuvre d'Antoine Gérin-Lajoie,* Québec, Presses de l'Université Laval, 1991.

—, « Étienne Parent, utopiste », dans Yolande Grisé et Robert Major (dir.), *Mélanges de littérature canadienne-française et québécoise offerts à Réjean Robidoux,* Ottawa, Presses de l'Université d'Ottawa, 1992, p. 188-203.

Marcotte, Gilles, « La voie honorable », *Études françaises,* vol. 30, n° 3 (« François-Xavier Garneau et son histoire »), 1995, p. 49-74.

Martin, Ged, *The Durham Report and British Policy: A Critical Essay,* Cambridge, Cambridge University Press, 1972.

—, « Attacking the Durham Myth: Seventeen Years On », *Revue d'études canadiennes / Jounal of Canadian Studies,* vol. 25, n° 1, 1990, p. 39-59.

Martin, Suzanne, « Hommages et condamnations. Le premier volume de *L'Histoire* devant la critique de son temps », *Études françaises,* vol. 30, n° 3 (« François-Xavier Garneau et son histoire »), 1995, p. 75-87.

Marx, Karl, *Critique de l'économie politique,* Paris, 10/18, 1972.

Masters, D. C., *La Réciprocité 1846-1911,* Ottawa, Société historique du Canada, 1973.

McCallum, John, *Unequal Beginnings: Agriculture and Economic Development in Quebec and Ontario until 1870,* Toronto, University of Toronto Press, 1980.

Melançon, Robert, *Qu'est-ce qu'un classique québécois ?,* Montréal, Fides et Presses de l'Université de Montréal, 2004.

Ménard, Sylvie, « Une politique de l'enfance délinquante : la mise en place de l'école de réforme des garçons de Montréal, 1850-1873 », *Bulletin d'histoire politique,* vol. 6, n° 2, 1998, p. 19-29.

—, *Des enfants sous surveillance. La rééducation des jeunes délinquants au Québec (1840-1850),* Montréal, VLB, 2003.

Ménard, Sylvie, et Véronique Strimelle, « Enfant sujet, enfant objet ? L'enfant comme enjeu des nouvelles politiques pénales au Québec, de la seconde moitié du XIXe siècle au début du XXe siècle », *Lien social et Politiques — RIAC,* n° 44, 2000, p. 89-99.

Miller, J. R., « Honoré Mercier, la minorité protestante du Québec et la loi relative au règlement de la question des biens des Jésuites », *Revue d'histoire de l'Amérique française,* vol. 27, n° 4, 1974, p. 483-507.

Mills, David, *The Idea of Loyalty in Upper Canada 1784-1850,* Montréal et Kingston, McGill-Queen's University Press, 1988.

Monet, Jacques, *La Première Révolution tranquille. Le nationalisme canadien-français (1837-1850),* Montréal, Fides, 1981.

Morin, Arsène, et Jacques-Yvan Morin, *L'Odyssée des Morin,* Montréal, SHC, 2005.

Morin, Victor, *Seigneurs et censitaires, castes disparues,* Montréal, Éditions des Dix, 1941.

Muzzo, Johanne, « Les mouvements réformiste et constitutionnel à Montréal, 1834-1837 », mémoire de maîtrise, Université du Québec à Montréal, 1990.

New, Chester, « Lord Durham and the British Background of His Report », *Canadian Historical Review,* vol. 20, n° 2, 1939, p. 119-135.

—, *Lord Durham's Mission to Canada,* Toronto, McClelland & Stewart, 1963.

Nelson, Wendie, « "Rage against the Dying of the Light": Interpreting the Guerre des Eteignoirs », *Canadian Historical Review,* vol. 81, n° 4, 2000, p. 551-581.

Nelson, Wolfred, *La Condition, la Discipline, l'Administration et l'Entretien des prisons de district et autres prisons du Bas-Canada*, Québec, John Lovell, 1853.

Nisbet, Robert A., *La Tradition sociologique*, Paris, Presses universitaires de France, 1996.

Noel, Jan, « Dry Patriotism: The Chiniquy Crusade », *Canadian Historical Review*, vol. 71, n° 2, 1990, p. 189-207.

—, *Canada Dry: Temperance Crusades before Confederation*, Toronto, University of Toronto Press, 1995.

Ormsby, William, « Lord Durham and the Assimilation of French Canada » dans Norman Penlington (dir.), *On Canada. Essays in Honour of Frank Underhill*, Toronto, University of Toronto Press, 1971.

Ormsby, William (éd.), *Crisis in the Canadas: 1838-1839. The Grey Journals and Letters*, Toronto, Macmillan, 1964.

Oser, Jacob, et William C. Blanchfield, *The Evolution of Economic Thought*, New York, Harcourt Brace Jovanovich, 1975.

Ouellet, Fernand, « Étienne Parent et le mouvement du catholicisme social », *Bulletin des recherches historiques*, vol. 61, n° 3, 1955, p. 99-118.

—, « L'enseignement primaire : responsabilité des Églises ou de l'État (1801-1836) », *Recherches sociographiques*, vol. 2, 1961, p. 171-187.

—, *Histoire économique et sociale du Québec, 1760-1850*, Montréal, Fides, 1966.

—, *Éléments d'histoire sociale du Bas-Canada*, Montréal, Hurtubise HMH, 1972.

Papineau, Amédée, *Journal d'un fils de la liberté 1838-1855*, Sillery, Septentrion, 1998.

—, *Souvenirs de jeunesse, 1822-1837*, Québec, Septentrion, 1998.

Papineau, Louis-Joseph, *Histoire de l'insurrection du Canada*, Burlington (Vermont), Ludger Duvernay, 1839.

Paradis, Jean-Marc, « Augustin-Norbert Morin (1803-1865) », thèse de doctorat, Université Laval, 1989.

Parizeau, Gérard, *La Société canadienne-française au XIXᵉ siècle. Essais sur le milieu*, Montréal, Fides, 1975.

Perin, Roberto, *Ignace de Montréal. Artisan d'une identité nationale*, Montréal, Boréal, 2008.

Perrault, Louis, *Lettres d'un patriote réfugié au Vermont, 1837-1839*, Montréal, Méridien, 1999.

Perrot, Michelle, *Les Ombres de l'histoire. Crime et châtiment au XIXᵉ siècle*, Paris, Flammarion, 2001, 428 p.

Perrot, Michelle (dir.), *L'Impossible Prison. Recherches sur le système pénitentiaire au XIXᵉ siècle*, Paris, Seuil, 1980.

Petitclerc, Martin, « *Nous protégeons l'infortune* ». *Les origines populaires de l'économie sociale au Québec*, Montréal, VLB, 2007.

Picard, Nathalie, « Les femmes et le vote au Bas-Canada de 1792 à 1849 », mémoire de maîtrise, Université de Montréal, 1992.

Pouliot, Léon, *La Réaction catholique de Montréal 1840-1841*, Montréal, Imprimerie du Messager, 1942.

—, « Les évêques du Bas-Canada et le projet d'Union (1840) », *Revue d'histoire de l'Amérique française*, vol. 8, n° 2, 1954, p. 157-170.

Poutanen, Mary Anne, « Images du danger dans les archives judiciaires. Comprendre la violence et le vagabondage dans un centre urbain du début du XIXᵉ siècle, Montréal (1810-1842) », *Revue d'histoire de l'Amérique française*, vol. 55, nº 3, 2002, p. 381-405.

Pratte, André, *Aux pays des merveilles. Essai sur les mythes politiques québécois*, Montréal, VLB, 2006.

Reid, Philippe, *Le Regard de l'autre. La naissance du nationalisme au Québec*, Québec, L'instant même, 2008.

Rémond, René, *Religion et société en Europe. La sécularisation aux XIXᵉ et XXᵉ siècles 1780-2000*, Paris, Seuil, 2001.

Résumé impartial de la discussion Papineau-Nelson sur les événements de St-Denis en 1837 [attribué à Antoine Gérin-Lajoie], Montréal, [s.n.], 1848.

Robert, Jean-Claude, *Atlas historique de Montréal*, Montréal, Art global-Libre Expression, 1994.

Robitaille, Georges, *Études sur Garneau*, Montréal, Librairie d'Action canadienne-française, 1929.

Rosanvallon, Pierre, *Pour une histoire conceptuelle du politique*, Paris, Seuil, 2003.

Rothman, David J., *The Discovery of the Asylum: Social Order and Disorder in the New Republic*, Boston, Little, Brown and Co., 1990.

Rousseau, Louis, « Boire ou ne pas boire, se sauver ou se perdre ensemble. Le mouvement de tempérance dans le Québec du XIXᵉ siècle », *Études canadiennes / Canadian Studies*, nº 35, 1993, p. 107-122.

Rousseau, Louis, et Frank W. Remiggi (dir.), *Atlas historique des pratiques religieuses. Le sud-ouest du Québec au XIXᵉ siècle*, Ottawa, Presses de l'Université d'Ottawa, 1998.

Roy, Fernande, *Progrès, harmonie, liberté. Le libéralisme des milieux d'affaires francophones de Montréal au tournant du siècle*, Montréal, Boréal, 1988.

—, *Histoire des idéologies au Québec aux XIXᵉ et XXᵉ siècles*, Montréal, Boréal, coll. « Boréal Express », nº 8, 1993.

Roy, Jean-Louis, *Édouard-Raymond Fabre, libraire et patriote canadien (1799-1854)*, Montréal, Hurtubise HMH, 1974.

Royal, Joseph, *Histoire du Canada. 1841 à 1867*, Montréal, Beauchemin, 1909.

Rudin, Ronald, *Banking en français. Les banques canadiennes-françaises de 1835 à 1925*, traduction de Claudine Dufresne, Montréal, Boréal, 1988.

Sabourin, Hélène, « P.-J.-O. Chauveau et l'éducation 1855-1873 : une relecture », thèse de doctorat, Université du Québec à Montréal, 2001.

—, *À l'école de P.-J.-O. Chauveau. Éducation et culture au XIXᵉ siècle*, Montréal, Leméac, 2003.

Saint-Martin, Louis-Philippe, « L'*Histoire du Canada* de F.-X. Garneau et la critique », *Revue d'histoire de l'Amérique française*, vol. 8, nº 3, 1954, p. 380-394.

Saul, John, *Réflexions d'un frère siamois*, Montréal, Boréal, 1998.

Savard, Pierre, « Les débuts de l'enseignement de l'histoire et de la géographie au petit séminaire de Québec », *Revue d'histoire de l'Amérique française*, vol. 16, nº 1, 1962, p. 43-62 ; nº 2, 1962, p. 188-212

—, « François-Xavier Garneau et l'historien français Henri Martin », *Revue d'histoire littéraire du Québec et du Canada français*, nº 7, 1984, p. 11-19.

Say, Jean-Baptiste, *Traité d'économie politique ou simple exposition de la manière dont se forment, se distribuent et se consomment les richesses*, Paris, Slatkine, 1982.

—, *Catéchisme d'économie politique*, Dijon, Mame, 1972.

Séguin, Maurice, *L'Idée d'indépendance au Québec. Genèse et historique*, Montréal, Boréal Express, 1977.

Silver, Arthur I., *The French Canadian Idea of Confederation, 1864-1900*, Toronto, University of Toronto Press, 1997.

Sirinelli, Jean-François, « Génération et histoire politique », *Vingtième Siècle. Revue d'histoire*, n° 22, avril-juin 1989, p. 21-40.

Staley, Charles E., *A History of Economic Thought: From Aristotle to Arrow*, Cambridge, Basil Blackwell, 1989.

Steiner, Philippe, « Say et le libéralisme économique », dans Philippe Nemo et Jean Petitot (dir.), *Histoire du libéralisme en Europe*, Paris, Presses universitaires de France, 2006, p. 381-403.

Stevens, George R., *Canadian National Railways*, vol. 1 : *Sixty Years of Trial and Error (1836-1896)*, Toronto, Clarke, Irwin & Co., 1960.

Strimelle, Véronique, « Les origines des premières institutions d'enfermement pour filles au Québec (1857-1869). Émergence de nouveaux enjeux politiques ? », *Bulletin d'histoire politique*, vol. 6, n° 2, 1998, p. 30-39.

Sweeny, Alastair, *George-Etienne Cartier: A Biography*, Toronto, McClelland and Stewart, 1976.

Sylvain, Philippe, « Quelques aspects de l'ultramontanisme canadien-français », *Revue d'histoire de l'Amérique française*, vol. 25, n° 2, 1971, p. 239-244.

—, « Libéralisme et ultramontanisme au Canada français : affrontement idéologique et doctrinal (1840-1865) », dans W. L. Morton (dir.), *Le Bouclier d'Achille*, Toronto, McClelland and Stewart, 1968, p. 111-138.

—, « Quelques aspects de l'antagonisme libéral-ultramontain », *Recherches sociographiques*, vol. 8, n° 3, 1967, p. 275-297.

Sylvain, Robert, « Séjour mouvementé d'un révolutionnaire italien à Toronto et à Québec », *Revue d'histoire de l'Amérique française*, vol. 13, n° 2, 1959, p. 183-229.

—, « Le 9 juin 1853 à Montréal. Encore l'Affaire Gavazzi », *Revue d'histoire de l'Amérique française*, vol. 14, n° 2, 1960, p. 173-216.

Tassé, Joseph, *Discours de Sir Georges Cartier*, Montréal, Sénécal et fils, 1893.

Thériault, Joseph Yvon, « Nation et démocratie au Québec : l'affaire Durham », *International Journal of Canadian Studies/Revue internationale d'études canadiennes*, n° 10, 1994, p. 14-27.

—, « Étienne Parent : les deux nations et la fin de l'histoire », dans Michel Sarra-Bournet (dir.), *Les Nationalismes au Québec du XIXe siècle au XXe siècle*, Québec, Presses de l'Université Laval, 2001, p. 37-56.

—, *Critique de l'américanité. Mémoire et démocratie au Québec*, Montréal, Québec/Amérique, 2002.

Trépanier, Pierre, « Les influences leplaysiennes au Canada français, 1855-1888 », *Journal of Canadian Studies / Revue d'études canadiennes*, vol. 22, n° 1, 1987, p. 66-83.

—, « Le Québec à l'école de Le Play », *Sociétés*, n° 23, 1989.

—, *Qu'est-ce que le traditionalisme ?*, Montréal, Club du 3-juillet, 2002.

Trudel, Marcel, *Le Régime seigneurial*, Ottawa, Société historique du Canada, 1983.

Turcotte, Louis-Philippe, *Le Canada sous l'Union, 1841-1867*, Québec, Presses mécaniques du Canadien, 1871, 2 vol.

Vachet, André, *L'Idéologie libérale. L'individu et sa propriété*, Ottawa, Presses de l'Université d'Ottawa, 1970.

Valensa, Marina (dir.), *François Guizot et la culture politique de son temps. Colloque de la Fondation Guizot-Val Richer*, Paris, Gallimard/Le Seuil, 1991.

Valverde, Mariana, « "When the Mother of the Race Is Free": Race, Reproduction, and Sexuality in First-Wave Feminism », dans Franca Iacovetta et Mariana Valverde, *Gender Conflicts*, Toronto, University of Toronto Press, 1992, p. 3-26.

—, « La charité et l'État : un mariage mixte centenaire », *Lien social et Politiques — RIAC*, n° 33, 1995, p. 27-35.

Verrette, Michel, *L'Alphabétisation au Québec, 1660-1900. En marche vers la modernité culturelle*, Québec, Septentrion, 2002.

Villey, Daniel, et Colette Nême, *Petite Histoire des grandes doctrines économiques*, Paris, Litec Génin, 1996.

Voisine, Nive, et Philippe Sylvain (dir.), *Histoire du catholicisme québécois. Réveil et consolidation*, t. 2, Montréal, Boréal, 1984.

Wallot, Jean-Pierre, *Un Québec qui bougeait. Trame socio-politique au tournant du XIXᵉ siècle*, Montréal, Boréal Express, 1973.

Warren, Jean-Philippe, *L'Engagement sociologique. La tradition sociologique du Québec francophone (1886-1955)*, Montréal, Boréal, 2003.

Watt, Steven, « Authoritarianism, Constitutionalism and the Special Council of Lower Canada, 1838-1841 », mémoire de maîtrise, Université McGill, 1997.

—, « State Trial by Legislature: The Special Council of Lower Canada, 1838-41 », dans F. Murray Greenwood et Barry Wright (dir.), *Canadian State Trials*, vol. 2 : *Rebellion and Invasion in the Canadas*, Toronto, University of Toronto Press, 2002, p. 248-277.

Way, Peter, « The Canadian Tory Rebellion of 1849 and the Demise of Street Politics in Toronto », *British Journal of Canadian Studies*, vol. 10, n° 1, 1995, p. 10-30.

Westfall, William, « The End of the World: An Aspect of Time and Culture in Nineteenth-Century Protestant Culture », dans Louis Rousseau et William Westfall (dir.), *Religion/Culture. Études canadiennes comparées*, Ottawa, Association des études canadiennes, vol. 7, 1985, p. 72-85.

—, *Two Worlds: The Protestant Culture in Nineteenth-century Ontario*, Montréal et Kingston, McGill-Queen's University Press, 1989.

Wood, Gordon S., *The Purpose of the Past: Reflections on the Uses of History*, New York, Penguin Press, 2008.

Wyczynski, Paul, « Sur les traces de l'historien François-Xavier Garneau », dans Gilles Gallichan, Kenneth Landry et Denis Saint-Jacques (dir.), *François-Xavier Garneau, une figure nationale*, Québec, Nota bene, 1998.

Young, Brian, *Promoters and Politicians: The North-Shore Railways in the History of Quebec, 1854-85*, Toronto, University of Toronto Press, 1978.

—, *George-Étienne Cartier, bourgeois montréalais*, Montréal, Boréal, 1982.

—, *In Its Corporate Capacity: The Seminary of Montreal as a Business Institution, 1816-1876*, Montréal et Kingston, McGill-Queen's University Press, 1986.

—, *The Politics of Codification: The Lower Canadian Civil Code of 1866*, Montréal et Kingston, McGill-Queen's University Press, 1994.

—, « The Volunteer Militia in Lower-Canada, 1837-1850 », dans Tamara Myers, Kate Boyer, Mary Anne Poutanen et Steven Watt (dir.), *Power, Place and Identity. Historical Studies of Social and Legal Regulation in Quebec*, Montréal, Montreal History Group, 1998, p. 37-53.

—, « Revisiting Feudal Vestige in Urban Quebec », dans Nancy Christie, *Transatlantic Subjects: Ideas, Institutions, and Social Experience in Post-revolutionary British North America*, Montréal et Kingston, McGill-Queen's University Press, 2008, p. 133-156.

Index

FORBIN-JANSON, Mgr, 219, 235
FORSYTH, James Bell, 39
FOUCAULT, Michel, 171-172, 196
FOURIER, Charles, 24, 88
France, 19, 61, 87, 115, 137 ; conquête
 de 1760, 298 ; dans l'*Histoire
 du Canada,* 266, 273, 275 ;
 et appartenance à l'Amérique, 308, 312,
 315 ; nation (concept), 254 ; Révolution
 française, 115-116, 228, 266, 288,
 291-292, 304 ; Révolution de 1848,
 20, 123, 270
French Canadian Missionary Society, 219
Frères : chasseurs, 30-31, 66 ; de la Charité,
 189

G

GAGNON, Serge, 213, 269
GALLICHAN, Gilles, 22
GARNEAU, François-Xavier, 18-20, 35, 40, 43,
 89, 253 ; appartenance à l'Amérique,
 303, 306, 314 ; cause nationale, 273,
 315, 327 ; conservateur, 270 ; et
 Nouvelle-France, 292 ; historien
 national, 254, 263-285
GARNEAU, Hector, 268
GAUCHET, Marcel, 213, 254, 317
GAVAZZI, Alessandro, 220
Gazette (The), 37, 41
GÉRIN, Léon, 170
GÉRIN-LAJOIE, Antoine, 11, 15, 18-19, 57, 78,
 81, 83, 84, 100, 159, 318 ; annexion
 aux États-Unis, 305 ; appartenance
 à l'Amérique, 308-311 ; éthique, 182 ;
 et religion, 214, 243 ; femme, 204 ;
 libre-échange, 149 ; régime seigneurial,
 296 ; spiritualité, 244-246, 249
GIROD, Amury, 47-48, 55
GIROUARD, Jean-Joseph, 61-62
Globe (The), 92, 176
GOSFORD (Lord), 44-45, 54-55, 58, 67
GOSSELIN, Léon, 54
Gouvernement Cartier : loi sur les jeunes
 délinquants, 195

Gouvernement LaFontaine, 76-77, 102 ;
 assistance aux pauvres, 179 ; opposition
 de Papineau, 106 ; relations avec
 l'Église, 220
Gouvernement LaFontaine-Baldwin, 158
Gouvernement Morin-Hincks : réforme
 du Conseil législatif, 123
Gouvernement Peel, 149
Gouvernement responsable, 15, 24, 33-35,
 48, 71, 73, 76, 131 ; obtention, 91, 95,
 317 ; rapport Durham, 70
Grande-Bretagne, 22, 35-36, 40-41, 132,
 254, 317 ; conquête de 1760, 300 ;
 dans l'*Histoire du Canada,* 274, 279 ;
 économie, 157 ; industrialisation
 et pauvreté, 174, 177 ; institutions, 89 ;
 libre-échange, 149-150 ; Reform Bill
 (1832), 67 ; résolutions Russell, 43-58 ;
 union des deux Canadas, 67-78,
 262-263
GRANDMONT, Mme de, 204
Grands Lacs, 21, 152
Grand Tronc (compagnie), 21, 77, 159
GREENWOOD, Murray, 59-60
GREER, Allan, 46, 79
Grève, 173
GREY, Charles (J^{r}), 68
GROULX, Lionel, 29, 328
GROULX, Patrice, 299
Guarantee Act (1849), 158
GUGY, Bartholomew, 239
GUIZOT, François, 115, 138, 312

H

Habeas corpus, 59
HALDIMAND (gouverneur), 279
HARVEY, Louis-Georges, 46, 79
Haut-Canada, 17, 21, 32, 44, 58, 68, 71, 74,
 103 ; *clear grits,* 92 ; économie, 132 ;
 libre-échange avec les États-Unis, 155 ;
 rapport Durham, 70 ; union des
 Canadas, 94, 98
HEAD, Francis Bond, 44
HEINTZMAN, Ralph, 126

Table des matières

Ce livre a été imprimé sur du papier 100 % postconsommation,
traité sans chlore, certifié ÉcoLogo
et fabriqué dans une usine fonctionnant au biogaz.

MISE EN PAGES ET TYPOGRAPHIE :
LES ÉDITIONS DU BORÉAL

ACHEVÉ D'IMPRIMER EN SEPTEMBRE 2009
SUR LES PRESSES DE TRANSCONTINENTAL GAGNÉ
À LOUISEVILLE (QUÉBEC).